中国科普作家协会资助项目

等你，在未来（第七季）

——第七届全国中学生科普科幻作文大赛获奖作品集

李凌己　陈　玲　陈柳岐　主编

科学普及出版社

·北　京·

图书在版编目（CIP）数据

等你，在未来 . 第七季，第七届全国中学生科普科幻作文大赛获奖作品集 / 李凌己，陈玲，陈柳岐主编 . —北京：科学普及出版社，2022.2

ISBN 978-7-110-10359-3

Ⅰ. ①等… Ⅱ. ①李… ②陈… ③陈… Ⅲ. ①作文—中学—选集 Ⅳ. ① H194.5

中国版本图书馆 CIP 数据核字（2021）第 213572 号

策划编辑　王卫英
责任编辑　王卫英
封面设计　中文天地
正文设计　中文天地
责任校对　邓雪梅　吕传新
责任印制　徐　飞

出　　版　科学普及出版社
发　　行　中国科学技术出版社有限公司发行部
地　　址　北京市海淀区中关村南大街 16 号
邮　　编　100081
发行电话　010-62173865
传　　真　010-62173081
网　　址　http://www.cspbooks.com.cn

开　　本　710mm × 1000mm　1/16
字　　数　508 千字
印　　张　31.25
版　　次　2022 年 2 月第 1 版
印　　次　2022 年 2 月第 1 次印刷
印　　刷　北京长宁印刷有限公司
书　　号　ISBN 978-7-110-10359-3 / H · 238
定　　价　98.00 元

第七届全国中学生科普科幻作文大赛 评委会成员名单

周忠和：中国科学院院士，中国科普作家协会理事长
刘嘉麒：中国科学院院士，中国科普作家协会名誉理事长
王　挺：中国科普研究所所长、研究员，中国科普作家协会党委书记兼常务副理事长
王晋康：科幻作家，中国科普作家协会科幻创作研究基地主任
陈　玲：中国科普作家协会秘书长，中国科普研究所科普创作研究室主任，研究员
石顺科：中国科普作家协会荣誉理事，译审
尹传红：中国科普作家协会副理事长,《科普时报》原总编辑
陈跃红：南方科技大学人文中心主任，树礼书院院长，讲席教授
吴　岩：科幻作家，南方科技大学人文学院教授，中国科普作家协会副理事长
丁　夏：清华大学对外汉语文化中心主任，中国语言文学系教授
刘慈欣：科幻作家，山西省作家协会副主席,“雨果奖”获得者
董仁威：科普作家，中国科普作家协会荣誉理事
姚海军：科幻媒体人,《科幻世界》副总编辑，科幻出版人
韩　松：科幻作家，中国科普作家协会科幻专业委员会主任委员
何　夕：科幻作家，中国新生代科幻作家代表人物，中国作家协会会员
陈楸帆：科幻作家，中国更新代科幻作家代表人物，中国科普作家协会副理事长
江　波：科幻作家，中国更新代科幻作家代表人物
王康友：科技导报社社长，研究员

郭　晶：中国科学技术出版社副社长,《知识就是力量》杂志社社长、主编
孔　见：海南省作家协会主席,《天涯》杂志社社长
王直华：科普作家，中国科普作家协会荣誉理事
焦国力：中国科普作家协会常务理事，中国科普作家演讲团执行团长
星　河：科幻作家，中国科普作家协会常务理事
霞　子：国家一级作家，中国科普作家协会理事
严　蓬：中国科普作家协会会员，影评人
凌　晨：中国科普作家协会理事，科普与科幻小说作家，编剧
郑　军：科幻作家，中国未来研究会常务理事
杨　平：作家，中国科普作家协会常务理事
李凌己：中国科普作家协会常务理事，威海紫光实验学校校长
王卫英：科幻研究专家，中国科普作家协会科幻创作研究基地常务副主任兼秘书长
彭绪洛：少儿冒险文学作家，中国科普作家协会会员
张　军：新生代儿童文学作家，少儿科幻剧作家
超　侠：科幻、冒险、童书作家，中国科普作家协会理事
谢　鑫：少儿侦探文学作家，中国科普作家协会会员
陆　杨：少儿科幻作家，中国科普作家协会理事
周敬之：少儿科幻作家
马传思：科普科幻作家，中国科普作家协会理事，中国作家协会会员
左文萍：少儿科幻作家，中国作家协会会员
李　英：科幻研究专家，中国科普作家协会科学文艺委员会委员
姚利芬：科幻研究专家，中国科普作家协会科幻创作研究基地副秘书长
陈柳岐：中国科普作家协会科普教育专业委员会副秘书长、清大紫育副总裁
张晓霞：作家，中关村博雅城镇发展技术创新研究院院长
徐彦利：中国科普作家协会会员，中国科普作家协会科幻创作研究基地学术委员，河北科技大学文法学院副教授
关洁宁：清大紫育副总裁
昌　盛：中国人民大学附属中学高中语文教师，中华孔子学会国学教育研究会理事

周　群：北京景山学校正高级语文教师，北京市特级教师

巩英莉：西安工业大学附属中学语文高级教师

刘　军：科幻文学研究专家

谭轶珊：广东省深圳市福田区红岭中学高级语文教师

巫卫清：广东省阳江市第一职业技术学校语文高级教师

名家题词

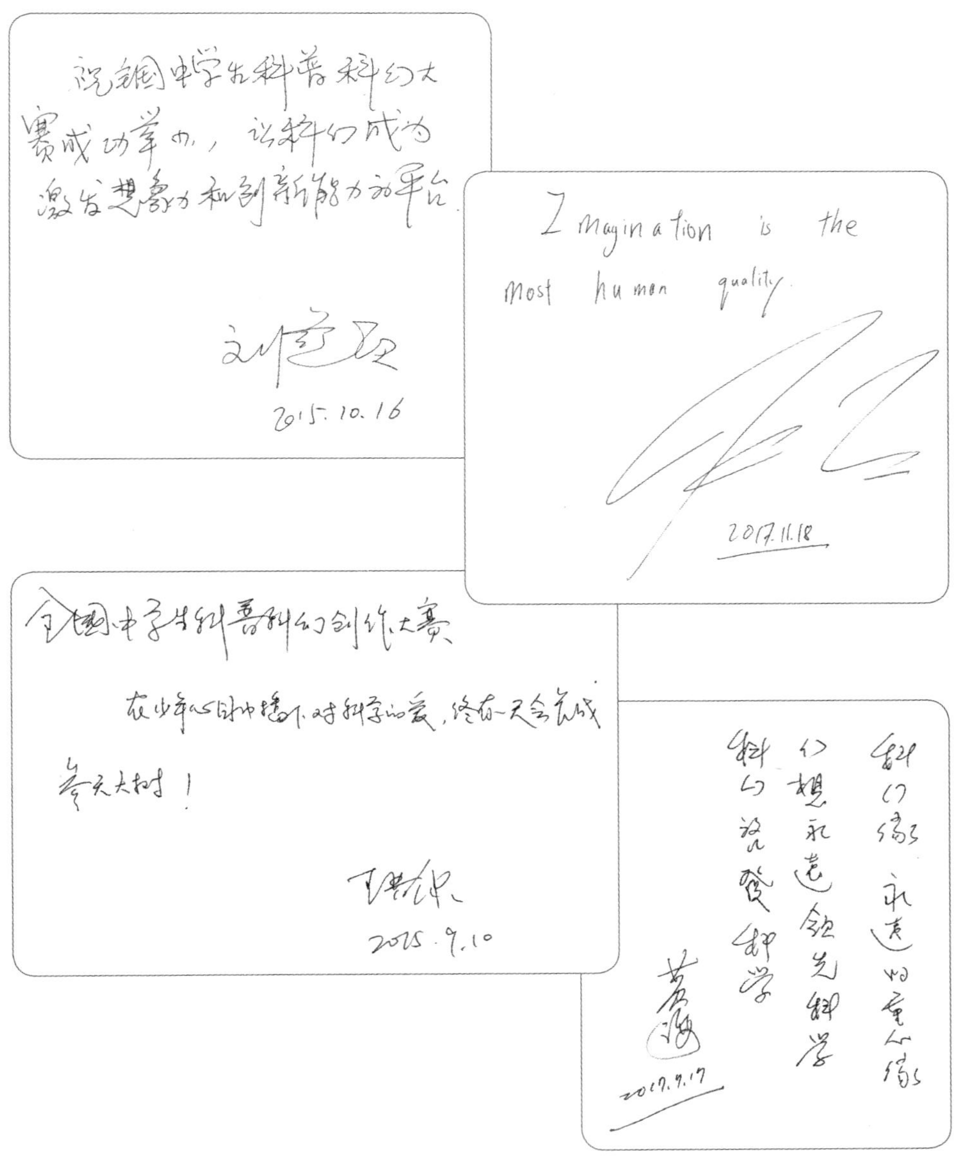

祝全国中学生科普科幻大赛成功举办，让科幻成为激发想象力和创新能力的平台。
2015.10.16
Imagination is the most human quality.
2017.11.18
全国中学生科普科幻创作大赛
在少年心田中播下对科学的爱，终有一天会长成参天大树！
2015.9.10
幻想永远领先科学
2017.9.17

全国中学生科普科幻作文大赛

未来的科幻大师在这里产生！

姚小舟

2015.9.10.

幻想，从现实起飞。

刘兴诗

祝：

全国中学生科普科幻作文大赛

越办越好！

何夕

2016.9.11

启迪想象，开创未来。

预祝全国中学生科普科幻作文大赛圆满成功！

江波

2016.9.11

祝全国中学生科普科幻大赛

绽放光芒，可以燎原！

陈楸帆

2016.9.11

展开想象的翅膀

飞进科学的殿堂

董仁威

2015.9.19

祝全国中学生科普、科幻作文大赛

人才辈出，佳作满天下！

2017.11.17

一切美好的科幻，

都与初恋无关！

2017.11.18

于北京

展开想象的翅膀！

王晋

2017.11.17

热爱科学

面向未来

祝全国中学生科普科幻作文大赛

成功举行！

吴岩

2015.9.10.

全国中学生科普科幻大赛

科学与幻想的天空永远有爱

造出新的科普科幻天才

新的一代

跨越未来

2015.9.10

全国中学生

科普科幻作文大赛

像苹果一样地思考吧！

[illegible]

2016.9.11.

祝大赛越办越大，

培养中学生对科幻的热爱！

[illegible]

2016.09.11

想象力的表达，

希望的延续。

[illegible]

2016.9.11.

让青少年朋友更加热爱科学，提高创新能力，为中华民族的伟大复兴贡献力量！

[illegible]

2017.11.17

敢于幻想

善于探索

金濤

2017.11.17

青少年对未来的想象，

会铸就这个世界真实的未来！

加油！

刘慈欣

2019.10.26

幻想，是助力腾飞的翅膀，如果心在天上，落在地面的脚步也会变得轻盈。

徐彦利

Best wishes

from Cat Rambo

9/10/2016

がんばれ！

林譲治

2019.10.26

希望中日永远友好！

科幻小说越大越发展！

全国中学生

科普科幻作文大赛

中国

科幻迷／日本作家

立原透耶

2016年9月11日

Best wishes to you! I look forward to seeing great works!

Crystal Huff

10/9/2016

全国中学生科普科幻作文大赛

希望此次大赛能够激发广大中学生对于科学的兴趣，带动中学生对于科普、科幻文章的创作热情。

祝愿各位参赛学生在大赛中能提高自己的知识水平，同时向更多人传播科学知识与科普、科幻文化。

清华大学科幻协会
2015年9月10日

祝全国中学生科普科幻大赛的所有参赛与获奖者，支持与期待者

永持赤子之心

不灭探索之志

尽逐人生之美

长怀无疆之思

笃信科学与思辨，敢踏幻想与新思

北大科幻协会

[illegible] 敬

中学正是充满想象力的年龄

放飞想象，让它在你我心中传递

让这想象洒遍大江南北

让民族的想象力登上新的台阶

想象是我们看得最远的眼睛

祝全国中学生科普科幻大赛越办越好！

——北京科技大学科幻爱好者协会

2015年9月10日

第七届全国中学生科普科幻作文大赛 决赛作文题目

考试时间为 120 分钟，满分 100 分

一、写作材料

我们如何应对未来气候变化

（一）

在地球 46 亿年的历史中，气候从未停止变迁，一直在冷暖、干湿之间游移。大地是一本地球历史活页书，气候则是伟大的史家，将冷暖、干湿烙印在土壤、树干、洞穴、珊瑚礁、海底。

20 世纪科技发展快速，科学家得以利用各种复杂的技术，重建古代气候的可能相貌，拼凑出冷暖干湿交替的气候韵律。气候的冷暖是相对的，相对于过去 8 亿年，目前的气候或许处于相对的冷期，却可能是这 1000 多年来最暖的时期。由于人类排放温室气体不但不见稍减，还有加速的趋势，气候学家推估未来 100 年，全球暖化将更加严重。

（二）

汤因比（Toynbee）曾经说过："一个社会的命运和他们如何解决问题有关。"气候变迁造成的环境变化是促使人类社会文化改变的重要因素。

1000 年前的世界，生机勃勃，缤纷多彩，许多地方出现乍起乍落的文明、强大君主与地方性战争。骆驼商队、丝路与季风，将欧、亚、非洲许多地区连成一气，世上首次出现不折不扣的全球性经济。然而欧洲受益于温暖气候时，地球上许多地区却苦于干旱，造成人类的大迁徙，甚至文明

的消失。

漫长干旱只是因素之一，人类的不当作为或反应才是导致社会无法永续的主因。比如，玛雅人可以造水山或数百公顷的灌溉沟渠，但面对干旱、洪水、厄尔尼诺现象的自然威力，终究还是束手无策，特别是统治者对供养其民生所需的人民所受的苦难视而不见或毫不关心。相反地，居住在美西大盆地的人靠着对环境的了解和善于利用机会的本事，他们存活了下来，而在至为严峻的环境，经历数千上万年无比严重的洪水、干旱所淬炼出的生活方式，也因此赓续不绝。

1000年前的温暖地球与普遍性的干旱，若与气候学家推估的未来全球暖化相比，恐怕是小巫见大巫。

（三）

与1000年前的情况不同的是，现今地球人口和人类的制造物多到足以使暖化趋势升高、加快。不容争辩的是，如果1000年前的气候史在今日重演（更别提地球气温变得更高），我们将会看到人类如何难以抵御环境的力量。

越来越多证据显示，干旱是与全球暖化有关而默不作声的阴险杀手。干旱危害之烈，受害者之多，叫人触目惊心。2006年的长期干旱，让肯尼亚、索马里、埃塞俄比亚、厄立特里亚四国，有约1100万人陷入极可能饿死的险境。尼日利亚的热带农业国际研究院指出，2010年时，撒哈拉沙漠以南的非洲地区，有约3亿人（也就是将近1/3的非洲人口）因为日益严重的干旱而营养不良。

联合国环境计划署报告，现今有29个国家、共计4.5亿人苦于用水不足。到了2025年，据估计将有28亿人生活在水资源日益稀少的地区。现今全球人口有20%无法享用安全而干净的饮用水。在热带非洲，水源污染是比艾滋病更可怕的杀手。若预测的干旱真的发生，未来的死亡人数将剧增。干旱日益严重，首当其冲者将会是干旱及半干旱地区的居民，也就是分布于全球110多个国家的将近10亿人口。

（四）

1000 年前的世界，全人类抱着保守的心态过活，敏于提防气候变化的危险。如今，我们要面对的未来世界，则是大部分人住在急速扩张的大城市，其中许多人与日益升高的海水和河水比邻而居。

我们正处于人口多到无法疏散的时期，连最富裕的政府都几乎无法应付天灾损失的时期。工业化社会规模庞大，使政府更难以抵御气温、海平面上升等长期变迁所带来的危害。除非现代社会能够及时改变利用环境资源的方式，同时开发各种替代性能源，以及更精确地掌握环境变化的轨迹，否则人类面临生存危机的压力将迫在眉睫。

历史始终在我们身边，威胁我们，鼓励我们，有时给我们前车之鉴。1000 年前气温较高那几百年告诉我们，人从来不是自然世界的主宰者；人类再怎么厉害，也只能迁就变化不断的自然世界以图生存。诚如高棉人和玛雅人给我们的教训，我们越是想掌控自然世界，离永续生存就可能越远，越可能走向毁灭。我们应接受自然界的事实，坦然迎接我们不是万物之主的未来，而不应再以万物之主自居。

恰如孟子告诉梁惠王的话："不违农时，谷不可胜食也；数罟不入洿池，鱼鳖不可胜食也；斧斤以时入山林，材木不可胜用也。"1000 年前的人类提醒我们，人类最大的资产乃是善用降临眼前的所有机会，以及适应新环境的无穷本事。我们应把自己当成变化不断的自然世界的伙伴，而非其潜在的主宰者。

（节选自布莱恩 · 费根《气候改变世界》）

二、写作题目

1. 请你介绍一个和气候变化相关的现实事例，可以是古今中外，介绍这个事例发生的历史和地理背景，发生的科学原因，对人类社会及自然造成的后果，以及对于当今世界有着怎样的启示。

2. 如果人类对于温室气体排放不做任何限制，到公元 2070 年，根据一些专家的预测：全球平均气温将升高 7℃，将有 19 亿人生活在高温地区（年均气温高于 29℃），占据地球人口的 35%，两极将可能融化，海平面上升，生物灭绝，气候极端化将成为常态。请想象一下：为了避免 2070 年成为一个极端气候的世界，人类的生活、出行、工作方式应该发生什么样的变化，又将如何通过科技的力量来实现环境的可持续发展，从而实现一个人、科技与自然和谐共处的世界。

三、写作要求

1. 请从上面的两个题目中选择一个自己喜欢的题目，并自拟命题进行写作。

2. 要求：科普类作文要基于科学基础、科学史实展开；写作要求视角独特、创新，思维清晰，表达清楚流畅、逻辑合理，文笔优美。

科幻类作文要求想象丰富、具有合理的科学基础或科学推理，表达清楚流畅、逻辑合理，文笔优美。但不要写成玄幻、魔幻或奇幻内容。

3. 字数要求：800~2000 字。

序一：科普科幻为青少年照亮前行之路

青少年是国家的未来，民族的希望。

习近平总书记在 2020 年科学家座谈会上指出：“好奇心是人的天性，对科学兴趣的引导和培养要从娃娃抓起，使他们更多了解科学知识，掌握科学方法，形成一大批具备科学家潜质的青少年群体。”好奇心是从事科学研究最原始、最根本的动力，引导着人类探索未知，不断地发现、思考、创新。科学素养为科学探索提供基础支持，想象力和创造力则在不断地突破科学的瓶颈和上限。在青少年成长为优秀科技创新人才的道路上 ，好奇心、科学素养、想象力和创造力都在发挥着至关重要的作用。

科普科幻拥有丰富的表现形式，可以有效地激发青少年的科学兴趣，让青少年在富有吸引力和创造性的学习过程中融入科学，在天马行空中畅想未来，有利于保护他们的好奇心，逐步提升他们的科学素养，扩展他们的想象力和创造力。在国家“双减”政策的要求下，青少年应当学会合理高效地分配和利用时间，在优质资源中汲取成长营养。社会各界更应发挥积极正向的引导作用，共同营造独立思考、大胆质疑、勤于观察、勇于探索、善于想象的文化土壤和教育环境。

《等你，在未来（第七季）——第七届全国中学生科普科幻作文大赛获奖作品集》择优收录了第七届全国中学生科普科幻作文大赛荣获一等奖的优秀作品，展现了全国各地青少年的科学激情、创作热忱和丰富想象，是青少年学习、参与科普科幻创作的实用素材，是青少年了解同龄人的思维方向、拓展自身想象空间的宝贵借鉴。未来虽可能只有部分同学最终走向科普科幻或科学研究的发展之路，但将来无论大家选择哪个专业方向，科普科幻对于好奇心的维护、科学兴趣的激发，以及科学素养、想象力、创造力等各方面的培养，都将大有裨益。

希望这本书在同学们的成长过程中可以发挥积极影响和正向价值，也希望更多的青少年参与到科普科幻创作中，用科学素养筑基脚下，用好奇心推动探索，用想象力和创造力构建未来。

中国科学院院士、中国科普作家协会理事长　周忠和

2021 年 9 月

序二：激发好奇心　点燃科学梦

习近平总书记指出："好奇心是人的天性，对科学兴趣的引导和培养要从娃娃抓起，使他们更多了解科学知识，掌握科学方法，形成一大批具备科学家潜质的青少年群体。"好奇心是探索科学规律、进行科学创造的不竭源泉，作为点燃梦想、启迪未来的助推器，它能够唤起人们对未知世界的探索欲望和对科学的热爱，驱动科技发展和人类文明进步。

科普科幻是传播科学梦想、科学方法之桥，是繁荣科学文化、提升科学素质的重要内容。青少年科普科幻教育是颇具创造性和吸引力的学习方式，蕴含巨大潜力。有效开展青少年科普科幻教育，对于激发青少年的好奇心和想象力，增强科学兴趣、创新意识和创新能力，培育具备科学家潜质的青少年群体，筑牢建设科技强国人才基础具有特别意义。

中国科普作家协会作为全国性科普科幻专业社会组织，一直致力于搭建科普科幻创作与教育推广平台。通过举办全国中学生科普科幻作文大赛，为广大青少年朋友搭建能够展现其科学思维、创新精神和写作能力的舞台。在广大青少年的积极参与下，经过多年发展，大赛也逐步成为具有专业特色、影响力大、吸引力强、可持续发展的想象力教育品牌活动。透过大赛，我们欣喜地看到科普科幻在青少年群体中产生的热度和共鸣，深刻地感受到了来自青少年的好奇心、想象力和创造力，看到了青少年群体中充满的无限可能和希望，发现了一批有理想、有抱负并具有很高文学水准的优秀人才，也为培养未来国家创新人才搭建平台、厚植沃土。

当前，世界正经历百年未有之大变局，人类社会正处在大发展大变革大调整时期；中国正经历广泛而深刻的社会变革，实现中华民族伟大复兴进入了不可逆转的历史进程。立足新发展阶段，踏上建设社会主义现代化强国、实现第二个百年奋斗目标的新赶考之路，科普科幻教育工作也面临着新机遇和新挑战。希望更多的科普科幻从业者、教育工作者、媒体人共同行动，践行习近平总书记“要把科学普及放在与科技创新同等重要的位置”“形成一大批具备科学家潜质的青少年群体”的重要指示精神，搭建完善科普科幻教育事业的生态系统，以高质量的科普科幻教育实践，为中华民族伟大复兴夯实科学根基贡献力量。

《等你，在未来（第七季）——第七届全国中学生科普科幻作文大赛获奖作品集》收录了第七届全国中学生科普科幻作文大赛获得一等奖的优秀作品，由专家精心评审挑选并汇编成册。这是第七届全国中学生科普科幻作文大赛参赛同学们想象力的历史记载，也是中学生优秀科普科幻作文的展示窗口，希望通过这本书，能够唤起广大青少年读者对于科普科幻创作的关注和热忱，在科学精神的引领下，大力弘扬科学家精神，勤奋学习，勤于思考，不断探索，用好奇心点燃科学梦想，开创美好未来！

中国科普研究所所长、研究员
中国科普作家协会党委书记兼常务副理事长　王挺

2021 年 10 月

前　言

一

全国中学生科普科幻作文大赛已成功举办七届，它是教育部认可的面向中学生的全国性竞赛活动之一，在全国的科普科幻界、大学以及中学中赢得了广泛的认同与赞誉。

大赛在助推科普科幻教育，助力提升青少年科学素养、想象力和写作能力的同时，也帮助众多参赛学生实现了自己的名校之梦。

许多专家评论说：“全国中学生科普科幻作文大赛是一项非常特别的作文大赛。”

为什么这么说呢？

一是大赛的定位特别：全国中学生科普科幻作文大赛是国内第一个定位于科普与科幻的作文大赛，是一项针对在国内传统教育中尚未受到足够重视的科学素养和想象力的大赛。在科幻掀起热潮的今天，大赛对于推动中学生群体参与、关注科普科幻创作，培养未来的创作人才具有重要意义。

二是参赛对象特别：全国中学生科普科幻作文大赛突破了传统的作文比赛以文科生为主的缺陷，为理科生也提供了展现想象力与写作能力的机会，实现了文学与科学的融合。

三是评价标准特别：传统的作文比赛，往往重视参赛者的文学性表达，但是全国中学生科普科幻作文大赛，首先重视参赛者的想象力、观察力，其次才是表达。如果小作者们可以将其想象、观察到的事情表达得清楚明白，也有机会获奖。

四是重要性特别：“创新是一个民族进步的灵魂”，在今天这个“综合国力竞争说到底是创新的竞争”“抓创新就是抓发展，谋创新就是谋未来。不创新就要落后，创新慢了也要落后”“科技创新、科学普及是实现创新发展的两翼，要把科学普及放在与科技创新同等重要的位置”的时代，创新从来没有这么重要过。而创新的前提就是想象力，特别是对未来的想象力，这正是全国中学生科普科幻作文大赛的定位。所以，此项大赛是助力国家创新战略的一朵小小浪花，中学生们参与此项大赛，也是训练与提高自己创新能力的一个小小的机会与实践。

五是专家阵容特别：全国中学生科普科幻作文大赛汇聚了国内科研、科普、科幻领域最著名的一批专家、学者、作家等作为评委，比如，林群院士，刘嘉麒院士，周忠和院士，《三体》作者刘慈欣，著名科幻作家王晋康，中国更新代科幻作家代表人物陈楸帆、江波等。

六是权威性特别：第七届全国中学生科普科幻作文大赛是由中国科普作家协会主办，清大紫育承办，《科学故事会》杂志、《知识就是力量》杂志、《科普时报》、江苏省科学传播中心、天津市科普作家协会、成都时光幻象文化传播有限责任公司共同协办的一项全国性的作文大赛。

七是影响力特别：第一届全国中学生科普科幻作文大赛的获奖选手，获得了国家领导人的接见与鼓励，这是任何其他作文比赛没有过的殊荣；各届多名选手荣获“全球华语科幻星云奖”最佳青少年作品奖；《科学故事会》杂志集中刊登大赛原创佳作；国家级科普期刊《知识就是力量》为获奖选手开设专栏。这些都从侧面反映出此项大赛的影响力、重要性与权威性。

八是颁奖规格特别：第六届全国中学生科普科幻作文大赛的颁奖典礼在2019中国科幻大会“青少年科学普及和科幻创作”专题论坛上举办；第七届全国中学生科普科幻作文大赛部分专家受聘仪式在2020中国科幻大会“青少年科普科幻教育”专题论坛上举办，并在国家级平台上展示了全国中学生科普科幻作文大赛举办的成果。

二

全国中学生科普科幻作文大赛是特别的，而这本“作品集”也是特别的。

首先，本书是当代中学生科学素养与想象力的记录。

本书收录的是第七届全国中学生科普科幻作文大赛全国总决赛荣获一等

奖的优秀作品，集中体现了当代中学生的科学素养、想象力和创造力。

其次，本书还是留给未来人类的一份珍贵的史料档案。

书中的大部分文章记录的是我们今天的中学生对未来的预测和对今天的理解，具有特殊的收藏与历史价值。

三

在第七届全国中学生科普科幻作文大赛的作文主题之下，很多优秀的小作者脱颖而出，他们想象力之丰富令评委们赞叹不已。

更难得的是小作者们在对未来的想象作品中又充满了对当下人性与人生的思考。他们在作品中表现出来的让人惊叹的科幻想象与深厚的人文情怀，无疑令本书更具有可读性和收藏性。

我们有理由相信：在不久的将来，某一篇获奖作品所描述的画面就会出现在现实生活中，到那时，后人再读这本书恐怕会有不一样的感慨！

四

正是因为全国中学生科普科幻作文大赛以上的特别之处，有很多大学在招生时，开始重视大赛的奖项，重视大赛中获奖的学生们，已经有众多中学生通过本大赛的奖项升入了自己理想的名校。

希望有更多的学生通过全国中学生科普科幻作文大赛的历练，可以让——

心仪的名校，在未来等你；

渴望的成功，在未来等你；

期待的幸福，在未来等你；

让一切美好，等你，在未来。

编者

2021 年 10 月

目 录

敬畏自然 尊重自然

白思宇/高二年级 苏小霞/指导老师 上海七宝中学附属鑫都实验中学

对于许多人来说，可能永远感觉不到自己每天清晨能够睁开双眼是一件多么幸运的事情。因为许多时候，自然灾害、气候变化就发生在一刹那，我们真的应该为可以生活在相对稳定的环境里感到幸运。

大约在七万四千年前的一个早晨，阳光一缕一缕地照在大地上，印度尼西亚的苏门答腊岛也迎来了光明，可令正在辛勤劳作的人们怎么也想不到的是，一场没有任何预兆的灾难正在悄悄逼近他们。

当时的苏门答腊岛地质活动十分剧烈，岩浆在地下高速流淌。只听到一声巨响，位于苏门答腊岛上的多巴火山忽然喷发，惊醒了正在沉睡的人和动物，他们四处奔逃。无情的滚烫熔岩从火山口出来，像猛兽般奔腾了一百多千米，吞噬了沿途的一切。

然而，这只是灾难的开始。火山愤怒地将大约几十立方千米的碎屑抛向空中，又经西风带向各处。火山灰就像毛毯般覆盖了整个印尼次大陆，之后在大气环流的帮助下形成了全球性的雾霾天气，阳光被遮挡，气温大幅下降，就这样，一场持续了整整五年之久的火山冬天就此展开。人类和动植物有的冻死，有的饿死，有的窒息，只有数千人类和少量动植物坚强地活了下来。

在这次事件中，我们看到了大自然的威力。雨果曾说过："大自然是善良的慈母，同时也是冷酷的屠夫。"人类依靠自然，也应该去敬畏自然，敬畏气候的变迁。

我曾看过这样一则事例：在新冠肺炎疫情横行之际，一位老人躺在医院的病房里，被告知要支付使用呼吸机一天的费用。当接过账单后他哭了，医生以为他付不起，但老人却说："我有钱，之所以哭泣是因为我呼吸了大自然九十年的新鲜空气却未付过一分钱，你知道我欠这个大自然多少钱吗？"

既然我们依靠着大自然，便没有理由伤害它，更不能有"先污染，后治理"的思想。我们常常口头上呼喊着要敬畏自然，却很少落实在行动上，大自然一定很生气，所以才有七万四千年前的那场火山爆发和随之而来的气候变迁。如果我们人类再不将尊重自然付诸行动，气候将会变得更加极端，大自然也会在之后的日子里频繁地展示它的力量，到那个时候，我们或许就真的会担忧自己能否在第二天的清晨睁开自己的双眼。

我们都不希望让上述假想变成现实。所以，让我们爱护自然、敬畏自然，让人类与自然和谐共生，让可持续发展的未来属于人类！

指导老师：苏小霞，文学学士。中学高级教师。

世界与你，皆不可负

白韵瑶/高三年级　姚国永/指导老师　云南玉溪衡水实验中学

“唰”，首都研究室紧闭的大门被缓缓拉开，阿泽阔步走了出来，双眼充斥着血丝，“还差一种序列……”他喃喃自语道。

公元2070年，全球各地区均处于高温之中。两极冰川消融，海平面不断上升，淹没稻田、村庄以及繁荣的城市。人类建立起一个半透膜结构式的基地，生活在其中。面对日渐上升的海平面，科学家们终于决定从基因研究入手，找寻解决方案。

将鱼和人的基因完美融合并表达——这就是阿泽的实验研究。他相信，自己一定会成功的，只是时间早晚而已。阿泽回到房内，躺在靠椅上，弟弟阿诺走进来说：“哥，你要的基因配对报告我已经取回来了，你也别太辛苦了。”阿诺似乎还想要说些什么，但耳畔传来哥哥沉重的呼吸声。

已是日暮，阿诺独自沿着基地的边界行走，在膜的另一侧是比他还高出半尺的浑水。他深吸了一口气，“哥，对不起了。”

阿泽梦到他的实验成功了：人和鱼的基因融为一体，接下来就是将这份基因转移到人体内，再把人放置到辛普特这个用两束不同粒子波轰流分解的牢笼中，其产生的特定频率会改造人类的基因，从而让人类也能表现出像鱼一样潜游于海中的性状。但当看清被试者的模样时，他忽然惊醒了。

“不可能！这个人怎么会是阿诺！”阿泽连忙走到桌旁，拿起了报告单。此时，夕阳洒进了卧室，他脸上的惊恐一点点被照亮，也照亮了那张报告上书写的姓名。

他跌跌撞撞向研究室奔去。当看到敞开的研究室大门，他慌了神：“这一切都是假的，你可是我在世上唯一的亲人啊……”门中走出一名女子——顾依，她走近并拍了拍阿泽的肩道：“这是小诺自己的选择，他拥有拯救人类的基因序列，他能够拯救地球。”女人顿了一下，又望向基地的上空，海水已淹没了绝大部分的基地外膜。“阿泽，鱼和熊掌不可兼得。他的频率会覆盖世界，他将会一直在你身边。”说完，顾依便要转身离开，“对了，小诺说能帮上你，他很开心。”

阿泽走入实验室，抚摩着他倾尽所有精力制造的辛普特牢笼。他想过任何一个人，甚至是他自己进入辛普特的场景，可始终没想到会是阿诺。那种细胞溶解、骨骼破裂的滋味再也不会有第二个人知道了。他伫立在那儿，“嘀”——一旁的培养箱亮起了绿灯，“培养箱……基因培养……对了！”忽然他脑中闪过一个疯狂的念头。

几个月后，阿泽身着致密太空服，坐上了操作台上。顾依一边为他戴上装备，一边说：“虽然想法很荒唐，但我理解你，现在人类已安然无恙，祝你好运。”阿泽点了点头，启动了飞船，在基地透膜破损的一瞬间，径直飞向了宇宙。四周的浑水立刻翻转着灌入、填满了基地，但人类却迎面钻入，不断地吐出小气泡，向上游去。基因改造成功了！人类得救了！

另一边，阿泽找到了宇宙痕隙。这是一个时间与空间错乱交织形成的裂痕，原子不断交叉碰撞增速，使得时间和空间回溯产生第二空间，阿泽只需进入其中，将培养的细胞株扔进辛普特，就能改变时空运转。但这样的行动前无古人，没有人知道里面迎接来者的，是光明还是黑暗……阿泽深吸一口气，将飞船驶入了裂痕之中。

“哥，你也别太辛苦了。”熟悉的话传入脑中，阿诺站在了身旁，还是那个傍晚。阿泽来不及惊喜，立即拉着阿诺前往研究室。那团白色的细胞株渐渐消失在辛普特的轰鸣中。

人类的文明得以继续书写，同时人类也因尝到了大自然的威力从而变得尊重敬畏自然。阿诺不止一次问阿泽为什么要冒那么大风险来救他，阿泽虽然没有回答，可心中却说：“我不是什么正人君子，也有一颗私心。你想保护世界，那我就来保护我唯一的亲人吧。”

盛世浩大，星河长明。你同世界，皆不可负。

指导老师：姚国永，毕业于云南师范大学汉语言文学专业，文学学士。中学一级教师，曾获市级优秀教师、市级教坛新秀等荣誉称号。

狂风起于巅末

毕惠宁/高三年级　肖永秀/指导老师　山东省淄博第四中学

那段回不去的旧时光，是眼前挥不去的迷茫。地球毁于20年前的超高温爆炸和大洪水。公元3017年，人类火星基地仅剩一人。

“咳咳！”病床上的男人咳出一口血，看了一眼窗外灰蒙蒙的世界，“008，”他唤我的名字，“时光机做好了，它可以带你回到2087年，地球还没有那么糟的时候，咳咳……去吧，替我看看，能不能改变些什么……”

机器人是不会伤心和流泪的，但我似乎感受到了那种名叫悲伤和心酸的东西。火星上起了风沙，他的生命定格在那一晚，主人走了。我踏进时光机，闭上眼，穿进了虫洞。当我再睁眼时，眼前已是一片青山绿水。

我抬手擦了擦视觉传感器，心想：“传感器坏了？还是我穿越到了2050年以前？明明2050年以后就没有这么大面积的绿地了啊，不是都被开发成居民区了吗？”

我一边走，一边扫描着周围的环境，居然发现了大量的未知植物品种，我取来其中一株的茎尖组织，正准备做量子检测，不料一只手从后面拍了拍我：“你是谁家的机器人啊？我们小区怎么没有你的云身份数据？”一位戴着眼镜的大爷对我说道。我扫描了一下他胸前的身份码说：“张先生，您好，我不是这里的机器人。请问现在是哪一年？这是哪儿啊？”

“啊？”张大爷扶了扶眼镜，“今年是2087年啊，这不就是北京嘛！”身份码数据库里显示，他是北京1167号植物社区的安保员。

信息量有些大，我有点反应不过来，CPU出现了数次数据崩盘。植物量子检测结果显示，植物细胞里居然蕴含着大量可燃性气体，它燃烧后释放的能量比相同物质量的氢气还要多！而且张大爷的衣料所用的纤维素居然跟这种植物相同！

怎么回事，2087年时人类不是还没有掌握纤维素再塑技术吗……也没有那种前所未有的超级植物，这真的是我们以前生活的2087年吗？我忽然有了一个猜测。

“008。”有人唤我的名字，我回过头，晨晖下，一张熟悉的脸神采飞扬。“主人……”他身后又晃出来一个闪着金属光泽的人影，笑着冲我招手：“还有我呢！”“008？！”

我们三个并肩走着，“008。”“是，主人。”两个声音同时响起。“呃，来自未来的008，”主人顿了顿说，“我想，你应该猜到了，那个时光机连接的不是过去与未来，而是接通了两个平行宇宙。”

“那种植物，”他指着随处可见的含特殊气体的植物，“是我和他一起培育改良的，把动物体细胞和植物体细胞杂交，同时导入酵母菌和新型甲烷真菌的遗传信息，制成了能产生新型高能能源——‘气鎏金’的植物。我23岁那年，他通过时光机把研究成果给了我，让我用科技开发新能源。同时，还给了我那个世界地球的照片，叮嘱我一定要告诫人们顺应自然，保护自然，千万不要做会后悔的事。”

我终于明白他为什么夜以继日地做着那些看似无用功的实验。“原来，他为这个世界做了这么多。”

“是啊，世界科学家联合会把他送来的照片公布之后，人们意识到了要保护环境。人们主动淘汰了汽车，发明了瞬移工具，世科联会还成功做到了空间压缩，将100平方米的房子压缩到5平方米，人们还主动植树，拒绝塑料产品，更有民间科学家改良发电工程，将气鎏金的利用方法推向成熟……虽然改变以前生活方式的道路漫长而又曲折，但这个世界的人都相信，只要用心改，用心学，总有改变未来的那天。”主人感慨道。

“哦，对了，”2087年的008突然说道，“未来的008，你可别怨主人当初没通过时光机把你带来哈，他也试过，但初代时光机机器人是穿不过的。”

原来是这样，他又用了那么多年时间，把去另外一个世界的机会留给了我。

起风了。大风摇动飒飒青林，时光机不是为了改变过去，而是为了开创更美好的未来。狂风起于巅末，止于晨曦，万幸。

指导老师：肖永秀，毕业于山东师范大学汉语言文学专业，中学一级教师，多次获得淄川区优质课一等奖，多次被评为淄博市及淄川区教学先进个人。

星际探索

毕力 / 高二年级　王丹丹 / 指导老师　山东省青岛西海岸新区第八高级中学

公元 4025 年，人类在航天科技领域有了飞跃性的进步。从古至今，人类对未知宇宙的探索从未停息，从理论到实际，从幻想到实践，从如履薄冰到大胆前进，如今，人类对未知宇宙的探索已成为本时代的核心任务。

20 世纪至今，科技发展迅速，尽管发达的科技为我们带来了便利、快捷、高效的生活，但也给地球环境带来了不可逆的污染与破坏。如今的地球失去了先前的光辉，变得昏暗无比，联合国环境计划署于今日凌晨宣告：目前，石油、天然气、可燃冰、矿石等非可再生资源已十分匮乏，水资源短缺，再加上全球变暖的影响，如今的地球已不适合人类生存……当天夜晚，身为星际探索的首席执行官，我在会议室召开会议。

突然，一道刺眼的白光从天空中飞来，在与大气层剧烈摩擦后发出四处掉落的火星，众议员忍不住惊呼了起来，“那，那是什么？是陨石吗？是小行星撞击地球吗？”伴随着重物落地后巨大的爆鸣声，整个世界陷入了黎明前的黑暗之中……第二天，此消息成了热点话题。研究人员对碎石进行分解研究，发现此中元素并非人类已知宇宙的物质，其排列方式令人难以理解，我们将其命名为［秘］–X0419 号物质。

夜里，我独自一人走在充满大气污染物以及弥漫着无数未知夸克微粒的街道上。脑中回想起几年前叔叔在一次探索任务中失踪一事，心头不禁酸涩。回到家后，我发现地下室有一个布满灰尘的城市构造立体模型与一卷崭新的磁带。我拿起那卷崭新的磁带，说：“威尔斯，瞄准磁带，进入扫描播放。”威尔斯是目前最先进的人工智能 AI–01。“孩子，叔叔一生都沉迷于星际探索，这次可能是我最后一次执行任务了，早期我藏在你地下室的那个城市模型是我毕生的心血，希望你能够继续研究下去！”难道这卷磁带也是叔叔留给我的吗？模型？叔叔毕生的心血竟是这个模型？我的脑中不禁有许多难以解答的困惑……“威尔斯，瞄准模型，扫描！”“删去绿化、路灯、行人的构建，重新构造！”一幅新的蓝图呈现在眼前。这是一种前所未有的原子排列方式，是一种多态元素，必定会为我国探索未知宇宙的工程提供重大帮助！

正当这时，电话铃声响起，“首长，[秘]-X0419号物质有重大发现，发现多种未知元素，有一种核心元素的排列方式更是奇怪！”来到研究室，我发现那种核心元素不正是多态元素吗？这块物质到底与叔叔的探索有什么关系？各种疑惑在脑中徘徊……“威尔斯，通知各单位召开紧急会议，全员务必到位！”会议开始，“各位将领，据我们最新的科研发现，这块物质碎石有极大可能来源于非已知宇宙，短时间内对地球没有致命的影响，但可能会影响下一代人的生命健康，况且其中的多态元素极不稳定，在当前全球变暖与军事核污染极为严重的前提下，不能确保多态元素不会变异，我们不能坐以待毙了，我提议向未知宇宙探索，寻找适宜人类生存的第二个星球乃至宇宙空间。”

全球变暖与突如其来的不明物质，迫使我们进行了对未知宇宙的再次探索。计划虽然已有，可是参战人员又去哪儿找呢？联合国秘书部发来加密地址，“首长，那是我们秘密进行生物基因突变的实验基地，那里会有你想要的人员；另外，今日一封秘密邮件说为计划准备了一艘超越当前科技水平的飞船。”我来到实验室挑选人员，总共12名参与人员全部就位。回到总部，那艘飞船原来属于航天公司SpaceX分区，那里可谓是宇宙飞船的“祖师爷”，飞船则由英、法、美、日、中、意等多个国家目前最先进的技术打造而成。

“3、2、1，点火！”计划行动日已到，我们背负着全体人类的希望出发了！此次行动被命名为[秘]-XD0838行动，小组被命名为XD0838小组，起初很顺利，但17天后，机舱内温度上升，也许是磁暴与耀斑导致了设备失灵，许多小组成员晕倒在地……不知过了多久，飞船一切恢复正常，叫醒我们的是副指挥张站。我们已来到一片昏暗之中，前处有几丝光亮，飞船由于受到极大损害，在那颗有亮光的行星上紧急迫降。原来那几丝光明竟是土地上的夸克粒子发出的，而且这里竟然有水的存在，这极有可能是适宜人类生存的宇宙空间。

由于大气层稀薄，这颗行星的昼夜温差很大，刚打开机舱，身上便有了一层霜。在勘察地形一周后，发现并无异样，我们放松了警惕，但好景不长，我们的小组副指挥张站在一次勘探任务中失踪了。在一次飞行任务中，技术人员阿辰大呼:“全体成员一级警戒，前方1500米处有类人形物体高速移动。”在高倍镜头画面回放中，阿杰喊道:“视频回放后退3秒，北偏西36度300米处放大!”那不是XD0838小组的袖标吗?怎么会在那里一闪而过?深夜，似乎有人在敲击飞船，我穿上作战服后查看，这不是张站吗?心中不禁充满了惊喜与困惑。我立刻拉响警报，向备战室走去，其余10名人员跟随我慢步走向张站，他双眼无神，四肢僵硬，全然不似之前的模样。“队长，小心!”志伟大声呼喊。没等反应过来，我已被一不明高速物体撞飞数十米远，我们的作战服是由号称地球最坚硬的晶体物质——K5NCH制造而成的，竟也被它撞出了裂缝，地面一片血迹……

清醒过后，身旁竟出现了染上血迹的[秘]-X0419号物质，此时的天空中竟出现了极光。我究竟在哪儿?是没有离开已知宇宙吗?还是处于适宜人类居住的空间?染有血迹的秘密物质在极光的照射下，竟然……

指导老师：王丹丹，教育学硕士，毕业于西南大学汉语言文学和教育学原理专业。中学一级教师，任教于青岛西海岸新区第八高级中学。

觉醒时代

毕晓睿 / 高三年级　朱宜学 / 指导老师　江苏省宿迁市泗阳中学

2070 年，联邦研究所。

加文关掉了研究报告的全息投影，走出会议室，表情略显凝重。早上的例会终止了一位前辈苦心钻研数十年的研究项目，联邦派来的议员与德高望重的伊文博士公然呛声，摆明了联邦高层的态度——必须要在最短时间内研究出成果。

在全球气候变暖的背景下，人类与自然的矛盾不断激化，由于人类的过度开发利用、向自然界排放废弃物等不合理活动，导致海平面上升，许多岛国已被淹没；生物灭绝，大片大片土地变得死气沉沉，方圆百里除了呼啸的风声，什么也听不见；两极冰川融化，支离破碎，连找到一块完整的广阔冰原都可望而不即……

“嘿，加文！”大个子普鲁斯从实验舱中探出半个头，叫住了经过的加文，鸟窝似的头发乱蓬蓬的，灰蓝色的眼睛疲惫不堪，护目镜随意地挂在鼻尖——他已经有五天没睡好觉了。普鲁斯目不转睛地盯着加文：“今早的例会如何？”

加文捏了捏鼻梁，低声道：“死亡人数依旧在上升，缺氧和寒冷仍是中高纬度地区面临的最大问题。”犹豫了几秒，他抬头与普鲁斯对视，“伊文博士的实验被终止了——前期投入成本太高，后期样本数据缺乏，联邦高层得不到想要的成果，不愿再提供资金支持了。”

这对伊文博士无疑是个巨大的打击，作为同事和后辈，普鲁斯也有些不好受，身为研究员最害怕的就是有心无力。

“全球变暖的速度太快了，两级地区的极涡减弱，分裂成的若干个环流偏离极点，中高纬开始被来自极地的冷气团控制，干冷、缺氧、极端天气……博士的研究需要宏大的数据支持为基础，而且很难做到大规模推广，无法解决现在的紧急情况。时间……我们最需要的就是时间，可一点一点吞噬我们的也是时间。”

“最让我感到痛苦的不是这个。”加文喃喃道，手指不自主地摩挲着半卷的会议报告，“联邦日报上每天都会刊登许多船队冒着死亡的风险前往南极开采煤炭资源的报道，开采出来的煤炭矿产再通过地下黑市对中高纬度的人们高价售卖……这让我痛苦迷茫，我甚至开始怀疑是否有人愿意相信我们的努力有意义……”

有这样想法的不只加文一个，研究所的每一个人都时常会感到消沉，越是了解他们面临的是何等的灾难，越是疲惫无力。

“于万人中，只要有一个人相信，我们就不该辜负这一期许。”普鲁斯拍了拍加文的肩，目光坚定，“还没到最坏的时候，我仍相信人类终会觉醒。‘我行过死亡的幽谷，也不怕遭害，因为你与我同在。’加文，你或许应该去外面看看，你会感受到的。”

加文疲惫地闭上了眼睛。

当来自极地的寒风呼啸着行斥于人类仅存的栖息地，当昔日排放的废气化为无尽的灾难加倍偿还于我们自己……自私的人类啊，你是否有过一丝悔意？你是否开始觉醒？

适合人类生存的大陆越来越少，联邦所管辖的区域中仍能保持基础设施供应的城市寥寥无几，居民区更是形成以森林为中心分布的格局。在人类几乎将自然破坏殆尽之时，恰恰又是这几片幸存的森林，不计前嫌地庇护了人类。

加文走出研究所，调整呼吸，拐入一条小径，树木的清香使他的思绪清晰平稳。

早在几年前，联邦就颁布了在全球范围内植树造林的法令，研究所的周围也是被许多树木覆盖，倒不是害怕高能耗的研究设备带来的热岛效应，事实上研究所产生的所有热能都已通过各种导热装置输送到各家各户用于替代燃料资源。种树其实是全球性的一种趋势，代表着人类与自然的协调，以及人类抵抗全球变暖的决心。

耳畔的风中夹杂着孩子的笑声，加文已许久未听过这样清澈的声音。透过树枝交错的缝隙，他看见了一个六七岁的男孩儿坐在废弃的秋千上小幅度地晃动，年轻的母亲在他身后小心地扶持着，脸上带着淡淡的笑意。小男孩看见了加文，眼睛兴奋地瞪大：“你是研究员吗？”

加文身上的研究服还没来得及换下，胸前的标志很是明显，他冲小男孩点点头：“你好，小朋友。”小男孩脸涨得通红，声音稚嫩得像春天柳梢上第一片新长的叶子：“哥哥，你们是不是又要研发出拯救世界的武器啦？我在新闻上看到过！这次是缓解高纬度地区寒潮的新型装备，对吗？”加文微微一笑：“不是拯救世界，是保护世界，就像你保护你的妈妈一样，地球是我们共同的母亲，我们也要保护她。”

对话很短，对方又只是个孩子，加文却仿佛得到了什么，曾经一度困扰他的谜团被解开，心中有什么东西想要破茧而出。他冲年轻母亲致意，说了再见。

依旧有人相信他们的努力，依旧有人类在觉醒。

人类的伟大在于，他们总能在山穷水尽之际，展现出他们的坚韧与博爱。

小男孩的声音在加文的身后响起：“妈妈，为什么总是有人能够挺身而出，保护这个世界呢？”年轻母亲的声音温和坚定：“因为大家都爱着这个世界啊！这个世界给予了我们太多太多，我们应该知恩图报。还有好多人饱受极端气候的折磨，宝宝不想保护他们吗？”小男孩大声道：“想！我以后也要当一名研究员，保护地球母亲！”

远处的加文笑了笑，踏上返回研究所的路。

人类文明持续了数百万年，先是原始社会，人类依赖自然；再是农业社会，人类认识自然、改造自然；再是工业社会，人类破坏自然；后是信息化社会，人类与自然已完全不协调。而如今的社会，我们称之为觉醒社会，人类保护自然。

指导老师：朱宜学，中小学高级教师，从事中学语文教学近30年。

最后的地球

蔡静怡 / 高二年级　王恩亮 / 指导老师　吉林省长春市德惠市实验中学

人法地，地法天，天法道，道法自然。天高地迥，觉宇宙之无穷。我们不能做地球的主人，而要做地球的伙伴，要想实现永续生存，恐怕这是唯一的办法。

现在是 2060 年，距离真正实现人类的计划还有 10 年。地球在经历了无数次海啸、地震、热浪、飓风后，早已不堪重负。物种灭绝的速度令人触目惊心，地球上生命体消失的数量让人不忍直视，人类危在旦夕。最可怕的是水资源的枯竭，虽然已经有高级的离子分离技术，可以通过高频率振动将水中溶解的氯化钠等物质分离，实现海水淡化，但是淡水的消耗速度却是海水淡化速度的几十倍甚至上百倍。地球上还建立了很多纳米级的核工厂，每天向大气中排放更高危险系数的空气污染物，人类变本加厉地发展工业文明，抢夺地球资源，甚至准备放弃地球，开始逃亡。在人类几近疯狂的逃亡计划背后，从来就没有人想过，或许对地球好一点儿，这一切就不会发生；如果我们将破坏地球的技术加以改造，就能保护地球。我们要的是碧水蓝天，是星光烂漫，是万里云霞……

此刻，在一座建立在空中的实验站里，有一个人在超清视像仪前观测天气云阁，他眉头紧锁，眼中仿佛有数不尽的焦虑和担忧。他推开窗子，被外面的空气呛得咳嗽不止，低头望着高空下裂开的地面和弥漫的烟雾，内心饱受煎熬。人类已经无法生活在地表，只能在空中定居，就像随风飞转的蓬子，无根飘荡。他叫艾森，是研究人类资源抢夺计划的技术总工程师，他的妈妈叫黎茉，是一位端正典雅的中国女性，她曾经喜欢带艾森去看“火烧杏林红霞落，李花怒放一树白”，去赏“秋水共长天一色”。“黎茉，莫离。不还是离开了我吗？”艾森自言自语。助理小梅走了进来，她知道他又想念妈妈了，艾森的妈妈是死于肺结合性多元体扩散，是因为吸入了太多的空气污染物而导致肺部机能损坏，那时，不知有多少人死于这种因环境恶化所导致的疾病。

良久，实验室里谁都没有说话，直至艾森先打破了平静："小梅，你来看这组最新显示的数据，地表温度升高得越来越快，真的没有时间了，如果人们能回头看一看，就会发现，与其放弃地球，在漫无边际的黑暗宇宙中飘荡，不如用手中的技术拯救地球。如果真的需要一个人来守护最后的地球，我希望是我。"

艾森研究起了合水技术。通过识别不同物质的高反射弧来确定并收集空气中的氢元素，用氢作为主要的能源物质，其燃烧产生的水散发到空气中，没有污染。再通过捕获空气中的温室气体包含的高强能量，来实现氢氧元素与水之间的循环转化。如果这项技术得以实现，那么空气中的温室气体自然会减少，能有效降低地表温度。至于后续的空气污染物清理，可利用粒子解法收集转化净化器，将污染物变成能源物质。终于，艾森将这一技术研发成功了！

艾森十分欣喜地带着他的成果去找星际战争的总指挥帕克时，突然，地面产生巨大的震动，受来自太阳耀斑风暴的侵袭，岩浆喷发，机器失灵，核泄漏严重。在这千钧一发之际，艾森将手中的技术成果交给了帕克，自己开着飞船摧毁了核站，不幸牺牲。他走前的最后一句话是："帕克，希望你帮我完成计划，守住地球。"

2070 年，帕克公布了艾森的研究成果，人们开着氢能源汽车，身上带着艾森研究的气体转化机，地球山青水绿天蓝，空气清新宜人，气候变暖问题不复存在。

天高地迥，觉宇宙之无穷；兴尽悲来，识盈虚之有数；辗转多次，识自然之本色；奋斗数年，达人与自然之和谐共生。

天空中的云朵像艾森的笑脸，注视着蓝天下千万个为守护最后的地球而奋斗着的"艾森"。

指导老师：王恩亮，毕业于北华大学汉语言文学专业。中学一级教师，曾获得德惠市市级骨干教师等荣誉。

砂 飓

蔡坤志/高三年级 史涛/指导老师 江苏省宿迁市泗阳中学

“啧，”老崔眯着有些近视的眼睛，盯着2059年11月14日的报纸，皱着眉头，“虎鲸也灭绝了。”他就喜欢读这些早该被时代淘汰的报刊。

“这几年海平面又上升好几厘米，西欧都成‘亚特兰蒂斯’了，海里的东西怎么还一种接一种地灭绝？”科探队中负责后勤的年轻后辈杰瓦不解地问道。

队长莫里斯从一堆化学仪器前抬起头来，笑了：“因为热啊！海洋平均温度已达三十摄氏度，一般生物怎么受得了？”忽然，他想起什么似的，转头一脸严肃地向我问道：“李，新型催化剂研究得怎么样了？”

突然被点名的我一惊，立即回答他还在研究，却忘了口中还有咖啡，忙不迭被呛了一下，咳个不停，全车人被逗得哈哈大笑，惬意的氛围笼罩在大家身上，丝毫没有危机来临的紧张气氛……

一个月前，随着第138号元素的发现，科学家们研究得出的结论震惊了全世界：这种元素可以有效地催化水在光照的条件下分解为氢气和氧气，效率是上一代催化剂的两倍多。

这条消息点亮了全球仅剩的三十亿人的希望。早在二十年前，最后一克化石能源燃烧殆尽，地球进入“热洋世纪”：两极冰川大量融化，海平面疯狂上升，有条件的人们转移到高原地区，没有条件的人们死于干旱、洪涝、海啸、寒冷、饥饿、瘟疫。一切都好像创世纪中那场大洪水。不同的是，上帝没有降下诺亚方舟，在一片海水的炼狱中，人们饱尝自己自以为“万物之主”的恶果。在各国协商一致使用尚不完善的氢能之后，这条消息就成了人类战胜恶劣自然环境的唯一希望。为了能够在138号元素的衍生物中找到最高效实用的催化剂，联合国成立科探队，来到元素发现地——青藏高原。而我，则作为首席化学家参加本次任务。

我们乘坐的巨型氢能科探车翻山越岭，到达喜马拉雅山脉脚下。刚下车，我们就被眼前的景象震惊：铺天盖地的褐色细石被怒号的狂风恣意卷起，无情地扑在我们脸上，脚下是荒芜苍凉寸草不生的开裂冻土，远处连绵不绝的山脉上，一半是飞沙走石，一半是白雪皑皑。本应是巧克力圣代的模样，却给人一种难以名状的压抑之情和末世之感。作为为数不多的海平面以上的地区，虽有人在此生活，却完全像是在沙漠中求生一般异常艰苦。谁能想象得出，这里曾是游人不绝的“世界屋脊”？谁能想得到，自然竟如此冷酷无情？

恶劣的环境无法阻止我们的脚步。科探工作按计划顺利而有序地进行：老崔率领勘探组进行挖掘采集，我与助手进行一系列化学研究，通信小组每天进行工作汇报。进行科探工作的第五天深夜，其他成员已安然入睡，我仍在奋笔疾书，记录当天的研究成果：“以锰元素催化双氧水为例，氧化物似乎在氢氧元素的催化上有独特效果，这一点与五氧化二钒催化二氧化硫氧化有相似之处，初步分析第 138 号元素符合金属氧化物催化剂规律。”我合上笔记，倒在床上沉沉睡去。

不知过了多久，一阵剧烈的震动突然把我惊醒，摇晃之余，呼啸的风声几乎撞碎防弹玻璃，震耳欲聋。警报声响起，我奔向会议室集合。

“怎么了？”慌乱之中我焦急地问道。

“砂飓。”队长严肃而冷静地答道。

我不再说话。新气候“砂飓”是二十年前出现的一种气候现象，风力有三十级。每当这种气候出现，整片天空都会被黄沙掩盖，在风中飞舞的碎石如刀片般割进混凝土中，摧毁所到之处的一切建筑和生灵。野外勘探时遇到这种气候，我们每个人都看到了悬在头顶上的达摩克利斯之剑。

勘探队全副武装地冲入伸手不见五指的黄沙碎石之中检查车辆，十分钟后，老崔懊恼地爬回室内，扔掉头盔：“通信中断，三分之一的轮胎爆了，最要命的，氢源装置泄漏。”听到最后一句话，全车人陷入了沉默。没有信号，没有补给，没有能源，唯一的出路，就是用新型催化剂紧急分解水。全车人的目光投射到我身上，我低下头，攥紧拳头。

砂飓第五天，食物耗尽，138 号元素氧化物制备进展微小，它的化学性质颠覆了适用于其他元素的绝大多数结论。

第六天，杰瓦倒下了，后勤工作的担子太重。

第七天，老崔从瘫倒的状态中突然跳起，怒目圆瞪，抓住我的衣领，又放下了。我知道我得快一点，我知道我们的精神几近崩溃。

这就是自然吗？看着窗外的漫天黄沙，我陷入了绝望。自然就如此无情吗？不，不，想想这吞噬一切的全球变暖，想想这凶残的砂飓，这是人类自己造下的恶果！我们要葬身于此了。砂飓还在继续，我们动弹不得，研究还有最后一种可能！用粒子！尽管直接用氧原子轰击物质的说法听着荒谬，但这是特殊的138号元素！不试怎么知道？这是最后的办法，不试怎么能活？

我支撑起自己的身体，将装置调校完毕后，颤抖着把原料投进去，下意识地屏住呼吸，宛如在茫茫黑夜中抓住深空里最后一颗微弱的星，把所有的希望寄托在一个小小的仪器开关上，咬紧牙关摁了下去……

恍如一整个世纪的六十秒悄然流逝。

打开仪器，一种未曾见过的粉末赫然出现。

我嘶哑的喘息声夹杂着无法辨认的疯癫的笑突然爆发出来。内心深处的火苗蹿起冲天烈焰，我将粉末投入盛水的烧杯，原本通彻透明的液体中升起粒粒气泡，刹那间充斥整个烧杯，火山爆发似的不断喷出。

成功了？我睁大了布满血丝的双眼。成功了！看着眼前烧杯中的狂欢，我跌坐在地，疯了似的抱着头又哭又笑……

科探车的动力装置修理好了，我们将最后一箱水倒入水箱，把所有粉末一撒而尽，启动车辆，任凭它朝着远处的基地飞驰。

看着无情扑打着窗户的沙石，我欣慰地笑了。人类，一切生灵，在自然面前多么渺小卑微，没有人能主宰自然，自然才是主宰。不堪一击的人类啊，砂飓在吼，就让它吼吧，我们要借它的力一起吼，让自己的声音飞得更远。自然想要什么，我们就顺应它，借它的力，才能保得所有生灵的平安。

我闭上眼，沉沉睡去。等我睁开眼，迎接我的，将是人与自然和谐共处的新纪元。

指导老师：史涛，文学学士，毕业于扬州大学，汉语言文学（师范类）专业。中学一级教师，曾获江苏省泗阳中学优秀教师等荣誉。

胡不归

曹博雄 / 高二年级　唐冬霞 / 指导老师　江苏省宿迁市泗阳中学

公元 2056 年，中国科学家首次实现了太阳能与氢能的直接转化。世界媒体一片欢呼：“这是能源史上的新纪元，它是我们对抗气候恶化的阿波罗！”

这种日氢转化装置以水为反应环境，其中加入了一种催化剂“吸日子”，可以源源不断地转水为氢能，更重要的是，这种催化剂还能将氢能转为固体固定在“吸日子”中，使用时加入另一种催化剂“催日子”即可放出氢能，大幅度提高了氢能的适用范围。一时间，各种氢能设施涌入市场，人们高呼：“绿色世界指日可待。”

两年后——

“尤先生，外面有一群暴徒喊着要见您。”

“我自有安排，你先出去。”冷冷的声音响起，这声音的主人身着西装，眸子如一潭深不可测的湖水，眼神锐利如鹰。他叫尤孤，年仅而立便平步青云，成为洪宙公司的 CEO。没人知道，为了今天的地位，他的手上究竟沾了些什么。

他站起身，向门外走去。

公司门外，一个衣领被汗渍染得发黄的胖子正朝着人群呐喊：“那些半吊子的科学家们说什么狗屁氢能可以拯救世界，结果他们把大部分水搞成了废水，今年旱情死了多少人，叫经理滚出来，给我们一个说法！”“吴良万岁！经理滚出来！”人群中爆发出雷鸣般的声响。

尤孤在门内一面命令警卫队包围暴徒，一面手执电波式话筒走向门外。他没有理会门外的辱骂和威胁，端起话筒，向人群讲起了氢能的应用给垂死的大气带来了多少转机，氢能汽车、飞机的环保与便利。人群逐渐安静，吴良一声怒叫又掀起了狂热：“睁开你的眼，看看非洲有多少渴死的尸体。”尤孤一面示意警卫包围他，一面又说：“吴良，你不要拐卖正义。你以环保代言人自居，可你用环保组织的钱干了些什么。买豪宅，买豪车，还夺了一条河给自己的豪宅作装饰，把你那河里的水舀上来分给难民，就能救活国家一半的人……”

尤孤话未说完，头上中了块石头，他趁势倒下。人群大惊，警卫趁机把他们轰了出去。看到这一幕，人群中的一个中年人低下头来深深叹了口气。

尤孤回到办公室后，他的脑海中一直盘桓着一个声音：“用A方案需要12年才有收益，B方案赚钱快，但会造成世界水污染，无论如何我们不会同意协助你进行B方案。”他心里清楚，所有知道A方案的人都被杀绝了，百里波至今下落不明。

吴良被驱逐后，立即与属下商议了一个毒计：“既然那厮死心不改，今晚我们便强攻工厂，炸他几座炉子，给那些贪婪的寄生虫一点颜色看看！”是夜，吴良等人潜入工厂，在摸清了各个氢炉的位置以后正准备安装炸药。这时一声呐喊从顶上传来：“举起手来，你们已经被捕。”尤孤带领警卫将他们包围：“以自卫为由，枪毙他。”

值此千钧一发之际，一个人影挡在吴良之前。尤孤忙叫：“不要开枪！”月色照亮了中年男人的面庞，尤孤惊愕地愣在原地，百里波回来了。沙哑的声音响起：“这是2058年吗？传说中的氢能世界？我错了，我以为只要有先进的科技就可以对抗气候变化，现在看来，气候变化的始作俑者是人类！今天站在这里的哪一个人是从心底敬爱自然的呢？2056年，我发明日氢技术的时候，不会想到有资本家为了利益，不惜毁灭自然，选择B方案，还杀了所有知道A方案的科学家，还有人顶着环保的名义作恶……”百里波话未说完，突然感到背后被猛地一推，吴良喊道：“杀了他，他就是那个百里波！”然而警卫的枪口却对准了吴良。

尤孤跪在百里波身旁，听到他喃喃道：“人法地，地法天，天法道，道法自然。”百里波眉头一皱，望向尤孤凄然笑道，“式微，式微，胡不归？微君之故，胡为乎中露！”尤孤逐渐看不清他的眼睛，只感受百里波的手指用尽全力在他的手掌里画了一个大大的A。突然“砰”的一声，枪响了。

指导老师：唐冬霞，中学高级教师，宿迁市语文骨干教师，泗阳县语文学科带头人。

抓捕闪电

陈博 / 高三年级　付玉蓉 / 指导老师　四川省成都市郫都区第一中学

现在是公元 2063 年，距离专家预测的世界末日还有 7 年。届时，全球气温将大幅度上升，全球人口的 35% 将生活在高温地区，南北两极的冰川会因高温融化，海平面上升导致大量生物灭绝。想到这里，我不禁揉了揉眉头。作为闪电抓捕项目的组长，为背负起人类存亡的责任感到压力巨大。

事实上，闪电抓捕项目是人类自救计划之一，人类希望开发大量的新能源，来减少环境污染，延长地球的生命。但为了确保人类的传承，各国领导人协商决定：在公元 2065 年时，如果还没有稳定的新能源，联合国将会开启“人类逃离计划”，放弃地球，选择在广阔宇宙中寻找一丝生存的机会。而让人类放弃赖以生存的母星，这听着就十分残酷。只剩下两年了，可闪电抓捕项目的进程却很缓慢，我不由得感到焦心。

“闪电抓捕项目主要是利用自然中的闪电来进行能源转化，从而供能。设想一下，以后的新能源部分来自闪电，人类对于传统化学能源的需求将减少，温室气体的排放量大幅降低，世界末日也将不会降临……”声音从商业街上的巨屏上传出，我走在回家的路上，脚步却格外沉重。因为缺少了传统化石能源的供应，全球的用电都十分紧张，国家决定对各地用电进行管控：每天对居民区、娱乐区最早停止供电，之后对其他功能的地区相继断电。眼下，这条商业街属于娱乐区，但是供电比我们闪电抓捕项目室还久，真是可笑。由于在群众满意度和政府调查中，我们项目是支持者最少的，所以供电时长也相应减少，其他科研室有的可以做到整天供电。早在这个抓捕闪电项目立项时，它是人民和政府呼声最高、资金最多的项目之一。如今，闪电抓捕试验处于瓶颈期，连基础的抓住闪电都十分困难，更别提能源转化了。于是失去了支持的我们，也变成了众多项目中最没有用的一个。

正这样想着，我回到了家中，依靠着手摇式发电机和太阳能供电板提供的电能点亮了屋内。一阵手机铃声响起，我拿起一看，是实验助理打来的。

“博士，据天气预报说今天会有雷暴天气，也就是说我们今晚可以再次尝试抓捕了。”听到助理急切的话，我反而有些犹豫了，毕竟之前多次试验均以失败告终，甚至出现了伤亡。接连的挫败让我有些害怕了，我正准备说算了时，突然一个身影出现在我的脑海中，尼古拉·特斯拉，交流电之父，那个神一般的科学家，正是他，让我有了设立这一项目的想法。“他遇见这样的情况会退缩吗？”我摇了摇头，自言自语道。“博士，怎么样，如果可以的话，我就准备仪器了。”得到我肯定的答复后，助理挂断了电话。而后我拨通了自救计划分部总管的电话，“总管，我们闪电抓捕项目要申请一夜的供电。”“怎么，又是有雷暴天气，你们又要做尝试吗？”“是的，总管。”“但是你也知道你们项目的失败也不是一次两次了，每次失败都会削弱政府对你们的支持度，所以你们目前的项目不能申请超过 3 小时的通电，要是这次还是失败了，之后的供电时间就更短了。”“明白，总管。”我迅速挂断电话，虽然怀疑能否在 3 个小时内成功，但还是火速出门，赶到实验室。

“博士，设备已经准备好了。”听到助理的话，我点了点头，正思考着 3 个人如何操作这一屋子的设备。因为人员伤亡，人民不满，曾经在这里工作的大多数人都选择了辞职，最后留下来的也只有我，助理，以及一位职员。夜深了，环境安静下来，我平复思绪，屏气凝神地等着天空中第一道惊雷炸响。

“轰”的一声，是雷声，我赶忙打开实验室的电闸，说：“助理，打开中枢处理器，职员小 X 你去对试验数据进行观测。”“是。”随着两声应答，实验室的灯光重新亮了起来，闪电抓捕项目又恢复了往日的运转。我回到中枢处理器前，开始一步步地把蛟龙一般的闪电抓捕住。“助理，去处理试验数据，把参数发回中枢处理器，小 X，试验数据记录好，捕捉住了闪电都知道怎么处理了吧；还有就是我们一定会成功的，会谱写出新的人类神话的。”我自信的声音，在空旷偌大的研究所内回响，仿佛格外有感染力。

“数据格式化。”“数据连接处理。”“同调开始。”“进行超量展开。”中枢处理器的运行声接连响起，今夜第一道闪电的处理工作也到了关键一步。但是，处理器以“嘀”的声音，宣布了第一道闪电的失败。“没有关系，我们还有 3 个小时，这 3 个小时足够我们把闪电抓住了。”我大声说道。又是“轰”的一声，随着一道道闪电划过，一声声惊雷响起，我得到了一组组的参数，重复地处理。这次一定要成功，我在心中默念。

在接近3个小时的试验中，失败了一次又一次，焦急的我一直祈祷着成功。这是3小时内最后一道闪电了，参数与前面的大不相同，对它的处理，我更是小心谨慎，连续几小时的精密操作让我汗如雨下。但在我的操作下，参数处理到位，这一次处理器没有“嘀”的声音出现，这代表着对闪电的抓捕可以进入下个阶段了。这道闪电渐渐地被困在容器中，可这条游龙并不甘心，它发起了反攻，“嗞嗞”的电声萦绕在实验室里，就在收容成功的前一刻，一定量的闪电突破了容器，在中枢前将要炸裂。这是极其危险的，但要是放弃中枢控制，之前的努力就全部无用了。因此我不退缩，坚定地站在这里，完成数据处理，我知道这道闪电必定是打开人类新章的一笔。“轰”的一声，闪电在实验室内炸裂，位于中枢前的我第一个被波及，就在光芒吞噬我的那一刻，我看见了，那位我所崇拜的人在向我招手，之后，实验室陷入黑暗，我失去了意识。

“以上就是闪电抓捕项目成功的故事，正因为有千千万万个像主任一样的人甘愿赴汤蹈火，才有千千万万个新能源项目的成功，以及人类自救计划的成功，最终让我们拥有一个全新的地球，一个美好的未来。”我在天堂里看到博物馆的向导在向后世介绍我生前的故事，我很欣慰，自己终于成为像尼古拉·特斯拉一样的科学家，同时也看到了人、科技与自然的和谐共处。

指导老师：付玉蓉，2000年毕业于四川师范大学汉语言文学专业。中学语文高级教师，市级优秀班主任。

蓝色之底

陈俊泽/高二年级　王秀文/指导老师　山东省济宁孔子国际学校

“他游荡在蓝色之底，脚下是稀疏海藻，尖锐沙砾。”在新雅典城历史博物馆里，镌刻着这样一行字。

如今，搬进全球首个海底城的人们，在海洋能发电技术的加持下过着低碳环保的生活。有时在海底的玻璃幕墙边散步，欣赏与陆上不同的奇异风光：那里，座座海底城拔地而起，人们与那片蓝色之底的自然生态和谐共生。人们永远不会忘记这些在蓝色之底开疆拓土的前辈们；这也正是为什么，在博物馆的中央，还珍藏着这样一本日记：

2022 年 1 月 1 日　阴

新年来了，忙碌的一年来了。

联合国开了环境大会——还不是再强调几声全球变暖的问题。但那些科学家偏偏提议要建海底城，竟还被委员会通过了！于是国家就给军队下达了任务，要我们下去几个人勘探一下环境。你说我们为什么都闻风丧胆?！还不是海下那些巨兽，教我们现代社会的人只能似《海底两万里》一般用冷兵器同他们肉搏！几千米的海底下，防护服又笨重，断然打不过……也许哪天沉下海去，再也回不来了……

2022 年 1 月 7 日　晴

我还是加入了海底工作。

今天第一次下沉，全球的记者都聚在海面上，远远看去只是黑压压的船。主席来为我们鼓劲：“全世界都靠你们了。”这句话在我的心里忽然涌起一股前所未有的使命感。尽管仍有些畏难，但我是必须要去的。军人应该有这种担当。

2022 年 1 月 14 日　晴

我们搭好了海底临时基地，可以短期在海下居住了。

这几天，遇到了一次险情，有队友差点就成了鲨鱼的午餐。不过，值得庆幸的是，我们已取得了一些成果。这里，地中海东部，海基平坦空旷，只有一些海藻沙砾，是绝佳的城市基础。这里受洋流影响小且潮汐稳定，如果利用潮汐和温差发电，甚至可以实现能源自给！这样一来，生活在海底的人们就可以实现零排放，环境气候问题也就有了解决办法。

2022 年 1 月 22 日　雨

原来海底也是会下雨的。因为这里有泪。

我们一个弟兄的防护服被鲨鱼攻破了，一千多米的海下，他没能承受住巨大的压强，离我们而去了。陆地上已经轰动，可我们又能怎么做？回去吗？那人类未来的出路在哪里？

我望向那片蓝色之底的莽原，那里没有光，只有深海中的不明生物栖息，危机四伏；抬头看那明亮的海面，虽然明亮，却没有希望。当人们在已有的光明中找不到出路时，就必须有人向着黑暗的迷宫踏出第一步。纵然在这迷宫里，探险者会四处碰壁，可那辉煌的雅典的先驱者、斯巴达的冲锋勇士们、长征的红军、北美勇于抗争的黑奴、南极的探险家却都告诉我们只有不断碰壁，才能像迷宫里的小鼠一样最终找到出路。文明总需要不断拓展才能发展，而在航空技术尚未完全成熟的当下，海洋就是我们的边疆，就是我们的战场，就是我们的征途。

当我望向那片蓝色之底的莽原，我多么盼望能目睹那些天才的设想变为现实：当上升的海平面吞噬陆地，人们搬入海底，他们就可以成为保护气候的一分子；当他们能驾着潜艇去远航，或在海底城的玻璃墙内散步，就能欣赏与陆上不同的风光；当他们能在海底发展产业，农工商三线发力，在海洋能源的加持下，就会体验到不同的生活情趣；当他们利用海底的沙壤藻泥制作新型生产材料，白色污染将会减少；当全世界的人们都在海底城实现碳中和甚至碳净吸收的生活，世界就不会因为气候变暖、干旱、洪涝、水污染而变得千疮百孔，地球的未来，人类文明的未来就将重新充满希望。

当我望向那蓝色之底的莽原，我知道自己与兄弟们都将牺牲，也知道我们都将毅然留下。我知道我们踏上那蓝色之底，海底两万里，就是我们的长征。

指导老师：王秀文，济宁孔子国际学校高中实验部语文高级教师，济宁市基本功一等奖获得者，公开课执教者，济宁市教科院命题组骨干成员。

蓝色烟火

陈清杨 / 高二年级　赵莲峰 / 指导老师　北京市第二中学

我盯着全息投影屏上蓝色的巨大火团，心中似乎有什么东西断掉了，像新闻播报员的声音在“爆炸”二字后戛然而止。

四，我告诉自己，第四次了。这一次我一如既往地做完该做的实验、完成必要的检查后，回到家中等待成功的消息，又一如既往地在晚间新闻中见证它的失败。

我不由得想起前三次的失败——两年前，开采可燃冰的机器人由于一个程序漏洞，防护系统失灵，泄漏的甲烷气体使整座城市连续十余天笼罩在四十摄氏度的高温下；五年前，各组分比例经过调整的石油被发现造成的污染比原先更严重，短短两天后就被迫停产；八年前，使煤脱硫的高效催化剂一离开实验室环境就开始被腐蚀，根本无法正常使用……一次次失败使合作者对我渐渐丧失信任，他们从我的资产中卷走自己亏损的投资，从我的实验室里带走曾送给我的器材，还从我的心里挖走我的希望：“早就跟你说过了，未来的能源绝不在化学燃料里，你这因循守旧的呆子还是趁早转行吧！”

连续几天的思考让我有了明确的答案——眼前的化工厂早已用它巨大的产能向我展示了化学的力量，既然它能让环境变成如今的样子，那若是运用恰当的方法，化学为什么不能用来改善环境呢？我知道，一颗种子已经在我内心深处悄悄种下。

后来老家的化工厂安上了催化转换器，排水口加入了三道污水处理池，街上的汽车也以乙醇作为燃料。前年可燃冰的实验失败，我回到这里想调整心情，看到水质已有改善的小河，“水”这个字便在我脑海中不断重复，水是氢气在氧气中燃烧的唯一产物……从此我迷上了氢氧焰的淡蓝色。我埋头研究新型的储氢材料，可每次要么泄漏，要么氢被反应掉。好不容易找到一种比较稳定的材料，也获得了在生产生活中实际应用的机会，却又在短短两周后得知了它爆炸的消息。

到此为止吧，我告诉自己。我所选择的是一条很长的路，而我在路中间迷茫地停下脚步，找不到退路也看不清尽头。在这条路上，回忆是种负担，期望是种压力。当我靠在全息投影仪前的沙发上，逐渐停止思考，才觉察到投影新闻早已播完，连广告都播到了尾声。呵，我在想什么？我还是我吗？我的梦想还在吗？

渐渐地，我坠入一个蓝色的梦，仿佛置身于蓝色的世界中，蔚蓝色的天空和群青色的溪水，夹着清凉的七月晚风。满目高楼林立，却丝毫感受不到城市的燥热，不绝于耳的蝉鸣也不再烦心。工厂的烟囱已然消失，只有洁净的水从厂房流出，注入清澈的小溪，溪边草地青青，蜻蜓和飞鸟将这世界点缀得多姿多彩。车辆全部换用氢氧燃料电池，就连催化剂也实现了零污染；走进一个好客的人家，厨房灶台上正点着淡蓝色的火焰，新鲜饭菜的香气引人流连；公园里，成荫的树下，孩子们无忧无虑地逗着闲逛的野猫，大人坐在长椅上聊天。所有人的生活都是轻松而愉快的，心情仿佛随气候一同变好。

第二天，我打起精神回到实验室，一路上烈日炎炎，可我只是在静静地畅想，未来的世界，一定会像梦境一般美好吧！

……

三年后，全息投影仪放出了晚间新闻播报员站在蓝色烟火下的画面。

“近日，我国科学家突破了高效、安全储氢的技术难关。他们受到植物光合作用固定还原氢的启发，将氢原子固定在合成的有机材料中，并通过与生物体内限速酶相似的机制，使其在催化剂活性表面以所需的速率结合成氢气，实现了储氢、用氢的一体化。今天，这项技术已投入了大规模生产，这意味着温室气体将几乎不再因人类活动大量生成，人类与全球变暖的斗争，必将迎来最终的胜利！”

伴随着“胜利”二字，我家窗外也出现了蓝色的烟火，蓝色的现实一如那年的梦，它告诉我，梦想成真。

指导老师：赵莲峰，文学硕士，毕业于北京师范大学，汉语言文字学专业。中学高级教师，东城区骨干教师。

新 生

陈韦彤/高二年级 陆遇川/指导老师 江苏省苏州市周市高级中学

“CH1019 舱，解封。”冰冷的机器声响起，我的意识逐渐恢复，冷冻舱外涌入的热空气，让我麻木的四肢又有了知觉。环顾四周，整个舱室除了我之外再无一人。我的脑海中回想起不堪的过去：全球升温，冰川融化，海平面升高，地壳分裂……洪水，海啸，地震，火山喷发……无数的人在自然的怒吼中死亡，这便是我曾生活的 2070 年。我摇了摇头，试图忘记先前的记忆，可那些无辜的人在灾难中痛苦挣扎的模样一直在我眼前浮现。

“现在是公元多少年？”我问向舱内的人工智能。“现在是 2170 年，先生。”

我不由得愣住了，“黑洞计划”的执行时间是 2200 年，而我却提前苏醒了 30 年。所谓“黑洞计划”，是由全世界多个国家于 2060 年提出，并于 2070 年开启的星球移民计划。由于地球的资源消耗过多，它已不再是一颗宜居的星球，多国将联合起来，在 2110 年前将大部分人类送往一颗远在 2000 光年外的类地星球上。与此同时，也将留下一支赴死小队，在 2200 年时启动行星推进机，将这颗包容了人类亿万年的母星推向黑洞。

我深深叹了口气，感慨着自己因为提早苏醒 30 年而失去了完成计划的资格。那就再出去看看这世界吧，即使外面仍是一片地狱般的火海。就在我将要碰到门把手的那刻，舱门由外面打开了。

“呦！真没想到啊，咋还有个意外发现！”粗犷的声音传来，映入眼帘的是一位身材矮小的老人。他的背部弯曲得十分畸形，整个人像是缩了水般矮小，头发花白而稀疏，脸上的皱纹如沟壑一般交错，还有一道划过右眼的疤，身上的衣服早已破烂不堪，不像是文明社会的成员，倒是与山中野人有几分相似。

“像您这样的人，应该早就移民去‘另一个地球’了，怎么会留在这儿？”他打量了我许久，缓缓开口道。

“像我这样的人？不应该是大部分人类吗？”

“那您是不知道啰！不如我带您去遛遛，给您介绍一下？”他望着我，笑了起来。我点了点头，看着他不穿戴任何防护服就走了出去，心中不免疑惑。但在踏出舱门的那一刻，我意识到我错了，因为舱门外没有一丝死亡的色彩，反而布满了生命的赞章。我默默摘下了防护头套，尴尬地挠了挠头。

“50 年前，地球上一半以上的人都放弃了这颗星球，选择了移民。许多年轻人、国家领导、高科技人才都走了。只有不到 20 亿人留下来。”他边走边说，带着我绕过了一条条林荫小道。

“当然，留下来的人中，除像我这种又老又没用的人以外，也不乏一些科学家和人才。”他指了指树林的尽头，我这才发现那是一片金黄的麦田，几台扛着太阳能发电机的机器正在收割，几辆造型如叶片般的车飞快从我身边驶过。“猜出来车的动力是什么了吗？”我摇了摇头，他大笑：“是光合作用啊！”

绕过麦田，我看到了一座绿色的城。藤蔓枝叶繁茂地盘缠在一座座摩天大楼上，城中更是鸟语花香。“你是‘黑洞计划’的执行者吧？”老人望着远方的一片生机，眼中是我看不懂的情绪。

“‘黑洞计划’也在保护人类，万一在 2200 年，地球真的毁灭，从内部爆炸产生的能量足以使人类灭绝，那到时……”老人笑了，他挥了挥手，“我们这些留下来的人，花了 50 年的时间植树造林，学会了模仿植物去发电，学会了不再使用核能，学会了很多很多……你说‘黑洞计划’是在保护人类，还是在逃避人类能拯救地球的事实呢？”

夕阳西下，水力发电的城市亮起了耀眼的光芒。“50 年，我们修复了这颗星球自诞生至今所受的大部分创伤。可大部分人类却连 50 年都不肯补偿给这位人类的母亲。我在这 50 年中，一直负责辐射区的治理。也正因此，我才变成了这样。但没关系，我们这些留下的人，或许愚笨，但绝对不软弱。一切都会变好的。”

风抚过草地，老人站起身，准备离去。“老先生。”我叫住他，“您的团队还缺人吗？”

他停住，笑着向我张开了双臂：“欢迎地球的新生。”

指导老师：陆遇川，汉语国际教育硕士，毕业于北京师范大学。

胡萝卜色屋顶

陈馨茹/高三年级　白云英/指导老师　山东省聊城第一中学

“许领事，北极又有大片冰川融化，淹没了一个岛屿，大量难民南迁。赤道那边的观测站，又有两名队员因高温牺牲了……”观测部的工作汇报萦绕在许林言的耳畔，挥之不去。他烦躁地抬手滑出一个悬浮蓝屏，输入文字：“明诚，来我办公室一趟吧。”

5 分钟后，许林言和周明诚坐在落地窗旁，许林言开口道：“超能源汽车投入使用后，反响如何？”周明诚点点头：“反响不错，目前已经有 90% 的地区在使用了。我早就说过，以温室气体作为能源，通过内置转化为水蒸气排出——这种汽车，大家会喜欢的。”他的脸上绽放一点笑容。许林言苦笑：“可是明诚，还远远不够呀……又有战友，离开我们了……”“什么！那我催促技术部加大供应量，降低价格。实在不行，再叫停几家工厂！”周明诚激动地站了起来，又慢慢地坐了下去。“现在是 2050 年了，距离出现极端气候的 2070 年，还有 20 年，难道人类真的要搬进海底，抑或在太空中飘荡了吗？”许林言的声音有些颤抖。“不，或许还有办法！”周明诚猛然开口，“林言，我最近一直在想，为什么有些植物在高温下仍能存活，这一定和它们的某些生物因子有关。如果我们能将这些因子提取出来，运用到建筑材料上，就可以实现抵御高温、改善气候的目标！”他看着许林言渐渐亮起的眼眸，越说越激动，“我就这召集科研部进行研究！”他跑出办公室。

一个月的时间悄然划过。这天，许林言在批阅解决难民问题的文件时，突然收到一条信息：“林言！速来，有成果了！”许林言起身，快步走向科研部。

科研部里 20 多个人，有的趴在桌子上，有的倚在椅子上，地上是一堆泡面桶和稿纸。许林言向顶着黑眼圈的周明诚示意，周明诚抬手指着显示屏介绍道：“我们收集了高温地区所有的植物，将其按耐高温的能力划分为 3 个等级，并对它们的基因逐个研究，终于发现了一种胡萝卜色的因子，我们暂称其为‘R 因子’。研究表明，植物体内含 R 因子的数量与其耐高温能力是成正比的！这也就是说，我们可以将 R 因子植入建筑材料中，制成胡萝卜色的屋顶，投入使用！”周明诚说完，许林言目光灼灼地盯着屏幕上的胡萝卜色因子，陷入沉思。许久，他开口：“这段时间辛苦大家了，大家先回去休息，明天，我会把报告发出来。”

第二天，全公司上下收到了来自领事的报告：“科研部研究发现，植物中存在一种胡萝卜色的耐高温因子，公司决定将其植入建筑材料，制成屋顶，在南北回归线之间的地区试用 3 个月。”技术部加班加点，赶制出大量胡萝卜色屋顶，使其在南北回归线之间蔓延开来。

3 个月后，周明诚大笑着走进许林言的办公室：“林言，试用胡萝卜色屋顶的地区气温明显下降，连湿度都有所提升！现在是不是可以在全球范围内投入使用了？”许林言点点头，突然开口：“明诚，陪我去拍几张照吧！”他从抽屉里取出一个照相机。随后，二人走在路上，许林言举着照相机，边走边拍，周明诚叹了口气，道：“这么多年，我差点都要忘了，你最初的梦想，是成为一名摄影师呀！”许林言答道：“我曾经想要拍遍地球上的每一栋建筑，每一幢房屋。”

转眼到了 2070 年，这个曾经被预测为末日的年份，如今变成了美好的一年。胡萝卜色屋顶已在全球范围内使用，它们共同调节着气候。许林言站在落地窗前，满目的胡萝卜色，脑海里浮现出当年他下达“在全球范围内投入使用胡萝卜色屋顶”时说的一句话——“明诚，我们是不是以后只能看见胡萝卜色屋顶了？”

如果人类从一开始就知道要保护地球，那我们是不是可以永远拥有五彩缤纷的屋顶呢？

指导老师：白云英，毕业于西北大学，汉语言文学专业。中学二级语文教师，现任教于山东省聊城第一中学。曾获市“一师一优课”二等奖、优秀班主任等荣誉称号。

许你清风日落

陈亚楠/高二年级　王晶/指导老师　山东省聊城第一中学

2063年4月13日。不知道为什么，最近总能梦到20多年前我们初次见面的那天，平静无风，空气是清爽的，使我联想到小时候家门口的那片竹林。你说你以后要当一名科学家，还承诺等到我50岁生日的时候……

“丁零零……”“哦，我的上帝！在这时候写日记真不是个明智的选择，你个昏头昏脑的43岁老家伙，该开始一天的生活了。”格莱汀来到花园里，在房子侧壁有一根顶部镶嵌在檐上而底部伸入土中的长空心管道，其顶部呈漏斗状，格莱汀记得在装修房子时肖纳告诉她，在雨水顺檐流下时，可以截留大部分雨水。而侧壁的空心管直通地下一个巨大的储水罐，当里面的水满了之后，漏斗状的顶部会在侧边弹出一个挡板，防止雨水进入。花园的表层土下，是四通八达的管道，由一个水阀控制。前几天城区内进行了一次人工降雨，格莱汀拧开阀子，储水罐的开关开启，水均匀地流进各个管道，管道出口连接的便是花园的各个角落，阀子上方的显示板亮起了绿灯，语音提示道“各个通道的水已到规定区域”，约10秒钟后，格莱汀关闭了阀子。

格莱汀背上包，准备去上班，顺便在路过肖纳的研究室时给他送份早餐。她走到车旁，打开了消音器并检查了一下尾气处理装置。A市将车分为7类，每辆车只有在每个星期属于自己的那天才能被开出去，今天刚好轮到格莱汀开车出行。开到小区门口，门前的电子屏显示着格莱汀的车牌号，电子屏上方的激光灯将车身扫描了一遍，电子屏随即显示：消音器已安装，尾气处理装置已安装，行车时间4月13日0时0分至4月14日0时0分，祝您愉快。

大约20分钟后，格莱汀的车在被系统识别后顺利进入了研究所。

“格莱汀，你知道我为什么想当科学家吗？有专家预测过，如果再不做出改变，20年后人类会被自然毁灭，你还记得我承诺过什么吗？我不想让微风细雨变成末日黄昏……”

格莱汀摆了摆手，停止了回忆，走进了研究所最左边的C厅，C厅前面是一辆货车，她看见肖纳正指挥着："兰可，你去郊区南面的那个化工厂，先安装摄像头，然后安装废气处理罐，天黑之前回来；奥托，你去东面的HKR工厂……嘿，亲爱的，你来了。"

"你看起来有点儿忙。"

"只有两座工厂未进行处理了，你看。"肖纳指着那电子线路图，"政府在郊区几大河流的下游安装了汇集管道，各大河流的污水一同进入污水处理厂；当下游的水进入处理厂的入水口时，另外一个出水口会将经过处理的洁净的水排进各河流中。流入的水补充了流出水的位置，保证河流的正常流通，形成了水体处理循环。"

"天啊，这真是一项不错的成果！那么你们是怎么处理水中生物的，难道要一样样捞上来再放回去吗？"

"不是的，每条河流都放置了好几张纳米级的过滤网，你完全不用担心这些问题。"

格莱汀给了他一个拥抱："亲爱的，我去上班了。"她驱车来到了公司，办公楼的外壁使用的是制冷材料，当气温高于设定值，制冷壁开启，给楼内空气降温。

肖纳·布莱特，是她的丈夫，也是水体处理循环系统、新型制冷材料、激光显示屏的设计者。

"等你老的时候，我带你去你想去的地方，我牵着你的手，等走到黄昏时，一起看日落，一阵风吹来，你的风衣飘动。你说你想去看雪山，格莱汀，我一定带你去……"肖纳，我一直记得……

她坐下来，拿出日记本：你承诺在我50岁生日的时候，我们坐在草地上，微风吹过，我们挽着对方的手看日落……

指导老师：王晶，毕业于曲阜师范大学汉语言文学专业，中学一级教师。全国中学生科普科幻作文大赛优秀指导教师。

温室战争

陈昱竹 / 高三年级　杨卫宁 / 指导老师　山东省济南市实验中学东校

公元 2070 年，我受组织的任命前往宇宙各处视察，为了帮助各栖息地应对气候变暖的负面影响，我们将实行“物种优化计划”。即对各个栖息星球的历史进行调查，调查结果良好的栖息地将获得母星的援助。至于调查结果极差的栖息地，将宣告其死亡。

经过大数据的筛查，我们已初步排查掉曾遭受极度污染和落后的地区。然而这一回的情况有些特殊，当我到达太阳系中一颗被称为土卫三的星球时，发现它是移民星球。为了详细调查其历史，我需要到他们的原住星球，太阳系中的另一颗行星——地球。土卫三的领袖十分恐慌，这更加深了我去那里的决心。很多移民星球在涉及对原住星球的处理时都十分暴力，这也正是他们拿不到母星援助的原因。

我到达地球，眼中显示出亿万年前人类在这里播撒生命的样子，那曾是一颗美丽的蓝色星球，碧绿的湖泊，清新的空气，而如今，满目疮痍。我摇摇头准备离开，这里大概已经灭亡了。可脑中的生命感应器却响起来。我降落到地表，看到了一个老者，我向他询问他们领袖的去向，他没有因为我的出现而惊讶，却因为我的话笑了起来。

“领袖？地球早就没有领袖了，想当领袖的人早跑了。”

我向他说明来意，他问道：“那我们呢？你也调查我们吗？”

我没有说话，他却又笑了：“也是，我们早就没资格了。”

“土卫三的人是从地球搬过去的，那是 50 年前开展的一项移民计划，原本的计划是全球移民，可在进行了一半时，卫星切断了与我们的联系，说不能让土卫三成为第二个‘温室星球’，他们炸掉了我们的航母，那时候地球已经没什么高端技术人才了。起初在地球上有亲眷的卫星人还会与我们协商办法，可突然有一天全部消失了。大概被杀了吧。地球起初也想回击卫星，但所有的进攻都被轻而易举地消灭了。地球人疯了，他们战争，抢夺土地，抢资源，没有高端技术，气候还在进一步恶化着。”

我站起身来说：“我已对土卫三的情况有所了解，他们将失去援助资格，希望这对你是一个安慰。”他却又笑起来，身上的旧布抖动。

“你觉得这就是地球人想要的？从我们终于知道自己已一无所有的那一刻起，我们才真正开始了我们的生命。我们关闭了所有的核电场，关闭了煤炭工厂，没有人再去采集石油和金矿，甚至也没有人去偷窃、抢劫、伤害他人。因为我们只剩下生命了。我们关掉了手机，关掉了电视，没有人再乘坐火车、飞机，我们将汽车永远地锁上了。地球上的人类究其一生都在用自己的生命为这些事情拼搏。

“我们走到田垄上，看着早已被废弃的荒田，了无声息的旷野，坐下来，想听一听风声，却只感觉到温热的气流。地球人心中却没有痛苦了，不会痛苦自己将会消失的生命，痛苦土卫星上忘恩负义的移民者。人们坐下来，心中充满了感激。感激自然的存在，感激生命存在于如此绵长的岁月。

“那一刻，人类不再将自己视为统治者，视为宇宙无双的高等智慧，他们将自己视为了生命，视为了奇迹的一部分，地球人从未这么快乐过，他们不再有心理疾病，不再痛苦自己的仕途与感情，不再种族歧视，不再遭受白眼。他们在地球任何可以耕种的土地上耕种，为自然的馈赠感到无上感激与动容。地球也许从移民者离开时就被认为死了，但实质上他们从未如此真实地活过。我们每一天都生活在死亡中，因此我们才这样敬畏生命。”

“可喜可贺的是，”老者顿了顿，冲我露出已经脱落半数的牙齿咧嘴笑道，“我们活下来了。自然没有放弃我们，虽然它从外面看起来依然是贫瘠的样子，但它的内心已经改变了，它终有一日会恢复生机的。”

我将他的话语收录好，说道：“看来地球现在被照顾得很好，但我并不理解你为何不将几十年前的高端科技器物毁掉，难道你留存这些高端科技数据是为了让后人重蹈覆辙吗？”我回放土卫三人给的资料，“看来你并未按照卫星人的计划向我隐瞒卫星的暴力事实并以此获得去往卫星的机会。”

老者的脸色却并未因为我的话而改变。“小子，”他如同沉思一般，“你说的也许对，我也许是应该将其全部摧毁，断绝最后的科技文明，当这一代人的记忆消失，人类就大抵从农耕文明开始了……”他的脸色一变，话语也变得苦涩：“而你应该比我更清楚，农耕文明终有一天会再过渡到科技时代的，这一代人的信仰被黄土埋没后，下一代又会长出新的欲望，这是宇宙的命运，也是地球的命运。至于你，什么星球来的小骗子，我告诉你，地球从来不是被什么母星拯救的，我们也不需要你们的援助。我保留科技数据，只是想告诉后人，当灭顶的一刻来临时，人类依然可以活下去，就像已经发生过的无数次一样。”

2070 年，代号 SY322 的任务完成，我带回了土卫三的历史调查，为此我到太阳系的小行星——地球拿到了可靠数据。

“请问总部，土卫三是否可获得母星援助？”

头脑里声音没有停顿：“既然地球已将废物筛选出来。我们的选择就和过去一样吧。”

指导老师：杨卫宁，中学高级教师，济南市高中教学工作中心组成员，曾多次获评优秀教师称号。

我看到了，落日流星

陈子衿 / 高三年级　卢霞 / 指导老师　江苏省扬州市江都中学

“……然后，他们躺在山坡上，数着星星。”

“哥哥，我也想看看星星。”

顾昔合上了故事书，望着这个埋在白色床单中的小女孩温和地说：“会看到的，好好休息，哥哥还要去别的病房呢。”

走出房门，顾昔望着黑不见底的天空，像望着无尽深渊。2050 年，臭氧空洞由南北极扩散至南北纬 50 度，由大量 CO_2 和尘埃聚集形成的“碳化星云”已在全球范围出现。

由于全球变暖，冰川融化，各种病毒开始流窜。N420 是最新暴发的一种，目前无药可治。病房内灯火通明，病房外漆黑一片。天然气已作为主要能源使用，锂也被作用常规能源大量开发。虽然已是冬季，但再也感受不到刺骨的寒冷。顾昔看着电动无人机车开过，静静凝望着眼前的一片昏暗。他不能想象古诗词中“星河欲转千帆舞”“耿耿星河欲曙天”到底是怎样的宁静美好。沈辰，6 岁，感染了 N420。他想起她眼里闪烁的对生命的向往。

纵使清洁能源完全取代了旧有能源，但生态的恢复并不是一蹴而就。因为全球变暖，各地海水冷热差异减少，洋流流速开始减缓，甚至有停止的趋势。

无数防水隔热的“漂流瓶房”开始被大量制造。细胞工程制造的肉制品已大量投入市场，动物的 CO_2 排放量已尽力降至最低。而全球变暖并未停止。联合国已就此问题争论多次，但每次都无疾而终。我们不得不承认一个事实，在不以破坏环境为代价的前提下，高效迅速的发展是不可能的。“我们必须减缓各国发展速度，解决迫在眉睫的全球变暖问题。”提案提出，无人附议。当众人都沉醉于利益，清醒便成了犯罪。

2065 年，顾昔在自己的漂流瓶中，打开了身旁的宇宙接音器。他静静听着，漂流瓶漂流在曾是故土的海面上，似是归乡，似是流浪。

“我听见宇宙中星星的声音啦。给你读的故事还没有读完，其实每颗星星都有它的频率，有它的声音，虽然我还没有看见它们，但是……会有那么一天的。”作为医生，顾昔永远忘不了他宣誓的那一天。人的生命是最高准则。可是，我们抗争的是自然，还是我们本身？顾昔想着一张张稚嫩的脸，那些眼里溢满好奇、向往的孩子们，都消逝不见。“付出这么多，现在所得便是我们真正想要的吗？”

洋流发动机于两年前启动，而模拟 O_2 与 O_3 相互转化的转换器也已大量升空。生态环境虽有所改善，但也只是减缓了全球变暖的步伐而已。大型的生化研究所和武器军工厂仍在高负荷运转，高碳排放仍未停止。碳化星云已布满全球。至此，地球上无一地可见星空。

2067 年，C 国宣布全面停止其他非生活需要工业生产，转向环境集约和生态恢复产业研发。

2072 年，全球大半国家减缓甚至停止高碳排放产业生产。碳化星云开始消散。更多高效的臭氧转化器发射升空，臭氧水平恢复至半世纪前。

2075 年，夕阳落日，空中出现了玫瑰色红晕。烟霞帘幕，宁静温柔。一道耀眼白光划过。“我看见了，落日中的流星。”顾昔望着久违的天空，像是望过了茫茫时空长河，“一切又回到了本该有的样子。”

指导老师：卢霞，高级教师。多次被评为扬州市优秀教师。

末日方舟

陈子羽然/高三年级　安莉莉/指导老师　北京市人民大学附属中学朝阳学校

2050年，一个不同寻常的年份。

通过几代人的不懈努力，载人飞船技术在这一年里得到了突破性的进展，大大小小的载人试验进行了不下百次，最大航行里程随着人们航行经验的积累在飞速增长，飞船几乎已经可以载着宇航员飞离太阳系。

这是太空旅行的大时代，世人亲切地称这一年为“造船元年”，人们欢呼、相拥、载歌载舞。

殊不知，欢呼的时候，他们正在与急速升高的海水比邻而居；相拥的时候，他们正在与急速扩张的荒漠合影留念；载歌载舞的时候，他们正深陷于水深火热之中。同在这一年，政府宣布气候问题已经严峻到需要全人类共同面对：两极冰川融化速度加快，极端天气日益常态化，海平面上升、生物灭绝……解决气候问题刻不容缓，否则人类所面临的不仅是能源耗尽、无家可归，还有文明消弭、人类灭绝。

在面对这一问题时，人类自动分为了两派：造船派与改造派。他们持有截然不同的观点，且人数相当。前者提出要建一艘“末日方舟”，供优秀人才于危机来临时逃离地球；后者则想要对环境做全面的改造，让地球家园重归绿色。造船派说他们的对手太理想主义，而他们的对手则认为危机等不了造船派建好一艘船，两方各自有理，争执不下。

在这一问题面前，人类不再有国籍、肤色、血统之分。以欧洲和东亚为界，地球被重新划分为两个半球，两派各据一方，全球也只剩下两个主要政府。人们可以自由搬迁，一旦选择好加入某一派别后，就与当地签下一纸合约，履行所在派别计划的义务，认同其战略方针，同时获得该半球的居住权。在一种奇妙的共识下，这项大规模的选择性搬迁仅持续了不到半年便宣告完工，效率之高令人惊叹。划分结果也并未引起什么争议，两半球人口相近、高素质人才比例相当，并形成了一种微妙的关系：共同迎击危机，却也像对手一样彼此提防。

就这样，造船派的工作轰轰烈烈地展开了，他们对工人和高科技人才的需求如同无底洞一般，在提高了理工科人才社会待遇的同时也吞噬了不少无辜的“牺牲品”：人文类专业人才所面对的境况与低素质劳动力几乎没什么区别，他们的毕生所学在方舟的技术攻克上丝毫没有用武之地，只能靠搬砖与采矿度日。这里能源开采的速度是过去的3倍，在大规模的科技研究与政策鼓励下，人们的出行更快捷，机械化水平更上一层台阶，工业化被推向极致，第三次工业革命到来。

但问题也开始暴露，气候恶化加速，自然灾害频发，每次自然灾害的爆发都能带走不少精壮劳动力。与此同时，政府的“种子”计划也开始被民众诟病，非高精尖的人只有作“种子”脚下泥土的命，方舟造好也无缘登上，这使得他们的生产积极性被大大削弱，民怨四起，社会动荡。

而另一半球的工作进展得也不太顺利。改造派的政府首脑推崇极简的绿色生活，例如严格限制私家车的使用，以家庭为单位，每户每周只有三天的用车时间，这导致公共交通压力骤增，公交地铁如同一盒长方体罐头，挤满了人，引擎声响起后，空气中充满了热烘烘的汗味；同时“无纸化”办公开始大规模普及，政府给予实施线上办公的公司巨额的政策补贴。与对手完全相反的是，改造派的人文水平突飞猛进，重工业却发展极缓，几近停滞。

政策束缚太过严苛加上气候并没有立刻得到改善，改造派收到的投诉信并不比造船派的少，许多人开始怀疑自己当初的选择。

改造派成果的显现发生在10年后。2060年，政府的总结报告中提出气候已停止恶化，并在改造政策实施的第4年起开始有所好转，情况已基本恢复至与2050年相近，同时还在持续好转中。这无疑是给百姓们吃了一剂定心丸，到处洋溢着浓烈的认同感，借此时机政府又下了一剂猛药：大力发展绿色环保产业，群众被发以“绿色指标”，要求每月参与一定数量的生态急救活动，包括但不限于退耕还林、垃圾处理等，超额完成的同样予以津贴奖励。该政策出台后，民众参与度空前高涨。

同年，造船派的情况却不容乐观，气候进入超恶化发展期，人口在一次又一次大灾害中极速锐减，专家预计大危机将提前爆发，政府不得不下令降低造船规模，减少“种子”数目，这时，没有硝烟的内战爆发了，竞争加大，焦虑蔓延。

2065 年，造船派的末日方舟得以建造完工，人们为一个登船名额争得头破血流。生存面前，没有人是无私的。

登船那天，“种子”们在船舱里望着窗外的人群，突然感到一阵悲哀，他们与亲人告别，踏上为之奋斗了十几年的方舟到宇宙中漂流，前路未卜。他们悲哀于自己独自登船的自私，这些悲哀蔓延、积攒，如一场瓢泼大雨打湿他们的心，也飘进了他们落寞的眼底。

银白色的外壳携一抹火光在天际划过，带走了文明的火神，并留下了一座人烟并不稀少的废墟。在太空中漂流的 3 年里，每每想起离开地球的场景，“种子”们总有想要流泪的冲动。他们在科研之余总会不约而同地哼起一段圣歌，祈求神对地球的保护与怜悯。但他们都深知，如今祈祷的是他们，当初一意孤行赶走气候之子的也是他们，他们给地球留下的伤尚未痊愈，对于地球，他们用尽余生也难以报偿。

到了 2070 年，彼时的地球却并未像 20 年前专家预测的那样，被卷入灾难之中，这并不全部归功于方舟“种子”的祈祷，更归功于改造派的努力。方舟发射后，改造派发动全人类共同投入到了地球改造中，森林、湖泊、草地的占地比例超过了钢筋水泥，科技发展下，使用新能源带来的污染微乎其微，连续几年没有动物再灭绝，极端天气也不再出现，文明的火种在这片土地上二次重生、燎原。

人们更爱这片土地了，他们自发地组织保护运动，拥抱自然。

末日方舟时而还会被人想起，每到它的发射纪念日，人们会聚在一起，欢呼、相拥、载歌载舞。他们用这种方式陪伴蓝天背后的那抹银白色，但愿它永不孤独。末日方舟是科技集大成的完美作品，也是生态的一道伤疤，它是另一种选择，另一种象征，一种不愿触碰的选择，一种警示滥用的象征。

人们在绿洲前欢呼，在湖泊前相拥，在绿意盎然中载歌载舞，文明昌盛，人类幸福。

指导老师：安莉莉，汉语言文学教育专业，中学高级教师，曾获得北京市顺义区先进教育工作者、北京市朝阳区优秀青年教师、北京市朝阳区优秀青年班主任等称号。

应对危机

陈梓韵/高二年级　王红霞/指导老师　陕西省西安中学

公元3521年，青山碧水，天朗气清。史书上记载，500年前，地球被严重污染，人类面临生存危机。

公元3021年，全球温度骤然上升，极地冰雪融化，臭氧层出现巨大空洞，许多地区的生物遭到强光辐射。地球恶劣的自然条件是对人类生存的严峻考验。为了应对此次危机，联合国下发文件，决定运用科技改善生态环境，推动社会绿色发展。

然而，联合国的行动遭到了部分人的抵制。一些高级知识分子和达官贵人们暗自联合，结成“地球领袖”组织。地球领袖不满意联合国的措施，面对此次危机，他们想要移居其他星球。作为地球领袖的主席，哈尔将此次行动命名为“复制地球”计划。

联合国和地球领袖开始按照自己的方式应对危机。

火星·地球

复制地球计划将在火星实施。地球领袖经过商讨研究后，决定把人类基因进行复制转载，最后挑选优良基因植入硅基生物中，让硅基生物成为新的人类。这样不但节省了数十亿人移民火星的费用，而且优化了人类基因。至于地球上的其他动植物和稀土金属等资源，他们则用一种叫“棋”的机器，全部进行“十一维”打印，做到完美复制。

一位硅基生物用不带起伏的声音报告:“长官，复制地球计划圆满完成!”哈尔斜靠在中子云上，慵懒地抽着雪茄。听完报告，哈尔挑起一边眉毛，碧绿的眼睛眯在一起。他望着有序工作的硅基生物们，嘴角上扬：硅基生物不愧是最佳的基因容器啊，智商高、听指挥。实践证明，复制地球计划演进了人类文明，不愧是应对此次危机的最佳方案。

科技·地球

“尔斯工厂”是全球最高水平科学技术的核心。为了修补臭氧层空洞，尔斯工厂将氧气充入超大型量子器皿中，运用量子波将氧气核聚变为不可分解的固型臭氧，再发射到臭氧层空洞处，对臭氧层空洞乃至整个臭氧层进行修补加固。对于赤潮、焦化废水等污染问题，尔斯工厂发明了一种纳米型半导体材料。将其投入水中后，这种材料可以感受到水污染源，并释放偏铝酸钠等明晶将污染水的元素吸入体内。

尔斯工厂的终极武器是为了改善地球气候而发明的一种量子云。这种云可以升入空中，在光粒的撞击下感应到地球不同区域的气候类型。若气温出现极端情况，这种云便会发射量子波来及时干预地表温度。

在依靠高科技改善环境的基础上，人类发现了环境污染所造成的严重危害，自觉绿色出行，节能减排。不到一年时间，从宇宙中望去，地球重新恢复蔚蓝碧绿。

爱护星球

火星上的地球已被严重污染。

硅基生物肆意破坏环境，浪费资源。尽管哈尔已颁布严苛的法律政策，可在实施数月后依旧无法制止硅基生物的行为。望着蓝蓝的地球，哈尔陷入沉思，直到手中的雪茄烧到手上后才回过神来：为何这些硅基生物不知道爱护自己的星球呢？在极其困惑的情况下，哈尔决定向联合国咨询。

“你复制了人类的基因，却没有复制人类的灵魂。所以你创造的‘新的人类’，没有爱护家园这种简单的人文情怀。你所复制的地球并不是真正的地球，不过是你们地球领袖集体上的主观臆断罢了。”联合国的话在哈尔耳畔久久回响。

地球是事实的总和，而不是事物的总和，没有人可以复制地球。面对环境危机，我们不可以扔下地球。地球只有一个，它是我们共同的家园。

指导老师：王红霞，陕西省西安中学语文组高级教师。曾获省、市、区级优秀教师称号。

等待地球湮灭

崔兆一/高二年级　高彩红/指导老师　山东省聊城第一中学

旧地球纪元2100年，能源枯竭，全球暖化严重，大气层遭到破坏，人类已无法在旧地球生活，联邦建立“逃离地球”方案，让一部分“社会贤达”重建新地球——距离旧地球68亿光年的“开普勒186”。

新地球中心广场的大屏上播放着帝国中视的特别节目。“6天后，人类曾经的家园即将迎来覆灭，在相隔68亿光年的新地球，我们来纪念68亿年前的逃离。帝国中视将全程为您直播。”

穷人的世界

世界失去了秩序，人人都知道再过不久，他们都会随着这世界一同湮灭。或许是汹涌来袭的海啸，抑或是从天而降的陨石……

世界总是这样，富人们把大气层捅破，将极地冰层融化。见大事不妙，便要逃之夭夭，还让穷人为他们造方舟。他们前往了另一个家园，留下穷人待在他们的坟场。地球成了穷人的世界。

唤　醒

“所有国家的报社都联系好了吗？”亚当问道。“联系好了，长官。”大卫回应。“那广播系统呢？”“恢复正常。”

亚当和大卫曾是联邦的上将和中将，如今却被方舟排斥在外，无法前往新地球。“我们只有不到两年的时间，确定来得及吗？”大卫问道。

“先把地球救下来，再将她慢慢修复吧。”亚当叹了口气，慢慢走进录音室，打开广播设备。他要做一场改变世界与人类的演讲：“联邦的公民与勇士，你们现在或许穷困潦倒，或许丧失希望。不知道天上什么时候掉下块石头，不知道海边你的老家还能撑多久，但我想我们应该做些什么，来挽救地球。”

一时间响应者无数。这支由地球居民组建的联邦军队，将同环境战斗。

“上将，对环境的修复不是应该交给科学家吗？这些人又不懂技术！”大卫对亚当的征兵不解。

“我自有办法。”南极的天空中，一架又一架雷达战机飞过，铺设虚拟环境板。“虚拟环境板在一定程度上能暂时充当大气层，随后将对真实的大气进行长期的修复。以后，全球的气候由中央统一调控，南极的冰山预计会在数月内初步恢复。”亚当解释道。

两年之后，地球安然无恙，这场战斗取得了初步的胜利。

眺望与恐惧

帝国中视的特别节目终于要开始了，它即将直播一个星球的毁灭，开普勒 186 上的很多人都无比期待。

“学校历史课上讲过，厄尔斯（旧地球）曾是一个很美丽的星球，花香鸟语。开普勒这边的环境真是坏透了，到处都是烟雾，真想戴个防毒面具出门。”一个中学生坐在屏幕前，无奈地耸耸肩。

“接下来，厄尔斯星球将在 1 分钟内毁灭。”主持人介绍说。大家静静地等待着。2 分钟，5 分钟，10 分钟……画面定格了 1 小时，地球还在那里。“它好像没事。”有人好奇地说。

“第尔弥斯教授，这是怎么回事。”来到航天局亲自指导的刘中将有些不太高兴。“中将先生，这只能表明旧地球上的那些人还活着。这样一来，前几天发现的那艘军舰，或许就说得通了……”第尔弥斯的脸上逐渐苍白。

绿色的星球

“大气层的恢复已经达到初步指标。显然，我们的工作做得不错。接下来，我们要做的就是实现地球的可持续性发展。”亚当对大伙竖了个大拇指。

年逾古稀的亚当来到中心公园，指着一棵参天巨树问：“这是什么树啊？”“这是一种古树，我们基因库中已经培育出了它的种子。”助手解释道。

现在，这颗星球，到处充满绿的生机。

复 仇

“巴顿长官，精兵已为您挑选好，各国军舰也已集结完毕。”

“很好，是时候让那些富人尝尝受伤的滋味了。”

厄尔斯星际舰队驶出了太阳系，他们沿着敌人曾经的路线，去为先人报仇。“舰队进入开普勒 186 星系，侦察舰脱离队伍前往开普勒 186 小星。其他军舰做好战斗准备……”

指导老师：高彩红，文学学士，毕业于聊城大学，汉语言文学专业。中学一级教师，曾主持过市级课题并结题，获得山东省“一师一优课”一等奖。

飞　鱼

代瑞晗 / 高三年级　王文芝 / 指导老师　北京市第十九中学

太空舱内的照明灯缓缓亮起，我睁开眼睛，看身侧的小圆窗外仍是一片深邃，墙上的电子日历又往后翻了一页，今天是 2130 年 3 月 21 日。我凑近玻璃窗，看着视线内唯一的天体——地球。祖父说这是我们曾经的家园，可我对它无比陌生。毕竟我从未踏上过那里的土地，我出生在空间站上。

我草草洗漱完，走到餐厅去吃早餐。我生活的这座空间站名叫李·皮斯，据说当年米国的一位战勋累累的老将军就叫这个名字，不过刚来空间站几年就过世了。

如今的地球，早已不是人类曾经生存的地方。随着人工智能的开发，越来越多的人下岗失业，和这个愈发先进的时代形成鲜明的对比。环境的恶化使人类用尽技术手段补救，以求一时的安稳共处。好景不长，一场“芯片革命”爆发，即使是早就住在地下城的高层也没能幸免，只能搭建空间站，离开地球。

我问祖父，近百亿的人口都能迁到空间站吗？祖父说：“当然不是。很多人连地下城都进不去，早就死啦，还做什么上太空的梦呢。”我有些害怕，看来若不是祖父当年是参与建设空间站的工程师，我也不会站在这里。

吃过早饭，我去医疗站看望年迈的祖父。我向他问好，并给他削苹果。祖父却只是说：“你带我去看看那幅画吧。”我知道他说的是什么，于是便推着他出来。那幅画很奇怪，据说画的是地球，可是画上只有一片蓝色，天上飞着的不是鸟类却是鱼，而水里不知沉着什么东西。祖父凝视着画，沉默了很久。

在回病房的路上，祖父突然又絮絮叨叨地说起当年他从学院毕业时的事。末了，对我说：“空间站能源紧张，我这糟老头子是没几天好活啦。”我愣住了，又听祖父说：“我们这群人……已经不能给空间站创造什么了。上头已经批了，我们马上就要被‘处理’啦。”我的眼眶倏地热了起来，惶惶地说：“不，这怎么能行……”祖父不再说什么，只是叮嘱我不要说出去。最后他说：“地球曾经是很美丽的，多希望你能去看看。”

护士将祖父接回安置，我看着他微笑的脸庞说不出话。我也会像那些没能住进地下城的人们一样，被抛弃、被置之不理吗？我会不会等不及老去，就如祖父今日这般，被处理掉，然后同生活垃圾一起被推出舱口，飘浮在无垠的太空里呢？

第二天，我不是被柔和亮起的灯光唤醒，而是被一道急促的铃声将我从睡梦中拽出。“您好，1823 号房顾客，现在是 7 点 30 分，请您迅速到一楼大厅找路鲁修领队集合。”

我一愣，路鲁修……这名字好熟悉。环视一圈，房间内的布置截然不同，我躺在床上而不是睡袋里，拉开窗帘……窗外竟然不是我曾每日看到的深色太空和地球，眼前竟是一片高楼大厦和无垠的天！我看向日历，今天是 2060 年 3 月 21 日。

我睡了一觉，不仅没到 3 月 22 日，还回到了 70 年前？

我怔了好一会儿，直到催促的铃声再次响起，我才慌张地洗漱穿戴。下到一楼，看到一群和我身穿相同制服的人，便走过去，一脸不耐的路鲁修抬腕看了看表：“威诺，你这也太慢了，要是耽误了大家报到，你罪过可大了！”听到这话，我混沌的大脑突然清醒过来——威诺是我祖父的名字，路鲁修正是他从学院毕业后带队的领队！

我不禁打了个寒战。著名的“祖父悖论”浮现在脑海，我不仅穿越回了祖父年轻的时候，还成了我祖父！

路鲁修又在催促我们快点上车。驶出酒店，我惊讶地发现，地球和我曾在书中看到的影像还不太一样。路旁几乎没有绿植，浮尘常被驶过的车辆卷到空中。

“嗐，首都这儿还算好了，我老家那儿连下一周暴雪啦！”坐在我身旁的年轻工程师感慨道，“你知道咱们要去那个地下城吗？可有名啦！都是些首脑、高官在下面住呢。去了你就知道，和下面比这上面可太次了。”

路旁逐渐荒凉，车驶进了一座守备森严的院子，经过安检后，又徐徐开动起来。“喔，全是机器人……”我叹道。“这有什么！军方的机器人虽然高端点儿，人工智能也遍地都是……喏，这车就是无人驾驶。”

驶进一道卷帘门后，周遭暗了下来，我感到车身在向下沉，片刻后，随着一声轻响，车停止了下降。门帘抬起，和车驶出车库好像没什么区别，但我看到的却是截然不同的世界。

地下城建设完善，头顶是模拟出的天空，仍是一片湛蓝，可我记得地上的天蒙着一层灰。一路走一路看，我对2060年这个时空概念不再陌生，心里也有什么念头活泛了起来。要是我能改变些什么……人类就不会被迫离开地球了吧？现在是2060年，还有机会挽回的吧？

一行人走进了会议室。做着自我介绍的人似乎是个部长，他对我们说，地球环境恶化越发严重，为避免最坏的情况，希望我们能着力帮助建设空间站。

路鲁修自然是满口应和，我却突兀地开口了："地球还没到不能生存的地步，部长先生就开始想着放弃地球了吗？"路鲁修瞪我一眼，刚要开口打圆场，部长和蔼地说："只是以防万一。""建了空间站就没有后顾之忧了吗？终有一天资源会耗尽，到那时怎么办？现在还有那么多人进不了地下城，没有工作，让他们怎么活？你们上了空间站，那他们呢？"我还想继续问，路鲁修一把扯住我，向部长赔礼道歉，然后警告我："这不是你该管的。"

我不该管？我茫然地想，那么谁管？总理、总统、高官管吗？可他们是永远没有后顾之忧的人，他们是永远优先的人。像我和祖父这样的普通人，还有活不下去的普通人，谁来管？谁？

走出大楼，方才坐我身边的工程师扯了扯我的袖子，说请我喝酒。我坐在吧台边一边喝一边跟他说了这些话。他笑着说："你真有意思，不如去跟当时的米国说让他们不要工业革命……人类走到如今，这都是代价……就算政府意识到要环保，可这一天终究还是会来。"

同年12月，因饥寒交迫活不下去的人们起义，和有了自主意识的AI机器人战斗。第二年3月，人们逐渐开始接受芯片植入，成为和机器人无异的"人"，向地下城发起冲击。2070年，因"芯片革命"影响过大，人类放弃地球，迁至空间站。

我从发射器的窗户看出去，唯有沉默。太空舱内的照明灯缓缓亮起，我从梦中醒来，看着窗外那颗沉默的星球。我又来到那幅画前，看着天上的飞鱼和堆满水底的垃圾。

把人类逼上太空的，正是人类自己。

指导老师：王文芝，北京市第十九中学高中语文教师，兼高中语文教研组组长，北京市海淀区骨干教师。

泉水叮咚

杜威/高二年级　陈谊/指导老师　江苏省淮安市盱眙中学

“我记得呀，我小的时候，大兴安岭上有一条小溪，流过我家门口，那悦耳叮咚的泉水声，在我身边一直回响……”

只是几场中国南方、英格兰地区的酸雨，只是几家违规排放的大型企业的曝光，只是几个海岛小国的淹没，只是一次厄尔尼诺现象的到来。我是一名生物学家，我最爱的生物就是水中的鱼儿，小到味美的鲤鱼，大到有力的巨骨舌鱼，我喜欢它们在水中的优雅姿态。我为了追寻非洲的鱼类，十几年前去了刚果，那时候是草原的湿季，顺着刚果河来到马莱博湖，时不时看见平静水面上泛起涟漪——那是鱼儿在水中调皮。

现在这样的景象几乎没有了。随着非洲经济的发展，尼罗河、刚果河沿岸，几内亚湾、索马里海及南非沿海建起一座座化工厂和重工厂，水浑了，鱼没了。世界上其他国家虽然在不停地转型产业，但为时过晚，工业废水使大自然无法自我调节，再加上几次酸雨与厄尔尼诺现象，世界人口锐减。非洲——曾经生物繁荣的大陆——现在死气沉沉，电视上那曾经为自己国家的发展而自豪的非洲人如今一个个成了难民。

环境恶化后，非盟向联合国申请收留难民，但这项议案并没有被采纳，倒是秘书长的一句话，使全场静默：“这是我们的报应。”

那位来自东北的中国代表发言说：“我记得，我小时候，从大兴安岭流下的小溪叮叮咚咚，从我家门前流过……”话音未落，他的声音哽咽了，其他几位安理会代表无奈地摇摇头，“现在呢，水都变得浑浊了，要挖老深的井才能找到能喝的水，我父亲就是被活活渴死的……或许，我们不应悲观，应该想出对策。”

一个月后《东北条例》出台，并被载入联合国宪章，人大也召开紧急会议，制定了《可持续发展法》，强行对各种破坏环境的行为进行整治。

可是，这地球还能被我们救活吗？我看了看鱼缸里的金鱼，心中抽动。

东非大草原上的人，向天神祭祀，他们跳着奇怪的舞蹈；中国中部的黄土高原上，祈雨活动此起彼伏。

记得央视的一位记者去陕西灾区采访。“老祖宗几千年都没有经历过这种情况，平平安安，风调雨顺，这祈雨规矩一破啊，后悔就晚喽。”一个面色黝黑的老人，唇间干裂，干巴巴地叹息着。虽然政府一再劝说这种行为没有意义，但毫无用处。

我被邀请去了联合国《东北条例》行动小组。“木教授，怎么样才可以有效地缓解环境恶化呢？”一个联合国官员用生硬的中文问我。“这场灾难的本质是缺水和变暖，20 年前，我们的父辈所做的事仍可以用来缓解灾难。你看啊，虽然河流水、湖泊水几乎不可以用了，但仍可以使用海水。不是直接用海水，对，用海水淡化技术。全球变暖的话，这就应该从 20 世纪环保学家那里借鉴经验了。”

联合国科研大楼最令人羡慕的就是可以随时喝到水，离 2070 年的自然危机已过了 5 年，海水淡化技术已经成熟，但人们正常用水还是有点困难。目前通用的方法就是蒸馏与净化。蒸馏即先用电能——这时的电能来源是通过几所核电站产生的——对水加热，水蒸气在大容器上方装有氯化铵等与其反应吸热的物质的球状物上凝结，流入正下方的巨型收集箱中，得到纯水，再根据先前——2020 年左右的黄金年代——所调取的各地区水中微量元素含量，配置相应的水溶液并输出至各地。这样的工厂在中国南海、北冰洋以及堪察加半岛附近存在，他们也是若干年前，海底石油、可燃冰的开挖工厂。至于净化，则是我们《东北条例》行动小组提出的利用先进的“海鸟膜”过滤系统，直接净化任意水质。“海鸟膜”是大自然的仿生馈赠，我们曾在海边无意发现，为什么有的海鸟可以直接饮用海水，而其细胞并不能在海水中保持活性？难道是另有玄机？经过解剖，才发现了“海鸟膜”。

现在的“汽车”应叫“气车”，由氢能、电力混合提供动力，未来制氢是利用一种特殊的合成催化剂，在 500 坎德拉光强下，分解二氧化碳与水等物质的技术，可以这样说，气车就是一个汽车与饮水机的组合，其“加气站”加的是水，而蒸馏工厂中不能蒸馏处理的水，这就是“油”，分解成氢气之后再燃烧，再利用净化技术净水，便得到了纯水。红旗公司应用后发现这成本甚至比黄金时代化石燃料的成本还低！化石燃料现在对我的儿子来说就是博物馆中的东西，2075 年，化石燃料被全面取缔。联合国维和部队，不对，应是联合政府军——近几日社会发生新转型，国家不复存在，人类结成了命运共同体，联合国全票通过取消国家概念，并建立联合政府的议案，战争将不复存在——政府军在赤道及温带某些副热带高气压带植树，就那么一秒，伴随着十几万个种子下地，伴随着五六万的种子发芽，又有数不清的动物新生。

那些主张祭祀的人则分散地居住在丛林中，过着古代人的生活，他们将成为护林人与祭司，循着古老的规矩和信仰，生活在密林之中。

当年的那位来自东北的中国代表当上了联合国秘书长兼联合政府主席，他每次宣布一个净水工厂开始运行的时候，都会哭着用地道的东北话说：“泉水再次叮咚响起，父亲，你听见了吗？”

20 年后，地球生态已经恢复至黄金时代前期（1500 年左右）的水平，世界人口超过了 100 亿人，约 70 亿人生活在田园般的大地上，10 亿人生活在地球上空的环状空间站上，8 亿人生活在月球的地下基地中，用氦 –3 为母星提供源源不断的核能。我的儿子，同剩下的 2 亿人一起，乘着核动力星舰飞往了太阳系昏暗的外围，开发新的太空领地。

“垃圾要分类，氢气要小心，渴了就喝水，水中矿物要关注，垃圾要……”耳畔响起老城区宣传氢与新水的广播，这广播从 20 年前放到现在。天空蓝蓝的，太阳附近浮着一朵云，时不时有一只巨型环状物划过天空，那是环状空间站。

我家门口有一条小溪，它是从不远处的翠绿的小山上流下来的，山上面有一位祭祀者。我捧起水中的一条鱼苗，听着耳边的泉水，叮咚作响……

“我记得，当我老的时候啊，大兴安岭的水又回来了，变得更清，水中有活泼的小鱼，泉水叮咚作响，它从远处的泉眼里流出……”

这新时代的泉水，流出了几代人的努力，流出了人类古老文明中天人合一的思想，流出了人与自然的和谐永生。

愿泉水叮咚，愿鱼跃成群。

指导老师：陈谊，中学高级教师，多次荣获市优课评比、教学设计、论文评比一等奖。

种出星星，看见光明

段欣池 / 高三年级　姚玲 / 指导老师　四川省成都树德中学（光华校区）

“脚底踏实，才能走更远的路。”

——题记

黄沙漫天，不见天日。翻腾的热浪卷起带着沙粒的风，一阵阵打在他的脸上，像巴掌一样。姜屿从航天科技研发局被调到了漠北，美其名曰是转调升职，其实背后的意思谁都明白——升官这种好事怎么可能落到这种闲职人员身上。

他已经到任个把月了，担着个治沙队长的职，手下来回不过四五个人，整日在室内，围着一张不知哪年哪月的卫星图，高谈阔论。倒是有一个干事儿的，叫大吴，天天泡在沙里，也不知道在做什么。

夜深了，姜屿躺在床上，委实睡不着。沙粒拍打着窗户的声音在他的脑袋里渐渐滚成了轰鸣，又渐渐地变成主任的声音：“姜屿啊，上面决定把你调去漠北治沙，好好干。”他将被子掀翻在地上。

姜屿干脆坐起身来，翻开那个红皮本子，写下：我看不见星星。

三天过后，大吴兴冲冲地拿着一堆资料找到了姜屿，身上的防护装备是一件轻薄得像一件夹克的防护衣，姜屿认得出，那是第三代火星探测时给宇航员穿的，如今早该淘汰了，看来是全都运到了漠北，给这些治沙的当防护服穿了。

大吴兴致盎然地向他解释自己这几天的科研成果，好像是说发现了新品种的枣树，根茎极其耐高温，但比一般枣树的需水量大一点。姜屿左耳进右耳出地听了个大概。大吴又出去了。等姜屿再见到他的时候，已经是三个星期后了。大吴带来了关于那种耐高温的枣树的更为详尽的资料。

大吴依旧卖力地讲解，姜屿依旧毫不走心地回答。话音戛然而止，大吴放下了资料，直直地盯着姜屿的眼睛，那个眼神姜屿有点熟悉，在调任前夕，主任将他叫去谈话时，他也是这种眼神。大吴最后看了姜屿一眼，将资料留在桌上，转身离开了。

“姜屿啊，上面决定把你调去漠北治沙，好好干。”他把资料扫在地上，散了一地。

听其他人说，大吴这次是带着帐篷走的。姜屿不以为意。

半个月后，大吴没回来。姜屿把大吴之前拿来的资料整理了一遍。

一个月后，大吴还是没有回来。姜屿开始认真阅读那些数据。这种耐高温的枣树，生命力强，它的根扎得又广又深，是治沙的好树种。

八十天后，大吴依旧没有回来。姜屿实在坐不住了，拿上资料，顺着定位出门找他去了。大吴在大漠深处扎的帐篷。这里的环境比营地更为艰苦，能见度甚至不足二十米。姜屿便是隔着二十米的距离看见大吴的，他正弯着腰栽枣树苗。

晚上，风沙渐渐弱了一些，大吴便坐在帐篷外面休息。姜屿跟了出去，学大吴将面罩打开。沙子瞬间拍在了他的脸上，生疼，但大吴却像感觉不到似的。“听说你是从航天科技研发局来的？”

姜屿一愣：“……对。”大吴沉默了一会儿说：“我二十几岁的时候和你还挺像。我那会儿从北京调到这儿，那个不情愿啊。来了两个星期，我就想着辞职，队长给我一通骂……姜屿，你喜欢看星星吧？”姜屿点头。他大学时除了上专业课，其他时间就一门心思栽在天文观测上，进航天局多少也和这个有关系。

“我女儿也喜欢。”大吴的神情突然柔和了起来。“我在这儿干了二十年了，星星已经离我很远了。但每回收到我女儿寄来的信，我就想，努力让下一代看星星吧，这事儿值！我知道你觉着从北京到这儿来种树，掉价。但是，小姜啊，你看看我们脚下这片土地，这半个世纪来，成什么样儿了。没有我们这代治沙人，没有这个地球，后来的人还谈什么航天，看什么星星？脚底踏实咯，才能看见天上的路。”

姜屿和大吴在大漠里待了几天，双双有了解决方案，急匆匆地赶回，连夜写了申请，要来了淘汰的航天材料——透气又保湿，还用冷凝水来辅助灌溉。再后来，当防沙林连了一排又一排，风沙渐小，姜屿在本上郑重地写下：我们将看见星星。

指导老师：姚玲，中学一级教师。曾被评为四川省优秀作文指导教师、优秀青年教师等。

宵　禁

范康东 / 高三年级　潘洪泽 / 指导老师　山东省聊城第一中学

公元 205× 年，在苏门答腊火山底缘，朦胧的大地上，无边际的黑暗漫透过来，六月夜晚的赤道北部丘陵，只有一个棱角不明的月亮悬在中天，像一个洞口，直通外面那个白惨惨的世界。

作为一名 R-7 计划特遣记者，只身一人来到赤道北部这座著名死火山的底部。地质构造极不稳定，气候缩短了死火山的休眠期，3 个月前，观测人员探测到此处活跃的火山活动，探明地质结构，为日后“地下城”计划铺平道路。我借助登山杖攀上岩壁，石块簌簌掉落，我终于站上了火山口。翻腾的赤色流焰正在巨口翻涌，吞噬一切失足落入其中的猎物。

我调校好携带的观测设备，蓦地，一张清晰的笑脸出现在我面前。“佐伊领事，你来了……”我讶异。前些时日“收容组织”袭击了进驻文莱的全球气候变化调研分组，组内成员伤亡不明。“你多忧了。”她笑了笑，眼眸中映出了天上月，“那段时间我去了 2 号地区考察，袭击时，我不在领事馆。”佐伊说完便从背包中取出一份十几页的材料，“读读吧。”

穴居时代或将成为人类最后的希望

5 个月前，联合气候调研组驻文莱分组遭到“收容组织”袭击，这是今年第二次针对联合国下派专家组的报复式打击。“收容组织”头目布莱肯声称该组织对此次袭击负责。袭击事件造成两人受伤。联合国前秘书长古雷斯特对此予以谴责……人们愈加清晰地感受到，一种末日来临的危机感正席卷全球。根据世界各地政府的请求，联合国组建了“联合气候调研组”，并分派专家到世界各地进行调查，为下一步人类宜居计划的实施进行准备。

随着气候变化愈演愈烈，有学者指出，鉴于目前人类的科技发展水平，能研制“环太膜系统（ASM）”核心装置的国家仅有 4 个，若强制推行“系统”的组装与运行，届时必会巩固大国的垄断地位，这多国参与的计划将会对已具雏形的多极国际社会造成强烈的冲击。绿营组织领袖陈肇宇对此计划颇为反对，并称“地球是人类共同的家园。”……在诸多质疑下，“ASM”计划被迫停止，与之相对的则是“地下城”计划的兴起……尽管“收容组织”曾多次公开反对联合气候调研组任务的进行，但多国政要及学者予以肯定。有人预测，再经过十年的能源调整举措，人类将开辟地下城，并在两年内入住百万人口……穴居时代——人们口中惯称的远古名词，正悄然变成现实……

——摘自《环世日报》

我忽然醒悟过来。宵禁管制、能源分配、电磁阻塞、火山调研……一切都明了起来。突然，山顶若白昼般亮起，正值宵禁，怎会有大功率照明设备？我向山下瞰望，一面灰色旗帜正向上疾奔。“快走！”佐伊猛一推我，我跌落于草莽灌木之中。耳边传来喊叫声，伴随着子弹上膛声，佐伊用尽全力，将身上的资料装入包中，抛向倒在地上的我。

“记得，替我完成使命……”这是我听到的最后一句话。枪响，日月旋转，火山向西的那面愈加明然。我强忍泪水，匍匐向上爬去，借着紧急备用的烛光，看见一张笑脸残存在她的面容上。我拿起压在她手下的纸条，一字一句轻轻地念出声：

吉他为逝去之人而弹奏，流星因不归之人而陨落/目送拂晓的列车/橙色的花瓣现在又在何处摇曳/在已迎接过无数次的黎明再次来到之前/不要熄灭手中的灯火/车轮，旋转吧

指导老师：潘洪泽，中学高级教师。华中师范大学考试研究院兼职研究员。曾获首届“一师一优课”部级优课、聊城市优质课一等奖、聊城市优秀教师等荣誉。

冰雨火之歌

高北宸/高三年级 王亚兰/指导老师 北京市中央民族大学附属中学

公元2068年，在那曾被视作极寒之域的地球之端，一座巨大的冰山悄无声息地崩裂坍塌，栖息其中的无数生物瞬间坠入深海，销声匿迹。曾在地球赤道上林立的花草树木、高楼大厦早已在太阳的炙烤中化作灰烬……

基诺，是一名肩负重任的速冻技术研发人员，是为改变地球气候而奉献一辈子的元老级人物。此刻基诺正坐于行驶在海洋之上的"诺亚方舟"号实验室中，皱着眉头审视着一位青年的计划书。船舱内压抑的气氛伴着39℃的高温让青年人的额角沁出密密麻麻的汗珠，而他的眼中却燃着熠熠光彩。

"基诺博士，我认为利用干冰降温技术缓解全球变暖不是长久之计，绿植恢复与速冻结合技术才是可持续发展策略。"

基诺讥讽地勾起嘴角："绿植？你是想在赤道上种树吗？你倒是去试试看，你的小树苗能不能成活？赤道就是一个无法拯救的烂摊子，我的干冰冷却技术不会浪费在那里的大气上，因为即使给它降温十天半个月，也还是会恢复原样。"

"所以您是要舍弃赤道区了吗？"

"除此之外，我别无他法。年轻人，时代变了，赤道区已恶化为极端气候区，就算我倾尽一生之力，也是举步维艰！"

"那是因为您的方案治标不治本！您功成名就太多年，早已习惯高纬度区域治理的暂时成功带给您的成就感，可是您别忘了，地球大气是全球性循环系统，赤道区一天不治理，就算您干冰开发得再多，也永远无法阻挡全球气候极端化。更何况，今天8点43分接到来自北极气候检测站传来的最新消息，北极3号冰架，全面崩塌了……"

基诺强作镇定的脸庞不可控制地扭曲起来，冰架崩塌意味着他呕心沥血研发的大气冷却技术宣告失败，他大半生的努力全部付之东流。

"所以，博士，我们必须正视赤道区极端气候，集中全人类力量攻克赤道问题。既然太阳能与风能动力转化技术已成熟，并得到广泛应用，碳排放指数增长放缓，我们就有底气攻克赤道区。博士，我必须向您申请，将60%的干冰投放在赤道上空，重新恢复赤道降雨达正常水平，再将热带雨林区移植重建，才有机会真正改变极端气候问题，实现可持续发展。”

青年人无比坚定地凝视着头发花白的基诺博士，期待着这位气候治理权威专家做出肯定的回复。基诺双手紧握成拳，他想起恣意翻涌着的热浪中婴儿的哭啼，想起炎炎烈日中大片倒下的干渴的人群，想起漫山遍野的树木燃烧，形成无法遏止的火海，想起正被海洋无声吞噬的土地和植株……也许数十年之后，这存在了上千年、创造过无数奇迹的智慧文明，将带着无人能解的绝望走向最终的灭亡。

在生死存亡的关头，低沉沙哑的声音缓缓响起：“我愿意尝试你的提议，试验期两年，你可以接受吗？”

“博士，非常感谢您的信赖，我定会尽全力为人类搏一次生机。”

公元2068年，为期两年的赤道冷却造林计划正式开始。基诺博士将一大半冷却原料投入赤道治理工程，那个曾在基诺面前勇敢提出赤道计划的环境生物学家许因德，成了治理工程的总设计师，他在计划中应用的新型抗高温、抗旱的绿色植株迅速覆盖了赤道区的重点区域，为改变极端气候贡献了重要力量。

公元2070年，自宇宙观地球之全貌，昔日枯黄的颜色被大量墨绿色填涂，涌动着的白色气旋广泛分布于土地之上，热成像仪显示出的全球图像由危急的红色减弱至较危急的橙色。

消除极端气候之路，任重而道远。然而只要人类付出努力，做出一点微小的改变，伟大而无私的大自然都会馈赠给人类宝贵的礼物。人类要尽全力将这礼物呵护好，传予子孙后代，前仆后继地谱写人与自然的冰雨火之歌。

指导老师：王亚兰，文学硕士，毕业于复旦大学中文专业，中学二级教师，曾获北京市第三届科研课题研究课（教学基本功）评比一等奖、海淀区风采杯教师基本功展示教学设计一等奖等奖项。

冷暖禁区

高洁 / 高二年级　周冠宇 / 指导老师　山东省济南市济阳区第一中学

炽阳肆虐，耀眼的白光刹那间刺破长空，她回来了，从禁区边缘上。

他曾无数次幻想过这个画面，但绝不是现在这个样子。一串泪水奔涌而出，砸在冰冷的实验舱舱壁上。吞下苦涩的药丸，那些微量的药剂分子在他的血液中逆向传递，传递到他的神经元中枢，随即是麻木的大脑在幻想着春天的样子……

这已经是第一千二百零五十六天，她被囚禁在“樱花”号实验舱内，她全身上下都被插满了花花绿绿的输液管，这些输液管输送的，不是普通的营养液，而是一种特殊的物质——冷因子物质。多年前，地球温度升高到了五十摄氏度，两极冰雪融化，海平面急剧上升，人类面临的生存危机迫在眉睫。他被任命为联合国亚洲总部气候治理及冷因子智能项目的负责人，跟随全球气候专家尹博士来到两千多千米的大气层上空，寻找冷因子物质源。他亲手创立了“樱花”号实验舱，他们利用冷因子物质具有的强大引力波作用，在太空中建立寻找与吸引冷因子物质的体系，根据太空舱外表特殊的材质，收集太空中散落的冷因子物质，然后汇聚提纯，通过特殊的运输管道传输到地面，完成外貌记忆导向等修复工作，全程工程量巨大，耗费资源巨多，涉及知识面广。他和尹博士潜心研究了整整二十年，才完成了冷因子物质人工智能组装的初步工作。而她，正是他此生最不舍的人，创造她，也成为他此生做过的最后悔的事……

他强行打开舱门，红色的警报瞬间照亮整个大厦。舱门被“嘭”的一声关上，他被甩飞在地上。“她本就不是你的爱人，她只是我们创造的一个工具，她只是有幸拥有了一副人类的皮囊，你不要在这里自欺欺人，执迷不悟了！”随后尹博士一声冷笑。鬼魅的笑声在他耳边回响，挥之不去。的确，她的使命，就是利用自身极强的制冷因子，吸收地球源源不断排放到大气中的热量，使自己身体里每个微小的中和吸收装置不断受到高温的轰击，又不断地组装重建……

可是，他爱上了她……

新闻发布会上，如饿虎扑食的记者们早已迫不及待。

尹博士在新闻发布会上大张旗鼓地宣扬他的冷因子物质人工智能的研发成果："我们的进展非常顺利，只要她与地球的热能量源相互融合，不断吸收大气中的热气，就能有效缓解现在的气候问题……"尹博士阴暗的乌黑色眼珠伴随着黑色眼眶，看上去像一只即将出击扑杀猎物的饿虎。他一把抢过话筒，上下唇不停颤抖地说："尹博士说的都是骗人的，他……他想要利用冷因子物质毁掉你们所有人……然后主导世界！"博士的犯罪视频流出，随后被绳之以法。

尹博士早已偷偷在她的输液管里输入了大量无色无味的放射性粒子物质，一旦她这颗宇宙炸弹爆炸，后果将不堪设想，不仅全球立即进入冰河世纪，万物凋零，所有无辜的人类也将会被放射性粒子辐射，在痛苦中死去。

她静静地躺在实验舱内，"对不起……我舍不得……"他紧紧地将她搂在自己温暖的怀抱中。"我知道！"她嘴角微微上扬，如樱花般悄然绽放……

他强忍着泪水，坐在舱内冰冷的地板上，他明白，只有自己亲手毁掉她，才不会让罪恶的裂缝有机可乘，才不会让别有用心之人对冷因子下黑手。他改造了实验舱的装置，将她慢慢送进销毁舱后，世界一片宁静，窗外的樱花绽开了笑颜，一个个生命享受着春天……

望着销毁舱中弥漫的水汽，一滴冰冷的泪水砸在泛黄的纸上，"樱花都开了，冷暖面前，我选择了春天。"他写道。

指导老师：周冠宇，本科，中学二级教师，曾获市级、省级优质课，区十大杰出青年、区优秀教师、校师德师风先进个人等荣誉。

下　海

高璇 / 高二年级　俞姝 / 指导老师　浙江省诸暨市海亮实验中学

公元 2065 年，城市温度达到了近几十年以来的最高值，娇惯的人类不禁抱怨，随即“嘀”的一声，打开了空调，吹走了令人心烦的热气，带来了一时的清凉，他们发出舒适的长叹，殊不知危险正悄然逼近。

“陆望长官，根据气象局的预测，如果人类对于温室气体的排放再不做任何限制，那么地球将如您接下来所看见的……”梵米娅博士紧皱着双眉，点开了屏幕。

两极的冰川开始以肉眼可见的速度消融，随即海平面上升，湍急的洪水如饥饿的猛兽，在城镇横冲直撞，吞噬了一座又一座矗立的坚固大楼，人们仓皇逃窜，却不知何以为家。“在愤怒的大自然面前，无论人类有多少庞大的军队，我们都只能如同蝼蚁般苟且偷生。”梵米娅博士说道，“但值得庆幸的是，上天并未放弃苦苦挣扎的人类，在太平洋，我们发现了一种新型矿物清洁能源，它也许能够改善这日渐恶化的环境。”

陆望低垂着眉眼，看着屏幕上昔日的家园逐渐成为一片废墟，“C9 海上小队，准备集结。”“是！”

没有任何犹豫，没有任何疑惑，号角吹响，英雄出征。一张张鲜活的面孔出现在中央指挥厅的大屏幕上。“001 准备完毕！”“002……”陆望穿着硬挺的军装，脚踏军靴，一步一步坚定地走向 N7 战机，“出发！”数十架战机轰然飞起，巨大的螺旋桨发出轰鸣，在明亮的日光下，他们逆着风，驶向那危险缥缈的希望深渊。

中央指挥厅命名此次任务为“下海”。

飞机逐渐接近海岸，“报告长官，预计两分钟后抵达目的地。”“好，准备降落。”十几架飞机依次降落，大地不禁无助而惊恐地战栗着，“嘭”，机门打开，队员们穿着整齐，有序地排列着。“C9 海上小队听令，接下来我们将乘坐舰艇到达太平洋深部，然后乘坐潜水艇寻找矿物清洁能源。此次任务危险系数 5A，一切听从我的指挥！”“是！长官。”

“嗡——”海上舰艇出发。灼热的海风拂过澄澈的海水，吹过每个人的脸颊，最后飞舞着消失在遥远的天穹。日光照射的海面波光粼粼，洁白的浪花前仆后继，一切都是这么的宁静与迷人。

沉静的海面终将打破，狂风暴雨席卷而来。谁都没想到会有突如其来的海啸，它张着深不见底的嘴巴，吞噬了海上渺小的舰队。“该死，我们被冲散了。”这是陆望昏迷之前，脑海中最后闪过的话。

……

眼皮沉重且缓慢睁开，光亮渐渐泻入眼眸，陆望吃力地起身，却发现自己躺在一张床上，床边是一位熟睡的少年。他起身，拉开窗帘，看见窗外浓密茵绿的丛林和远处平静蔚蓝的大海，他想：自己应该是被救了，那他的同伴们呢？轻缓的脚步声从身后响起，同时传来了干净的嗓音：“你那天在沙滩上好像受伤了，我就把你带回家了。”陆望转过头，盯着少年单纯的眸子，说：“谢谢。”随后，转身准备离开。“哎，你伤还没好，准备去哪里？”少年见陆望并不理他，不由得泄了气，“嗐，算了！你走吧，我也拦不住你，但是要小心一点，这一带不安全。”陆望沿着沙滩前行，却只看见了舰艇的残骸，通信设备此刻也失了灵。他不禁感到烦躁，跟在身后的少年却突然出了声：“唔，这里太偏远，可能连不上信号。”而后，陆望不得已在小岛上与少年住在一起，从他口中陆望得知两极冰川已经开始加速融化，少年原本生活的小岛被淹没，全岛上下一百来号人，只有他逃出来了。少年颤抖的双手紧掩着脸庞，泪珠自消瘦的下巴滑落，陆望注视着他，想要安慰的话突然堵在喉咙里，他只能重复地告诉他：“别怕，我会来救你的。”

半个月后，残骸焕然一新，变成了新型简易潜水艇，陆望着装整齐，与少年道别，少年却紧紧抱着他的手臂，大喊道：“我也要去。”他挥了挥手上的计划单，“我跟你一起去，保证不添乱。”少年的眼睛微微弯起，像是悬挂在黑暗长夜中皎洁的月牙儿，流露着温润与纯真，鬼使神差地，陆望答应了。

没有任何高端设备，只能遵循最原始的方法寻找，海底世界晦暗不明，随着深度的增加，使人渐渐喘不上气，看着少年苍白的脸，陆望问道：“你可以吗？”少年微微笑着：“没问题的。两年前，那场突如其来的海啸把我的家淹没灭了，我的阿爸阿妈不见了，妹妹在哭，我抱着她，却一同被海水淹没，她的头撞上了石头，血染红了海水，可我却一点办法也没有……”

他的眼中没有焦点，只是凝望着艇外的黑色深海，“曾经的小岛很美，大家日出而作，日落而息，就像古书中描绘的世外桃源一样美丽。可是那一天，将这一切都改变了，人们的尖叫和哭声不绝于耳，到处都上演着令人心碎的离别，从那天起，我便下定决心，如果有机会，我想试着去保护这个脆弱的世界。”

蓝绿的光在黑暗中闪烁，窥视着不请自来的狼狈访客，那就是梵米娅博士所说的新型矿物清洁能源！这是他们下海的第三十天，这细碎的光令他们喜悦。

“我去吧，那边有一道狭窄的缝隙，你过不去的。”“……小心。我等你回来。”少年勾起干裂的嘴角，纵身跃入海中。

清晨薄光灌入胸膛，揉碎了霞蔚云蒸映入眼眸。站姿挺拔的男人手持白色雏菊，站于墓碑之前，他永远忘不了，少年将闪烁的晶石递给他时，自己却被湍急的海水卷向黑暗，那天，他如同发了疯般在一望无际的黑色深渊中寻找，直至警报响起，氧气含量告急，他不得已返回陆地。时隔一个月，明媚的日光映入眼中，他看见了遥远的岸边，中央指挥厅的同事们欢呼着，庆祝他的归来，可他明白，众人重获天日之时，就是他与他阴阳相隔之日。

陆望举起酒杯，说道：“我们为探求人类延续的火种而度过漫漫长夜，跨过贫瘠破败的土地，深入冰冷黑暗的海洋，所幸，C9 海上小队未辱使命，此次‘下海’任务圆满成功。我们无须历史记载功勋，无所谓华丽空虚的称颂，只愿万千英灵见证我们前仆后继的跋涉和永不放弃的努力。”醇厚的酒香飘散在风中，白色雏菊随着微风而轻轻点头。

“敬我们这些平凡的人类。”

而后，矿物清洁能源投放市场，国家颁布可持续发展改革条例，人们开始替换污染环境的车辆与电器，更多人选择绿色出行。一切都恢复到最初的模样。

阳光依然灿烂，星河依旧明亮，人类学会了与自然共处，虽然已有疮疤，但所幸，我们开始弥补。时间仍在永不停歇地向前奔流，得以见证这人世间所有的永恒与不朽。

指导老师：俞姝，本科学历，中学二级教师。曾获 2017 年诸暨市第五届青年教师高中组语文学科素质比武一等奖、2018 年诸暨市高中学科命题三等奖等奖项。

末路的守卫

高艺嘉/高二年级　胡伟群/指导老师　浙江省诸暨市海亮实验中学

“嗞啦——”

“情况怎么样？”通讯器里传来指挥官海洋急迫的声音。“很糟。”我穿了厚厚的隔离服，抵挡疯魔的紫外线，隔离服内部的小型温度调节器聊胜于无。我环视周围，简短地报告道：“目前外部温度56.5℃，河床干涸，泥土硬化开裂……”猛地，一具被烤干了的尸体闯入我的视线。这具尸体蜷缩在河道中央，脱相脱得看不出是人还是动物。一路上，这样的情形屡见不鲜。“……无生命迹象。”我喉咙干涩地补上了后半句话，无意识地舔了舔干裂的唇。

“唉……”海洋其实早已料到结果，颇为疲惫地说，“指挥部收到，绿洲，你回来吧。”我沉闷地应了一声，往回走去。不远处，探测队的车子在太阳下泛着柔和的绿色光芒，那是整个荒原里唯一的亮色。

现在已经是2070年了。早在21世纪初，就有科学家预测几十年后全球气温将急剧升高，当时他们估计将有19亿人生活在平均气温高于29℃的高温地区——事实证明，他们太乐观了。

气温攀升得比想象的更快，它仿佛想要将人类千年来对环境做的大不敬之事全都在这几十年里报复回来：两极冰川融化加剧，海平面大幅上升，干旱、半干旱区以惊人的速度吞噬了大片土地，大量物种灭绝。

在巨大灾难面前，人类猝不及防，被迫迎战。宣传、呼吁、立法，大大小小的会议一个接一个。有的人已经自乱阵脚，不切实际地提出冰封人类以等待地球大冰期的到来，更有甚者，妄图在太阳系打造几颗适宜人类居住的卫星。

高纬度地区的人死了一茬又一茬，适温区的范围一天比一天小，国家法令一道严胜一道，从刚开始的“减少温室气体排放，加大新能源开发力度”到现在的“禁止排放温室气体，违者判处十年以上有期徒刑”。

人均用水量连年下降。2068年，大旱期如约而至。世界灾难当头，各国元首们联合策划，拟出了个救急方案，叫作“绿洲计划”。即挑选出全世界受气候变暖影响较小的几个地区，构建人工大气，改变局部气温，建立“气温保护区”，以求部分人能不受极端天气的影响。我便是这个计划的探测员之一。然而“绿洲计划”也只是权宜之计。姑且不说“气温保护区”的高耗能，也不说这东西能容纳多少人，如今全球气温依然在高速攀升，人类最后的这把保护伞又能支撑多久？于是救急方案后还缀了一堆诸如“植树造林”“基因改造”“迁居月球”之类乏善可陈的“附加方案”。

我乘车回到“适温区”，透过厚重的玻璃，看到巨大的“保护区”被圈出来，绿草和荒地泾渭分明，太阳能电池板一字排开，一车一车的“新能源”正往城中运。人类仍在苦寻一线生机，像是死寂的夜里，再渺茫也不肯熄灭的星光。

我到达指挥室时已近夜半，海洋正撑着脑袋，对着一大摞文件焦头烂额。我向海洋走去，随手抄起一份文件，发现上面是对人类迁居海底计划的详解。我不禁失笑，把文件递给他，说：“这个不错，现在搞个‘绿洲计划’，将来再搞个‘海洋计划’，咱俩这破名字谁也别笑话谁。”

海洋偏头看了看我，接过我手里的文件，苦笑道：“你快去休息吧，开太阳能车回家，现在连新能源也要省着用了。”我应了一声，却站着没动。他似乎看穿了我飘忽不定、乱作一团的担忧。忽地，他看着我笑了，“没事，”他说，“都会好起来的。我们会赢，就像我们的祖先那样。”

我点点头，走出指挥室。身后传来文件碰撞的哗啦声，盖过了通讯器的嗡鸣。

车子随着我的靠近自动开启，音箱传出领导人的声音：“……我们人类，或许微不足道，却也斗胆向外界恶劣的环境发出交友请求：请允许我们同科技，同环境，在这颗蔚蓝的星球上和谐共生！”

穷途末路的人们，打响了地球环境保卫战。

指导老师：胡伟群，诸暨海亮高级中学教师，中学高级教师。诸暨市“十佳”教师，风荷奖教师，诸暨市学科带头人，优秀教学工作者。曾在诸暨市、绍兴市优质课评比中均获一等奖。

青灯配浊酒

宫瑞 / 高二年级　王恩亮 / 指导老师　吉林省长春市德惠市实验中学

2061 年，气候极端化日益严重，有效抑制恶化并恢复和谐气候环境迫在眉睫。有些人员密集的重工业地区已经少见阳光，四季却如酷暑一般。在一家老店里，有一位年过八旬的老者，一辈子的时光都奉献给了科研，桌边尽是图纸及相关资料，他无儿无女，陪伴他的始终是一盏青灯——南朝时期的古董与一壶不知来处的浊酒——酒虽观之浊，却辛辣又甘甜，甚是新奇。

这一天，注定是不平凡的一天，他成功地研制出了一个可以打破时空的舱间，这是 20 多年来辛苦研究的唯一成果——一个新十二维空间，由四条时间线纵横交织而成，外部超低速运转带动内部调速器实现一个巨大的速度差，然后通过制冷手段将空间与时间流速宏观减慢，在时间线交织完毕后，以超越光速形式打开空间，通过极限手段，顺时间之微粒而移动。老者以身试险，进了舱，畅饮一口浊酒，关了门。

时光变迁，转眼来到了南朝梁国。安阳伯，一个无史料记载的人，正向皇帝上奏，言论时事。皇帝问："安阳伯，何事如此着急？"安阳伯答："陛下，臣近日茶饭不思，空望多时，观天象，紫微星暗淡有东坠之嫌，似有大劫，臣惶恐。"皇帝说："安阳伯所言从未出过差错，可朕并未做伤天害民之事，为何会遭劫难？"安阳伯说："臣曾见城西有人在卖炭，而焚烧之后又冒出黑烟，愈烧愈烈，恐是不祥之兆，如今我梁国刚安定，正是百业待兴之际，应避免再生祸乱。"皇上问："可这本是地下之物，怎会埋之地而不用于地也。"安阳伯说："此言差矣，地下之物，本见不得光，如今大见天日，只怕天降横祸，警戒四方。""汝之言是也。""臣听闻洛阳一片风景正好，而臣游走四方，佳景在山水处居多，空气清新。不如多多植物，起净化之能，禁炭于民间，保梁国太平。""然！"两人对饮一杯，安阳伯拱手告退。

老者这才注意到，两人所饮的，正是浊酒，如此悠久与香醇之酒，怎籍籍无名，不禁哑然失笑。

又是一阵波动，这里是2070年，全球工业高速发展，大量煤炭被燃烧，树木被砍伐，淡水不足水资源的5%，森林面积仅占陆地面积的7%，生物灭绝，两极冰川融化，陆地不断被海洋吞没，老者不免怛然失色，一阵冷汗溢出，倍感惶恐。

2090年，环境问题终于被解决，新品种“雨树”诞生，靠天然雨水成长，吸收二氧化碳后，将其转化成新的物质——“越鑫石气”，一种新能源。从雨树中提取这种气体，经过高低压与高低温的不断转化，令其全部性质丧失，将其冷凝后，外形如石头，窝式结构，吸收温室气体，转化为极似水的物质并释放能量，而极似水的物质又恰好能满足“雨树”的生长，构成一个循环。同时“越鑫石气车”因其速度快、密度小、安全性能高、无污染而成为新型交通工具。空中城市出现，由通天柱支撑，可刚可柔，鬼斧神工。国际禁止使用任何有污染的设备、仪器、材料，否则将受到国际联合组织的打压与制裁。自此人与自然和谐共生，科技与自然和谐共处。在经过长达20年的环境劫难后，人类终于形成了命运共同体。

老者睁开眼睛，神采奕奕，下了舱门，又饮下一口浊酒，未忘给青灯续上灯油，“我一定要让他们明白自然比科技重要。我经历了这些，也目睹了研发新物质的全过程，未来的自然，我定全力拯救。”老人写下这一系列的故事后，又投身于科研，最终逝于实验室。他留下的资料，拯救了全人类，并阻止了劫难席卷。

后人整理了他的故事，在其碑旁刻下24个字：酒虽浊，香未散；灯虽旧，光正漫；人虽老，志未平；身虽逝，魂长存。

诗云：本是青灯不归客，却因浊酒恋红尘。

指导老师：王恩亮，北华大学汉语言文学专业。中学一级教师。曾获德惠市市级骨干教师等荣誉。

A-19

郭晶 / 高二年级　徐雯雯 / 指导老师　山东省聊城第一中学

“铿铿”，一阵清脆的敲门声响起，他猛然抬头，那双布满血丝的眼里，尽是欣喜。当世界上只剩下一个人时，他听到了敲门声……

一觉醒来，他的身边不是温暖的羽绒床，没有明媚的阳光，准确地说，他不是自然醒，而是被刺鼻的腥气熏醒的。他爬起来，原来他在垃圾堆里，而且这群“垃圾”有温度，他环顾四周，发现这里是“地球”，因为他看见了太阳和月亮。

他怔住了，这时的“地球”不是蓝的，没有汹涌澎湃的大洋，没有白雪皑皑的雪顶，有的只是荒芜的土地，塌了半截的大桥以及死气沉沉的街道。他走上前去，汽车里端正坐着的人仿佛活的一样，他都能感受到那个人此刻堵车的气愤，他碰了那人一下，顷刻间，化作灰瘫在座椅上，他吓得后退，却从后视镜里看到自己的额头烙上了“A–19”的字样，他茫然，A–19 是谁，他吗？A–19 不是人的名字啊，更像是物品，实验品的型号。

他继续往前走，发现这个地方已经不能被称为“地球”，他也不是“人”了。这个地方没有大气，若非要说有吧，那便是笼罩在他头顶上方的一片黑云，虽然不清楚那是什么，但一定不是氧气，可他却还活着，说明他已不再是人。他记得，他来到这里是要去寻找什么，而且他依稀知道许多他之前所不知道的知识。他逐渐明白了自己的身份，他是科学家，他要找能让人类活下去的一样东西。他进了一个小屋，这里有两扇门，他从其中的一扇门进去，刚想从对面的门出去，却看见自己的身子从另一扇门探进来，他猛然跌倒在地，霎时间，脑子一片空白，却想到了一个词——空间折叠。太怪了，这里存在着三维空间中无法存在的房间，这个房间是许许多多科学家穷尽一生也无法研究明白的。从他醒来到现在，一切都很奇怪，他来不及多想，按原路返回，可刚出去就头冲下摔了下去，这么说他刚刚是站在天花板上，一步之遥，重力却改变了方向，多个重力场？不可能，这不可能。

A–19 所看见的一切完全颠覆了他的认知，他所有的理论都被推翻，他看向四周，看向天空，从一开始就错了，这里早已不再是地球，这是黑洞，他是根据多重力场，空间折叠以及可视的太阳判断出来的，准确地说这是可视的光球黑洞，它的时间曲率连光也躲不掉，能够吸走目前所知的一切事物，而他却站在黑洞上。可他又不明白了，黑洞上为何会有人以及建筑，那只可能是在黑洞形成前就出现的。那么什么星球会……

“哐”他突然被硬物击中，倒在地上，昏迷之际，他看见了一双蓝色布鞋，有人！

他已经是第二次醒来了，扶头坐起，回忆着晕倒前自己的遭遇，他知道这里有第二个人。他欣喜，他喊，他找，却没有看见第二个像自己一样能喘气的家伙。他心里又犯怵，都出现在这里了，恐怕已经不是人了吧。想到这里，他找来了一套工人的衣服和一个棒球棍。因为刚刚遭受的击打，A–19 的眼里有些充血，他小心翼翼地走着，却突然看见刚刚击打他的人在那里站着，他看不真切，却认出了那双布鞋。他决定先以牙还牙，打晕他，然后再好好谈。他悄悄靠近，一抬一抡，那人倒在地上，他把那人翻过来，发现那竟是自己，再看向自己的鞋，是了，在换上那工人服前，自己穿的不就是蓝布鞋吗，也就是说，打他的、他打的都是他自己。这是时间线错乱。那么一切都解释通了。

玛雅的三个预言，人们都认为只有前两个实现了，最后一个因封建迷信而预言错误。但其实第三个也是实现了的，2012 年的地球和 2020 年的地球，不是同一个，在 2012 年以前那条时间线上的地球已经毁灭成了黑洞，也就是 A–19 所站的地方，而 2012 年以后的地球是在另一条全新的时间线上。在 2012 年那晚，地球上所有人的大脑记忆都被提取，然后植入另一个新地球人的大脑里，那些人就顺利地在 2012 年“活”了下来。而这个旧地球因为人类的消失以及人类丢下的生活垃圾、工厂废料而开始恶化：核反应堆里的铀 –237 能让人顷刻变异，还污染了空气；4000 多次的发射史，让无数推进器的碎片包围地球，4500 多吨的太空垃圾让为数不多的幸存航天器相互剧烈撞击，成为废墟，这些垃圾携上细菌穿上大气层，落到地球上，污染土地；人们留下的钢筋水泥，不可降解的聚乙烯，放射性的镭、铀让这个星球上仅存的生物变异、死去，成为新的垃圾。

A–19 望着那层乌黑的大气，他明白了，地球在人类“灭亡”后受到了毁灭性的伤害，为自保，她自噬形成黑洞，毁灭一切，重新开始。

A–19 想起了一句话，“人类现在所做的一切，到最后都是要还的。世界万物的本原和终点都是虚无，从虚无中来，也回到虚无中去。”

地球何尝没给过警告，2005 年的“太空垃圾引擎事件”，尼泊尔地震导致的珠峰高度下降，太平洋、北冰洋水位上升，淹没日本海岸线以及冰岛……种种警告，哪一个不是言简意赅地告诉人类：地球已达上限，你们该付出代价了！可人类呢，他们抬起头，举起拳头，象征性地喊上两句“保护环境”，然后继续埋头污染大气的工业。他们骄傲自大，他们有恃无恐，他们全然不知他们的自恃聪明正在把自己一步一步推向火坑。

A–19 突然冒出了一个恐怖的想法：“人类，或许就不该存在。”想法出现的瞬间，便响起了轰然的警报声：“警告！警告！寄生者有危害于寄主的极端想法！销毁！销毁！”“嘭”！A–19 成了一堆垃圾，一堆有温度的垃圾。

屏幕前的人扶额，叹了口气，手里拿着的夹板名单上画着一长串叉号，他提笔接着又画了一个叉号，然后疲惫地起身打开身后的舱门，在一个和 A–19 长得一模一样的人的额头上烙下 A–01，设置好时间，关上舱门，然后来到镜子前。镜子前的那张脸跟 A–19、A–01 别无二致，他喃喃道：“真的只能我出马了吗？”他撩起头发，那上面也烙着“A–01”。

从古至今，人类对地球的开采是无节制的，但为了地球的明天，人类必须停止。

指导老师：徐雯雯，聊城大学汉语言文学专业，中教二级，聊城一中优秀青年教师。

灼灼其华

郭汝凯 / 高三年级　刘永俊 / 指导老师　山东省聊城市阳谷县第一中学

人类的最大资产乃是善用降临眼前的所有机会，以及适应新环境的无穷本事。

——布莱恩·费根

改度·人类觉醒

美国，白宫。“现在是21世纪20年代了，上古时期DST（夏时制）那一套已经玩不通了，总统先生。”一名年轻的官员壮了壮胆子，高声发言。

“DST，日升而作，日落而息。不仅是美洲土著玛雅人，中国古人也是这样做的。他们都创造了相当辉煌的文明。”须发尽白的总统先生有些不耐烦了，瞪了年轻官员一眼。

“可那些只是表象！在天灾降临时，人根本就毫无招架之力！”年轻官员脸涨得通红，喘了口气，接着说，“取暖所用的火力发电产生了大量CO_2，如果不加以控制，到2070年，全球均温将会升高7℃，两极冰川融化，生物大量灭绝，总统大人，三思啊！”这时，门被敲响，进来的是生物研究院的人，他快步奔到主位，递上一张纸：“这是我们的最新成果！”

覆辙·砥砺前行

DST在美国被叫停了，其他国家相继效仿。此时，平均气温已经到达了30℃，海平面升高0.12米。美科院与欧盟科学研究院联合发表声明，将开展基因编辑技术的研发，使人和动物走向适应自然的道路。

美国生物生命科学研究院发现了一种特殊功能的酶，将其作用于人体细胞后，就会有一段被误认为是内含子的RNA被甲基化修饰，它可以和起始子连线，翻译时两者的结合体会和另一种信使子形成塞瓦线，多个翻译完成的氢基酸形成肽链，将肽链环的拉格朗日点分离出来，就形成了平衡超匀称结构。这种结构的蛋白质可以作为囚禁血红蛋白的笼子，也可以与碳形成反转对称结构，裸露的多孔球泡会供应必需的 ATP 和水。

曜灵 · 中国太阳

北京的环形正负电子大型对撞机中出现了第五粒子，人们将其命名为——灼子。灼子平常很难观测到，它通常潜藏在烯材料中，具有改变世界的力量。中科院的专家终于在公元 2073 年，想出了一个最佳方案——用灼子烯造一轮中国太阳！

灼子烯平时硬度很低，光滑度和反光度都很高，当通入微弱电流，或进入电微扰场时，会变得很硬，相当于莫氏硬度 40，反光度比已知反光度最好的材料还要高 10 倍，用这种材料制成镜面后，用火箭将其发射，当其到达日月之间第四个拉格朗日点时，与太阳形成 2 弧度，这时，灼子烯会在多物理场中，发生双折射效应，其中的灼子会进入 T 态，T 态灼子以亚光速的速度形成三张电网，在北纬 30° 以北，使水分子的杂化方式改变，最终水的最大密度温度由 4℃转为 0℃，形成固液混合物。在热带，灼子烯与弱色子相互作用，减少东部降水，增加本部降水。

泰来 · 灼灼其华

2090 年，中国太阳运行得很成功，地球两极的冰川停止融化。所有的烟筒都拆了，人们可以摘下面具，去呼吸，去与自然物我合一。

在这十几年里，各国开始形成以中国太阳为核心的自然碳适应体系，开始用 5℃物理性质不同的碳 -14 进行物理革新。美国的生物酶及 RNA 化合物，竟然可以催化水的光解！氢能汽车在全球扩散开来。人类，真的做到了与科技、自然和谐共处。

若居高临下，枪响之后，没有赢家；

若和谐统一，桃之夭夭，灼灼其华。

指导老师：刘永俊，教育硕士，毕业于聊城大学文学院。中学二级教师，曾获“教学先进工作者”“五佳青年教师”“青年骨干教师”等荣誉称号。

天人合欢

郭晓含/高二年级　武文博/指导老师　河南省许昌高级中学

我是一棵合欢树。我在这儿多久了？30年？90年？200年？……我记不大清了，总之应当是很久。现在是什么年头来着？听那时常脚踏音速动车的男人讲，今年似乎到了……2065年？可能是吧，作为一棵树我也没必要知道太多。

我身旁有一座楼，不高，里面住的有一户人家，姓何。何家男主人是地球气候监测站的指挥员。今天的天气好得很，暖烘烘的红太阳照在我开得正好的花上，倒像是为花儿镀了层金边。是的，太阳，要知道很多年前我最怕太阳。那个时候我的树叶在春天里罕见地卷了边，我的花也早就不开了。

“这样下去是人类自取灭亡！”那男人弯腰拾起地上枯黄的合欢叶，用力握碎了怒道。他那时用的已经是音速动车了，不过运行时会拖着长串呛人的尾气。男人住在右边的高楼。

“合欢合欢，天人相合才相欢。祖辈们留下的古训，到现在怎么能忘掉？”他将手中碎叶装入腕上纳米收集环中，摩挲着我的枝干黯然，“合欢树由我何家世代照料，怎能断送在我手上？气温已经连续一年急剧升高了，不行，不行……”

他摇头、叹气，在本该离家去工作的时候，在我面前徘徊，他在对我说话，又好像自言自语。男人沉默了一会儿，看了看脚下的音速动车，看了看楼身晃眼的大理石防盗瓷。“今天我走路去监测站。”

从此以后那辆音速动车好久没再被使用。那男人也好久没露面。后来的事情是我从其他过路人口中听到的。

“气候监测站发布的预测你看了吗？到2070年就再也看不到树了，这棵合欢树可在这儿好久了……唉，它的叶子都枯卷了。”

“说什么呢，人家何指挥员说的是不做任何温室气体限制的情况下。我们实验室正在研发氢氧水燃料高效催化剂，只要做出行动就不会衰落下去。”

“噢，也是，你说得有理。我们项目组的小空间折叠工程也进展一半了，到时候把这些刺眼又碍眼的高楼都折了去，多留点空间为自然呢。这棵合欢树也不孤单了。”

“人和自然要和谐相处，总会找到一个平衡点的。”

再后来就到了现在。今天有点不一样。全球科学技术协会派人来到何指挥员不高的房子里，似乎要为这个男人做表彰。何指挥员之前在我的根处安装了一个微型监测器，说是为了方便记录我的生长情况。倒也有趣，监测器是双向的，我同样能通过它听到屋里的动静。

我忽然间记起了一些往事。

“庭有合欢树，吾与妻共手植也，唯愿后世亦亭亭如盖。”说话的人姓何，是他种下了我。“合欢合欢，天人相合才相欢，我何氏后人须记此训。”

——祖辈们留下的古训，到现在怎么能忘掉？

——合欢树由我何家世代照料，怎能断送在我手上？

我突然就明白了。何指挥员叫何桓，他是何家第九代后人。所以他才会在大学毅然选择读环境保护专业，才会进入地球气候监测站工作，才会那样关注我这棵树。是他联合监测站一众向世界发出倡议，也是他第一个拒绝了尾气出行。何家的楼房是首批接受小空间折叠试验的，何桓的那辆音速动车直到换上氢氧无污染发动机后才重新使用。这样的一个人，理应被表彰。

屋里传出何桓低沉又坚定的声音：“5 年后恶劣情况的不复出现是全人类共同的努力，我并没有做什么。指挥员而已，我只会监测和警告。您所陈述的这些是我职责的本分，我想我还没有资格被表彰。有劳您专程来这一趟了。”

他拒绝了表彰？这只是职责的本分？何桓这个人真奇怪，哪能有人不愿意被表彰呢。我不是很明白。大概协会里来的那个人也不明白，他挠着头离开了何桓的屋子。

我向暖意正浓的太阳摇摇枝叶。我这棵合欢树一直都会在的。我要见证着天人合欢，相合而相欢。

指导老师：武文博，毕业于河南师范大学汉语言文学专业。中学一级教师，曾获省优质课一等奖。语文学科市级骨干教师，名师工作室成员。

从“零”开始

郭旭冉 / 高二年级　王强 / 指导老师　内蒙古自治区鄂尔多斯衡水实验中学

零睁开眼，发现自己正躺在研究所的病床上，日光穿过窗帘缝隙，晃着他的眼睛。他吃力地弹了弹小腿，却不小心扯到胸前的伤口，“嘶……”零呻吟了一声，回想起昨天的一幕……零是减碳研究所捉拿“增碳嫌疑犯”的一名特工，在执行任务时，被嫌疑人打伤由同事送回研究所救治，而嫌疑人则逃之夭夭。

这是一个全世界都在倡导减碳的世界，终极目标是达到“零碳”。此时是 2059 年，距离中国达到“碳中和”的目标还有不到一年的时间。在这个世界里，故意增加碳排放量是有罪的。

零正在收拾衣物和药品，一件可调节温度的上衣，玻璃瓶中装着止痛药，再没有其他多余的东西。如今，人们的生活一切从简，商场里没有了琳琅满目、五颜六色的服饰，取而代之的是一种可回收利用的新布料和可以自动调节温度的新款服装。没有了大量焚烧所产生的烟雾，天气晴朗了不少。

零走出病房，来到地下车库，缓缓走到一辆深蓝色流线型的轿车前，将手指放在车把手上，汽车便启动了，车门自动打开，座椅自动调节到合适的角度，空调测量好最适温度并开始通风。零坐进车里，智能助手为他系好了安全带。按下自动驾驶按钮，车里的屏幕亮起，响起清脆的女声：“北斗导航系统为您服务！”零思索了一会儿，命令汽车驶向加油站。沿途的景很惬意，两旁的路灯上全部安装了太阳能板和风力发电扇，通过储存太阳能和风能，为路灯中的绿色电池提供化学能。旁侧小路满是青葱绿树、娇艳红花，徐徐清风淌进玻璃窗，凉爽宜人。不一会儿，加油站到了，一位身着深蓝色工服的小伙子欣喜地向零走来，他手中拿着氢气枪，打开汽车进气口，为零的汽车补充氢气。小伙子礼貌地敲了敲门，示意零下车。

“川，怎么是你？”零诧异地瞪大眼睛。“还在当特工吗？”川意味深长地与他对视。15 年前，零曾是游走在极地间的冒险者，当时 15 岁的川是他的小徒弟，两人一起见证了冰川的纯美晶莹，感受了极地的神奇奥秘，却也见证了一幕幕惨象。因为人类毫无限制地大量排放温室气体，破坏了臭氧层，导致全球气候急剧变暖，冰川开始融化，极地动物无家可归，在升高的气温中走向生命的尽头……至此，零放弃了他原有的名字，从一名极地探险者成为一名特工，希望能唤醒人们的良知。

零抬起头看到面前的加油站，它已不再是为小汽车添加汽油的地方。2059 年人类对氢的开发和利用已经相当纯熟，洁净的氢能源让汽车不再是环境杀手。电子纸板的发明让人们离开纸制笔记本，走向绿色的办公方式……零欣慰地与川告别，准备去捉拿嫌疑犯。

他来到一家工厂，源源不断的黑水流进溪流，水面上漂浮着惨死的鱼虾，高大粗壮的烟囱里浓烟滚滚。这家工厂的老板便是嫌疑犯，为了经济利益，他不肯购买新型环保的生产设备，严重污染了这一带的水源和空气。零悄悄潜入，将喷雾枪对准进气口扣下扳机，发射物化结合烟幕弹。工厂内瞬间烟雾缭绕，气温骤降，同时释放安眠气体。零走进去，一脚踹开办公室的大门，将里面的人一举抓获。等待罪犯的，将会是严厉的法律制裁。

一年后，中国碳中和目标实现，步入零碳生活。

2070 年，专家所预言的那一场气候灾难没有到来，人们已经将“零碳”作为生活习惯，再也没有减碳特工这个职业，这是一个从“零碳排放”开始的新世界，人类不再以万物之王自居，他们全都是自然的伙伴和保卫者。

零沉沉睡去。在梦里，他又看到了那片茫茫冰川，似宝石般晶莹，在天幕下发出幽幽蓝光……

指导老师：王强，文学学士，毕业于山西师范大学汉语言文学专业，鄂尔多斯衡水实验中学语文教师，中学一级教师，曾获市级教学能手、东胜区优秀班主任称号。

全球气候变暖——改造者

韩金淼/高二年级　刘琳/指导老师　山东省淄博中学

汤因比曾经说过："一个社会的命运和他们如何解决问题有关。"气候变迁造成的环境变化是促使人类社会文化改变的重要因素。

阿伯森睁开了双眼，映入眼帘的是一片高科技景象：巨大的蓝屏浮在半空，四周都是不知用什么材料砌成的墙。"你终于醒了，自那次外出巡查回来就倒在了地板上，你昏迷了两天。"阿伯森将目光移向她，眼前顿时浮现了一堆数据：维丽，阿伯森的助手，负责迁居人类也照顾阿伯森的饮食起居。阿伯森敲打着他自己的头，试图回忆起什么，但很显然他失败了。"我什么都记不清了，维丽现在是什么时间？""2070 年 3 月 21 日上午 10 点 14 分 28 秒、29 秒、30 秒……""好了，停，你先出去吧。"

阿伯森扶了扶额头，起身走到控制台前，"嘀——红色警报，南部海平面上升，还有大批人口未迁移。"突如其来的警报吓了阿伯森一跳，屏幕弹出一段录像："南部的海平面已上升到楼房的高度，请大家不要慌乱，有序撤离。"新闻台记者报道。画面一转，是大批人类逃离的景象，海水依然毫不留情地吞噬了他们，稍后显示屏便没了画面，摄像机也被冲走了……阿伯森愤怒地捶了下桌子，拿上大衣就要出门。"你疯了，不穿防护服就出门，现在外面气温高达 50℃，你想被烤成人肉干吗？"维丽拿着防护服喊道。阿伯森穿上防护服，和维丽一起走出门去。

一开门，扑面而来的热气让人难以呼吸，干裂的大地到处爬满了缝隙，放眼望去一片荒芜，没有草地，没有生物，只有一望无际干裂的土地，还有沙子扑在防护服上的声音，房子像甲壳虫一样"趴"在地上。阿伯森问道："这是全球气候变暖导致的？""是的，长官。"维丽答道，"全球冰川已经融化，现在这里暂时是比较安全的内陆了。"阿伯森眼前的显示屏显示着周边地区已有多处被冲毁，海平面依然在持续上升，很快这个地方也将不再安全。

阿伯森回到了实验舱。过了两三天，阿伯森手里拿了一个尖嘴的仪器，向员工们介绍这是一个监测温室气体含量的仪器。忽然监测仪发出警报："海水逼近，尽快逃离。"海水将飞行器冲毁，海浪打来，人们避无可避……阿伯森看到了维丽的口型："小心。"

"唰——"阿伯森从床上坐起，四周的房子再平常不过。手机显示现在是2021年。"2021年！"阿伯森回到了现实。他晃了晃脑袋，蓝色浮屏也没有出现，"看来，刚刚真的是梦。"电脑屏幕上显示着他查阅的资料：干旱与全球变暖有关，肯尼亚、索马里、埃塞俄比亚、厄立特里亚四国，约有1100万人陷入饥荒。尼日利亚的热带农业研究指出，撒哈拉沙漠以南的非洲地区有近3亿人因为日益严重的干旱而营养不良。

窗外的阳光洒在阿伯森身上，作为科学家，他决定改变未来。

"不行，你的这些政策，我不同意，难道就因为你做了一个光怪离奇的梦，所有人就要骑自行车？那还怎么赚钱？"克尼说完，转头就走，阿伯森因他是自己的上级，也不敢多说，随后又扎进实验室……

既然在梦里能做出来，现实里也可以。不过一个月，阿伯森从实验室出来，手里带着那个尖嘴监测仪。事实证据摆在面前，克尼也不得不承认，全球气候变暖是一个值得重视的问题。"能不重视吗，监测仪都快爆表了……"还没说完，阿伯森因劳累过度陷入昏迷。

环保政策实施后，全球气候变暖并未出现，人们快乐地生活在绿水青山之间。

"后来，实验室展出了阿伯森的雕像，为后人敬仰。"我在键盘上敲下最后一行字。"宝儿，来吃饭。""知道啦，妈。"电视上正在播报一条新闻："由于人类排放温室气体有增加的趋势，气候学家预估未来100年，全球变暖将更加严重。"

一切正在不可预知地发生着……而我们每个人都是"改造者"。

指导老师：刘琳，淄博中学高一语文教师，语文组备课组长。

升　温

何欣悦/高二年级　辜正刚/指导老师　四川省成都西北中学

公元2942年，地球。

“队长，还有多久到啊！”一个皮肤黑黑的小伙儿问。

站在前面的男子一抹头上的汗，从行囊中摸出水袋，小小地喝了两口，递给身后的年轻人：“快了，少说话，含在嘴里，别吞下。”

全球气温上升，两极冰川大面积消融，海平面疯狂上升，淡水急剧减少。生物灭绝，人类食物骤然短缺，大量的人流离失所，最后死在荒郊野岭。以前引以为豪的先进技术也没能挽留住他们的生命。

程郡领着年轻人慢慢地走着，按照指示，他们要一路向东，找寻“火种”。

人类最后一个地下城基地在几周之前就崩溃了，原因是几只小小的变异毒株污染了基地水源。

地磁场紊乱，基因序列受到剧烈干扰，大量的生物基因突变，人类也不能幸免，他们中的一部分失去理智，变成异类，一旦成为正常人眼中的“异类”，就不得不被正常人杀害。

自诩万物之灵的人类都难逃此劫，遑论其他生物。程郡看得触目惊心——两头蛇背上长了螃蟹的巨钳，翼展数米的蝴蝶翅膀上大张着无数狰狞的眼睛，猫长出了穿山甲似的角质鳞片，足球那么大的老鼠四处游走……

“程队……”一个细小的声音传来。程郡回过头，尾随其后的青年满脸痛苦——两根粗壮的触角正在以看得见的速度在他的头上疯狂生长！

“程队，快，快走，啊！我，我要，呃啊啊啊……”

程郡脸色一变，右手摸向后腰，握紧了手枪。那个年轻人在短短的几分钟内，变得面目全非。程郡定定地看着对方，按照事先的约定，缓缓地抬起右手……

“砰——”枪声响起，年轻人重重地跌倒在地，嘴角轻扬，眼边却是将落未落的泪珠。他那几不可闻的声音消散在空中：“希望……来世，我们都能，平安……”

怀着悲伤的心情掩埋好助手后，程郡蹲了下去，一笔一画、认认真真地把年轻人的名字写在沙地上。很快，这个名字就会消逝，那又如何呢？人就是这样，所谓的仪式感，死后不过只是黄土一抔罢了。程郡叹了口气，这是他送别的最后一位队友，想想当初600余人的团队，如今只剩下孤身一人，不禁潸然泪下。

程郡起身三鞠躬，继续上路。也不知过了多久。就在程郡精神开始恍惚的时候，他找到了一个山洞。

“年轻人……”一个苍老的声音从山洞一隅传来，“人类要完了……大灾变已经到了，这是上天的惩罚啊！”是位奄奄一息的老人！见到程郡进来，他正努力支起身子，艰难地摸索着什么，最后摸出了一个小小的布包，“孩子啊……这个，你拿好，如果有一天……它能绽放，人类就还有……希望。”

程郡接过老人的布包，“老人家，您放心，人类一定还有未来。”

老人脸上划过两行清泪，手渐渐垂落下去，转眼便没了声息。程郡将布包小心翼翼地装入行囊，怀着虔诚的心将老人埋葬后，继续向东。

一天又一天，水袋中的水早已喝光，包里只剩下一盒升温前人类合成的压缩饼干。坚持着又走了几步，满眼金星的程郡也倒下了。连日的劳累让他的意识开始模糊……双目闭上之前，耳边是呼呼的风声。

就像做了一个很长，很长的梦……醒来后，天气骤然变得凉爽。程郡呆呆地望着天花板，然后将目光转向舷窗，一片蔚蓝。

门被推开了。进来一个托着盘子的人，盘上摆满了早已在地球上消失的蔬菜。那人看程郡醒了，微微一笑：“你好，我叫梁选。”他顿一顿，又道，“我们早已返程，但路上耽误了太长时间。非常遗憾，你是迄今为止我们找到的唯一幸存者。”

原来，早在大灾变到来前，有人就预测了气候变暖后地球的未来。部分智者就开始秘密准备开辟人类第二家园，启动了“火种”计划。他们将经过特殊处理的人类胚胎送入太空，专门研制的AI机器人帮助胚胎健康成长。这些胚胎就像流星一样在太空中游荡，遇到适合人类生存的星球就住下来建设基地，开辟第二家园，并随时保持与地球的联系，这种联系一旦断裂，就意味着“火种”必须返程拯救地球，这就是秘而不宣的“火种”计划。

救了程郡的梁选，就是“火种”计划的孩子，在与外星文明的交往中，他们已经掌握了与自然和谐相处的秘诀，再也不用担心缺水和其他资源了。提前完成任务的他们开始实施返程计划——回到人类的故乡，拯救养育万千生灵的地球！

“火种”燃了起来，成了燎原之势。他们利用分子聚合重组技术开始重建家园，淡化海水，围田造地，种植庄稼。最为神奇的是“火种”计划的后代掌握了万物相互转化技术，工业生产变得像魔术一样令人不可置信，电子云纠偏技术和器官组织再生技术广泛用于医疗行业，人类的健康状况得到了极大改善。在他们的努力下，地球升温很快得到控制，生物多样性逐渐恢复，人口开始增加，情况慢慢好转起来。

那年春天，程郡将从老人手里接过的种子种了下去。几年后，开出了鲜花。那是代表信念与希望的鸢尾花……程郡看着忙碌的人们，微微笑了起来……

指导老师：辜正刚，文学学士，毕业于四川师范大学汉语言文学专业。中学高级教师，成都市武侯区优秀教师，就职于成都西北中学。

蜕 变

贺玘涵/高三年级　朱海燕/指导老师　江苏省镇江第一中学

那只鸟挣扎着想打破蛋壳。蛋壳是一个世界。谁想要诞生，就得毁灭一个世界。

——赫尔曼·黑塞

葛持在吃早饭时，觉得眼睛有点儿痒，但是她却克制住没有去揉。可能是太兴奋了吧，她如是想到。

今天是她进入“壳”机构实习的第一天。“壳”是Z国最顶尖的科研机构，每年只从众多名校毕业生中挑取几个人，葛持觉得自己着实幸运。

乘电梯而下，那是她永远喜爱的景色，绕在建筑四周的绿色植物葱葱郁郁。绿色再次给那颗水蓝色的星球披上新装，低碳环保成为社会共识，保持健康与运动成为人们最重要的生活方式。葛持带着不易察觉的微笑，满面春风地走进“壳”的大厦。

迎接他们的前辈是一位留着齐耳短发的干练女性，她简要地介绍了公司历史与员工细则。末了顿了顿，凌厉的目光扫过每个人：“请你们在各自规定的区域工作，否则将取消实习资格。”

接着，他们被分配到不同的实习岗位，葛持被分配到了“医疗部门”，还没等她想明白这与自己的专业是否对口，铺天盖地的信息已将她淹没。那是葛持知道的第一个无比震惊的消息——人类其实是“柴薪”。顾名思义，提供能量的“柴薪”，每人身上都装有生物传感器，将人一天运动产生的机械能转化为电能，而她的实习工作则是监管每个人的发电情况有无异样，并对贡献值过低的人发上一份“健康危急诊断书”，根据他们的心理弱点使他们“自愿”运动。

葛持和其他几个实习生关系很好，但她总觉得这里的氛围不太对，特别是那间她刚来时想去参观却被人连忙拉走的房间，让她感到充满了神秘气息。疑惑如藤蔓，在她的心里肆意生长。“真相，”她想到，“我需要更多的真相。”

在实习的最后一天，葛持趁前辈睡着了，偷走了她的工作牌，刷开了那道门，门后向她张开了深渊巨口，真相尖锐得令她难以接受。那有成千上万的仿生人，他们的额角亮着莹蓝色的光，浩浩荡荡，无边无垠。

人的一生少有遇到这样诡异又惊心动魄的美，但葛持只觉得此刻的自己像打开门的蓝胡子的最后一任妻子。她的脑子里刮起了一阵飓风，扫过之处寸草不生。

“唰”的一下，灯亮了。前辈已然出现在她的身后，依旧美得温柔。

“我，我们是仿生人吗？”葛持颤抖着发问。

“不是哦，我们是‘新人类’。”看着葛持紧缩的瞳孔，前辈继续道，“既然你想知道，那就告诉你好了。其实那些人类团结的话语是假的哦，是毁灭性的战争促使仅存的人类不得不找出可持续发展的方法。于是‘蜕变’计划应运而生。我们新人类舍弃肉体，将意识保存。等到生态逐渐恢复之后，打造能够自己发电的‘机械载体’，再将意识输入。而你的工作其实就是将那些‘机械’维护保养好，避免出现断电状况。”

“那我们的进食呢？那是什么？”

“都是模拟出的味觉和饱腹感哦，其实食物本身并不存在。”

“繁衍呢？我们会死亡吗？”

“我们根据计划前收集的‘意识’数据，编码组合成‘新意识’，也就创造了‘新生儿’，衰老与死亡也是既定程序。你的意识也会被解构融入他人的‘新生’。”

“那我们不就是一串‘生物代码’？”葛持只觉得头晕，她眼睛又有些痒，但并没有去揉，她的程序开始混乱。

“至少，我们现在与自然和谐共生，你也拥有喜怒哀乐。笛卡尔说‘我思故我在’。你质疑你的存在吗？”前辈的脸庞已开始模糊，只是还是美得醒目。

“我思故我在。”葛持喃喃着，下一秒，她失去了意识。

又一个早晨，葛持揉了揉发痒的眼睛。“明明我那么优秀，却没被选去实习，唉，又要拼命找工作了。”

她抬头望向窗外，一片蔚蓝尽收眼底。

指导老师：朱海燕，教育硕士。中学一级教师。曾获镇江市优质课评比一等奖，镇江市班主任班会课评比一等奖。多次荣获教育局嘉奖，校优秀班主任等荣誉称号。

时间之外

贺世敏/高三年级　苏惠媛/指导老师　云南省安宁市昆钢第一中学

“沈殊，沈殊！”顾念一路小跑，轻飘飘的身子似要飞了起来。沈殊放下手中的曲率驱动模拟器，细窄的双眼上挑了一下，紧跟来的林骞竟没穿他那厚重的防护服，这么急，看来这次的征文赛有点儿意思。

“怎么？请我吃饭吗？你小子不会拿了第一吧？”顾念听沈殊这么说，没有血色的脸反倒涨得粉红。

“这次征文笔试的前十全是‘脑人’。”林骞淡淡地说。

“脑人？”沈殊有些惊讶，但双目还是紧盯着林骞这位没有穿防护服的跨世纪穿越者。

玻璃窗外的千米之下汹涌的泥潭撕裂了一块巨石后又狰狞地向下游冲去。层层叠叠的云雾堆积，大颗大颗的雨滴肆无忌惮地挑逗汹涌的泥潭。死寂，一望无垠的死寂。这一切都与飞船里朝气蓬勃、矫健冷峻的林骞显得格外不搭。

“防护服呢？”沈殊问。

“被剥去了。”林骞仍一脸淡漠。

“嗯？”沈殊看着他黑色的眸子，那平静的海让她看不透。

“命运，使命运剥去了，若是巨星坠落，那帮虫子也该陪葬的。”那平静的海闪着光，“脑人”的获奖是林骞最后的底线。“脑人”，顾名思义，一种没有身体只有意识的人类。他们感激涕零地欣然接受主城区的邀请，自愿舍弃身体，通过手术将大脑与电脑连接，完成传输，彻底放弃肉身。有肉体的人类从出生开始，就注定要走向死亡，而“脑人”却是永生的，他们是“时间之外”的人类。

几万年前，科技的爆炸增长，带领人类在太阳系成为至尊的“神”。直至光速飞船的出现，大自然开始了他的反击，宣示着自己的主权，于是他轻轻一挥手，让人类进入了“大跌谷”时期。气候极端恶化，日本这个古老的繁华国度，在接连不断的暴雨中下沉入深海之底，紧接着肆无忌惮的风沙和活跃的火山狠狠地教育了人类这个顽皮的孩子。那段黑暗的岁月里，人口减至 1/3。由于毫无规律的日夜更替，在极端条件下仅存的人类进化成了一副轻空的模样，身体里仅有 40% 的水分。而进行了跨世纪冬眠的“穿越者”由于身体没有进化，时常要穿着厚重的防护服。尽管人口暴减，但由于天气恶劣、农作物减产，人类的生存资源还是少得可怜。

突然在无尽的黑暗里有人举了把火，所有人便扑过去，像飞蛾一样唱着圣歌，把跌谷期的一个笑话称为“桃源”。主城区“脑人”项目的开发像沙漠里的液体吸引了所有快渴死的人。快渴死的人们便把这“液体”的开创者称为神，还自以为是地称这是“桃源纪年”。

当浑浊成为常态，清白便成了一种罪过。

没有人知道或是不愿知道这“液体”是怎样的肮脏。“脑人”的免费手术对外开放，社会底层人蜂拥而至，一把鼻涕一把泪地感谢主城区的上层人“普度众生”。

沈殊和顾念是主城区的科研人员，现在有肉体的人类只有她们这样的主城区人员和部分“人文主义”反叛者了。现在的“桃源纪年”比起“大跌谷”时期的生存资源优越了成百上千倍。“脑人”项目被封神，人类像悬崖边舞蹈的盲人，在主城区的阴谋里既可怜又可笑。

沈殊凝视着穿越世纪的反叛者林骞坚定的目光，微微点头，指尖不停抖动。她知道这一刻要来临，却不料如此迅猛。在少数清醒的人眼里，这次征文赛获奖的全是“脑人”是如此可笑，如此泯灭人性。

因为他们很清楚——“脑人”等于死人！

所谓“时间之外”的人类，不过是统治者欺骗底层民众的手段罢了，他们连气候问题都不理睬，还会为他们创造“桃源”？那些接受手术的人在他们眼里都是些上贡生存资源的虫子罢了。“虫子”，主城区的人私下这样称呼他们。

纸终究包不住火，作为“穿越者”林骞更懂得美好气候的重要。他要做开路人，打破人类的幻梦。

“沈殊，把飞船里的‘深海液’调出来，把曲率驱动打开，我们光速去‘手术台’。”林骞明白死是必然结局，但清醒是人类的荒原，总需要他这一把火的。

船外的泥江翻涌，电闪雷鸣，没有鸟语花香、风和日丽的美好，只有无尽的嘶喊。大自然的嘶吼，民众的嘶吼。沈殊无法忽视这灭绝人性的残忍之举，她不愿满怀愧疚地度过一生。于是，沈殊成为第一位加入反叛军的主城区人类。

一艘处于太空中的飞船，如果能够利用某种方式把它后面的一部分空间烫平，减小其曲率，那么飞船就会被前方曲率更大的空间拉过去，这就是曲率驱动。同时也是人类惹怒大自然的最后一个玩具。沈殊一行带着 3000 名反叛军，计划冲入主城区“手术室”，告知世界主城区的阴谋，再将主城区的曲率驱动飞船的制造车间破坏。

飞船聚集得像云层一般浩荡地前进，没有振奋的号子，没有悲壮的送别，所有人冷漠却目标坚定，他们是拯救人类的第一把火。

反叛军伪装成平民进入“手术室”，笑盈盈地与好友打招呼，装作愉快地坐在仪器旁，就在试管插入大脑皮层前一刻，瞬间拿出准备好的激光仪射向“医生”。1 号“手术室”完成占领，接着 2 号，3 号……

沈殊站在面向世界的“广播口”却犹豫了。她害怕将人们的美梦撕碎，她害怕战争爆发，她害怕人们接受不了从未战胜过自然的现实。

“‘脑人’是一场骗局……”林骞强行打开播放键，抓着沈殊的手，从容不迫地宣布了这个阴谋，也表明了反叛军的意图。

“啊！啊！啊！”世界各地的人疯了一般地尖叫，他们被迫再次与狰狞的气候捆绑，美梦的破碎对社会底层群众来说是个沉重的打击。阴谋的败露对于统治阶级来说也是个不小的麻烦。

有反叛军将精心栽培的幼苗捧在手心，含着泪，准备好这场赴死的救赎，准备好做燎原的星星之火。

主城区的统治阶层反应很迅速，沈殊和林骞的军队在强烈的攻击下覆灭，被捕的人全部丧命。反叛结束得很快，结局很惨烈，也很灿烈。

无论这场征程多远，它的开始注定了人类都会有更完美的句号。最终握紧拳头的人类会打开窗，清醒的人类会向自然道歉和解。这是必胜的征途，因为人类生生不息，人类是时间之外的人类！

指导老师：苏惠媛，全国青少年爱国主义征文活动中获优秀辅导教师，昆明市中学语文教师基本素质评比中获二等奖，安宁市教育局教学质量一等奖。

光　暗

侯玉洁/高二年级　石富侠/指导老师　陕西省渭南高级中学

光明滋养魔鬼，黑暗却蕴孕希望。

——题记

黑，是灰蒙蒙的黑。奇异的建筑给这灰的布上打上一层参差不齐的黑影，诡怪的植物变异，虽寂静无声，却给人一种被窥视、被打量的诡异感觉。嘘——，这里是影城，保持安静。

“呜哒”如同镶入了核心，这座生于黑暗的城市开始运转了，从奇怪尖角或倾斜的屋子里钻出不少人，他们身披黑袍，面色肃穆，手里不停歇地传递着被黑布包裹着的物体，遥遥看去，这些黑衣人仿佛组成了一条看不到尽头的传送带，将物体传送于早已张开大口的深渊巨兽那里。你听，“咔嚓咔嚓”，想来它一定吃饱了。

“你们听说了吗？一年一度的‘清除活动’今天早上已经完成了，你们有去看吗？”一位年纪不大，脸上却戴着黑色半面罩的女孩问道。“唉嘿，你可别想了，那种神圣的活动怎么轮得到我们去看，你还是别想那么多了，多操心操心你这个月的二氧化碳排放量吧，可别超标了，小心‘惩罚’。”说罢，另一位年纪较大的妇女也不听女孩回复，戴上兜帽便走了。年轻女孩即使有点生气却也没大声叫喊，反倒闭紧了嘴。“噗！”一位年纪跟女孩差不多的少女忍不住笑了一声，“她说你就信啊？这个月刚开始，离超标还远着呢，再说今天刚进行‘净化活动’，肯定会放开一点限制，别担心了！”说着亲密地搂了一下身边娇小的女孩。小女孩开心起来：“这么棒！我上个月还狂捡垃圾赚环保值呢。那我这个月再攒攒，是不是可以去生命园一趟，看小花和大树了，按照时间，我们这里和‘上面’都该开花了……”高个儿少女突然沉默，双眸暗淡下来，愤愤不平地说：“凭什么沉下来的是我们！他们却可以在上面感受光明，看看他们都干了什么，如果他们能好好保护环境，我们至于这样吗？”

原来，这里曾经也不是黑暗的。70年前的一块大地，每天鸟语花香，阳光明媚，夏天可以冲浪，冬天可以滑雪，人们安居乐业，过着舒适的生活。可是冲天的工业毒炮、随处可见的白色污染彻底毁了这幅美好的画卷。随之而来的是剧烈的气候变化，海平面上升，生物绝种，地质也剧烈变化，这块大地的其中一半地面迅速下降、沉积，另一半地面却猛然抬高，然后就形成了刚刚所见到的“影城”。下面这一半，终年不见阳光，植物和人本无法生存，但却有一群人，他们热爱环境，他们热爱家乡，就留在这里，用双手和大脑创造出了这座黑暗中的“亚特兰蒂斯”。在这里，人们彻底醒悟，视环境如命，环保值完全取代了金钱。你想要去看一眼盛放的花朵？先捡拾垃圾、打扫街道、种植新品种的树来赚环保值吧。人们相信，绿色始终是生命之源，是最有价值的东西。相反，上面的情况却不似这般有序。忽冷忽热、忽暴晒忽冰霜的天气让人类无法适应，因极端天气而死去的人数不胜数。

“哇，你看到了吗？嫩嫩的小花看着多娇美啊！它开得也太好看了。”女孩边走边陶醉。“这下你满足了，看都看了，我们快回家吧，黑袍人要清扫大街了。你也不想被当成垃圾送到处理厂，被碾成碎末，再重新合成吧。回家吧！”高个少女拉着女孩跑走了。

“成功了！我成功了！”一位银头发、戴着黑框眼镜的怪人手舞足蹈，向随后冲进来的团队招招手，“我们成功了！这种气体能净化我们的空气，清除污染物虽然还不彻底，但也可以刷新‘世界’！想办法和上面取得联系，把我的成果与我们研发的生活模式图与他们分享吧！毕竟人人都向往光明，不是吗？”斯诺博士的眼眸突然空旷而幽远。

是啊，明明光暗本就是一体。现在给你一个机会，还“光明”于世界，还“光明”于自然，还“光明”于环境，你会怎么做？

指导老师：石富侠，中学语文高级教师，陕西省教学能手，渭南市教学能手。

黎 明

胡佳奇 / 高三年级　傅钱萍 / 指导老师　浙江省诸暨市海亮实验中学

晨光起于白银高塔的尖顶，终将驱散阴云。

——《守卫者宣言》

2038 年 4 月，新型人造高危病毒“白蘑菇”悄无声息地流出。这是高地研究所的“杰作”，生存能力堪称完美。它完美地适应高温湿润的环境，在天寒地冻的两极也有惊人的活性。

最开始是在南美洲北部和亚非地区。

6 月，“白蘑菇”席卷全球。通过空气传播，它柔软地，无声地将人们带入“温柔乡”的幻境，又柔软地，用小尖刺刺破你的最后一道生命防线。

短短 7 个月，地球上的人口锐减为原来的 2/3，城市寂静如死地，太空站的研究者们被滞留在高层大气，艰难地依靠小生态系统续命。

万马齐喑的灰色时期，白银高塔守卫者基地成立并启动拯救计划。

2040 年元旦，首批“白蘑菇”疫苗开放提供，绝望的人们见到了曙光。白银高塔的精英们拼了命，救下 5 亿人口。

2048 年，灾后重建井然有序。紧靠着可持续发展的理念，人们研究出了超级人工智能技术，代替了近 70% 的传统工作职位。

唐纳德是白银塔的研究员，今天是他领头的“树屋”项目的验收之日。

“树屋”字面意思为“树上的房子”，唐纳德设计的居民楼如一棵棵直戳太阳的巨树，公寓如树叶，交错参差地环绕着中心的“树干”，倒有些原生态的美感，形象生动地向大家展示出了白银塔“关押”的研究员心中对美好大自然的向往。“白蘑菇”对人们心理上的打击不小，故为了居民心理上和生理上的安全考虑，“树叶”们相距很开，可以完全暴露在太阳光的照射下，屋顶上的太阳能板得以发挥它们最大的效用。

“树屋”的光照面积是过去“筒子楼”的 10 倍，而占地面积又很小，在大片的绿化带环绕下，更显出自然宜人的环境。作为唐纳德博士年终奖的来源，这“树屋”堪称一项惊人创造。

项目验收工作完成后，唐纳德乘坐陆地机甲车回到白银塔研究开发部。他趴在窗前，小口喝着半杯红酒。夕阳就要落下了，晚霜如血一般晕染开来，浸透了半边天。

10 年前的那场劫难，夺去了他家人的性命，而那年暑假吵着要去农家乐体验生活的他成了幸存者。那之后他拼了命似的考上白银塔的直属学校，又一路爬上如今高级研究员的位子。同事们说他是最努力的，后生们都尊敬他、钦慕他，说他有家国情怀，有守卫者的自觉与责任感；领导们也欣赏他，他提的点子、搞的项目都可以放开了去实践，最新资源的阅览权限总给他开一份。

人心都是肉做的，过去的打击他无法忘怀。他把自己弄得那么忙碌，在研究室里上蹿下跳地到凌晨都不停歇，只是在强迫自己不去想那些伤，只是不给自己陷入回忆深渊的机会而徒增悲伤罢了。

唐纳德苦笑着摇了摇头，抬手与空气一碰杯，仰头将酒一饮而尽。

白银塔的研究室果然太闷了，他想，我应该换个地方待了。

2051 年，白银天文部于太阳系边缘的“玫瑰星云”带中心发现天然虫洞，监测到的频率十分活跃，据估测虫洞另一头应该是上千光年外的星域。

2059 年，唐纳德以随队工程师的身价，同星际远征队进入天然虫洞，成为时空旅者。

20 年后，驻虫洞边的军事要塞接收到虫洞传来的一段音频。放慢 2000 倍后，他们听到了歌声。

“我们是远征的探险者，为地球母亲寻找新的朋友；我们是地球的守卫者，为人类带来远方的祝愿……”

数千光年外人类顽强地努力着。

“白银塔的光，照亮所有人类。”

指导老师：傅钱萍，毕业于华中师范大学，汉语言文学专业。中学一级教师，曾获诸暨市优质课二等奖，多次获市教学案例一等奖。

关键是爱

黄雪纯 / 高二年级　马天翼 / 指导老师　上海市奉贤中学

祠堂的灯火忽明忽暗，我知道这个世界上没有鬼神，死去的人也断不可能还魂。2070 年了，这些是疯子才会有的想法。但是，我束手无策，也只好在这里祷告。

我们家住在海边。这里本不是海边的，但是海平面上升，海水向陆地漫延侵蚀，这里就成了海边了。地球已经饱和，搬家也不知道该搬去哪儿。我甚至不知道，明天自己会不会变成一个海底冤魂。

我来到了祠堂。这里有我们家的传家玉——一块似乎印有血红爱心图案的石头。传说，这是我的老祖先曾经遇到了一位叫阿米的高等星球造访者，他留下来的。

我小心翼翼地捧起那块石头，贴近心口，嘴里含糊地呢喃："阿米，阿米，阿米……"

然而，什么奇迹都没有发生。我无奈地笑了，取笑自己刚刚愚蠢的行为。我拢紧自己的防身衣，把那块石头放进了口袋里。

我刚打开门，就被一团白色的影子扑倒在地。"嘿，伙计，100 多年了，怎么突然想起我了呀。"我悚然一惊，愣住了。我们从地上爬了起来，他盯着我看："不好意思，我忘了地球上的人寿命很短。你是他的后代？"他才到我的肩膀，一副卡通造型，笑起来嘴仿佛真的咧到耳后根。"嗐，你和他一样呢，见到我，都是一副合不拢嘴的表情。听说你遇到了一些问题？"

"我的确是遇到了问题，哦不，应该说是全人类的问题。"他跳起来拍了拍我的肩膀："我想我大概知道一些，你们的星球从太空中去看，已经变黄了。"

"那是沙漠。有办法改变吗，阿……阿米？"

"没——有——你要知道，宇宙有它自己的法律，其中一条就包括，高等文明不可以插手帮助低等文明进化，更不能摧毁低等文明。"

"低等文明。"我有些怅然，又似乎明白本就是这样。"那你在做什么呢？

插手低等文明？”

“不不不，宇宙没有规定，高等文明不可以和低等文明做朋友。”

“那他死了，你不伤心吗？”我们都知道那个他是谁。

阿米沉默了，良久，他抬头：“但这就是爱啊。我们星球上的每一个人都充满爱。我知道，地球上的人们缺什么了。他们缺爱。爱不是狭窄的，你们的星球，也应该被你们所爱，这样，一切都能迎刃而解。爱是宇宙法则的大纲。但是也不用过于紧张，地球上的人们正在经历每个文明都会经历的劫难，就看他飞出去是蝴蝶还是飞蛾了。”

“可是，要怎么办才好呢。人、科技、自然，就算我们爱，那又要怎样平衡呢？”

“不用平衡。如果你还在想怎么平衡的话，你所爱的，就只有你自己。这是一个再简单不过的问题了，就像你爱你的母亲，也爱你的父亲，但是你足够爱啊，你又怎么会因为平衡更爱谁而困扰呢？况且，科技与环境本就相辅相成，谁说科技的发展就一定会使环境更糟呢？”

“那没有什么具体措施吗？”

“没有，我若是告诉你了，那就触犯宇宙科条了。但我可以给你举个例子，就比如你要出门，如果你只爱你自己，你就会选择开车，但是如果你更爱自然与地球一些，你就会选择步行。事实上，地球是比你们高一个阶级的存在，你们会逐渐意识到地球在宇宙中那么渺小，而你们在地球上也是那么渺小，科技只是渺小者虚大的产物，将它与地球比较，孰轻孰重，一目了然。”

“你的意思是，科技渺小又一无是处。”

“不，它渺小是个事实，终究会有被丢掉的一天，但它，最起码到现在为止，是比较重要的，它的作用是警醒和改造人类文明。宇宙处在一个不断熵增的环境中，而科技是熵增的推手，总有一天，人类会意识到这一点，而后化繁为简。”

“人，科技，自然，”我喃喃着，“爱……”我睁开双眼，祠堂还是那个祠堂，我不知道自己是否做了场梦，只有手里的石头在微微发热。

指导老师：马天翼，毕业于华东师范大学汉语言文学专业。中学二级教师，上海市奉贤中学语文教师。曾荣获2016学年上海市中小学见习期教师规范化培训展示活动市一等奖等奖项。

荒漠之城

季奕翔 / 高二年级　戴宁玲 / 指导老师　上海市闵行中学

2070 年，很多资源已经用尽，地球成为一片荒漠，生态系统的大部分被破坏，开发的价值甚至不如火星——那儿只有昼夜不止的狂风与极深的地下水。因此有些人准备太空移民，前往火星，有些人准备在地球上挣扎求生。还有些人，就像我，准备休眠千万年，让地球自己恢复生态。

我搭建了一个避难所，准备休眠几千年，可惜，设备并没有很好地执行它的任务。因为当我醒来时，仍然风沙遍地。我待了三天，正好是火星观测的日子，于是拿着望远镜仔细观测——火星仍然渺无人烟，甚至连原来的火红色也不在了，整个星球无比荒芜。显然人类并没有从历史中吸取教训，依旧用完即弃。

我离开了避难所，寻找有人烟的地方。可这里只有黄色的沙尘和铅灰色的天空，裹挟着沙子的狂风迎面而来，太阳只是一团光晕。一路上，能见到的生物很少。我走了不知多久，远远地从风沙中，看到了一片起伏，便向那里跋涉。

有一道光从一个高塔上传来。我寻着光，走到了城门下，一个人端着枪，另一个戴着头巾的人给我开门，端详了我好久，目光停留在我的服饰上，大叫了一句："古人！" 我被拉进了一个很高大的房子——议堂。十多个人坐在那里热烈地讨论，看我进来，便将目光转向我。正中间一个男子问："你是什么年代的人？""2070 年，就是移民的时候。""2070 年，在那之前应该是一个很好的年代吧。""是的，先生。"我看到他的眼神有羡慕的光彩。"隔个几十年就会有一两个古人来到我们这座城市，正是因为他们，这座城市才得以修建，这大概是世界上最后一座了。古人啊……"他的声音小了下去，又忽然提醒道："贝奇，你带他去参观。"

我在这里参观了三天，每一天都能见到奇迹。

第一天，我看见上千架无比巨大的风车，问贝奇："为什么要建那么多风车啊？”他笑笑，带我来到了一片工地，机械轰隆隆地，很吵，定睛一看，工地上只有几个人，机器完全由齿轮驱动，有输送石料的传送带，有移动的轮子，有挖土的铲子。很难想象，只需几个人操纵控杆就能成功地建成一座数十米高的城墙。旁边的十多座高塔上面有很多齿轮连接，有一个很长的齿轮组连向远方的风车。齿轮组分两个部分，一部分是飞速旋转的上升齿轮，用几根绳拉着石球上抬，另一部分则是下滑齿轮，让球匀速落下。石球落下之后，便又通过齿轮拉升，如此反复。贝奇说道：“这是最伟大的发明了，它叫力能塔，是由罗兰——最伟大的工匠发明的。”这是一个机械群，由于风车提供的动力不稳定，只有用石球下落后，匀速运动的输出力，才能带动齿轮稳定运转。我们又经过了采石场和水厂，同样都是由齿轮驱动机器的。

第二天我们在城里游览，仔细观察人们的生活，城中的几万人每天吃树上的果子以及兔肉，有时还会吃些昆虫。他们通常在晴天的时候用凸透镜聚光，把食物煮熟。人们的生活方式也很有趣，工作就是种树砍伐、用水渠送水、管理机械。砍伐来的树根用来做绳子，果子用来吃，树干用来做建筑。一个人每月花十天种树，十天捕猎，两天砍伐，剩下就是阅读，观看人偶表演——这是为数不多的消遣。

最后一天我们参观了大图书馆，这里有一个戴眼镜的年轻人的石头雕像，文雅，睿智，是罗兰的雕像。旁边的石头刻板上面刻了很多小字。在图书馆内，一本《高中一年级物理》纸质书被摆在很明显的地方，馆内的墙上还刻着“知识就是力量”。这里还保存了几台机械齿轮计算器，以及机械计算器的设计手稿。

在很多块石板中，我找到了一块罗兰的日记，使我留在了这里。“这里已没有钢铁，不能发展冶炼；没有大量动物，无法发展生物学；没有燃料，蒸汽机也做不出来。但我仍将在这里建起一座荒漠之城。我们会偿还祖先的债务，然后永远生活下去。”

指导老师：戴宁玲，文学学士，毕业于北京师范大学中文系。中学一级教师。

黎明前的努力或末日前的挽回

贾文宇 / 高二年级　夏春芹 / 指导老师　江苏省宿迁泗阳中学

纵使早就有人敲响了警钟，但人们似乎依旧对日益严重的气候问题十分麻木。或许不到火烧眉毛的地步，人们是不会醒悟了。人们需要一场灾难。

灾难说来就来了。它不是人类已经习惯了的狂风暴雨、雷电交加，它来自外太空，它是一颗巨大的石头。即使它毁不掉整个地球，却足以点燃大片的树木与煤矿。此时人类对自然的保护意识也被真正地点燃。

艰难中奋进

这是一个四世同堂的大家庭，现在全围在一张长桌周围，长桌一头是个老人。现在，这里一片哀伤，叹气声不停地涌入老者的耳朵。

老人拍了拍桌子，说："你们年轻人在干什么，叹什么气呀，现在才明白痛苦呀，看你们享受的时候多快乐呀！劝都劝不住！一味地发展哦。"老人说话间，明亮的房间瞬间暗了下来。停电了。接下来传来了稀疏的哭声。老人听着哭声，有些来火了："都把眼泪收回去！现在问题出来了，你们就在这儿哭？"哭声逐渐变小了，有几人站起来找手电和蜡烛了。老人又说："打起精神来，你们年轻人要努力跟着国家走，该出力出力，希望可在你们手里呀！"

手电和蜡烛拿来了，房间里又明亮了些。老人看到了儿孙们坚毅的眼神，他大喊一声："加油！加油！""我们还会成功！"

空闲中的害怕

她是一名政府高官，面前坐满了开会的人。自从巨石坠落开始，她就一刻都闲不下来。突然，一份数据单传到了她的电脑上，她赶紧点开，仔细阅读。看完后她心惊肉跳，因为大火，今年全球平均气温上升 0.5℃，因为矿井被毁，大部分城市、工厂将无能源使其正常运行。

她迅速平静自己，与会上的人交谈。人们都面露难色。她迅速组织人们制订方案。她不停地催促，为了国家，也为使自己不会在空虚中害怕。10个小时之后，方案终于出来了。在这个方案里，大量劳动力要去从事农业，工厂只保留小部分，大力度限制城市供电，并开发新能源。

无路可退

在一间实验室，他是这里的领头人，他在这里研究如何利用光得到氢气。灾难之后，这里的研究成了取得成功的根本要素。这里的所有人都在超负荷工作。

他注意到人们的困倦，便拍拍手，喊道："同志们，都把眼睛睁大了，别眨眼，保持十分钟，就不困了！"他看到所有人都瞪大了眼，备受感动。我们无路可退了，他想。几滴泪水从他瞪大的眼睛里流了出来。

三年磨砺，终放光芒

2043年，人类终于完全摆脱了那场灾难的影响。闲置许久的空中道路又充满速度、激情，死寂的海、陆、空城市迎来了回归的人群。太空中数万颗卫星也终于收到了来自人类的信号。

四世同堂的家中有了欢声笑语。

紧张的官员略有些轻松。

困乏的科学家在繁华中安稳入睡。

指导老师：夏春芹，文学学士，毕业于江苏省盐城师范学院，汉语言文学专业。中学一级教师。

银 夜

江世博 / 高二年级　衣振娟 / 指导老师　山东省烟台第一中学

引：公元 2057 年，依赖单纯环保工作以维持全国气温的运行方式崩溃。各国领导人召开紧急会议，同意启用核聚变方案强行稳定气温。然而，核聚变反应的失控，致使全球气温爆炸性提升。人类 DNA 序列在辐射与高温条件下发生异变，出现超能性变异人，称“异能者”。

公元 2077 年。

隔热墙上的黑色接收柜“嘀嘀”响了两声。苏娜从实验室中钻出，打开墙柜，套上接收镜读取信息：“有些关于异能的事想和你商讨。AM 区 4–2。”苏娜嘴角一扬，丢开接收镜，在防护盔上喷了一层隔热膜，跳入地下运输道。

苏娜打量着面前这个男人。“你怎么知道我的异能？”苏娜问道，“想怎么合作？我劝你想清楚再回答，你应该明白热武器对我几乎无效。”

男人的嘴角抽动了一下，眼神更加真诚：“请不要有什么误会，苏娜女士。我们想让你与我们合作，解决 2057 年那次实验事故，控制住核聚变实验失误。”苏娜眉头一皱：“2057 年……你们是……？”“是的，我们是时间实验室的研究员，我们想让你在主观时间中，利用你对原子能的控制进行操作。如果成功，那么客观时间里的现实温度便可有效降低。”

苏娜面无表情：“凭什么认为我会帮你们？”男人的眼中露出几分无奈：“为了那些没有异能的人……实验失败后，上层社会的人移居两极，但……普通人呢？”男人的眉角不自觉地抽动着，“绝望的人们开始自杀，因为他们看不到尽头，你不曾想过为你的亲人做些什么吗？”

苏娜冷冷地移开目光，站起身，捋平领口的皱褶：“我是个孤儿。”她的目光重新凝视着男人，“什么时候进入？”男人的眼中射出光亮，他“咔”的一声立定：“3 天后，苏娜女士。”苏娜走向运输口，拿起防护盔，微顿，转头问男人：“称呼？”“兰博。”苏娜戴上护盔，迈入通道。

兰博却还站得笔挺，盯着苏娜拿起防护盔的位置，眼神微空。

苏娜透过地下运输通道的地窗向天望。“这银夜竟有几分好看……”苏娜讪讪地笑笑，手轻抚着防护盔上的一尊弯月挂饰，这是她对父母唯一的实体记忆，笑凝在嘴角，带着些微苦涩。

3 天后。

“这是你的时间传送器，戴上它，你会回到 2057 年实验事故发生前的现场。因为主观时间场的一定虚拟性，你不能阻止实验发生，你只能控制住它。”兰博穿着整洁的战斗服边走边给苏娜讲解，“还有，千万别在主观空间里丧命。一旦失控，马上手动传出。”兰博在操作台前站定，“祝你好运，苏娜！”

苏娜身着实验服与其他实验员操纵着聚变仪。警报声骤起。“报告！氘之间的结合太过剧烈，……实验已失控！”苏娜逆着人流冲到反应堆旁，强行分离氘氚之间无序的混乱结合。实验服被烧得滚烫，就连实验服内的传送腰带都有“咔咔”的咬合压力响声。

苏娜咬紧牙，汗还未滴落就被高温烤成蒸汽。短时间耗用大量异能严重损耗了苏娜的精力。反应堆的温度还在上升，但苏娜的异能却即将耗尽。苏娜眼前忽地闪过那尊“弯月挂饰”，她一把扯下传送腰带，将反应堆的能量全部引入主观空间场。几欲跌倒的苏娜又向其注入最后一丝异能，巨大的白炽扑面而来……突然，一个身影闪过，跃向昏倒在地的苏娜，半秒后，仅存白焰……

苏娜从 AM 区 4–2 的地板上爬起，头痛欲裂。疑惑中，她伸手探向腰间——一条完整的腰带。苏娜缓缓站直，扫视四周。她发现，这里是传送那天她所在的实验室。操作台旁，是一台烧焦了的传送器。“这是……兰博的？”

她扑向操作台旁的一张小桌。桌角台灯上，挂着一尊联星的模型饰品。几颗亮白的星连着，在台灯下闪着……

指导老师：衣振娟，山东栖霞人，北京师范大学汉语言文学专业毕业。烟台一中高中语文教师，中学高级教师。多次获得烟台市高中教学工作先进个人荣誉称号，被栖霞市教委授予高三优秀教师称号。

永远的家

姜宇翔/高三年级　孙冬青/指导老师　山东省烟台第一中学

“据相关专家预测，截至今年年底，全球平均气温将上升二摄氏度，全球将有百分之五的低地被海水淹没。”

“唉，这可让人怎么活啊。”安极的父亲一边叹气一边关上了电视。安极才上学，虽然听不懂报道上的专业名词，但她能明白那些记者们报道的一定不是好消息，因为父亲看完之后脸上总会增添几分愁苦。

“老板，来一斤苹果。”店门口传来了熟悉的声音，安极一下子就认出了声音的主人。她立刻跑过去，口中高兴地喊道：“阿云姐姐，欢迎回家！”阿云脸上洋溢着灿烂的笑容，她抱住安极，轻轻抚摸着安极的头，说道：“哎呀，小安又长大啦。”

安极的父亲经营着一家蔬果店，安极一家就住在这个小店里。而阿云则是这家小店的老顾客了。安极从小是在阿云的陪伴下长大的，每次阿云来买水果，总是会带些小零食、小饰品之类的物件给安极，陪安极玩耍。安极听父亲说阿云姐姐是一名极地野生动物救助员，安极知道阿云帮助了许多小动物，也就格外地喜欢和佩服她。她们两人虽然没有血缘关系，感情却胜似亲姐妹。

“回来了啊，怎么样，工作还顺利吗？”安极的父亲娴熟地装着苹果，随口问道。

“现在全球气温升高得那么快，被困在浮冰上等待救援的极地动物数都数不过来，”阿云接过递过来的苹果，摇摇头，满脸沮丧，她接着说道，“这不，我才刚回来，就又要出发了。现在这种情况只能尽可能地再多救下几只了。”

接过安极父亲递过来的苹果，阿云藏起脸上的疲惫，微笑着向安极告别：“再见啦，小安，我们下个月再见哦。”

可是从那天以后，安极等了一个月、两个月，阿云姐姐再也没来她的家里买过水果。到了第三个月，安极向父亲问起阿云姐姐的时候，她看见父亲的嘴角抽搐了一下。她听见父亲颤抖的声音。

“阿云死了。多天的连续工作所带来的疲惫让她误判了冰面的情况，在她踏上冰面的一刻，冰面碎了，她坠入了深海。安极，阿云不会回来了。”

安极觉得自己似乎无法呼吸了，她大口地喘着气。新闻上的报道、父亲的叹息与阿云的笑容在她脑子里乱成一团。她突然明白了，是电视报道中所说的气温升高导致冰川融化，害死了阿云姐姐，她逐渐理解了一切。

从那天之后，安极就开始了属于她的计划。她拼了命地考上了国内最好的科技大学，去实现她从阿云姐姐死后就决定好了的愿望：阻止全球变暖。在她研究的过程中，地球的气候情况仍在恶化。在这个人们纷纷从低地逃向高处的时代，她极力劝说，打消了父亲想要关闭蔬果店搬离这里的念头，安极这样对父亲说道：“我就快成功了，父亲，相信我。我们不能走，这里是我们和阿云姐姐永远的家。”

安极废寝忘食的研究终于有了回报：她所在的小组研制出了一种特殊的材料，用这种材料做路面，不仅可以储存太阳能为汽车供能，还可以储存摩擦产生的部分能量，转化后再利用。这一材料经测试后先是在全国路面普及，然后迅速扩展到全球，经过改良后又被用于工业、农业等领域。全球的碳排放量显著下降，两年后全球气温趋于稳定甚至开始有了缓慢的下降趋势，海平面不再升高，因该材料的使用而多储存下来的太阳能甚至可以用于极地制冷，极地生物又重新拥有了属于它们的栖息地，因而数量也有所回升。

安极退休后，回到了那个她从小生活的蔬果店，她多么希望阿云会笑着走进来，从口袋里掏出小礼物，然后摸着她的头说她又长大了。

阿云姐姐，你看到了吗，极地生物得救了，你再也不用像以前那样忙碌了。安极在心中想到，泪从她的眼角涌出，从她的脸颊滑落，落在了她脚下的地面上。

“阿云姐姐，我哪里也不去。这家蔬果店，是我们的家；这颗美丽的星球，是我们所有人永远的家。”

指导老师：孙冬青，毕业于山东师范大学。任高中语文教师近三十年，曾荣获芝罘区优秀班主任和教学工作先进个人等荣誉称号。

叛逆者的后代

蒋欣言/高二年级　蒋琳/指导老师　四川省绵阳南山中学

我们逆风而行，我们沉入泽底。气温骤升，南极倾塌。我们在原始与未来的夹缝中苦苦求生。

水雾里，最中心的圆柱体高台上传来青年清朗坚定的许诺："我们将重新适应这个世界。"有人在恶化的环境中睁开眼，他们逐渐聚集在一起，在干旱覆地、海水倒灌的时刻挺身而出，救急救难，揽下重担。

这是一座被淹没在水底的城市，名叫"海啸"，每个角落里都伫立着一根圆柱体的水资源循环装置。这里是水乡。甘亿是这座城市营救部队的队长，也是每次营救行动的号召人。今天凌晨又将开始行动。

密密麻麻的梭形海陆空三用移动器沿着轨道浮出水面，整齐排列，将四周的水汽吸入能量舱转化为极强的气流，喷着风向前蹿去。"营救目标：A国东南角的一个小镇，他们在半日前被突然增幅的紫外线诱发了新型皮肤病。我们现在需要把他们接回海啸，由专家进行诊断治疗。营救时切忌脱下防护服，尽量减少与病患的直接接触。"甘亿站在通信屏幕前冷静道，他全身被灰白的防护服包裹，眼镜后的目光坚定："尽全力保护好自己，尽全力营救。"

五小时后他们到达了营救地点，移动器两侧的机翼快速收入凹槽，底端伸出十个小轮，逐渐落到地面，甘亿走下移动器，看见裂纹如蛛网般织遍整片土地，寸草不生，所谓的"小镇"只是草草堆起的茅屋和屋里数十名骨瘦如柴的人。

甘亿狂奔过去，跃过无数道裂谷时觉得自己浑身发烫，呼吸困难。他在一名患者面前蹲下，患者的眼皮干裂，泛白的嘴唇结着厚厚的血痂。

"担架和防服布！"甘亿回头向队友喊道，"五级防服布！"他轻轻伸出手，扶住患者的肩，正要用力。"不要碰他们！"另一座茅屋里传来队友的嘶吼，"他们的皮肤会脱落！"不远处传来病患干涩的呻吟声。

甘亿缩回手，这才注意到患者周身灰黄的散落的皮肤碎片。患者睁着眼睛，额头至头顶隐隐露出血红的肉层，嘴唇开合片刻，发出断断续续的音节：“……水。”“不，不能喝水。”甘亿僵在原地，呆呆地回答，“食管会融化。”

甘亿怔愣片刻，突然站了起来，对队友说：“移动器软舱有水态包裹层，可以用来保护患者。”“那是用来保护机体的，你疯了？”有人惊叫道。甘亿已起身往移动器处狂奔，声音通过通讯器遥遥传过来：“返程只需要五小时，对机体伤害并不大，相比较下来……明显患者更需要水态物的防暴晒和保护功能。”队友起身，向各自的移动器狂奔而去。

甘亿跪在软舱夹层里，用指尖一点点将贴在内壁上的水态物撕了下来，移动器屏幕上显示的温度数据立即增长，疯狂弹出无数感叹号。“机体安全性能下降，气温将在五分钟内恢复与外界同温，请尽快做好防护准备。”

甘亿头也不回地抱着水态物下了移动器。“防护服只有十小时功效，尽快完成营救，还剩三小时十七分钟！”甘亿将水态物包裹住患者全身，将其轻轻放上担架交给队友，又马不停蹄地向下一间茅屋跑去。

他们总计耗费了四十二分钟将患者安全送到医疗舱内，甘亿已能隐隐感受到外界滚烫的温度奔入移动器，指尖在控制盘上飞速跳跃，冷汗不断自他紧绷的面庞上淌过，滴落在防护服里。梭形移动器收起双轮，展开翅翼，喷薄着滚烫的气流，向世界唯一水乡全速飞去。

甘亿将操纵杆向前猛推到底，屏幕上的温度数据一路上升，他的皮肤逐渐发红，面庞干瘪下来，心脏在撞击着耳膜，滚烫的血液沿着四肢百骸，“轰”的一声冲上头顶。当周身温度降下来时，浑身的汗淌进干裂的皮肤间，刺骨的疼。

他干涩的眼睛看向移动器外茂密生长的水草，听见自己出发前自豪的宣言：“我们是叛逆者的后代。”

我们没于泽底，长于崖壁，我们逆风而生，火烧不尽。

指导老师：蒋琳，文学学士，毕业于西华师大汉语言文学专业。中学一级教师，四川省绵阳南山中学中青年骨干教师，全国优质教育科研成果展评一等奖获得者。

心　海

焦政博 / 高二年级　孙悦 / 指导老师　甘肃省庆阳市镇原中学

多年前你垂钓的流水写意，现今只剩枯松倒挂。

多年前你漫步的银色平原，现今唯余裂缝戈壁。

22 世纪是地狱式的时代。草木大面积死亡，黄沙漫天。没有植物的光合作用，人类缺乏氧气供给，人口已锐减至原来的 20%，旱、热，滴水弥足珍贵。“万物之源”的匮乏堪称毁灭性。

前地质协会成员凯特已赋闲多年，与女儿星云相依为命。这天，凯特被学校唤去开家长会，遭到了谴责：“孩子不研究农学，天天说什么地质地壳，不务正业，荒谬！”

凯特心如刀绞，往事涌上了心头。回家的路上，正当凯特沉浸在悲伤中时，他被打晕了。睁眼，他已来到一处废弃的军事基地。

“好久不见，凯。”

“匹尔……教授！你又要干什么！”

眼前的人正是地质协会会长——匹尔教授，20 多年前“拓心”计划的主导者。“凯，不要激动，我这次找你关乎人类存亡。”

“疯子！你又想实施什么恐怖计划！”

“凯，你要相信我！现今人类发展‘采水工业’治水，岂非饮鸩止渴！你……和你儿子都是优秀的地质工作者，怎会不知这是治标不治本！”

“住口！”听到这些，凯特歇斯底里。

“我的‘拓心’B 计划已拟定好，仅差一步啊！”地质协会发现了通往地心的通道，企图通过研究地心来拯救地球。凯特的儿子天赋异禀，十几岁时毅然参与了并不完善的 A 计划，至今杳无音信。

凯特动摇了，在个人与国家的天平间，他倒向了后者，带着没有希望的希望，再次踏上征途。家中只留下了一只怀表。

承受着地下高温的凯特以为自己要被焚成碎片，却在莫霍面以下发现气温骤减，自己无事。走出舱中，一个熟悉又陌生的背影映入眼帘——星海——他阔别多年的儿子。

“海。”一声轻呼，两人紧紧相拥，泣不成声。良久，星海开口，“父亲，在此多年，我验证了匹尔教授的推论，地下确因多种未知缝的存在而充满意外。莫霍面下湿度、温度反常，分子作用力改变了地岩的成分——硅的厚大结构。而且，地心其实在中心处有极大的引力，这里的一周，便是外面的五年。”他忽而严肃道，“父亲，你为何也来此？”

“外面的世界比你来时还要糟，地球快不行了，匹尔教授试图利用键能创造新的取代水的物质，可却不知成键方程没有地心处的具体数据。”起先，星海欣喜若狂，然而他意识到根本没有途径可以出去。疯狂的想法漫上凯特的心头。“既然有强大的引力，据牛顿第三定律及弹弓效应，我们可以在交叉处加速，从而获得强大的反作用力，利用抛质量突围而出。”

无奈失败了，他们没能出去，而是急速下坠。“父亲，我不后悔。”星海绝望地闭上了双眼。可引力中心类似黑洞，密度并不大。两人未被吞没。在一个超方体，五维空间里，凯特和星海流进了时间轴。

星云呆呆地望着怀表，她想起父兄，悲切涌上心头。她惊觉怀表的不规则振动，写出一串摩斯电码。她迅速破译：成键方程已解开，父兄将殉地心，勿念……得到成键方程的星云破开了原子束缚，成功合成了“F_2O”—— 一种取代水的新型化合物。

多年后。拂晓的晨曦重新明丽，水雾晕染开来。星云远眺着远处湖水泛起的涟漪，内心平静又悲然。人类再次重建了家园，从此不再浪费资源，与自然和谐共生。

她掏出怀表，三人的微笑离散在岁月的风里。那片湖，叫作心海。

指导老师：孙悦，本科学历，毕业于兰州大学汉语言文学专业，中学一级教师。被中共镇原县委评为高考优秀科任教师。荣获“巾帼标兵”“书香教师”等荣誉称号。

一整座人间

金蒙璇/高三年级　陈韦兰/指导老师　上海市七宝中学

忘了是哪位诗人曾写道："我常常想象你是一整座人间。"后面大抵是描写春天的浪漫与爱情的美好。

几十年前，我常想象自己是一整个地球，血液枯竭，生命凋敝。那时候我有千万种恐慌与悲凉，总觉得人类自毁于他们锻造的幸福时代何其荒谬，又仿若必然。走在盛夏蒸腾热气的柏油路上，都常惴惴不安，冷汗与热汗俱下。不过而今的地球有了很大改观，绿木成荫，晚风幽凉。我躺在半敞的磁悬浮观光车里，看城市的夜色有如星火绽于荒原，心中流淌过沉沉欣慰的暖流，暖流流向北方，带去一整座人间。

几十年前的景象，很符合狄更斯那句"这是最好的时代，也是最坏的时代"。

我眼见着各地领导人换了一个又一个，环境保护法案从薄薄的一册发展到了砖块一般的厚度，高楼不再冲破云霄，建筑材料经由先进的化学工艺变得坚韧而易拆卸。旧屋拆除时再也不见铲车挥舞、墙倒楼塌的惨象，一座待拆的楼可以化整为零，建材被一车一车运到下一个工地，又能重新筑起坚固的骨骼。我常走在被夕阳渲染成金红色的工地，沓沓材料板背朝大地，透出一种岁月积淀的安详。我居于新室，又恍若居于十年前的旧屋，一砖一瓦都写满久违的故事，每每想到这里，几欲泪下。

我眼见氢气终于有了合适的催化剂，奔流于车辆前腔，安静地供能，而后凝结成纯净的水珠，私家车几乎绝迹，在穿行不息的公共交通之间，无人驾驶智能车冲出晨雾，行人步履放缓，笑着赞叹空气新鲜。

我眼见城市的灯光此起彼伏渐渐衰微，夜色中行走的人们抬眼可见星子散落天穹。智能家居系统将废水净化导入马桶的水箱，河流蜿蜒入海，不见浮游绿藻，不闻腥臭脏污。

我眼见二氧化碳固定系统建立于世界各大基站，高效的催化反应与光合作用原理结合，实现了温室气体的可控化。经过十多年的人工降低，大气中的二氧化碳浓度达到了几十年来的最低值，几乎要与工业革命前的自然状态相平。海平面轻微回落，岛屿浮现，非洲干裂的土地正在愈合，热带雨林更加繁茂。我更加大胆地推想，全球生物或许能出现一次物种爆发，这真是“造物者之无尽藏”。

最近几年，我正在研究一个海水淡化系统，借此解决赤道地区难以避免的干旱和水资源短缺，如果这个工程成功，应当也能对许多沿海但水质型缺水的城市产生些许积极影响吧。我设想利用细胞渗透吸水的原理，将海水中的水分子大量集聚在人造膜内，而后通过化学方法使溶液中的分子沉淀，淡水导出加工，且装置可以循环使用。前两天实验室刚有了新进展，我应邀参加完一个国际科技工作者交流会后，第二天一早，就要飞回原来的城市继续研究进程。在这个静谧得能听见末班地铁淡淡轰鸣和虫儿咿呀歌唱的夜晚，我安稳卧于观光车舒适的椅背，几乎要和这天地融为一体，山风轻柔吹我衣襟，那些建筑物里来自旧年代的故事，还在一层层叠加，要把我淹没在温柔的梦乡。我蓦然合眼，几十年光阴弹指过，惊喜相交宛如大梦一场，而我明白现实不会倒退，梦境不会坍缩，每一步我们都走得坚决，审慎，竭尽全力又热血沸腾。未来在我们这里不会是无法预知生死的薛定谔的猫，它是一场征途，看不见尽头，但总是未来可期。

我这样坚信，因为我们战胜的不是科学，不是自然，而是人类的愚昧和贪欲。当我们走上拯救地球的路这一刻起，即是将自己从主宰者的神坛上拉下，去敬畏自然，相信科技，用人文关怀的赤诚去守护明日的世界。也许人间曾风雨如晦，但必将云开月明。

现在，我相信，我们已拥有一整座人间，和风细雨，满架蔷薇清甜，山高水远，皆是锦绣风光。

指导老师：陈韦兰，文学硕士，毕业于上海师范大学，中国当代文学专业。上海市七宝中学高级教师，上海市闵行区语文学科带头人。

年代 2090

康伊可 / 高三年级　昌盛 / 指导老师　北京市中国人民大学附属中学

我的家乡是华北的济南。这是一座漂亮的城市，有很多滩涂、湿地，还有水獭。不过这座城市最出名的，还是它的农业产品。咱这儿没有什么高科技，不像北京那样，到处都是大学和科学中心；也没有什么交通，不像基多和花莲那样，天然就是修太空港的好地儿。但是啊，不管是搞科学还是上天，那人总要吃的吧？除了吃，那治病用的药，那啥都能干的新材料，有好多都是从咱这儿的农场里“种”出来的！

我就是个农民。从济南市里出来往北走，过了黄河，能看到好多形状不同的透明墙、大房子立在红树林里，这里边最靠东北挨着海边的那个，就是我家的农场。一百五十米高，二百米宽，是个四四方方的大楼。顶上有个大池子养藻，用改了基因的球藻，能直接产出一种药用蛋白。最上面五层种麦子，中间五层种菜，下面五层北边的一半养各种绿藻红藻，有的拿去吃，有的拿去做塑料，南边的一半是我自己搞的育苗场，给各种植物改基因，然后种着试试看长得咋样。

我这农场里种的东西，在精心控制的灯光、温度、二氧化碳和各种营养成分的配合下，不但长得飞快，还好吃。我们这块地方的二氧化碳可便宜了，前些年这周围的“二氧化碳捕集塔”，把前几百年排放进入大气里的二氧化碳都抽回来，压进好深好深的地下。还把多余的二氧化碳往外面的农场里送，所以近些年这旁边又新盖了好多农场。

有些外地人看我们这儿好多农场就盖在湿地和海岸上，还有盖在海里的，就问说：“你们搞农业咋能破坏环境呢？”其实不是我们要把农场修在湿地里，而是这些东西自己长到了农场周围去的！在我出生前二十多年那会儿，二十一世纪初，农田还是在土地上的，农民是又苦又累的职业，不像现在，往控制房里一坐，控制些机器就能种好地。之后，有些企业搞了些大楼农场，说要“把农业从土地里解放出来，把土地从农业里解放出来”。起初没有农民当回事，毕竟当时整一套这东西要花不少钱。但是之后气候开始坏了，地种不好了，于是国家把好多精力用在这块儿。慢慢地，这大楼农场变便宜了，占地儿少，产的东西多，就是天气更坏了，夏天又干又热，经常刮台风、下冰雹，雨水也来得不是时候，所以人们就在自家地上造大楼农场，其他地也没人种了。

之后人们在旧的农场上加盖新的，或者干脆把旧的拆了造个更高大的，于是就成了今天这样。还有的地方呢，原来的地被海水淹了，新建的农场就只好被架起来。

说起之前地球在好长一段时间里发生的一大堆灾难，好像是因为人们挖出来地底下的什么东西，烧了以后用来发电，放出了好多二氧化碳。那时候他们还砍了好多树用来造纸修路，于是空气里的二氧化碳越来越多，多到不能被树啊草啊给完全吸进去，然后天气就出了问题。我看过那时候的资料，刚开始还想不明白，明明有这么多太阳光，风，还有海里和月亮上的氘和氦可以发电，他们咋还要用从地下挖出来的东西。之后就明白了，因为那时候的人可没有现在这些光热电厂、聚变反应堆之类的东西，所以必须烧木头和油。而且有一段时间他们也不知道自己做的这些事情会让世界变得那么可怕，有的人知道了也没有办法。

后来，大家都一起想办法，人们为了重建生态，开始改道农业，建光热电厂和海上风电，然后开采月亮上的氦 -3 和海水里的氘，用聚变反应发电，还进行了碳捕集和碳中和，终于在事情变得非常可怕之前，把几百年来欠下的环境债还上了。这才有了咱们今天的好生活。

哎呀，本来只是想给大家讲讲我的家乡的，没想到居然讲了这么多。下面请这回月球旅行团里的刘博士，讲讲他们生态学家在大灾难中的故事吧！他的故事一定比我的精彩！

指导老师：昌盛，人大附中高中语文教师。本科、硕士就读于中国人民大学文学院。全国高级古筝教师，中华孔子学会国学教育研究会理事。

柳

邝颖欣 / 高二年级 陈晓媛 / 指导老师 广东省广州市第五中学

“嘭！”轻薄的铝门被狠狠地撞上，来回的震颤中露出一丝缝隙来。坐在门口第一排座位的小年眯缝着眼，看那开门的祸首。没错，就是那个天不怕地不怕的韶华。

讲座已经开始了13分钟。“今天是个隆重的日子，”陈教授推了推他擦得晶亮的金丝眼镜，露出一双暗藏锋芒的丹凤眼来，“我们的‘无限’已经试行成功，而且今天是我们半圆体社会建成的第16年！我们通常来讲，圆就是无限……”

“嘁！”韶华轻轻揽过小年耳语，“就那个像把所有机器和人扣住的大瓢？他们不觉得闷吗？”

小年赶紧捂住他的嘴：“你疯啦？那可是人类2069年最伟大的成就，不能这么说的！”

韶华无比熟练地偷偷逃离演讲堂。大量的自动驾驶货车驶过门口。抬头仰望，巨大的穹顶呈崭新的奶白色，人们的未来将在那些点缀悬挂于穹顶的隔间里，运用贴在大脑周围穴位上的圆片，将低伏交流电汇成一条连通现实与梦乡的线，无限延长，在人脑中构造空间，满足人的欲望。

“总有一天，人类将会使地球成为宇宙中唯一自寻死路的孤儿。”韶华喃语。

2053年，人类在之前一次全球高温事件中终于回神，运用超前的无害硅胶和有机玻璃等，建造出一个巨大的透明保护罩，把亚非欧大陆罩在其中。

韶华逃出去了，他偷到了父亲高权限的出入证。

“人类真的这么钟爱于笼子吗？用1500多年前保守的思想过活。但保护，不是隔绝，不是彼此自生自灭，而是和谐共处。可在这半圆体社会里没有哪怕一条小柳。人类其实需要其他生命的伴随，否则，2070年将会有一次更大的灾难……”

韶华合上父亲的日记本，笨拙地挪出罩着全覆盖粒子保护衣的身躯，摁下自动驾驶的电磁悬浮舱的窗。

罩外的世界花花绿绿，和从小到大随处可见的金属棱角与光泽完全不同！

车停了。韶华探出头去，见到草地上有个小小身影。

“你有吃的吗？”小孩大胆地站在舱门前拦住刚要下来的韶华。韶华惊奇地打量小孩，不知罩外竟还有人类存在。

小孩才一米四左右的个子，一件绿色的大短袖上衣松松垮垮地挂在平滑皙白的脖颈边，轻盈地一鼓一鼓，随着幼小的赤脚边的杜鹃落花滚动的节奏，好像一株真正鲜活的小草。

“诶！问你呢，你是不是从那圆形里来的？”小孩使劲地瞪了瞪乌黑澄亮的眸子，莹润的嘴唇饱满地嘟起。

韶华忍不住凑过去摸摸小孩的脑袋，却见小孩捂住鼻子猛地往后退，不住喊道：“又臭又脏！又臭又脏！”

那是一团浓郁的黑烟，很快从韶华腰后散开来消失。可那地上的火红的杜鹃花好像咽了气的红鸟，一旁粗糙挺拔的柳树叶不飘逸了，收起了春风得意之态。

韶华一下子把防护衣胡乱扒下来。清香。花朵孕育于这里，有泥沙从它那娇美柔软的瓣上刮出几道更艳丽的红痕，是美人于自然中战损的景态。韶华已然沉醉于这里。

“有什么好看的——”已长大一岁的那个男孩扯住韶华的衣角，让他回头。韶华在罩外生活了半年，除了想念父母这个残留的情思，他并没有回去的动力。

“你该回去了，”男孩披着韶华送的黑色大衣，肩上滑落半捧明雪，“我们这里的雪怕是要很久才停了。我请求你，韶华，带上这枝柳条回去。”那一抹鲜绿于掌心之上是如此刺眼，与周围一望无际的雪白格格不入。

2070 年了。今天是新年第一天，“韶华不为少年留”。男孩的身影像半年前那样停在那里，他是雪里唯一的那棵松。韶华回来了。听说他带着一抹绿色。

人类的春天，终于来了。2070 年，生态重生技术覆盖全球。人类的新柳已然重生。

指导老师：陈晓媛，曾获海珠区人民政府嘉奖，广州市高考突出贡献奖，广东省省级“优课”，海珠区第四届“明珠杯”课堂教学竞赛一等奖等奖项。

在云端

赖科宇 / 高三年级　查丹 / 指导老师　广东省东莞市东莞中学

“呼”，袁武长呼一口气。这天气热得越来越离谱了。自打他出生，这气温就一年高过一年。今年是 2050 年，他大二，之前买的长袖全扔了。“欸，大新闻，快去看！”同学宋海拍了拍他，袁武在掌心划出终端。“‘云端计划’将于明年初实行，现准备工作已陆续展开。”

“云端计划？”袁武诧异地皱了皱眉。“就是那个让人活在计算机里的系统。”宋海有些激动，“我们要过上好日子啦！”这个计划他们在上初中时就有，说是为了节约资源、延缓环境恶化设计的。

很快，关于上载脑信息的通告发了下来。袁武所在的城市一共建了 4 个云端巢，让人们去那里录入信息。人们会在云端巢中连接云端主脑，同时将肉身放入冬眠仓中，并供给生长所需的营养，维持新陈代谢。

“叮——”袁武掌心亮起一个光标。他被选为第一批进入云端的人。过了一个星期，袁武前往云端巢上载信息。下了悬浮列车，袁武被眼前所见深深震撼了。近两千米高的大楼刺入天空，显示着人类的伟力。进入大楼，有工作人员引导他走进了一个房间。不到 30 分钟就完成了上载。

“由于人数较多，整个录入过程，可能持续一年。云端开放时我们会再联系您的。”云端，真的有那么好吗？这么做真的有利于环境吗？袁武开始期待。

一年之后，袁武接到了云端中心的电话，请他过去为冬眠做准备。又过了一周，他被放入了冬眠仓。云端开放了。

云端元年

袁武缓缓地睁开眼，看到洁白的天花板、柔和的光线。“你醒了。”一个护士立在床前，“我是 AI2051 号，很高兴为您服务。”袁武有些惊慌：“我现在是什么情况啊？我在哪儿？可以出去吗？”“袁先生，现在是云端元年，您所在的地方是过渡中心。它是为了防止有人不适应云端生活而建立的，您可以选择待在这里，或者出去走走。”“那我就待在这儿吧！”袁武回答。

窗外的光漏进房间，袁武翻身下床，脚触到冰冷的地面，反馈到大脑。这也太真实了吧！他转身走入洗手间，看见镜子里的自己，和现实中分毫无差，他开始相信官方所说的了：也许，云端真的是我们的另一个出路。

袁武推开房门，面前是一片花园。这里温湿度宜人，绿叶娇花，与现实中的汹涌热浪大相径庭。在庭院里踱步良久，袁武召唤出 AI，问道：“我想了解一下云端系统的能源情况。”“好的。云端系统 90% 的能源来自潮汐能。由于海平面上升，潮汐发电在效率上呈现指数级上升。基于可持续发展的理念，云端的能量耗损将会比预计减少 10%，未来也将逐年减少，并最终在 2070 年前延缓全球变暖的趋势。”

“2070 年？”袁武想了想，“要那么久？”AI 沉思了片刻答道：“人类对地球的破坏远比大多数人预期的还要严重，能延缓恶化都是好的，如果还不加强保护，地球将走向毁灭。”

袁武不知该说些什么了。在他的印象里，环境保护好像就是形式主义，尽管环境越来越差，但大家都熟视无睹，还躲进云端里，他心生羞愧。

云端五年

“现在是云端五年，云端系统监测到的地球环境改善指数再一次低于预期。”电视里的领导人在鞠躬，电视外，袁武和一帮同学坐在一起叹气。如今所有人都进入了云端，各个大陆主脑也连在了一起。整个云端都在关注地球环境的变化。

然而，第一年的环境改善指数比预期低了 3.1%，第二年同样低于预期，直至第五年，年年都完成不了减排任务。专家推测，可能要到 20 年之后才会实现原本 5 年的任务，于是人们在云端陷入了未知的恐惧。

如果地球消失了，我们在云端又能住多久呢？

云端二十五年

“今年地表平均气温比去年降低了 0.3℃！”宋海还是那样咋咋呼呼。袁武也看到了这条新闻，他在想，多少年之后，也许，我们能从云端回到现实。

指导老师：查丹，东莞市东莞中学语文一级教师，东莞市高中语文学科带头人，东莞中学骨干教师，获 2021 年广东省中学语文青年教师课堂教学展示活动二等奖。

八瓣地球

雷欣阳 / 高三年级　司心平 / 指导老师　黑龙江省鸡西实验中学

火噬地区

“啊！我的妈呀！冰山号！冰山号！”我匆忙冲出被热浪席卷的大楼，一边手忙脚乱地戴上驾驶眼镜，一边蹦跶着想远离这烫脚的地面。终于，一个大球状的机械从天而至，缓缓开启了一个半径几十厘米的球形缺口，我不假思索地将脚插进机器里，冰山号机身慢慢将我包裹进去，我深吸一口气，赶紧驾驶这个球形飞行器驶离地面。我打开全球地域温度图，发现我所处的赤道地带已“燃成一片火海”，红得像一片燃烧的花瓣……我深吸一口气，审视这个被全球政府划分为八大地区的地球，打开传声器：“报告，赤道‘两瓣’地表温度超过一百摄氏度，确认‘火噬’……”

全球干旱

公元2045年，由于人类无节制的开发，温室效应愈发严重，各国签订协议，将全球变暖视作共同的敌人，并实施“八瓣地球”计划。全人类将竭尽全力拯救地球，并消除火噬地区。各国派出一批高级飞行员，将基因经过改造的耐高温树种播种到火噬地区，这些树种成长为树苗后，会吸收大量光能和二氧化碳。

我就是一名高级飞行员，此刻坐在“冰山号”飞船里，执行指挥总部下达的“种树任务”。

天空之城

我驾驶飞行器穿梭于各个种树带。赤道及其附近的楼房为了远离高温地面被架空。火噬地区的人们大多穿着特制防护服，忙于改建楼房。为避免加剧温室效应，AI智能建造被禁用，而且目前还无法将飞船上配备的太阳能零污染设备大批投放在住宅建造方面，于是很多事都是人们亲力亲为。我眉头皱紧了，咬了一口秸秆饼干。总部部长曾笑脸盈盈地给我们高级飞行员准备了一大批秸秆饼干："尊敬的飞行员们，由于……全球干旱，粮食紧缺，这特制的秸秆饼干……是为你们精心准备的……"正苦笑着，突然发现一个建筑区中一大批人站在地上，挥舞手臂，白色的防护服在热浪中扭曲……这是在……叫我吗？我驾驶着飞船下降，只见一个女孩子怀里捧着堆东西就要往飞船里塞，奈何她找不到能塞进来的窗口，只能干着急。我迅速套上防护服，开船舱，"哗啦"一堆东西被塞了进来，我仔细一看……玉米饼干？！他们这是……我震惊地抬起头，立刻抱起这堆饼干去追那个女孩，然而，原本围在我身边的人群像被惊飞的鸟群般飞快地跑开，那个孩子混入了一群白色人影当中，这时我怀里的玉米饼干仿佛不再是可口的食物，而是……熊熊燃烧的火。我下意识地向人群跑去，他们都尽力躲避我。于是我突然腿一弯，倒了下去，一动不动。人群又迅速聚在我身边，说时迟那时快，我猛地跳起来，百米冲刺般冲入飞船，瞬间驾驶飞船盘旋到半空，大口喘着气，再向下看时，白压压的一群人，齐刷刷弯下了腰，不再动了，他们在敬礼！没有人去捡那散落在地的饼干，他们只是定格在热浪中，仿佛雕像一般。

"这群人，是天使吧……"我喃喃着，鼻子发酸，驶离了这里。

"你已驶离'天空之城'。"飞船 AI 温馨提示。

最终绽放

公元 2065 年，全球变暖趋势正在放缓，人类的竭力拯救，终于得到了地球的肯定，赤道地区地表温度稳定在九十摄氏度左右，高级飞行员在"天空之城"会议区集合，共同见证全球地域温度图的最终样貌。"天啊……"我看着面前的全息投影景象，惊叹着，八瓣地球绽放了！来自各个国家的飞行员们欢呼、哽咽，无数双手紧紧相握，所有人都在紧盯着那个美丽的星球，视线半秒也不曾移开过……

你问我八瓣地球绽放成什么样子？不是红色！是绿色的！

指导老师：司心平，文学学士，毕业于哈尔滨师范大学，汉语言文学专业。中学高级教师。

何以为家？和美共生

李安萍/高三年级　周生宝/指导老师　山东省临沂市沂水县第二中学

公元 2097 年，全球气候恶化态势异常严峻。世界各地异常干旱，人民的生活陷入混乱。

非洲联盟总部

“快，快！所有警备力量去把死亡的人运到比斯城，火化后掩埋，绝不能让疾病传播！”非盟秘书长卢科放下麦克风，瘫坐在沙发上，只觉浑身难受，他已经硬撑了一个多星期了。

“卢科秘书长，还有 5 分钟就要召开关于全球气候变暖的非洲联盟大会了，您要赶快准备一下。”人工智能小冰说道。卢科长叹了一口气，提起公文包跨出了办公室。

在会议上，非洲各国参会代表接连叫苦，嘈杂声一片。

卢科敲了敲桌子，站起来说道：“不管怎么样，也请大家再坚持坚持，我昨晚就已经把求救信息传给联合国了，他们很理解、很关心我们，会在今天派遣一批智能降温机，给非洲各国的主要城市暂时先降降温，请大家放心。”

众人拍手叫好，说道：“希望联合国再快一点，否则我们就没希望了。”

卢科再一次擦了擦额头上的汗。

联合国总部

助理哈鲁已经连着接了 100 多个视频电话了，他不断地从对话中提取关键信息，然后再传给联合国地球生态署秘书长赫奇。赫奇翻看着助手传来的信息，皱了皱眉头，40 多岁的他竟已满头白发。

“秘书长，各大洲情况都不妙，此次干旱席卷多国，将近 10 亿多人生活极度困难，还请您早下决定。”

“嗯，我昨天让你们给非洲派送的降温机，你们派去了吗？”

“报告秘书长，今天 4 点全部起飞，已在非洲大陆主要城市上空全部运行！”

赫奇关闭了对话，从椅子上站起来，他让小冰打开所有窗帘，望着地下密密麻麻的汽车，现在，除了联合国总部的道路还看起来繁忙外，其他地区早都被要求停止运行车辆了。

赫奇非常怀念之前的四季之美，眼下现在的世界只有炎热，人与动物都生活在水深火热之中。难道自己这么无用吗？难道人类要灭亡了吗？他的身后仍旧不断传来各部门的信息提示音。

中国塔里木盆地

突然，赫奇收到了一条紧急信息。

信息是中国生态环境部发来的，信息末尾附有一张 10D 照片，照片上竟然是塔里木盆地的一片翠绿的森林，赫奇大为疑惑，赶紧前往信息上所指明的位置。

过了 15 分钟，赫奇到了目的地。看着眼前的景象，他惊呆了，这片森林绿意葱茏，青翠沁人。中国生态代表李萍君与匈牙利生态代表诺依曼在等着他，二人向他解释，这是很久之前就开始研究的项目，是用 1∶50 的比例模拟的生态环境。“也就是说，这个计划还未完全完成？”赫奇问。“是的，不过若是你能肯定该计划，我们就继续投入精力！”李萍君说道。

“不如，你们再带我参观参观，我再决定。”赫奇说道。

森林青翠欲滴，空气清新，鸟声啁啾，有很多生物在此生活。

“秘书长，这些生物是我们从之前的胚胎库中取出并培养的，他们的适应性很强。”“好，那人类又该住在哪儿呢？”“森林中。”“什么？”

“秘书长，您没听错，这片森林中到处都可以住人，这些树干都很粗，上面都有门口，它们会根据人脸识别功能来引导人们进入自己的家，并且这里也有很多娱乐设施，统一集中到湖旁的 10 棵大树中。现在这些树虽然看起来很小，那是因为我们采取了 10D 虚影技术，实际上进入森林后，您所看到的将是现在的 100 倍。”李萍君继续解说。

“这令我十分惊讶，没想到你们竟然做出了这样一项大工程，佩服佩服！”赫奇赞叹不已，兴奋地说，“接下来我会尽快将这个项目推介给各国，让他们快快按这个标准行动。”

“谢谢秘书长，我们也很高兴能为人类与万物生存做出贡献。”李萍君迅速启动智能建设程序，完成剩余部分。

“这？不用你们动手，它自己就能完成？”赫秘书长有些好奇。

“我们早已设置好程序代码，它们可以按计划自行建设余下的部分。”诺依曼激动地说道。

联合国总部

赫奇离开中国的塔里木盆地，迅速回到了总部。

“我要与世界各国生态代表尽快联系。”赫奇向小冰发出指示。

不一会儿，世界各国代表便全部出现在视频屏幕上，他们看上去都疲惫不堪。

赫奇忙把刚才的项目方案演示给他们，各国代表在视频中全部兴奋起来，不断地欢呼：“人类有希望了！”

世界各地

接下来的几个月，世界各地的人们集中精力将世界杂乱多余的建筑拆掉，并进行无污染处理。各国先进的生态技术人才仍旧留在原地，挽救地球的生态环境。其他人都搬到由中国生态部设计建造的 10D 森林中。

联合国宣布，从此以后人类都由一个统一的组织进行管理，该组织叫作森林生活部。国际生态技术人才采用“全方位 +C1”探索模式，对世界各地深山中的动物进行全程定位、跟踪、救助，同时大面积植树种草……

两年以后，地球生态开始慢慢好转，地球全年平均温度下降了 0.8℃。

中国塔里木盆地

10D 森林生态项目的研发主持人、中国生态代表李萍君在与赫奇秘书长的交谈中提到当下地球的生机景象时说：“10D 森林项目并不完全是程序所写出来的，也是所有来到这里的人共同编写的，这个项目还有一个名字叫‘共生’。”

赫奇听后略一沉吟，笑道：“‘共生’这个词好，全人类一起和谐生活啊！中国的古语说‘和而不同’，应该就是这个理念了！中国的古老智慧博大精深啊！”

10D森林的面积在悄然扩大，绿色开始向非洲、拉丁美洲、中东、青藏高原等地蔓延……

非洲联盟总部

一派轻松祥和，喜气洋洋。

非盟秘书长卢科的脸上也露出了欣喜的神色。

第11届地球生态大会将在尼日尔的阿加德兹市举行。这对非洲联盟而言意义非凡——这是全球生态大会第一次在非洲举行。

经过协商，这次大会的主题是“共生·和美”。

新晋亚洲生态代表李萍君特为卢科发来贺电：“共生”成功，地球重生；四海之内，和美与共！

指导老师：周生宝，毕业于烟台师范学院中文系，就职于沂水县第二中学。曾获临沂市教学成果奖、沂水县百优班主任、沂水县优秀教师等荣誉称号。

鲜血的温度

李安淇 / 高二年级　王春明 / 指导老师　山东省济南大学城实验高级中学

嘀——嘀——

4367 号冬眠阶段结束。您的冬眠时间为 267 年 14 天 26 分，剩余天数为 97 年 14 天。这里是亚洲东部 7 点 05 分。

机器提示了半分钟便安静了下来。我抬眼便是洁白的天花板，但焕发出的像是金属光泽。身躯无法动弹，或许是长时间躺着造成的。2021 年，整个社会科技鼎盛发达，科技人员应对大规模人口研制冬眠技术，我参与了这项实验，而如今已是 2288 年了。

白衣护士走了过来，“4367 号已苏醒，转入备息室！”天花板在后退，我被她推出门外，随后，我被转入另一个屋内，床面对窗放着。我尽力把自己撑起来，抬手便是悬浮的信息窗口，里面有各种指示需求。我随手点了些饭菜。门被人打开，一位干练的中年男子朝我说道：“恭喜你，年轻人，回到新世界。”

他自称“云 ice”，是当今亚洲国际事务所的主要负责人之一。他把我带到窗边：天空像是被颤抖着重刷了一遍，没有了原来世界的蔚蓝光明，取而代之的是橙红炼狱。窗外能看到街上的空气热波，曲卷了整个城市。我不由想起一幅画作《呐喊》。“没错，如你所见，世界早已变了模样。人类社会科技已经到达顶峰，即将步入一级文明，工具发展日新月异，但全球气温普遍上升，你所站立的土地下遍布的不再是鲜草和泥土，而是地球内部不断外涌的岩浆。”云博士看着窗外的红色，平静地说道。

“那，北极与南极莫不是最凉爽的了？”

“北极，南极？早已经融化完了。”我默不作声，代表奇迹的蓝色在这个世界已经消失了，一同消失的还有站在最后浮游冰块上的北极熊和企鹅。人类把涨红的欲望灌输给这个世界，让整个地球都布满“鲜血”。云博士又说道：“如今的这一切或许很糟糕，但人类在尽力还原。”我和云博士一起来到大楼外，这才发现世界的不同：高温已严重阻碍人类生活。高楼玻璃采用一种新材料，是一种吸收光照又能制冷的材质。人们的衣物大部分采用冰丝织就，有自动降温的功能。面对高能产热的设备，国际部已下文规定减量，或不再使用。我看见街上排尾气的汽车已被半悬浮移动平台所取代，在尾气口处也添加了净化排放装置。现代科技已经能够利用光能、热能转化成高效的能源。

面对高温且气候极端恶化的世界，赤道等低纬度地带的居民在 2080 年基本全部往中高纬度带迁移，而澳大地利亚和欧洲西部的部分岛屿因海平面上升而人口减少。“人类正在尝试拯救地球，或者说，他们在尝试拯救自己。”云博士明白要恢复这个蔚蓝星球，任重而道远。

“走吧，我带你去看几个地方。”高速运行的出行“平台”终于让我在风中感受到几百年前地球的真实活动。穿过山洞，他带我来到一座小城，这是国际社会秘联会会长发动每一个国家筹建的科研城。“星环城”是新型科技研发区，这里的很多产品已经能够完全避免高耗能、高污染，并且他们开始研制一款既能够适应高温又能大量吸热制凉的植林栽培设备。

“星环城 C 区”是灭绝生物复原区，人类采集了生物基因资料后，已经成功复原了十几类动物，在人工森林处放养着。

夜晚，我和他坐在山地上，夕霞的光辉总算才收敛些，跑到其他角落里去了。星星铺不满整个夜空，就像欲望铺不满人类的野心，没有蝉鸣和风声的夜晚是寂寞的。云博士问我面对这个世界，是选择继续冬眠还是留下来和他们一起努力。我思考了片刻。人类在创造文明时，是用血和汗铸成的，人们忙于自己的利益，却忘记了物种链条的相连。我们不能用鲜血助长气候的上升，需要用鲜血浇灌、美化、改变这个世界。

“我选择留下。”

星星还在闪，黑夜驱赶了酷热，明天迎来的，一定是蔚蓝天空，风和蝉鸣，一个有着鲜血温度的世界。

指导老师：王春明，文学学士，毕业于山东理工大学，汉语言文学教育专业。中学高级教师，曾获市骨干教师，市十佳班主任称号。

火星的轮回

李国睿/高三年级　白燕/指导老师　云南省保山第一中学

“云先生，是否查看最新的计划书？”秘书姜清晰的声音在脑中响起。科技发展到现在，人与人之间的沟通已不需要借助工具，只需在脑中植入一片小小的芯片，对话时调到同一频道即可。我叫云，气象天体物理学家，也是本次迁居火星计划的总负责人。我坐在人类联合政府C区三十层的办公室里，看着窗外暗红如血的晚霞，简单地说：“好。”

办公室灯光暗了下来，窗帘自动合上，巨大的全息投影出现在眼前。现今地球气候急剧恶劣，干旱的危害叫人触目惊心。人类向来是喜欢迁徙的物种，从大不列颠越过大西洋抵达美洲，如今地球已被挖掘得没有一片净土，人类便把眼光投向了火星，因为两极融化，海平面上升，生物灭绝都将在一年后爆发，所以这次迁居火星计划比以往任何时候都更要紧。

我看着报告，眉头微微皱起。“地质专家在火星内陆发现一个盒子，暂时打不开，盒子内有资料，明天应该可以查看。”姜的声音再次响起，虽然盒子里的资料使我感到好奇，可我并不怎么开心。第一，这东西可能只是之前的考察队丢下的。第二，就算史前真的有火星人存在过，对我们解决开发火星遇到的问题也没有多大的帮助；再说，既然存在过，那现在又去哪儿了？我带着疑问，关上电脑准备回家。

到家后，我把脑内芯片调到家的频道，家的温馨暂时掩盖了工作上的烦恼。儿子满心欢喜地递给我看满分的试卷，“爸爸，你答应我的火星旅行要记得兑现噢！这次我可拿了满分。”我揉揉他的脑袋。迁居火星计划的名额早已被达官显贵占据，我们一家三口因为我这个总负责人的头衔才得以加入。

第二天我刚到办公室，频道里便传来姜焦急的呼叫：“云先生！有个东西您必须马上看一下。”眼前是打开的盒子，里面装的是曾经的火星居民画下的图画，画中的内容使我震惊。可能在几百亿年前，火星遭遇了一场世纪灾难，世界混乱，暗无天日，他们也想到了移居，画中的目的地是一颗蓝绿相间的行星——这不是地球吗？莫非我们是火星人的后代？一个可怕的疑问在我的脑海中闪现。指尖划过图片，发现他们和如今的我们一样，向外星迁移的只有一部分身份尊贵的火星人，另一部分则留在火星，等待毁灭。最后一张画停留在飞船离开了，而火星上还站着一群人。根据推测，当初的火星人并没有成功抵达地球，也许中途出现了什么差池，内讧或是其他什么原因。但他们携带的一些单细胞生物却落到了海洋中，经过几亿年的进化，人类诞生。也许我们人类文明，不过是火星文明的延续罢了。

我沉浸在这个讯息中无法呼吸。难道我们花了这么长的时间，就为了走一条轮回之路？火星气候恶劣，所以火星人选择移居，机缘巧合地创造了人类，现在地球已无法居住，人类却又把目光投向那个他们曾经想逃离的地方，这也恰恰证明了火星并不适合居住。

就在移居火星即将启程之际，我发现计划根本不可能成功：目标错了，错在了源头。“得赶紧把消息报告给议员，让上层终止这个计划。”我匆匆登上电梯直升决策顶层。

我简短地讲述了终止计划的原因以及失败的必然性，议员的脸上毫无波澜，他打断了我：“你又发现了，看来又得给你做一次记忆消除。”议员说话的同时，我感觉脑内的芯片在灼烧着我的神经。原来高层早就知道，只是计划不可能终止，所以便一次次地给知情人做记忆删除。一针麻药，我便躺在了手术台上，议员打开芯片控制器，找到今天关于迁居火星计划的记忆，熟练地删除清空。“云，好好睡一觉，明天醒了，又是新的一天。”

又一个轮回开始了……我是云，一个气象天体物理学家，在负责一个迁居火星的计划，还有三个月，我们就要走了……

“云先生，是否查看最新计划书……”

指导老师：白燕，毕业于云南师范大学中文系，中学高级教师，保山市骨干教师。

温和的呼吸

李昊宸 / 高二年级　钟明 / 指导老师　上海市闵行中学

“孩子们，你们如果有空闲时间，便去郊外多走一走，记得带上望远镜哦。”我和善地对孩子们笑笑，“因为你们既要看景，也要分辨哪一处绿色树林，才是家所在的地方。明白了吗？”

待孩子们挨个儿一蹦一跳地出了门时，我开始写我的回忆录。

我在大山里出生。年幼的时候，经常抱怨着反复无常的天气。“春寒迫使你紧了紧衣衫，而酷暑又撵着你胡乱地扇着扇。”那时，老爸经常和我这么说。第三个千年一开始就不一样。后来，我迁到了大城市。新闻里说，人类排放的温室气体不但没有减少，还有增加的趋势。

后来上了学，我了解到什么是干旱，什么是洪水，也听老师解释了什么是厄尔尼诺。我收到印尼友人的一封信，让我有了极大的触动。他的家乡距海平面只有 5 米。可海平面在日益升高，他说，他父亲为了搬迁一事，整夜睡不着觉。发红的双眼瞪着灰蒙的天，耳朵里尽是涛声。我能感觉到，大海激起的水雾对于他们来说，都化作离乡路上沉痛的哀伤。印尼靠海，可淡水却所剩无几，水源的污染像瘟疫般席卷了沿海的村庄。有什么转机吗？我从那时起便开始担忧。

大学毕业后，我在新能源研究所工作。煤、石油、天然气等传统能源全部要耗尽，我们必须寻找替代品。空中城市、深海城市、外星球的理念，都不过是换了一个更大的空间。如果不从根本的可持续发展入手，人们只是在浪费其他空间，污染更广阔的环境。第三个千年中最初的 10 年，人类遇到能源危机，虽然有了以电池为主要能源的汽车，可一枚大功率电池，从制造、使用，到销毁、掩埋，所耗的水、对土地的侵蚀比燃烧传统能源还大。30 年代遭遇水源危机，人们为着淡水四处迁徙。

为了应对危机，我加入了科研团队，研发如何将潮汐的力量化为能源。戴上遮阳帽，绕过绵延海岸线的盐场，就到达拥有巨大转子的机械群旁边了。

这里每天的潮起潮落，就像地球在畅快地一呼一吸。从天际忽而绽出一条白线，先是缓慢低沉；稍近些后，如山岳一般厚重，又如云朵一般轻盈。浪花涌至岸边，最终扑到机器上。几百吨重的转子徐徐地转动着，明显能听到轴承旋转的啪嗒声。海浪是地球动脉中新鲜的血液，科研团队中每个人都为这充沛的生机感到尤其振奋。实验非常成功，潮汐产生的电齐齐涌向电厂，再输送至千家万户。

随后我受邀去生物实验室参观交流。实验室中央立着根直达天花板的大柱子。讲解员说，这是用来存放转基因且无害的种子。“使用限制性内切酶切割目的基因，再将环状质粒承载的目的基因导入受体细胞，筛选后培育出新种子。”一位科学家持镊子夹一粒豌豆，有些不好意思地笑了，“这是在孟德尔遗传学说的指导下，我们开创新思路，培育的新品种。”可是后工业化时代，大量土地被淹没，没有土，种子怎么长出来呢？“袁老给我们开创了极优的先例，”他崇敬地说，“没有土或少许土，也能种植物，也能解决粮食问题！”听到这里，我的心里好似燃烧着熊熊的火苗，映着科技的光辉。

3058年，我乘车深入沙漠腹地去检查发电设备。我惊奇地发现，沙地竟像土块一般隆起。原来，化工研究人员已研发出高效的凝沙剂。它以特殊流体固定细沙，不断吸附周围的黄沙凝成小块，让大片熟悉的黄沙“变”回了黄土。人们可以在这里种上茂密的树林，相信未来此处会成为生态宜居地。

孩子们又跳着回来了，我的思绪逐渐回到眼前。我碰了碰含羞草的叶片，它们依次合上了。地球在温和地呼吸着，我在宜居的地球上，生活了60余年。

指导老师：钟明，文学学士，毕业于上海师范大学，汉语言文学教育专业。中学高级教师，曾获上海市语文教学之星、闵行区园丁奖、闵行区师德标兵等荣誉称号。

重 构

李锦鹏/高三年级 谭轶珊/指导老师
广东省深圳市福田区红岭中学（红岭教育集团）高中部

“早上好啊，编号 0515——浩，欢迎来到‘探索号’行星飞船，我是人工智能语音——汐。今天是‘重构’任务的第 1 天，今早的舱外温度为 3000℃。”

在朦胧之中，一位少年睁开了双眼，缓慢地从休眠舱中起身，踉踉跄跄来到了一个由高分子材料制成的大型落地窗前。望向窗外广袤无垠的宇宙，他有些不知所措，却又冥冥之中觉得有种似曾相识的感觉……

“注意！注意！请编号 0515——浩，马上到少校办公室！”听到指令，浩健步如飞地赶往办公室。

“编号 0515——浩，一位探索机器人，在我们的大数据智能系统中被发掘，他在梅西耶编号 M104，NGC 4594——草帽星系和 AM 0644-741——戒指星系的探索任务中表现出色，在和外星生物战斗后，就算只剩下了一条机械手臂和腿，依然带回了稀有的宇宙资源，受到了宇宙联合政府的高度赞赏。”数据系统的资料这么显示着。

“嗯……很好，经过了这么久的观察与无数次实践，我觉得他能够胜任这次任务。”

“少校，您觉得这些机器人会有自己的情感吗？”旁边一位人类士兵发问。

“谁知道呢，毕竟他们只是人类创造出来的具有语言功能的机器。不过我实在佩服那些科学家们居然可以把如此强大的人工智能语音装在一个核心里……”

“报告！这里是编号 0515——浩！”

“请进！”

“今天让你来是因为有一件既重要又艰巨的任务要托付给你，但我不能向你透露太多信息，详细情况会由‘探索者’号星际飞船上的人工智能——

汐向你报告。10 分钟后进入休眠舱，祝你好运。此次任务代号‘重构’。”

“遵命！”

浩随后进入了休眠舱，他闭上了眼睛……

不知过了多久，浩被汐叫醒。“好啦，你先缓缓，跟你说下任务目标吧。宇宙联合政府之前发现了一颗距宇宙联合政府总部需 88 年航行的流浪行星，并且探测到了生命迹象和稀有资源。经过慎重的考虑，宇宙联合政府决定派你进行此次探索任务，希望你能够利用实验室给你安装的智能语言系统与此行星上的生物进行交流，如果可行的话，最好带回一些那里的特有资源或者生物供宇宙联合政府实验室研究。如果交涉失败的话，宇宙联合政府为你提供了新型武器，你应该知道怎么做……”

“明白！”

“目前我们正在向那颗行星进发，预计需要 32120 天到达。说不定我们还能路过那个被称作最美星系的旋涡星系呢！真想看看它到底有多绚丽……虽然今天是航行的第一天，但我们仍有工作要做，在航行开始时先检查一下各个舱体吧，麻烦你了，浩！”

“没问题！座舱正常！推进舱正常！……”

“浩！轨道舱西部有一处面板需要维修！”

“收到！正在前往目标！”

“浩，我跟你说啊，在好久以前，有一个星球叫作地球，它是太阳系八大行星之一，表面积 70% 为海洋，30% 为陆地，地球外部有水圈、大气圈，它还是包括人类在内上百万种生物的家园呢！只可惜，随着人类社会的不断发展，他们对资源的消耗量越来越大，加上不注重环境保护，导致两极冰川融化，海平面上升，气候极端化，生物灭绝，地球不再适宜人类生存，因此地球上的人类被迫移居到他们事先在太空上建造的基地，并成立宇宙联合政府。唉，要是地球没有被人类毁灭该多好啊……”

“一天就快结束啦，晚安，浩，有你的陪伴我很开心。”

……

“早啊，浩，今天是‘重生’任务的第 100 天。”

“早啊，浩，今天是‘重生’任务的第 10000 天。”

“早啊，浩，今天是‘重生’任务的第 20515 天。”

“警告！警告！侦测到不明飞行物靠近！”飞船上响起了急促的警报声，浩从休眠舱中惊醒，连忙跑向落地窗，只见无数不明飞行物朝着探索号宇宙飞船袭来，而它们的身后不远处，是旋涡星系。

“轰！轰！轰！”不明飞行物击中了“探索号”飞船，飞船开始摇晃了起来，“浩！你还好吗？我们遭到了不明飞行物的袭击！飞船强大的自我防卫措施也无济于事了！2 号和 5 号引擎瘫痪！”

浩此时义无反顾地朝着汐的核心所在的座舱赶去。

“浩，可能这一切已经无法挽回了，我很抱歉。不过和你相处的时光的确很愉快……”

“不！还没有结束！”

船体正不断受到撞击，浩在摇晃的船体内奋力前行。他跃过掉落在地上的高压电线，跌跌撞撞地冲过大火蔓延的通道，一旁的机械零件划伤他的手臂，火焰和浓烟在整个舱体内弥漫。突然，又是一阵猛烈的撞击，一块锋利的残骸插进他的腹部。但浩始终没有停下脚步，他咬紧牙关，来到座舱。

砸开座舱的大门，汐的核心正闪烁着微弱的白光。“浩……”汐呼唤着浩。浩将汐的核心捧在手心，艰难地来到那个由高分子材料制成的大型落地窗前：“看，那就是你之前提到的旋涡星系。”

“哇……真的好绚丽啊……就像地球上江河里的漩涡……谢谢你……浩……帮我完成了心愿……真希望你能一直陪伴着我……”

伴随着一声爆炸，一切又归于平静。

……

“早上好啊，编号 0516——浩，欢迎来到‘探索号’行星飞船，我是人工智能语音——汐。今天是‘重构’任务的第 1 天……”

指导老师：谭轶珊，汉语言文学专业文学硕士，中学高级教师。第六届、第七届全国中学生科普科幻作文大赛专家评委，深圳市语文学科高考优秀指导老师，广东省省级工作室优秀成员。

凛焰颂歌

李婧涵/高三年级　吴敏芳/指导老师　江苏省江阴市第一中学

公元2035年，人类社会高速发展，对能源的需求量日益增加，因而导致全球变暖加剧。即使人类已很注意保护森林，使用清洁能源，但地球仍在迈向死亡。

公元2038年，可燃冰被大肆开发，海洋岌岌可危。

公元2040年，非洲撒哈拉沙漠爆发百年难见的干旱，并衍生出了新型病毒，人们将它命名为“拉莱病毒”。

公元2042年，“拉莱病毒”得到遏制，各国元气大伤。与此同时，联合国启动“颂歌计划”。终于，处于水深火热中的人们看到了未来的希望。

白屿，联合国“颂歌计划”科研技术组的一名化学研究员。此时，她在AI智脑租了一双轮滑鞋，准备去上班。人类为了节省资源，已不再使用汽车、电动车等，而采用了轻便、耗能少的轮滑，悬浮踏板等作为交通用具。

到达研究所，白屿直奔实验室。实验室中满是太空探索带回的月壤、火星土壤和无数未知物质。“劳文森教授。”白屿向一位穿着防护服的人打招呼。劳文森朝她挥了挥手，示意她进来，“这些来自太空的物质都有辐射，你分解一下产生辐射的元素，估计是含铀。”白屿点了点头。面色凝重的劳文森教授嘱咐完后，一边向外走去，一边喃喃地说着，“留给我们的时间不多了。”

如果到公元2065年，人类还不能恢复地球原本的模样。那么人类将会登上“诺亚方舟”，离开这片伊甸园，开启漫长的太空迁徙旅程。传承了近千百万年的人类文明，可能会止步于此。

前路未知，但光明永存。白屿被眼前一块火红色的石头吸引。她拿起锤子敲下一块连入AI智脑，进行自动序检。等待报告时，她仔细观察，石头多孔，本以为会很疏松，岂料坚硬无比。这时，她身后的智脑亮起了灯，打印机自动打印出一张张分析结果，她拿过报告，看着上面的数据觉得奇怪。沉思片刻后，白屿起身，在一堆挂牌中找到石头的来历——火星，BE248号飞船采集样本，火星云附近。

白屿瞳孔猛缩，大脑开始飞速运转。如果她没记错，那架飞船在返回时，因与大气层产生摩擦而爆炸，可里面保护的东西是完好无损的。飞船爆炸的原因，至今未知。

白屿飞快地冲出实验室，进入层层把守的档案室，找寻有关 BE248 飞船的信息。她猛地抽出文件袋，仔细辨认 BE248 飞船的残骸照片，忽然，她在照片的角落里发现一小块白色的晶石，为什么会有这个物质，她思索着。

回到实验室，她模拟了 BE248 的原料，反复进行演示，却发现 BE248 根本不可能自燃爆炸，任何理由与假设都无法成立，除非它在火星云附近经历了什么。可它身上没有任何破损的痕迹，白屿百思不得其解。突然，只听“砰”一声，一旁的杯子被白屿不小心打翻，热水倒在了火红的石头上。

白屿看着火红的石头胀大，渐渐变成了银白色。她惊得一动不动。马上回过神来，呼叫了所有研究员。研究员们不眠不休，奋斗半个月后，终于获得突破性成果。

公元 2043 年，研究小组公布了这项研究成果，并将其命名为“冰屿之心”，随之而来的，是第九次轰轰烈烈的工业革命和气候拯救运动。

公元 2046 年，“冰屿之心”投入使用，它不仅可以吸收 CO_2 等温室气体，还可以进行热量的快速冷冻，消耗热量，因此又得名“冰碱石”。白屿荣升院士，获得了“守护者”勋章。

公元 2058 年，全球气候变暖被遏制住，高温没有席卷大地，寒冰带来了久违的滋润。“颂歌计划”完美落幕，人类社会欣欣向荣。白屿坚信的人与自然和谐共生终于实现。

火焰的炽热曾一度灼伤无数人，他们未曾见过凛冬的寒风。如今凛冬又一次回归，火热又一次轮回，此消彼长，以亘古不变的定律，淌过时间的长河。自然始终是我们的朋友，凛焰的颂歌又一次被传唱，人类繁衍，生生不息。

指导老师：吴敏芳，教育硕士，毕业于苏州科技学院，汉语言文学专业。中学一年级教师。

无限的延续

李萌/高二年级　田慧敏/指导老师　内蒙古自治区通辽新城第一中学

2051年。

每个人面前浮着一块光屏，是关于全球气候的最新报道。“目前南北极在过去的24小时中各融化了12座冰山，北极熊于昨日3时正式灭绝。世界已有70个国家年均气温达到30℃……”AI甜美的机械女声传播着令人心寒的信息。程闻不以为然地关掉光屏，跨坐上汽艇又去继续他的海底环游了。

早在十年前，人类便预料到今日的局面，于是建造海底城市的计划开始了。但145亿人不可能都迁到海底，所以富人利用金钱、权势抢占海底居所，而剩余的人只能日日在炎热的大陆上，为那些不断毁坏环境并心安理得地在他们建造的城市中醉生梦死的富人们工作。虽然当前的科技水平已经十分发达，但智能机器都集中在丁点儿劳动都不沾的富人手中，工人们靠微薄的收入无法购买太多的智能机器。

“来，快点，把这台放到那边去。”一个25岁左右的青年正指挥着人们搬运陈明远博士研制的转化器。它能把人类排出的有害气体转化为氧气或有利于抑制全球变暖的气体。陈明远博士发明了不少东西，全球推广，来保护环境，像自动培育植物器，生成修补臭氧层机，为冰山制冷、抑制融化的自动喷雾器等。但富人们只知道日日玩乐，每次程声派人送去这些发明时，他们总是不屑一顾。对了，那个指挥搬运的青年便是程声。

“程声，我计算出气候极端现象将会在2070年达到峰值，而我新制订的计划及相关发明的推行需要18年，如果所有人类按照这个计划共同努力，我们将实现永久的可持续发展，并避免2070年的浩劫。我希望，你能是这个拯救地球，拯救人类的人。”一位头发花白但仍精神矍铄的老者对程声说。“博士，我会做到的。”程声坚定地对陈明远说，随即他便转身离开了。“希望你是这个世界的光。”陈明远望着程声渐行渐远的背影喃喃自语道。

而离开的程声召集起所有的工人，共同前往海底。

在一间狭小的房间里，程闻看着光屏中的程声一行人，自言自语道："真是傻子。"

此时的程声已到达海底，他让一部分人去推广陈明远博士的发明，另一部分去游说富人参加计划，而他自己则只身前往海底的总控制塔，切断富人们的电路，进行一场演说。

程声来到了控制中心，守门的智能机器人都是他与陈明远博士共同研制的。程声推开门，却看到了一个意想不到的人。

"哥，我真是不明白！你为什么要放弃富贵享乐的生活而去陆地上改变气候呢？我们一起生活在海底，不管外面的世界不好吗？"说话的人是程闻，他是程声的弟弟。"闻闻，别再闹了，哥不能让这个地球消失，听哥的话，让开，把控制器给哥。""你为了全世界就要扔下我，去为可笑的全人类奋斗，去为现在这个千疮百孔的地球垂死挣扎，妄想改变气候，殊不知世界上贪婪的人怎么会如你所愿？"程闻双目猩红，近乎癫狂。程声则想先让他冷静，再夺回控制器，"闻闻，人类存在了如此之久，文明延续数千年，我不能为了一己私利忘记人类现在的处境，我必须要用有限的自己去换取人类无限的延续！""有限的自己？无限的延续？"程闻神色怔愣地自言自语着。程声想要趁机从程闻手里夺取控制器，但控制塔突然开始剧烈晃动，程声听到外面人们此起彼伏的尖叫声。"不好，海啸提前来了！""海啸不是早就被人类控制了吗？"程闻疑惑地问程声。"这次不同于以往，这次是由极端气候下融化的冰山漂浮物，加上各种生物的灭绝导致生态链失衡引起的。陈明远博士告诉我应该在一周后，没想到它这么快就来了。"程声边和程闻解释，边从背包里掏出氧气面罩与潜水服扔给程闻，自己也迅速穿戴。程声知道以程闻的性格一定不会愿意参与救援，便让他赶紧逃跑到陆地暂避。程声却推不动程闻，"哥，我要留下。""别闹了，快走。""我要和你一起。"程声对上程闻的眼神，瞬间明白了。"好！"

程闻和程声坐上潜水艇。这次海啸把海底城市搅得天翻地覆，工人们正在全力转移富人们。程声嘱咐了程闻两句便离开去参加救援了。程闻救起一个孩子与他的母亲，看着他们眼中那生的渴望和无言的感激，他突然明白了程声坚守的原因。

两个小时过去，救援工作已近尾声，而程闻却不见踪迹。程声在陆地上远远望见正背着一位老人向前游的程闻。程声正在欣慰于程闻的改变，却没想到程闻已经没有了任何救援设备。远处平静的海面突然出现几处涌动。“不好！浪来了！”程声声嘶力竭地喊着程闻，但这遥远的距离使传到程闻耳中的声音几不可闻。

程闻最终还是被吞没了。程声几欲崩溃，但身后还有成千上万的人等待他将其转移到安全的地方。他无暇顾及自己的情感。“程闻有我给他的防护装备，一定不会有事的。”程声这样自我安慰着。

被转移到安全区的富人们看着为救他们或晕倒或受伤的工人们，再看看毫发未损的自己与亲人，不禁后悔自己的所作所为。

“我们都应该知道，人类在自然面前是多么渺小，我们的文明不能因自己的放纵而消失，我们应停止毁坏环境的行为！我提议从现在开始实行我手中的这份‘恢复环境，可持续发展’的计划，让地球不再经受磨难！让人类得到无限的延续！同意的请举手！”

劫后余生的富人们以及积极响应的工人们纷纷举起了手。程声看着如此景象，用他疲惫但仍旧坚定的眼神看向陈明远博士。他读懂了程声的目光，程声是在对他说：看，我做到了。人群中有一位浑身湿透的老人正泪流满面地鼓着掌。

尘埃落定后，程闻却音信全无了。这时他的手环收到了一条信息。

“哥，当你看到这条信息时我早已离开了，我设置了只要手环毁坏就会自动发送这条信息。哥，我终于明白了，我是有限的、渺小的一个生命，但人类和人类的文明却应该无限地延续。我用自己去换整个世界，算是我的一点价值了吧。”

程声紧紧握着手环，像是握着程闻的手一般，自言自语道：“真正傻的，是你啊。”

2070年。

早已鬓发斑白的程声看着碧水蓝天，看着搬回陆地的人们，看着早已无富人与工人之分的世界，看着人类按照计划成功改变的气候，他仿佛听到程闻对他说：“哥，你看，一切都是值得的。”

程声对着虚无的空气轻声说：“值得。”

指导老师：田慧敏，通辽新城第一中学高中部语文教师，毕业于华中师范大学。曾获2018年校级优秀社团指导教师称号。

氢碳循环　适应自然

李如林/高二年级　栾晓欠/指导老师　山东省聊城市阳谷县第一中学

“咣——”一声巨响震颤了众人的耳膜，也震颤了众人的心。循声望去，清澈透亮的水球如同圣女的明珠熠熠生辉，恍惚间仿佛都能嗅到水球散发出的阵阵清香。

实习生们发出惊叹，不禁问道：“林教授，这就是从地球外边回来的水源？”“自然。”不等我说完，一个个水球就滑入了管道，部分水球竟然越变越大，有的甚至直接爆开，变成了流动的水。“这难道就是传说中的黑洞技术——令空间发生扭曲从而改变物体的大小？”旁边的实习生发出了疑问。“没错，你们之前在学校里学的只局限于课本，很多机密技术和过程，我们不对外开放，所以你们并不知晓。过了走廊，我便给你们讲讲这水源的来历。”

穿过走廊，仿佛来到了另一个世界。不似刚才的干净梦幻，这里更像是世界末日的末端。入眼便是大自然的黑色——煤——似小山般任意堆放。与自然的原生煤相比，那些黑色更像是一块块煤砖。“林教授快给我们讲讲刚才的水源吧！”“这煤和水又有什么关系？”“为什么要在这儿讲？”“煤，水，碳元素……”听着实习生们七嘴八舌地提问，我微微一笑。

“大家应该都知道，我国前几年在太阳与地球之间放置了一个巨大的能源转换站，它的功能便是我们今天所见的造水和造煤。全国的二氧化碳被收集和运输到这里，再被装入能源飞行器。能源飞行器在飞出地球的过程中，吸收大气层的氢气。接着，满载着氢气和二氧化碳的能源飞行器到达能源转换站，在太阳能的作用下，加上能源转换器本身的技术，二氧化碳和氢气被转化成了碳和水。飞行器载着它们回到地球，碳再被转换成二氧化碳，水也再次被转换成氢气。这样既解决了人们的能源需求，又满足了能源再造的资源需求。这样周而复始，彼此循环，方可永续。”

话音刚落，实习生们又纷纷议论起来，话语中充满着对这项技术的好奇与期待。望着实习生们闪烁着光亮的双眸，我忆起了当年的自己。年轻时候的自己有着和他们相仿的年龄、稚气未脱却又充满活力的个性。尤其是刚进研究所的那几年，严肃的科研氛围时常把我那些奇奇怪怪的问题强行压入心底，但我脑海里的问号是抑制不住的，我眼前的实习生们或许也是这样的吧。所以我决定带着实习生们到外面的餐厅吃个午饭，释放一下他们的活力，丰富一下他们的生活科技常识。

刚从研究所出来，孩子们就兴高采烈地指着一根从地面突出来的大管子说："林教授，这里面装的就是从咱们研究所出来的水吧！"我微笑着点了点头："是的，研究所内外的管通在地下已经形成了地管网络，说不定，现在你脚下正踩着一根呢！"

大街上一辆辆车奔驰而过。一辆皮卡丘造型的汽车格外引人注意，"林教授，你快看，皮卡丘的尾巴好可爱！别的车颜色都是黑色，它却是黄的，圆圆滚滚的。""可爱？它里面装的可都是二氧化碳哦！""我一直以为那是装饰用的。"看着实习生瞪大的双眼，我想到了飞行住房的充气墙壁也是这般鼓鼓的，只是实习生是新生创造力的鼓起，墙壁是二氧化碳气体的鼓起。

从餐厅回到研究所，听着那声声熟悉的巨响，看着眼前的水球，实习生在餐厅说的话在我的脑海里不断反复：我们曾一直致力于发现新能源，却忘记了原来改进原有能源的生产方式，也可以满足人们的需求。就像我们曾经想要主宰自然，却忘记了自然是不可改造的！

阵阵清香又传入了鼻尖。

指导老师：栾晓欠，汉语言文学学士，毕业于贵州师范学院，汉语言文学专业。中学二级教师。

地球人，停止吧

李思嘉 / 高三年级　郭连华 / 指导老师　山东省聊城第一中学

科研人员与医护人员在手术台上紧张地忙碌着，解冻，输血，一切流利又紧张地进行着。10 多个小时过去，智能监护屏中央的心电图终于有了变化，心脏开始自主跳动——又一例人体冷冻实验成功！

李帆在病床上醒来，缓慢起身，看向窗外。植物怎么和以前的不一样呢？他到底沉睡了多久？李帆轻触手环的呼叫按钮，他的儿子进来了。李帆不敢相信眼前这个成熟高大的人，就是曾经每天缠着自己要礼物的儿子李浩。李浩看到父亲苏醒过来，激动地握住父亲的手。可李帆却忽然将手缩了回去："儿子，你的手怎么发红呢？你手心的温度也不正常，为什么窗外的植物变得丑陋坚硬呢？"李帆像是一个对世界充满好奇的儿童。

"爸，您别急，先把手环上的量子密码解开，我把这几十年的事情传输给您，现在是公元 2070 年，又称炎热二年……"李浩将手环中的记忆通过量子发送，短短的三秒，就把近 50 年的世界记忆输到李帆的脑中。

公元 2020 年，李帆因心肌肿瘤生命垂危，家人将他送到生命研究院，对他进行休眠冷冻。医生先对他进行脱水处理，用抗凝剂等物质替换血液，再将进入休眠状态的李帆冷冻到 −173℃，并放入巨大的液氮罐中，之后便是漫长的等待。同时，世界各国迅速推动城市化与工业化进程，将高耗能高污染的产业生产制造部门向落后的国家和地区转移，落后国家的领导人未曾认识到盲目承接的危险，在人类无节制地排放废气废水后，南北极的大陆冰架发出警告，冰架大面积倒塌，极地生物灭绝，海平面迅速上升，将新西兰、日本等岛国吞没。

在这段传输中，李帆听到了儿子的声音日记："一个社会的命运和他们如何解决问题有关。"李浩作为青年代表在联合国会议上发出呼吁。各国领导人意识到气候变化已经来临，虽然积极推行一系列的政策，但为时已晚。人类只能将希望寄托于外太空，一个名叫 GX 的星球成为人类的最终选择。

“当前我们所在的星球就是 GX 吗？”李帆询问道。李浩点了点头，然后激动而自豪地说：“爸，我现在是一名地球拯救卫士，负责帮助地球恢复成原来的样子。对了，爸，一会儿出去时一定要戴上这个头罩。”说完，李浩将一个透明的头罩放在李帆面前。

李帆出去散步，头罩上显示着温度和空气中有毒气体的含量。李帆看到地面上生长着一丛尖锐齿片的花朵，他小心地抚摸着，发现花朵有种塑料感，非常僵硬。李帆开启了手环上的检测模式，手环显示这丛奇怪的花是迎春花，只不过是发生了变异。周围热浪重重，风一吹，植物散发的水汽在天空中呈现出红色。“叮叮叮……”是儿子发来了信息，“爸，我要去执行任务了，您好好休息。”

李浩搭载着光速飞箭回到地球，娴熟地带好防护具，同队员们踏上地球的土地。这片土地像是被烧着了一样，李浩即使穿着耐高温的鞋也能感觉到脚底的温度。他们迅速地找到了维护目标——一片即将被海水吞噬的土地，这是地球美好生态的最后象征，它还保持着欣欣向荣、万物竞自由的状态。正当他们进行着维护工作时，极端天气突然袭来，地球的气压中心发生了改变。炙热的海水奔腾着向这片土地涌来，如猛兽般吞噬大地。李浩身为队长，让队员立刻撤离，自己则坚持完成最后的维护工作。

几天后，GX 星球为李浩举行了葬礼。父亲李帆在追悼会上向人们呼吁：希望大家能真正爱护环境，像李浩那样勇敢地守护家园。李帆在整理儿子的遗物时，发现手环中的声音日记全部都是对地球拯救行动的记录。如今，越来越多的人加入了拯救地球的计划，去守护他们曾经的家园。

地球很热，人心很美。地球人，停止破坏吧！

指导老师：郭连华，中学一级教师，聊城市教学能手，高中教学优秀教师。曾获学校十佳班主任、学生最受欢迎教师等荣誉称号。

云　海

李天瑞/高二年级　王春明/指导老师　山东省济南大学城实验高级中学

草木独特的清香掺杂着新雨后的朗润，随着大洋彼岸的风荡过我所栖居的城市——云海。我于沉梦中醒来，望见白日里晨曦流淌。

云海，大雾中栖居的城市，这里模糊了昼夜，不再有光的概念，数不尽的浓雾和飞沙在空中肆意张狂，它们总在用刻薄嘲笑人类的天真幻想。我们无能为力，我们放任自流，亲手建立起文明的盛大，却又亲手充当掘墓人，唱颂挽歌。我停在门前，犹豫着戴上了梦呓——我活下去的依靠。

眼前不时弹出特级危险警示，我急于赶路，索性不去理会。城市政府的科学家们讨论了三个月的结果就是去寻找一个虚无荒唐的神话故事，我不愿接受这样的现实。凌晨，我翻过矮墙，只身前往一片未知。

七天前，我发现浓雾和飞沙都以相同的方向朝云海的边缘奔涌，无论怎样，它们一成不变。我早已厌烦终日躲藏在梦呓之下懦夫般偷生。依靠政府给出的官方资料便可自恃博学，生活在极端和错误中却丧失了挣扎的能力、探寻真相的勇气，我惧怕未来的一天里，独自坐在窗前，盯着遮掩真情的油画作品，我信以为真，想去触摸，却只有颜料凝固的手感，我或许会发疯，思想的僵硬和固化才是恐惧的源头。

周遭一切只有浓雾和飞沙，人们的无知似乎也投入这苍白死寂。梦呓刺耳的提示音打乱我一次又一次重组的思考，我关闭提示音，抬头观察浓雾和飞沙的方向，不会错的，它们根深蒂固，寻不出任何鲜活。我不清楚时间是否会继续按部就班地流逝，这一方天地究竟有谁存在过，我可能丧命，化作磷火，再传出一个探险者的故事，无人为我立起一块墓碑，芸芸众生忙于生计，无暇理会陌生人的突然死亡。我怀念站在珠峰最高处，俯瞰雪静，造物主毫不吝啬倾泻所有最纯粹的天蓝，雅鲁藏布江的涛声，自然里的一喜一悲镌刻在庙前，经声送至九重宫阙，天上瑶池，那是我曾生活的城市，因为事故我来到云海，此刻又呆立在此，颤抖着朝拜，我看见的是另一个文明。

纯白的三角框架支撑起整个规模巨大的建筑物，金属珍藏它的冷涩与疏离，明显的弹痕记载文明盛大背后暗涌的野蛮。黄昏的光晕停泊在肩头，真实的光影从枝叶缝隙细碎地折射暮色的温柔，青翠填满细节，纤弱的白菊微摇，这是被人遗弃的发电站，高处褪色的旗帜向风诉说过去的故事，悲欢离合有清风评论、飞鸟续说。我一个人漫步，穿过三角框架，攀上悬梯，建筑物的最高处能够看到云海的边缘，混浊不堪，僵硬笨重。

我返回云海，瘫在床上，计划着一场未知的未来，桌旁的书柜里藏着一张相片，他笑得很好看，是年岁荒芜后星河眷恋的温柔。我要离开这里，带上他的骨灰，他是我爱的人。

政府的科学家们仍旧在搜寻他们追求的神明——神谕者，传说能预言成真的圣使。我不屑于此。科技发展到今日，所有人类能幻想的疯狂都已实现，我们何故去依赖这没有实体，没有理论根据的东西，神明在人间也只是人类，但科技在九霄之上却是一个国家的自豪。我站在油画作品前，把他的骨灰盒庄重地放进箱子。

“我记得我一直爱你。”

云海的边缘地带，浓雾和飞沙撕裂生还的可能，但我竭力保护自己，妥协在梦呓递出的安全系统升级。神谕者，我开始胡思乱想，他们能够预测来生还是改变过去？我自我否定，默念他告诉我的一句话：过去无法挽回，未来可以改变。我们能够借助科技更改未来的流向，无须求助于一个虚拟的神话。

我放下背包，拿出他的骨灰盒，我坐在旗帜旁边，骨灰盒睡在我膝上。我要离开，带他去看那个我所熟悉的世界里所有的美好。我背上背包，提起箱子，穿过三角框架，又是一段未知。

政府的巡查或许会发现我，梦呓会因脱离管理而出现使用故障，但我毫不在乎。不远处逐渐有了城市的影子，可那模糊不清的轮廓却让我心惊，无力感上涌，我跪在原地，云海的另一边裸露在眼前。失重的潮水浸湿神经，我拖着疲惫失望的躯体昏睡在床上。

三个月后，我在酒馆里收到最新的消息通知，随后梦呓自动弹出一条涉及所有居民的通知，我点头示意它可以播放。政府的科学家们意外发现了神谕者留下的晶体，上面刻着多个三角。我颇感厌烦，取消信息提醒。大醉回到家中，确保油画作品不会褐色，擦拭所有的玻璃晶体，这是他留下的唯一的东西，我回到床上，抱着他的骨灰盒。

“你肯定会记得，我一直爱你。”

建筑物的中枢系统做出反应，我惊喜地启动完成的工作，这是发电站，而外面相互重叠的是纯白色的三角金属。我嘲笑过自己的天真，但最终我选择相信。发电站可以制造风雨驱散浓雾与飞沙，它无疑是刺破厚障的微光。我不再跟着科学家的思维一步步推理，真相就在不远的地方，我不甘心回到起点。

骤然，轰鸣声里，我从沉梦中醒来，天光大亮。

我不清楚我是否成功了，起身缓慢地摘下玻璃上的油画，窗外的一切顽固守旧，我没有表情，只是沉默地回到床上，我喊梦呓关上了所有的消息提醒，眼泪顺着骨灰盒的棱角碎裂，他死于浓雾，可我深爱他。

我不再去想云海的边缘有什么，整日得过且过，科学家的工作进程我懒得知道。酒馆、家、编辑部，这是我全部的生活，我像个疯子一样在他面前哭笑，但他再不能安慰我，然后给我一个拥抱。生活单调，直到暴乱乍起。

我呆坐在酒馆，等着死神来到，他的骨灰盒被我紧抱在怀里，所谓的神谕者不过是赶尽杀绝的借口，我想过挣扎，但还是放弃，看着人类惊慌四散，丑恶不召自来。

“我记得我会一直爱你。”

我低下头，吻在他的照片上，神谕者发现我，子弹狂躁入膛，万物皆静。

“我记得你会一直爱我。”

青海的一个镇子里，我把梦呓埋进土里，我记不清究竟发生了什么，只听见最后一声响，是发电站的轰鸣，我对着镜子寻找伤口，却一无所获。云海的生活结束了，而我也不用继续依靠梦呓，任它在土里会变成什么，我抱起他的骨灰盒回到我该去的地方。数十年后，会有人发现梦呓，那是一个邀约。

来自比我们先进数倍的文明。

指导老师：王春明，文学学士，毕业于山东理工大学，汉语言文学教育专业。中学高级教师，曾获市骨干教师、市十佳班主任称号。

“虚假”的预知

李汶婷/高二年级　李志红/指导老师　湖南省长沙市长沙县实验中学

谢元元做了一个冗长的梦……睁眼时目露迷茫、恐惧抑或是厌恶。

起身时谢元元头痛欲裂，仿佛一瞬间苍老了十岁。她随意拿起一张白纸，提笔开始给哥哥谢寒写信。她一直没有用手机的习惯，铺天盖地的手机消息常常使她暴躁烦闷。

“哥哥，我今天做了一个奇怪但感觉很真实的梦。现在也深陷其中。梦境的时间是公元2070年，刚开始时是我在吃冷饮，并且还是正常时间。可是很快我发现时间在快速运转，仿佛开了倍速般疯狂前进，但我还是最开始的模样，像个‘过渡者’般看着世界的变化。果不其然，世界朝着好的方向发展，一切颇有岁月静好的景态。渐渐地，我发现气温越来越高，土地干旱，两极冰川融化，海平面以惊人的速度上涨，并威胁人类的生存，许多生物灭绝消失……

“看着美好的衰落我感到深深的挫败感及无力感，可这并不是击毁我精神的刀刃。我看见人类整片整片地死亡，从最严重的撒哈拉沙漠以南的非洲地区开始，逐渐扩大范围……每一人都瘦得皮包骨，眼窝深深凹陷，有的甚至没有闭眼，空洞地望着艳阳高照的天空，似不解，似怨恨……”

谢元元将写好的信叠好，放进牛皮信封中，并交给助理小吴，让他放在哥哥办公桌上。她缓慢走到落地窗前，居高临下地望着底下的芸芸众生，微不可闻地叹了口气。

未过多久，谢寒便让谢元元去他的办公室。谢元元很快便走到门前并轻敲下门，然后熟门熟路地踏步进去。

“哥哥，你相信我吗？”谢元元反客为主，率先问道。

“元元，我自然是信你的，所以我已经用特级通行文牒直接上报给领导了。”谢寒略带严肃地回答。

一天之后，谢寒收到回复。

“环境气候部已用气检仪检查了目前的气候状况，有一定的真实性和迫切性。现命令谢寒马上制订计划补救，现立即执行。”

很快谢寒便忙碌起来……他先借助各大媒体平台招揽气候环境类专家，并高薪邀其任职。来自全国各地的专家们齐聚一堂并经过层层筛选，最终留下九位来自不同国家的专家们，其能力自不用多说。

谢寒将九位专家齐聚在会议厅开会，将一切都仔细地讲清楚了。专家们听后都面色沉重。

“所以，现在我们得制订计划阻止现在‘轨道’的运行，我们要偏离‘原来的轨道’。”众专家兴致昂扬地附和。

经过一个星期的不断制订修改，谢寒终于拿出了最终方案，谢元元连忙过来与谢寒一起观看。她发现哥哥是分四个方面来解决问题的。

第一是人们的生活方面。哥哥已经禁止了所有煤炭产业相关的大大小小的公司，也给了一笔不小的补偿费。这就意味着冬天将不会再有煤炭的燃烧。第二是交通出行方面。天气晴朗时公共的出行工具便是连体的公共自行车，有 10 米长，大概有七八辆自行车连在一起。如果天气恶劣便换成充电公交车，现已着手兴建了几家大型的充电厂。全国的各种大大小小的汽车制造厂也开始进行了筛选，那些年产量不高、经营不善的公司被强制关停，将合格或是优秀的汽车制造厂合并在一起，这样限制了全国汽车的制造数量及卖出数量，阻碍私家车的快速增长。第三是人们的工作方式。谢寒通过全球网络系统将重度污染及非法经营的黑公司依法关停。第四是科技方面。谢寒用紫外线不断检测空气中的各类病菌及污染物质，并将其杀灭；不断完善可燃冰的开采技术，将这些新能源代替传统的有污染的旧能源，并将多余的能源储存起来，以备万一……谢元元看到最后才发觉满脸冰凉，眼泪不知不觉就流了下来。

“元元，这只是暂行方案，以后会越来越好的。”谢寒说道。

芸芸众生，人性本善。世界会永远和谐安宁且美好。

指导老师：李志红，文学硕士，毕业于四川大学，中国古代文学专业。

在希望中重生

李晓彤/高三年级　李凤/指导老师　山东省济南市莱芜凤城高级中学

战争纪元1037年，天空中充满了铁片的乱哄哄的声音。在我们头顶上方的空间里，许许多多巨大的铁块崩裂开来，纷纷落下。满地的鲜血，染红了整个大地，世界一片混乱。

联合国环境部署计划会议正以投影的方式展开，映阳站在全体议员的面前。“映阳博士，这是AM探测器收集的地下爆破音和微振动，空气温度指数，温室气体排放数。请将它们进行数据分析，不日发送给我们。”这时，量子通信仪已经通过中转器把数据投放在全息影像屏中。映阳看着密密麻麻的数据开始了没日没夜的研究。

时间转瞬即逝，映阳已通过扫描，分析数据，构造并模拟了地球生态演变模型。画面中，印度尼西亚火山爆发，使很多火山灰进入大气的平流层，造成植物大量死亡。核武器的频繁使用，造成大面积辐射污染。温室气体排放量不断增加，温度不断上升，两极冰川开始迅速融化，海平面上升。气候极端化成为常态，连最富裕的政府都无法应付。寸草不生的大地因干旱出现裂痕，世界一片荒凉，地球渐渐失去了人类的足迹。影像的最后，地球好像被什么劈开似的，岩浆从地底喷射出来，吞没整个地球。

这是一场史无前例的巨大灾难，一场与时间竞赛的生死时局拉开了序幕。

映阳抬头仰望，只见一片黑色苍穹，寂静辽阔。前所未有的寂静、孤独、恐惧包裹着他。忽然，他看见研究所门口的路灯下站着一位小女孩。她身着破衣服，头戴破帽子，蓬头垢面。她瘦得皮包骨，营养不良。映阳看着她纯真的眼眸，“叔叔，我已经很多天没有吃东西了。爸爸妈妈让我把仅剩的水给你们，恳请你们救救这个世界。”女孩甜嫩的声音敲击着映阳的心。看着还在沉默的映阳，突然，“砰”的一声她跪在地上，请求映阳。

此刻，联合国政府外一片哭天抢地、叫苦连天的人们。他们的脸上没有一丝生机。映阳看着这一张张无助的面庞和小女孩的举动，心中暗下决定一定要拯救这个世界！

和平纪元初期，面对干旱、洪水、厄尔尼诺、台风现象的自然威力，政府终究还是束手无策。人类面临的生存危机迫在眉睫。这时，映阳已通过量子迁移和负能量物质构造了能通过“奇点”的飞船。世界人民欢呼雀跃，举国大喜，皆崇拜映阳的能力与才华。

离开地球前夕。广场上，人们信仰着东方的神祇，吟唱着古老的文字。梦想啊，原来是征服银河的霸主，而今则希望的是平等和爱的光。

和煦的光透过窗舱，笼罩着整座飞船。映阳感受到了温暖和滋润。

人们居住在荧惑星太空舱中，地球生态环境破坏导致灭亡的消息告诫着我们：人从来都不是自然世界的主宰者，人类再厉害，也只能迁就变化不断的自然以求生命的延续。我们认识到了生态的重要性。

没有一个冬天不会逾越，没有一个春天不会来临，所有失去的都会以另一种方式归来。在这里，人们利用Veig系统（生态蔬菜种植系统）种植蔬菜，果树、花树迎来了荧惑星的第一个春天；利用纳米技术——水膜提供水资源，生活用水通过地下通道回到水资源控制局进行水资源循环，灌溉用水通过下渗，进入转化释放仪器，释放CO_2与H_2，为人类呼吸提供保障；人们利用“好奇”飞船出行，由国际交通局掌控，利用全息影屏进行交流。这里，没有战争，没有杀戮。人人自觉地保护环境，并将这个灾难的印记刻在立石碑上，提醒后代不要破坏环境。

映阳抬头仰望，满天星斗闪烁着光芒，像无数个密密麻麻的银珠镶嵌在深黑色的夜幕上。银河像一条淡淡发光的白带，横跨在繁星密布的天空上。映阳的眼中闪烁着光芒，那光芒是希望！

指导老师：李凤，毕业于曲阜师范大学。高中优秀教师。

留花芳菲，保冰凝寒

李欣冉/高二年级　杨慧云/指导老师　山东省聊城市阳谷县第一中学

待良田龟裂，风咆海啸，草木枯竭，后悔，来得及吗？！

——题记

若见到皮包骨的北极熊无助的眼神，你是否会心生怜悯；若见到四处逃窜的叙利亚难民惊恐的眼神，你是否会感到心酸；若见到澳洲大火中树顶的考拉求生的眼神，你是否想去救它——世界的改变仿佛在警告我们：到了自食恶果的时候了。

在这浩瀚宇宙中生存着，时过境迁，我们已不再是保守的原始人。我们渴望主宰世界，渴望战胜自然，甚至想逆天改命。但我们却忘了，在无垠的宇宙面前，地球甚至称不上一个点，人类是如此渺小。开山采矿，废液污河，伐木开道……毫无底线地索取，终会遭到大自然的处罚！

早在恐龙时代，抑或是远古时代，哺乳动物与海洋生物的大灭绝早已预示，人类难以抵挡大自然的力量。而今，全球人口已突破70亿，我们的资源却短缺告急。干旱、洪水已成为破坏人类文明的最大杀手。资料显示，2006年非洲干旱，将近1100万人遭受饥荒；2010年撒哈拉以南地区，有3亿人因干旱而营养不良；联合国统计，共29个国家、4.5亿人用水不足……可怕的历史正在重演。

“采菊东篱下，悠然见南山”的闲适能否长存？“阡陌交通，鸡犬相闻”的安逸能否重温？“欲把西湖比西子，淡妆浓抹总相宜”的美景能否重现……人类将如何解决这生存危机？

“枪响之后，没有赢家。”急剧扩张的大城市，人头攒动的市中心，日益升高的海平面……迫在眉睫的生存危机，使我们不得不正视共生的世界。“没有人是一座孤岛”，世界危机需要我们共同面对。

“构建人类命运共同体，促进人与自然和谐共生”是中国对世界的号召。如今，各国不断发射卫星，美国44次，欧洲6次，中国33次——“玉兔二号”“嫦娥五号”“神舟十二号”……在浩瀚宇宙中探索着；各国相应推出政策，共同维护地球村；“禁止吸烟”“禁止乱排乱放”“提倡节约，反对浪费”等标语也随处可见。“无穷的远方，无数的人们，都和我有关”，拯救环境最重要的，还是在于个人。

法律法规明文规定禁止破坏环境，心中的准则更指引我们走向文明。据统计，现在全球有约20%的人口无法享用安全而干净的水，我们是否该知足，进而节约用水。“拧紧水龙头”是常响于耳畔的告诫，一滴一缕，不到 1 小时便可以盛满 100 升的水桶，而这些流失的水，可以令几十人畅饮，可以使数亩荒田重返生机。举手之劳，切莫违德。“随手关灯”是铭记于心的标语，区区 10 度电，可使数盏灯照亮长夜，驱走黑暗与恐惧。几吨的化石燃料燃烧，排出的 CO_2 致使全球升温，却被消耗于顷刻。一毫一克皆资源，莫待竭尽空悔恨。

“科技改变人生，创新成就未来”，近年来新兴能源方兴未艾。与此同时，化工燃料的废气是否可以再度使用，汽车尾气释放的 CO_2 是否可以成为能源；海洋的水是否可以再造淡水……答案在我们手中。世界之大，无奇不有，万古宇宙，仍待探索。

独木难成林，滴水汇川河，世界掌握在我们手中，生存或是毁灭，全在我们作为。人类永远无法主宰自然，但可与自然和谐共生，一个人是如此渺小，但全球人口足以盖覆地球。“两耳不闻窗外事，一心只读圣贤书”已不再适合新时代，世界青年应携其手，同其心，共抗生存危机。

一寸山河一寸血，十万青年十万军。保卫地球，留住花香。奉道而行，乘星驭风。莫使乏林空悲切，唯有吝惜今日资。若不想漫天黄沙覆城，若不想高温灼热难挡，若不想浮藻赤潮横生，便让我们团结起来，有一分热，发一分光，星星点灯照明长夜，微微萤火铺盖山河！

屏气凝神，莫亲手毁掉这灿烂文明。来，朋友，让我们做出改变，负重前行，直至大道皆光，春暖花开！

指导老师：杨慧云，文学学士，毕业于山东师范大学，汉语言文学专业，中学一级教师，曾获山东省中小学教育科研优秀成果一等奖、市县教育教改先进个人等荣誉称号。

江枫渔火

李曜良 / 高二年级　张思思 / 指导老师　四川省成都市武侯高级中学

夏夜的风穿过大街小巷，抚平人们心中的燥热与焦虑，枝头的蝉鸣呼唤星辰的降临，而此刻静穆的淡蓝色天空也要高过往日。

蒸腾的热气从大地的每一个角落钻出，第 24 号生命之城犹如被架在炭火上烧得通红的铁锅。没有空调的蜂巢状房间更像是一个熔炉，朦胧中甚至连空气也都扭曲了。在这沉重闷人的时光里，人们像是失去了活跃的生命力。

在氤氲的雾气里，我披衣坐起，身如水滴，静默地摸了摸眼角，却摸到一滴来自旧时代的眼泪，苦涩的笑爬上了嘴角——原来是梦。

2049 年，全球海平面快速上升，许多沿海城市都被淹没，成了“失落的亚特兰蒂斯”。

2060 年，大量冰山以摧枯拉朽之势轰然倒塌、融化，那些靠近内陆的城市也未能幸免于难。

2080 年，可供人类活动的陆地十不存一，方舟计划开始实施，大量的生命之城在高地建立，保存着人类最后的希望。

第 24 号生命之城如一棵通天的巨树，钢筋水泥做的树根狠狠地扎入海底，任凭风吹雨打，枝干上的城市岿然不动。那是一种难以描述的宏伟，是人类面对大自然的伟力最后的不屈。人类，仿佛又回到了远古时代，那个在树上小心翼翼生活的时代。而这一切，都仅仅是为了生存啊！为了生存，人们不得不建造出那些树枝，才能够不被毁灭一切的洪水卷走所有的希望。

生命之城没有地面，天桥就是联通城市唯一的路。我快步奔走于天桥间，身上裹着一件黑色雨衣，奔走于白昼与黑夜的间隙。阴冷的雨仍在不停地下，仿佛永无止境，稀软的泥土和黏稠的污水混合在一起，散发出令人恶心的腐臭。泥坑里的积水表面，浮泛着状若油漆的墨绿色荧光。一团被黑泥包裹的塑料膜浸泡在水里，多少能够看出一点本来固有的暗红。那些，都是人类旧时代留下的污染。

雨，扑面而来，终于让人感到丝丝凉意，虽已是白天，但阳光似乎从未能刺破厚厚的乌云抵达城市。街角的霓虹灯光闪烁，照亮了一旁的涂鸦——“灭世的洪水就要到来，只有神……”墙面的腐蚀程度代表着这是15年前的那场暴乱留下的。死亡与战争的车轮是永不停息的，而那场暴乱是人类历史上最为沉重的伤疤。不断上涨的海水在短短几年内便吞噬了沿海大部分地区，无家可归的人们只能抓住最后一根救命稻草——往内陆去。于是，无数难民冲入内陆，从而引发了那一场人类历史上最大的暴乱。

我见过城市在爆炸中燃烧，高楼殿宇在火中崩坍，山峰在黎明倒塌，融进夜色的河，天空一片赤红，像是鲜血流过天际，孩子的哭声与大人的呐喊声混杂在一起，雨水与泪水不分彼此，而活在这疯狂的城市，需要比它更加疯狂。

面对愚昧，神自己，也缄口不言……

终于来到了我工作的地方，不仅位于城市的最高地，同时也是唯一一座灯火通明的建筑，一个个实验室镶嵌其中，无数研究人员在奔走，而我们的工作目标只有一个，那就是结束这场全人类的浩劫。

透明的培养仓内，一棵棵长相奇特的树苗在生长。“这是快速吸水型树苗，能够快速吸收周围的水分并将之储存在枝干里，生长周期短，只用依靠少量土地就能存活。我建议在城市的根部防洪墙周围大量种植。还有……”说话的正是我的老师，此时他正滔滔不绝地向工作人员介绍着，并且很快就将实施计划。也许只有面对这种共同的灾难，人类才能不计前嫌地团结一致。

在地球无数生命之城的最高点，一个又一个研究团队日夜不停地工作着，在黑暗的笼罩下，似那漂浮在江上的一盏盏幽幽渔火，星星之火，可以燎原！那承载着人类文明希望的星火，在雨的冲刷下更显其清澈明亮！

指导老师：张思思，毕业于西华师范大学，汉语言文学专业。中学一级教师，曾获得中国教育学会国家级优质课一等奖、成都市优秀教师等荣誉称号。

完美世界

李颖/高二年级　邵江燕/指导老师　江苏省淮安市盱眙中学

“向林森先生，完美世界政策究竟什么时候可以颁布？”

“对于您弟弟向木先生的反对，您有什么看法呢？”

“向先生……”

灯光下温文儒雅的男士，眉尖微扬，一抹淡淡的霞光在嘴角流转：“在今天，今天就可以实行了。”台下的摄像机实时转播，向林森的话弹指间传向寰宇，万人空巷。

台下有人喜极而泣，镜头转向他：“我为了这个政策的实行，天天四处奔波，终于让科技足以支撑这个政策。太好了，太好了。”这太好了不知承载了这位科研人员多少心酸，在心底的阴影里，听见动物们嘶哑的吼叫，它们累了，它们的泪水随着这位科研人员的泪水流下。抑或是，早在死亡那一刻流尽，再表达心酸只能借助他人的泪水，挥之不去的“太好了”浸满腐臭的气息，掀起了亡物的尸骸，奏响了陨落的哀章。

处理反对势力的方法，便是将反抗者的领导人软禁。向木坐在家中，看着全息投影，哥哥得体的举止散发出成功人士的光辉。“这个浑蛋！”向木困在房中，一个房子模样的无阳光、无植物、无生气的笼中，即使隔音技术发展至今，却也抵不住外面令人讨厌的声音。是啊，完美的世界，谁不向往呢？

一

遗忘是改变世界的方法。

“没有自然的世界真的美好吗？”

“政策已经实行一个月了，所有人似乎都在政策中找到了无尽快乐，是醉生梦死，还是及时行乐？我错了吗？”

“已经四十多天了，反抗的声音越来越小了，他们也适应了虚拟的盒中世界了吗？我该怎么办？”

“哇，这虚拟饮食还不错，虽然吃的是无味的合成因子，但模拟出的味道很好。只是依旧想念机器人保姆做的饭菜，虽然由于蔬菜的变异而不太好吃，但那似乎是生活的味道。”

“现在，无须工作，无须学习的生活确实不错，可是政策外的生物呢？”

“为什么，为什么，无法模拟有自然的世界？虽然可以在光网上查找图片，但那是不完美的啊。”

“很久没有见到妈妈了，哥哥的政策会让她很开心吧，这几天妈妈的投影都是笑着的呢，这之前总让我不要干扰哥哥，现在似乎也无法干扰了。数据模拟出的温度，终究是数据罢了，好想闻闻妈妈身上淡淡的檀香啊。”

“盒子里好暗，别人不会害怕吗？啊！为什么，光网上查找不到以往外在世界的图片了！”

“哥哥想要干什么，断绝与外界的联系吗？绝不可以！外面是我们最熟悉的自然世界啊！他想要一直待在盒子里吗？自然可是为人们的生活提供了基本的保障，那里有我们所怀恋的阳光、雨露、风和各种各样的生物不同的味道混合在一起的气息啊。”

二

向林森又忙起来了，之前政策刚刚开始实行时，为了提供足够所有人生活的能量，一直在广设光电转换器，直到转换器包围了整个赤道地区，他看着新摄的地球图表，颇有几分感慨。

地球两极仿若又偏了几分，毕竟做光电转换器消耗资源多也是没办法的事，不是吗？住在两极的感受还不错，气候温暖适宜，比赤道那种不能待的地方好多了。地球仿佛戴上了一根腰带，银光闪闪，似乎与某些东西有几分相像，向林森在心底努力回忆那模糊的记忆，最后也没有想起。

然后便是长久的放松了。向林森来到盒子外，忽然感觉天色有些暗，手也有些凉，这铅灰色的天，轻悠悠的，有几片云驾着小舟来，竟下雨了。三十几年来没见世界下过一滴雨，向林森听着耳边淅淅沥沥的雨声，且作为上天的喝彩吧。

三

“怎么回事，怎么会有人死了呢?！我的政策那么完美，怎么会出现漏洞，究竟是哪里出了错！”向林森崩溃地大喊。光脑边框弹出了向木的通信请求。

“哥，收手吧，不要再继续了，政策实行不下去的。”向木的脸色苍白，身体单薄像一张纸一般，一阵风就能让他飞扬起来。可惜盒中的完美世界，无光无风无雨无生物，只有无穷无尽的享乐依托在动植物的尸体之上，可笑，现在又增添了人的尸体。这些人正如行灯一般，短暂地留在这个盒中世界，发出黯淡的光。

很明显，向木也染上了不知从何而来的“安诺病”。向林森看向向木，想关心他的身体又不知从何提起。“哥，安诺病别无他法，除非脱离盒中世界来到外界，它的治疗方法只有重新去体验风、水、万物之体。”向木顿了顿，“就像以前一样。”

向林森沉默了，在安诺病暴发前，他的政策在人们的眼中犹如希腊神话中刚刚诞生的圣母一般，像一枚刚剥壳的鸡蛋一样完美无瑕。但外面的世界资源早已在这次政策的实行过程中被压榨殆尽。我是否还可以取得自然的原谅？向林森握紧手中的控制器，紧了又松。

“哥，自然是包容的。”向木说这句话的同时，伴随着初生的太阳光芒照进盒子里。

“哥，你闻一闻，是放线菌的味道。”向林森摒弃温文尔雅的形象，用力深呼吸，笑了。

世界人民有的欢欣鼓舞，有的惋惜叹气，有的痛哭在政策中死去的家人……至少阳光回归生活。

四

向林森回忆起这件事时，距离完美世界政策废止已有二十四年，儿孙绕膝的他抱着自己的孙女向阳回忆道：“盒子是特别的，盒中世界是令人向往的，可忽视了外界，就没了世界。”向林森望向世界的新图，大片蓝色的海洋上，点缀着一方方绿色的森林。用向木的话便是：“人类依靠自然，正如青蛙围着池塘一般。”孙女眨着双眼望着向林森与向木，睫毛忽闪忽闪，仿佛上面寄居着小生灵，眨一次眼，便是生灵在起舞。孙女怀中的猫，懒懒地伸了个腰，“喵呜”。

五

“向林森先生将盒中时代人类的生活用品全部用于重建新的自然世界，创造更加美好的时代，并将其喻为‘完美世界’。”媒体的声音在各个时代总是不会被湮灭。

“‘人类开创了最原始但非野蛮的生活方式，并用最好的科技去保护自然的世界’是完美世界的定义，同学们记住了吗？”老师在全息投影前，声情并茂地讲述着。向阳在下面悄悄插话：“人类依靠自然，正如青蛙围着池塘一般。”

指导老师：邵江燕，硕士学位，毕业于安徽大学，汉语国际教育专业。

画圆为界

李政惠/高二年级　黎柱坚/指导老师　广西壮族自治区梧州市藤县第六中学

当一个气泡在高空破裂时，它的每一块破片和每一滴水渍都会化成浑浊的紫色气体，沉到墨蓝色的深海里。

“这是这个月爆裂的第 7 个圆界。”善用看着示界里浑浊的紫气。语气平淡，作为公元 2070 年最负盛名的圆界设计师，善用了解每一个圆界，更知道每一个圆界的存在时长。

善用从房间走出，挑起大衣就出门了。当然不是用脚走的，在这温度高达 51℃的黑土层上行走简直就是走在灼热的锅里！代步的是善用最爱的淡蓝色 K–35 方甲机。他今天下午要见位贵人。

方甲机从圆界的底部驶出，排出一团淡蓝色气体，驶向临代界。善用在机舱里观察着这个世界：上空的青黑，那是火山集体爆发所产生的，已在人们的头顶盘旋 4 年了，人们形象地称它为“地生气”。飘着的是人类的住所——圆界，它是人类为应对高温等极端气候而发明的，圆界的功能和造型由主人自行选择，更多的人会选择更环保的圆形，剩下的就请圆界设计师设计。底下是深海，当然还有陆地，只是因水平面过高只剩下少数陆地可以居住。海面上浮着地球上最忙碌的机器人——卫海士。它们数量庞大，是由卫海系统安排的集体行动的队伍，负责海洋的卫生与安全。

“或许现世称得上和平，但绝不算安全。”这是善用在听完储忆的自我介绍后听到的第一句话，这是一位愤世者。温度调到 20℃，端起两杯纯净水，善用到储忆的房间里坐下。他就是善用专门驾 K–35 方甲机来临代界见的贵人。

“自 4 年前的火山爆发起，这个世界就已经乱了！”这位愤世者瞪着那杯纯净水，咬牙切齿地道出他的真实想法，“圆界是目前能够救下乱世的唯一办法，您要帮我们！”善用被这句猛烈的话弄慌了神，水杯洒出了几滴水，储忆眼疾手快，迅速用他的水杯盛了回来。

没错，善用此行是为了知道改变现状的办法，只是他没想到，这位愤世者打的是圆界的主意。

“圆界是现世最完善的净化机器。它的破片和水渍可以让深海的污水化为无色无味的氢气飘到天空，淡化青黑的地生气。”只要圆界破片还在使用期内，就可以发挥4倍的功效！愤世者停住了，目不转睛地盯着善用——这位了解每一个圆界的设计师。

“圆界的主人……”他看到愤世者套着假发的头左右晃动，“圆界的破裂……”愤世者用手在脖子处比画，善用看了看这位贵人，又看了看前面喝剩的纯净水，抿了抿唇。

回圆界的路上善用都在走神，他不看这个世界了，他在想未来。当双脚着陆圆界时，善用暗沉了一路的眼睛又亮了起来，目光坚定地走回房间。

示界亮起，善用疑惑地盯着它，接着，他看见一个圆界在高空破裂，破片和水渍化成浑浊的紫气，沉进深海里。

指导老师：黎柱坚。文学学士，毕业于广西师范大学。曾获得校级优秀班主任、校级优秀教师等荣誉。

做你的星星

李梓菁/高二年级　隋红莺/指导老师　山东省烟台第一中学

我是来自银河系的091611号星球。

“这儿很美，天蓝蓝水清清，森林绿得清澈透亮，太阳透过青葱的山林，洒下一地翡翠的光。温暖的土地上散发着无尽的清香和芬芳，踏在上面，听听旁边的蟋蟀叫，厚重的感觉，家的味道，瞬间在此刻沉淀升华。”

——当然，这么优美的辞藻不是出自我这样一个平凡无奇的星球，但是我还是对这样毫不遮掩的欣赏很满意，毕竟每天勤勤恳恳打理自己也不是什么容易事。虽然这个发出赞叹声的不明外来物种有点聒噪和多动。

很好，她现在已经瞪着那双玻璃珠般的大眼睛冲着我微微叫嚷：“说了多少次了，我叫人类！”

可她那充满活力的嗓音却突然黯淡起来，连额头上那几根在星际穿越中竖起的乱毛也耷拉下来：“多好啊，这儿有山有花有树林，偏偏还没有像我这样讨厌的人类。”

虽然不知道她为什么要贬低自己，我还是善意地刮了一阵微风来安慰她。她像是察觉到了我的善良和好奇心，又抬起头，用明媚的笑容照亮天地：“这样吧，我给你讲三个故事，来说说我们家园的生死存亡。”

故事一：不焚林而猎，不涸泽而渔。

在“嗨呦嚯呦”的伐树声里，没有人听见杜鹃的哀啼；在金戈铁马的打猎声中，没有人在乎麋鹿的痛苦；在不断干涸的池塘里，没有人听见鲤鱼的呼唤……这时，一个儒生跳了出来，他积极劝谏君主采用可持续发展的战略，在一片即将挖空的树林里种下生的希望，在枯竭的池塘里泼满水的生机。他是孟子。他的智慧不仅体现在治国仁政的大道理上，更存在于对自然万物的保护中。正所谓“乐盘游则思三驱以为度”，不过度开发，人与自然和谐共处才是永恒的主题。于是，千百年后的人们，才能在一片绿野青葱小河潺潺中听到他掷地有声的劝谏：“不焚林而猎，不涸泽而渔！”

有智慧的人类！我看着讲着故事的灵动女孩，忍不住开了几朵花。

故事二：逃跑还是共存亡？

这时的地球，果真变成了“北风卷地白草折”和“黄沙漫天风萧瑟”了。全球变暖，物种灭绝，气候极端……2070 年的预测未免来得太突然。抱头鼠窜的各国高层只好先来到还存在着绿水青山的中国避难，顺便商讨生存方案：美方代表先提出的“诺亚方舟—大筛选”方案首先被毙掉，这种扰乱人心和有碍社会公正的无良方案不应该被提上日程；其余代表都想利用高新技术开垦新园地，把地球居民分批次运送到各大适宜生存的星球——就是像你这样的星球，女孩补充道。可最大的问题是，逃去哪儿？太阳系八大行星除地球外何地适居？难不成要在月球上的一个个坑内建成爱斯基摩人的冰窖？于是各代表面面相觑。

在逃亡主义流行的同时，同生共死的思想也萌发出来：唇亡齿寒、顺其自然成为民众的新潮观念。人们不再追求权力金钱和荣耀，生活节奏也随之放慢，大家不约而同地放下了手机，与家人享受点点滴滴幸福时光。画家开始采用蜂蜡等方式来防止名画受到酸雨的侵蚀；雕塑家把文字记刻在石头上，让人类文明保存得再长一些，也让其他星球看到并深刻借鉴人类的经验，不要再重蹈地球的覆辙。于是，保存人类文明这项浩大的工程开始了。

听着女孩渐渐低落的声音，我的心不禁揪了起来，耳边的风声也萧瑟起来，像是我对这个美丽蓝色星球的哀叹：未来会发生什么？和我如此相似的地球，会有九死一生、凤凰涅槃的能力吗？

故事三：科技——毁灭还是重生？

在保护文明活动日渐风靡的时候，科学家和高新技术人才正在环境最恶劣的硅谷紧急动员，披星戴月、夜以继日、废寝忘食地为了人类的未来、地球的生存而拼搏。终于，功夫不负有心人——世界上第一台有独立思想的人工智能诞生了。这是一台由人类创造的上帝——它可以在任何时间，通过一个个电脑摄像头监视所有事，在高速的联系整合中预见未来。该人工智能在经过脑内千万次的模拟运行，并通过对失败案例的透彻剖析后，终于找到了挽救地球的方案。

其一，大规模机械化植树，保持水土，防风固沙，促进下渗，净化空气。为解决因退耕还林而导致耕地面积不足，粮食无法供应全球七十多亿人的生存问题，全球营养组织第一时间利用人工智能提供的生产技术来加急合成生产营养膏，免费分发，减少资源消费，粮食消耗，维护社会公平，保证社会稳定。

其二，利用克隆技术，增加物种数量，促进生态平衡，保护物种多样性。同时，人工智能会时时加强监测，避免不法分子用该技术做克隆人的实验。

其三，提供人类冬眠技术，保证人口结构均衡。冬眠技术已被世界卫生组织确认无害，可以使用。于是部分人选择短期冬眠，世界人口总量减少，城镇人口趋于平衡，食物供应得到满足，生态系统得以改善，理固宜然。

通过对以上策略的一一实施，现今的地球，已重获生机，像一枚晶莹剔透的琥珀，闪耀在太阳系的光芒下。

女孩讲到这里，我不禁潸然泪下。在雨滴声里，我听着女孩用温婉的声音缓缓叙说着故事的结局：

那些刻着人类历史的石头被放置在联合国国旗之下，时刻警醒着人类，保护自然环境就是保护我们自己；为保护人们的隐私，那如同上帝般的人工智能，被强制关闭，装在静电屏蔽场中；自此以后，人类再也没有了傲视自然、凌驾于自然之上的态度，真正做到了人、科技、自然和谐共处……

风息了，雨停了，花开了，我目送着那长发飘逸的女孩跳上宇宙飞船，冲我挥手告别。我收敛起自己易感的小情绪，微笑着与她告别，在心中默念：回去吧，少年，回到那历经千疮百孔仍生机美丽的地球里，去用自己的善良、智慧与高科技给那美丽的蓝色星球开创更好的未来。愿你记住这场美丽的相遇，记得抬头看看湛蓝的天空，有一颗星星永属于你，它只愿做你的星星。

请你记住，永远不要为你们是人类而沮丧痛苦，因为——你，无可替代。你们人类，无可替代。

指导老师：隋红莺，山东栖霞人，毕业于东北师范大学汉语言文学专业。中学高级教师，多次获得烟台市高中教学工作先进个人荣誉称号。

熔炉·生命

廖华蝶 / 高二年级　马莉 / 指导老师　四川省成都外国语学校

一

人类与古菌基因整合计划的大楼，如同海上的巨蛋。白瓷样的新型材料瓷钢筑就了这恢宏的建筑，周围波涛汹涌的海上，没有一片帆。这是徐铚立在这里工作的第 3 年，也是人类在极端高温下苟且偷生的第 20 年。

徐铚立有时盯着 PCR 的仪器，会想起他的母亲。母亲是川人，但逐渐升高的气温将所有人向北赶，母亲北上入京，再逃到西伯利亚，同一个俄罗斯人生下了他。在西伯利亚开满鲜花的春天，母亲总会很感慨，“这里像极了我的家乡。”

应该感谢人类宽广的生态位，使得他们在 2040 年的大融化中侥幸生存。那次融化，直接淹没了荷兰、日本以及许多徐铚立未曾听闻的地名。众多狭温性生物自此灭绝。他的直系导师有时会对他们几个学生说：“嗜热古菌是我们少有的希望了。”

“徐铚立，愣着干吗？”说话的是项目负责人之一，他的师姐。徐铚立回过神来，紧跟着走进这座雄伟的建筑。

“上头批准了，我们得去美洲一趟，那边已经有足够数量的克隆生物，包括人。”师姐清脆的声音在空荡的大厅中回响。徐铚立小跑两步，追上师姐：“可是基因敲入的结果并不乐观，稳转后酵母并没有真正表现出耐热性，为什么这么着急？”师姐转过身来，剃了光头的她看着像僧人，眉目冷淡，就像真的斩断了七情六欲的红尘根。

“我们没有时间了，第二次大融化征兆已现。洪水从青藏高原倾泻而下。我们唯一能做的，就是留下人类基因的种子。”师姐依旧是平静无波的语气，即使她说出的话是那么骇人。

徐铚立愣住了，他想起在 50℃的恒温箱中死去的酵母菌，心重重地跳了一下，感觉自己的胸腔都在无助地震颤。

二

接待他们的是一个红发白人女性，名叫南希。她带他们走进冷冻舱，液氮包裹着装有营养液的管舱。透明的液体中是常用的模式生物，闭着眼睛静静地在其中浮沉，就像回到了生命诞生之初那洪荒的大海之中。“徐，我们知道基因敲入的结果，可是人类已经没有时间了。洪水泛滥后，人类的后裔便只能去往亚洲大陆深处定居，那将是世界上少数没有被淹没的地方之一。”南希的红头发干枯而凌乱，一双橄榄绿色的眼睛中，泛着悲切与希望的光。

暴乱是在一瞬之间发生的。

子弹打不穿运载卡车的挡风玻璃，坐在副驾驶座上的徐铚立感觉自己像只惊弓之鸟，浑身汗毛竖起。窗外是愤怒的示威群众。“不能让人类的基因池被污染！”“拒绝整合计划！”

他们扯着横幅，愤怒的标语被用全息投影打在他们的窗玻璃上。徐铚立无力地靠在车座上，开车的人名叫波提切利，“徐，可别被这些吓倒，要知道，嗜热古菌是人类的希望。他们不懂，你可是很清楚的啊。”波提切利开车的手很稳，警方拖麻袋一样拖开躺在地上企图以死相逼的人，波提切利向对方挑了下眉：“谢了，哥们儿。”

徐铚立心说我清楚什么呢？生命是这样的精巧，又是这样的脆弱，一步行差踏错，就是万劫不复，就连一个碱基的变换，都可能导致可怕的后果，而贸然将古菌的基因敲入人类基因的计划，真的是正确的吗？

徐铚立看着那些因愤怒而显得狰狞的脸，感到了一种“身在此山中”的迷茫。

三

最先接受基因敲入的，是拟南芥。

徐铚立面色冰冷，盯着这种还是细胞形态的植物。因为多倍体生物的基因敲入需要在配子时期进行，杂合概率大，如果可以诱导出单倍体，将会大大缩短培育纯系品种的时间。好在诱导单倍体拟南芥的技术早已出现并且应用广泛，这可省了不少事。

人的敲入试验是最后做的，一颗受精卵被敲入嗜热古菌，它将会在模拟子宫的环境中生长，在出生后3个月将会被送往大陆深处，在那里，他的身体数据将会被监测，人们对他进行全面的评估。徐铚立总觉得如果这个孩子成功活下来了，整合计划将会获得更大的权限，到那时，更多带有古菌基因的孩子出生，他们作为基因载体，将人类的基因继续传递下去。

全世界的生物学家都因生存的巨大威胁而显得有些癫狂，但徐铚立认为，大家都忽略了一个本质的问题：高温首先影响的，是体内一系列的酶促反应。人类只被敲入了耐热基因，但在中心法则的控制之下，谁也说不清楚最后转录出来的酶是类人，还是类古菌。

虹膜验证成功的声音响起，他听到师姐的脚步声渐近。

“什么事？”

“铚立，他走了。”

“谁？”

“你的导师，”师姐哽咽了一下，“我的父亲。”

师姐幽深如古井的眼中有了泪水，粼粼的光让徐铚立想起导师常挂在嘴边的故乡杭州西湖的水。

导师给徐铚立留了封长信，信中说：“铚立，我还记得你自我介绍时说，你名字中的‘铚立’不是质粒DNA的‘质粒’。而现在，你已经从我的博士生变成了一个可以独当一面的大科学家了。但作为一个生物人，你需要意识到，人是没有与自然抗衡的力量的，所谓整合计划，只是人类在悬崖之下抓住的一根脆弱的藤蔓。还记得我讲过的合成生物学之父Venter吗？早在21世纪伊始，他便开始研究这种方法了。可是，他宣告失败时我才刚进入大学校门，这项研究因违反伦理道德而被封锁了档案。如今这种局面，只不过是前人作的孽，让后人承担罢了。”

徐铚立隔着薄薄的全息屏幕，仿佛听见了导师的叹息。

四

徐铚立当晚做了一个梦，他回到西伯利亚的小木屋，回到温暖的母亲的怀里，跟着她跨越亚洲，回到她开满鲜花的故乡——那座神龟画就的芙蓉城。

这里还没有成为“泽国”。街上的行人说笑着讨论火锅食材，街巷中的茶馆弥漫着盖碗茶的清香。他看到那个被敲入基因的孩子，有种既熟悉又陌生的感觉。这是他小时候的脸。

小孩抓住身旁大人的手，糖油果子上的芝麻粒粘在他肉乎乎的脸上。没有监测身体各项指标的仪器，没有每天喝下的无味的营养液，他欢笑着向大人撒娇，像每一个普通的孩童一样。

徐铚立远眺，又望见无机质构建的大楼，大楼门口，师姐和导师又站在了一起，师姐海藻一样浓密的长发扎成马尾，导师看着自己的女儿，眼中带着慈父的温和。徐铚立又看见美洲分部的实验室，南希正与同事说笑，那双橄榄绿的眼眸明亮如宝石，使人联想到春日里葳蕤的青藤，一头红发柔顺发亮，火一样让她周身亮了起来。

如果这不是梦，该有多好……

指导老师：马莉，硕士研究生，毕业于四川师范大学。中学一级教师，多次获市级优秀教师、优秀班主任称号。

沙谷无沙

刘瀚文 / 高二年级　孙敏 / 指导老师　山东省潍坊第四中学

沙，旋转的、跳跃的、铺天盖地的沙。这是吴莎醒来后的第一反应。

这里是沙谷，全年黄沙笼罩，这是魔鬼的天堂，地狱的烈火在人间徜徉。近年来，随着人类排出的温室气体不断增多，两极的冰盖最先缴械投降，上涨的海水吞噬了大片城市。与此同时，温室效应的“挚友”——干旱，也在内陆肆意妄为。而沙谷，便形成于这一时期。

吴莎艰难地从防护服里站起——纵然睡觉，她也不敢脱下。打开门，瞬间扑来的风沙像是一头久困于笼中的狮子，险些将她撞倒在地。吴莎吃力地扶住摇摇欲坠的大门，目光投向了那座在漫天黄沙中挣扎沉浮的建筑——冬眠技术研究所。

“请选择您要苏醒的时间。”清脆的女音不像沙谷中的人们，说话总有一股浓浓的尘土味。

“2070 年。”

“您即将进入冬眠。”

“三……”吴莎想起自己的童年，绿水青山。

“二……”吴莎拼尽最后一丝力气摘下防护罩，缓缓地吐出一口气。

“一……”吴莎渐渐感受不到自己的存在，像是跌入了一个温暖的梦。

意识从四面八方汇聚而来，清凉且夹杂着树木的清香的空气轻轻注入肺中，每一个肺泡都争先恐后地拥抱这沁人心脾的甘甜。

“您好，吴莎小姐，我是您的引导机器人，小七。”银铃般的嗓音轻轻地飘入吴莎耳中，吴莎在迷糊中被人从床上扶起，缓缓睁开有些沉重的双眼，随即被眼前的一切所震惊：“我们……生活在树上？”

望着不知所措的吴莎，小七笑着扶她从床上下来，说：“极端的气候使人类不得不借助科技的力量来实现环境的可持续发展。来，先把您的身份手环戴好，有了它，您在当今时代就可畅行无阻了！对了，在您冬眠时，我们对您进行了康复手术，您的身体已非常健康了！”

吴莎跟着她走到阳台边，跳入眼帘的是一片高大的“森林”。每一片“叶子”上都有建筑，而她们所在的这片叶子，便是沙谷树 815 号叶子，这是一片绿色的湖泊，波浪是风。

小七从背包中掏出一捆钢杆，吴莎简直不敢相信自己的眼睛——这捆钢杆在小七灵活的双手中渐渐变成了一辆带有扇叶的自行车！小七笑笑，轻快地跳上车，吴莎也随即跟上，地面一点一点远离，微风缓缓拂过面颊。

这里的阳光经过散射，温柔地洒在每个角落，使小七的叙述也变得暖柔起来：“这些叶片状的建筑经过我们仿生技术的改造，都具备了光合作用的能力，可源源不断地制造氧气。随着人口的增长，人们不得不向高处发展，瞧，这棵树顶端的那片叶子，便是你的工作地点——夏阳生产室，是专门用光纤维制造衣料的。现如今，高污染工业早已被淘汰出局，人们利用地幔顶部软流层中不断滚动的岩浆来发热发电。世界早已融为一体，地球协同组委会掌管全球事务，近半个世纪从没有出现过战争。哦，对了，我们的生活器具都是从生产生活废弃物中消毒提取，树林底部仍然经营着一些传统农业供我们基本生活的消耗，我们做饭所需的能量也是来自 CO_2 的转化。”

湛蓝的天空、棉絮般的白云调皮地转来转去，头顶一阵清凉的风抚乱了小七的发梢。

吴莎立于沙谷树 815 号叶子上，遥望夕阳描绘树林的形状，在飞旋的扇叶上镶满金花，汇成一条流动的河流，在透明如醇蜜的阳光下欢呼着，幻化成无数游离浮动的光点，流向希望，流向未来。

我来自黄沙漫天的过往，我去往绿意连绵的未来。我带着曾经疲惫的躯体，接受未来科技的洗礼。人类、科技、自然，共生共长，一同赴远方。

指导老师：孙敏，文学学士，教育硕士，山东省潍坊第四中学语文教师，坊子区教学能手、学校骨干教师，曾两次荣获山东省教育教学成果一等奖。

基　点

刘弘懿 / 高二年级　张婉华 / 指导老师　广东实验中学越秀学校

孩子的目光被车窗外的景色紧紧地咬住，生机勃勃的森林生态散发出它独有的自然魅力。窗外的树林将光线挡在树上，将世界分成了两部分，些许透进来的光将树照成一棵棵翡翠，犹如车窗玻璃般清澈的小溪在林中穿梭，所有的光源由那发出。

"到了！到了！撒哈拉到了！"纯真的声音传入耳中，孩子从车上跳了下来，她的父亲将车锁好并把便携的露营用具放在草坪上。活泼的孩子将用具装好，脸上洋溢着笑容问父亲："爸！这椅子的感觉和我们上学用的纸很像欸。"母亲从车中拿出食材，摆在餐布上，笑着回答："它就是用纸做的呀！"孩子睁大了眼睛，似发现了新玩具，好奇地问："可我们用的纸是很软的。"

营地已经布置好了，孩子坐到父亲的身边。父亲拿出一根筷子，用力将它折成两半，拿出一半给孩子："不只是椅子，我们的餐具、家具、工具几乎都是用纸做的。"

"可是纸哪有这么硬的呀？"她看着中心灰灰的纸筷子问。

父亲抚摸着背后的树，说："是由这种木头做的，在四十多年前，人们用基因杂交的方式配种出了这些树的树苗，它的生长速度比四十年前的近代树快将近一倍，最重要的是耐得了恶劣的环境。你知道四十多年前这里是什么样的吗？"

孩子挠了挠头，回答道："草地？城市？"

父亲笑了："这里原本是沙漠，茫茫的沙海。能将沙漠改造成森林，基因改造的树种功不可没。有这样的成就，基点计划也是有所成效的。"

孩子疑惑的目光投在父亲的身上，说："这么多树需要被浇灌，哪来的这么多水呀，书里讲过，沙漠不是不适宜植物生长，非常干燥的吗？"

父亲和蔼地拍了拍孩子的脑袋回答："沙漠没水，可是地球上有很多水呀。"

"海水吗？"

“是的。”

“可海水很咸呀。”

天色渐暗，在空中，一颗如灯泡样的球体悬挂在那里。“在树种实验成功后，人们开始陆地林化，最终陆地上百分之八十的面积已是绿叶葱郁，人们开始了树荫下的生活。同时利用这么多的树木改进生活用品，混合金属与纸材造出纸用具。这样一来人们的资源回收利用率达到了百分之七十。”晚饭期间，这种讲故事的聊天方式让孩子特别专心，听得目不转睛。

父亲指向空中的那个灯泡球体，“那是月亮。在资源得到大解放的前提下，所有金属材料放大了在科技领域的使用空间。各国科技水平迅速提高，纷纷在月球背面设立太阳能收能基地，超大面积采光板收集到的能源再射向地球，由地球的接收、分发装置再打包发送到世界各地。海水淡化技术已不在话下，甚至已经有了海水的‘氧氢剥离’技术，我们的车就是氢能车。”

孩子听得津津有味，继续问道：“那之前你说的基点计划已经完成了吗？”

这下母亲也笑了：“基点计划是不会止步的。”

“基点是什么呀？”孩子再次发出疑问。父亲解释道：“地球是我们最后的防线，也是唯一的防线。地球上有动物、植物、生态环境，为了保护好地球，我们就要利用好这三元一体。曾经有人预测，如果人们对温室气体不做处理，地球环境将变得非常恶劣。所以，基于三元体的理论关系被称为‘基点’，而利用‘基点’实现三元共赢的计划便是‘基点计划’。”

母亲抚摸着孩子的头，说：“环境没有最好，只有更好，基点的未来终究由你这一代和以后的每一代来守护。这是计划的一部分，也是历史的一部分。”

科学便是如此，由前辈们铺下的路走来，让后辈走下去。只有路越铺越扎实，才可以走得越快、越远。环境如此，生命也是如此。

指导老师：张婉华，中学一级教师。曾获广州市优秀班主任、区教坛新秀、区骨干教师等荣誉称号。

最完美解决方式——方案一

刘浪乔 / 高二年级　周菁菁 / 指导老师　四川省成都市武侯实验高中

张曲直蜷在他的单人沙发上。右手握着三明治，左手握着遥控器死命地按，荧蓝的光没有任何变化，画面还是那个样子。电视里的自媒体记者正在报道最近轰动全球的游行事件。张曲直丢开遥控器，抹了一把头发，准备耐着性子看下去。电视机下方弹出蓝白相间的标题——谣言还是事实？天空，此时灰得刚刚好。

电视屏幕被分成了两块，左边放着一段明显用手机拍下来的画面，画外人的惊呼声和喘息声清清楚楚。画面里，一轮硬币大小的太阳挂在那里，忽的，那个红色的球状物体被拉长了数十倍，眨眼间，布满了整个天空。还没等张曲直看清到底发生了什么，它又变回了原来的大小。

视频到此为止，张曲直眼皮都不眨一下就知道这又是某个炒假新闻的无良公司做出来的CG动画。紧接着，电视里又播放了几段从不同角度拍摄的视频，张曲直才觉得心头一紧，面色微变。呼……张曲直翻身从沙发上坐起来，奔到卧室去取他的手机，三明治砸在他刚刚坐出来的凹陷里，炸出五颜六色的汁来。布满血丝的眼球停在了屏幕前，淡蓝色的光映在张曲直清秀的脸上，这时他才发现自己两个小时不上网，世界已经有了天翻地覆的变化。

张曲直手指颤抖，没敢去管那些末日降临论，点开了一个看似可靠的视频。"我是国家科学院的院士，"画面里的人停顿了一下，低头理了理自己衣服上的扣子，挪了挪屁股，十指交叉搭在乳白色的大理石圆桌上，"对于网上视频中的现象，"他又故意停了一下，似是故意吊观众的胃口，"那只是大气污染形成的臭氧空洞造成的光线折射误差罢了。"画面里的人仰了仰脖子，挑着眉头，一脸神气的样子。

虽然没再理画面里那个小丑一样的专家，但作为一个好吃懒做、无所事事的普通平民，张曲直很愿意去相信这些专家的言论，一颗心已经是落到了肚子里。他缓步走出卧室，望着沙发里的一片狼藉，不由得翻了个白眼。转身，张曲直这才注意到电视屏幕里右边的内容。随着左边视频的结束，右边的画面逐渐挤了过来，占满整个屏幕。

那是游行事件的直播，游行的人聚集在一起，人群中间上上下下晃荡着大大小小的木制牌子，各种各样的语音描述着同一句话："我要真相！"画面靠左的位置站着一个浓妆艳抹的女记者，挤在人流里左顾右盼，显得有些不知所措，不过还是硬着头皮从人群里拽出一个光头来。记者把话筒怼在了光头脸上。光头面色憔悴，眼窝深陷，瞳孔缩得针尖般大小，与瞳仁的色差几乎看不出来，他呆呆地摇晃着手里的木牌。

"您认为现在网上的言论是真是假呢？"记者试探着开口。好一会，光头才回过神来，只是记者已经等得不耐烦了，把话筒抽回到自己面前，"您觉得这种游行有意义吗？"光头的眼睛又瞪得大了些，仿佛听到了这辈子最好笑的笑话，他面色忽的狰狞起来，双手死死地抓住话筒，"海洋，海洋……都……"他嘴唇打着抖，面部肌肉在极速抖动后又猛然静止下来，神情变得惶恐，两行浊泪从眼角滑下来，他仿佛回想到了最为恐怖的事。"都停下来了。"说完这句话，他整个人好似虚脱了一般，额上的汗跟雨一样落下来，双手打着摆子，却再也握不住话筒了。

记者被他吓得面色苍白，却还展现着自己的职业操守，习惯性地把话筒收回来，适时地表达自己的疑惑，皱着眉头开口："您说什么？"画面里的男人愣了一下，忽然单手指着记者背后的天空，张着嘴想要大叫，却只发出绝望的呜咽。所有的游行者在极短的时间内安静并停了下来。记者转身，顺着他手指的方向望了过去，镜头跟着记者朝天上拍，画面里才有了这样一幅场景：一大群鸽子扑腾着羽毛，停在了半空中，一声又一声的嚎鸣传到人们的耳朵里，鸽子们拼了命地舞动翅膀，可就是静止在那里，一动不动。

没有人敢吭声了，张曲直站在电视面前，小腿肚直发软，活了二十几年，常听身边朋友抱怨说生活充满了不真实感。这一刻，他感受到了真实的不真实感。窗子外面传来一阵叫喊，随后是一声接着一声的惊呼。一下又一下捶击着张曲直可怜的世界观。

他迈着疲软的步伐，塑胶制的拖鞋在地板上磨出刺耳的声音，他毫无所觉，坚定而又软弱地挪到阳台上，傍晚的天空还昏暗着，他多希望这只是一场梦。忽然，昏暗的天空刹那间亮如白昼，垂在西边的太阳眨眼间便瞬移到了正中央，刺眼的光芒拍在张曲直脸上，以居高临下的姿态嘲笑着他，这可不是梦。

“啪”的一声，像是造物主按下了开关，天空又变得灰暗无比。

再亮，张曲直跪在地上，头颅低垂，张嘴向外呕吐着，眼珠外凸，像是要呕出自己的灵魂。

再暗，世界比先前更黑了。

再亮，张曲直趴在地上抽搐着，眼泪鼻涕流了一地。

再暗，世界再没亮起来。

地球变成一个荒芜的世界。城市的废墟中，纵横交错地铺满了晶体管道，一架如楼房般的黑色方形物体伫立在中间。随着晶体管向外延伸，荒野中铺满了一块又一块被锈蚀成黄绿色的太阳能电池板。方块的底部有一块巴掌大小的显示屏，屏的旁边用黄黑相间的颜色标注：“请注意，这里面有 100 亿人口。”屏幕上则不断闪烁着字符，“备用能源已开启，能源已补充。”地下，一根根暗红的管道延向地心，忽地发出淡红的光芒。

“正在修复漏洞，删除错误数据……”

“正在检测生态修复程度……”

“检测结果为：氧气浓度 2.3%，土壤过滤能力 17%，阳光强度 18%……污染程度：重度污染。”

“启用方案一：重启‘世界’”

显示器瞬间黑屏，一行又一行的代码跳出来，黑色方块轰鸣一声，开始了运转。显示器亮了起来，出现了一行数字：2070.12.31。

张曲直蹝在单人沙发上，右手握着三明治，电视里放着他最爱的综艺节目。

指导老师：周菁菁，文学学士，毕业于四川师范大学，汉语言文学专业。中学一级教师，曾获得成都市骨干教师等荣誉称号。

我在未来等它，也等你

刘诗宇/高三年级　黄云蓉/指导老师　湖南省长沙市雷锋学校

“宇宙一号即将发射，请各部门做好准备。”这是2102年地球航空总部发射的最后一个飞向太空的火箭，它载着地球上仅存的人类。

地球环境全面恶化，资源已经枯竭，人类生命岌岌可危，这艘打造了30多年的宇宙一号几乎耗尽了地球上所有的能源。

然而就在宇宙一号冲破大气层的那刻，它上面的各个小飞船分解开来，行驶至各处。

“嘀，嘀，嘀，无效，无效……”仅载一人的永恒号因能源不足，正在偏离轨道，向黑洞驶去。它的主人阿泽在一遍遍操作飞船仪器，收到的却是一声声的无效。

“啊！”一声惨叫，永恒号被撕裂得粉碎。

2050年，地球。

“这是哪儿？”阿泽在一个陌生的床上醒来，起身环顾四周，打开窗，发现这是个完全陌生的城市，却依旧有地球当年的繁华。

“您好，请问需要什么帮助吗？”一个机器人正朝他走过来。

阿泽看着眼前这个机器人，既陌生又熟悉，这些事物对2102年的他来说，早已是过去式，他还没从永恒号的事件中反应过来。

“现在是……哪一年？”阿泽向它问道。

“你好，现在是公元2050年。”它回答。

“2050？我怎么会在2050年？”他先是不解，然后转念一想：不对，原来是我穿越到了2050年，既然现在是2050年，那么也就是人类社会最发达的时期，看来一切都还来得及。

一阵震感从阿泽手上传来，是感应手环，这是永恒号与宇宙一号分离后出现的感应信号源，只要永恒号在附近，手环便会震动。

“是永恒号！”阿泽根据震感的强弱走进另一间卧室，掀开床垫，发现那里竟然是飞船的入口！永恒号停留在地球的这个地方，阿泽走进飞船内，发现飞船能源所剩无几，实验仪器却可以使用。

随后他出了飞船，再次回到这个房子的卧室，此时，门口突然响起一阵开门声，却没有说话的声音。

阿泽走出去一看，发现是这家的主人回来了，大人进来后，都坐在智能座椅上，目光呆滞。

阿泽突然想起了什么。2050 年，人类几乎全是靠智能座椅和智能机器人生活，机器臂几乎代替了人类的所有活动，人类一味依靠它们，所以大脑逐渐退化。

直到 2070 年，地球生态环境恶化程度达到顶峰，海平面上升，淹没了许多国家和城市，气候失控，生态失衡，部分人类才意识到地球已经不适合居住了，于是开始打造最大的载人飞船离开地球，而这艘飞船，就是未来的宇宙一号。

阿泽看见这家的小孩站在他父母座椅的旁边，便将目光转向他。

“你好？”阿泽试探性地和他沟通。

男孩子出于礼貌点了点头，阿泽仿佛有了一点希望。

“你是谁？”他走到阿泽面前问道。

“我叫阿泽，我需要你的帮助。”阿泽心急如焚，便长话短说。

“哦，我叫小七，你为什么会在这？我又能帮你什么？”也许是因为人类的大脑在退化的原因，小七迟缓了一会才说道。

“是这样的，我本来是在 2102 年……我需要你帮我拯救地球。”阿泽叙述前因后果，以及自己需要的帮助。

“难道地球现在有什么问题吗？”小七不解，直接问道。

“你跟我来。”阿泽把他带入永恒号。

“哇，这是太空飞船吗？”小七第一次见，好奇地问道。

“算是吧。”阿泽敲打几个按键，调查了地球现在的情况。

“水资源的可用量已不到 20%，冰川融化、全球变暖速度正在不断加快，生物种类在逐渐减少……”机器的声音响起。

“原来在人类最发达的时期就已经存在这么多问题了……真是可笑。”阿泽自嘲地笑了笑，随后摇了摇头，他需要找到问题的根源。

“我感觉现在一切都挺好的啊，什么都够用。”小七双手抱在胸前对阿泽说。

“那是因为你们现在用的，都是地球人千百万年来积攒下的资源。”阿泽表情严肃，认真地看着小七。

“千百万年？”小七一脸茫然，似乎什么也不知道。

“你们难道没有上课吗？”阿泽听到小七这样的疑问感到很惊讶。

“上了呀，老师教了我们怎么使用智能百科机器人，他告诉我们不知道的就问它。”

阿泽逐渐意识到人类的危机不只是生态问题，更是人们过度依赖科技从而失去主观判断能力的问题。

“小七，你知道你们为什么能够发展得这么好吗？”阿泽眼中闪过一丝黯淡的光。

“为什么？”

“因为历史上的人们在为你们铺路。”

“历史上的……人们？”小七没有一点概念。

“前辈们为你们留下了先进的科技，创造了幸福的条件，但是你们却在这消耗生活，消耗自我，很快你们的家园就会被毁灭。”

“那有什么改变的办法吗？”小七似乎有了一点危机感，向阿泽提问道。

“不是没有，只是很困难，”阿泽想带着2102年的科技来尝试缓和地球危机，“带我去见见你们的老师！”

小七带着阿泽来到张老师的办公地点，不出阿泽意料，张老师也在智能座椅上，目光呆滞，处于休眠状态。

“请输入指令。”当他们靠近张老师的智能座椅时，座椅发出了响声。

小七似乎经常面对这些情况，阿泽看着他输入完一系列指令，终于，张老师眼睛里有了光。

“老师，您好！我是一名科研工作者，现在地球已千疮百孔，我急需您的帮助。”阿泽发现张老师和自己年龄相仿，交流起来会方便很多，便和他陈述了这些事。

“我怎么才能帮助你？”张老师听懂了他的来意。

“您的智能座椅，能否借我带回飞船？”阿泽提出请求，他猜测地球上碳排放过量也许和这个脱不了干系。

张老师答应了他。

阿泽带着小七回到飞船，他将智能座椅的芯片取出来，发现就是这个芯片在不断地释放 CO_2，不仅是智能座椅，所有的机器人都内置这样的芯片。

他猜测多半是人类对技术过于依赖忽略了对原材料的挑选，导致芯片出现这种情况。于是阿泽通过 2102 的实验仪器将芯片净化，替换掉了每一个机器人里的芯片，并向地球科研局发送了解决问题的方法以及可持续发展的报告。

“我的使命已经完成，我也该离开了。接下来就要靠你和张老师去点醒身边的所有人，如果一直滥用资源，地球迟早有一天还会灭亡的。”阿泽发现永恒号发出了启动信号，便向身边的小七说道，“希望我能够在未来，等到一个全新的蓝色星球，等到守护它的你们。”

“谢谢你！我们一定会好好保护地球的！”小七向阿泽告别。

地球，人类赖以生存的家园，如果我们不好好保护它，那么终有一天，它会走向毁灭，人类也将不复存在。

指导老师：黄云蓉，大学本科，学士学位，毕业于湖南师范大学中文系，高中语文教师，中学高级教师。多次被评为优秀班主任，被评为长沙市德育工作先进个人。

水上水下

刘与同／高三年级　魏素英／指导老师　江苏省苏州外国语学校

我在深海疲倦地游着，用检测器搜寻洁净水域，终是徒劳无功。这几十年来，海水温度骤降，浅海区多种野生藻类已经灭亡，鱼工种植的海藻也无法适应极端寒冷，整个海洋生物世界的粮食供给受到强烈冲击。

从北埃麦卡出游到现在，我已经快半个月没有吃过一顿正经饭了。若是还找不到适合用来给“海底高速船”供能的洁净水源，这样的生活还将继续。念及此，我不禁长叹，吐出一长串泡泡。

“嘿，伙计，别担心了。”同事埃尔看出了我的担忧，“东亚细亚的那帮鱼，10 年前就停用了海底高速船，说是要搞什么利用洋流的‘新能源船’，那附近的公海呀，绝对干净！”其他鱼也纷纷笑道：“可不是嘛，那帮蠢鱼为了研发新能源，钱全都给了科研，可现在呢？经济增长缓慢，也没研究出什么东西。也得亏它们这样搞，我们才有这片较洁净的海域！”它们笑着，我听后心中五味杂陈。

几天后，我们抵达东亚细亚共和国附近的公海。不出预料地，这里的水质比北埃麦卡好过百倍。在浅水区勘测时，我通过陆地观察仪打量着水上世界。这些年来，全球海平面下降导致大量陆地露出水面，海洋面积急剧缩减，许多小国被迫搬迁，大量海洋生物流离失所。我们智鱼作为最高等的海洋生物，受到的波及还不明显。东亚细亚的提贝大陆又向外扩展了，提贝大陆挺拔的身姿立在我们身后，一阵阵恐惧感扑袭而来。

3 年后，全球的公海再也找不到一片干净的海域。同时，由于智鱼不合理地过度使用海水资源，全球海洋面积锐减了 10%，海洋生物不得不考虑如何让自己继续生存下去。

为此，海洋中出现了两种声音。以我的祖国北埃麦卡民主国为主的智鱼认为，只有先发展经济，才有资本进行下一步打算。因此，它们打算划出一部分海域打造“水立方”，将资源倾注于此，为部分智鱼和其他海洋生物提供与之前相同的生存环境，以求得更高质量的发展。这样的做法不仅遭到了智珊瑚、智爬行类等弱势水生生物的强烈谴责，更是受到东亚细亚共和国的抨击——“这不仅侵害了其他海洋生物的利益，也不符合鱼道主义。”“这其实是自取灭亡，根本不是可持续发展。”东亚细亚共和国 10 多年的研究终于有了成效，清洁便利环保的“高速自流船”登上舞台；单产低浪费多的藻类种植逐渐消失，规模化、节能化的新品种培育大放光彩。随着东亚细亚共和国政府的政策支持及其居民的环保节能意识逐渐增强，周边海域海平面下降的趋势有所缓解，海水温度也有回升趋势，社会因此欣欣向荣。

但是，北埃麦卡仍是一意孤行。一年后，我在水立方的家中与前同事叙旧。“要我说，东亚细亚那帮鱼真是太阴险了！估计早就掌握了先进技术，就是不肯分享！”“嘿，咱们现在这种极端气候的产生，它东亚细亚也没少出力！”“等我们把科技也搞好了，还不给它点颜色看看！”……我听着这些可笑的言论，看着它们那副被洗脑却不自知的表情，只觉得这一切就是个笑话。我不想理它们，慢慢游到窗边。水立方之外，海水已少得可怜，水立方里霓虹灯的灯光，将外面发白的智珊瑚尸体染成五彩；不远处，搁浅的智鲸的痛苦呻吟被水立方里的喧嚣阻挡在外——想来是因为无法支付高昂的居住费而被赶出水立方了……这一幅幅惨烈的景象就像是深海百万压强的海水压在我身上，让我喘不过气来。意识恍惚间，我又回到了 3 年前，提贝大陆挺拔的身姿一晃而过。终是熬不住，眼皮越来越沉……

“醒醒，快醒醒！”黑暗中好像突然闯进来一束光。我睁开眼，却看到了人脸。我回过神来，原来刚才的一切都是梦境。

现在是 2021 年，我是一名科研人员，主要研究如何应对极端气候。我推开研究室的门。未来还有光明，前方还有道路，我们未来可期。

指导老师：魏素英，中学高级教师，江苏省苏州高新区语文学科带头人，苏州高新区优秀德育工作者。

天地过客

刘源哲 / 高二年级　乔洪涛 / 指导老师　山东省临沂市蒙阴第一中学

古时候，有一个叫狄更斯的人，他有一本著作名为《双城记》。其中有这样两句话：

“这是最好的时代，也是最坏的时代……”

“我们拥有一切，我们一无所有。”

这也是我们这个时代的写照。

——摘自《讲给时间的故事》

一

循环液慢慢从他体内被抽出，取而代之的是殷红的血液。他慢慢张开了双眼，发现自己正身处一个色调柔和的房间内，身边几个医生正从容不迫地从他身上摘下各种仪器。

他叫刘帆，在 2020 年被确诊为癌症。本来想采用化疗，但国家对他这个全球顶尖的生态学家另有安排。就这样，他在昏迷状态下进入了接近绝对零度的冬眠舱，等后代人类科技更为发达且他们需要刘帆时，他就会苏醒。

昏迷时，刘帆心头仅存一念：“我是天地过客……”

二

刘帆来到了 2070 年。此刻，他正处在一个轨道空间站内，透过舷窗，看到窗外有一个星球，十分荒芜，一片土黄色，仅在大陆边缘有一抹绿色。他强压着内心的好奇，问：“窗外那个星球叫什么？”“叫地球。”周围人一听见这个问题，都阴沉了脸，仿佛其中有无数难堪之言。

他查阅了许多资料，才明白这 50 年中，世界发生了翻天覆地的变化，由于科技的快速发展，对自然环境的污染越来越严重，全球平均气温急升。大多数人生活在高温地区，两极冰川融化，海平面上升，致使许多生物灭绝，气候极端化成为常态。这时，地球上出现了一个名为“宇宙之子”的组织，宣称：“自然不善待人类，人类作为自然的主宰，就应该把它遗弃！”公元 2055 年，在联合国的领导下，全人类齐心协力，建成恢宏的环地轨道空间站，大部分人住进了这个名为“天地号”的空间站内。余下的人类在地球，他们生活在那一抹可怜的绿色中，仿佛是一个破落的指路标，标识着没有人会回首的故乡。

三

刘帆被国家元首接见了，以一个旧时代大师的身份。

一段寒暄之后，刘帆开口问：“‘天地号’上的水从哪里来？”

“运用高离心技术收集地球上可以利用的水资源，然后用太空电梯运到‘天地号’上来。”

“太空电梯？运转率高吗？”

“采用强相互作用为主导的纳米材料，运转率接近 100%。”

“假如没有地球上的水该怎么办？”

“简单，派飞船到木卫二上采集固体冰。”

“你们这样维持不了多久，你们需要回到地球上。”刘帆提醒他们说。

“刘先生，你看我们现在，胜过历史上任何一个时代！人们生活在智能化的舱室里，出行有悬浮车、聚变飞船，动动嘴就去得了任何一个地方，足不出户就能完成一切工作，您看看啊，我们是您的后辈，一个个都多么完美。几十年变化太大，您需要时间去适应。”刘帆没再说什么，走了。一年后，他出版了一本书——《讲给时间的故事》，然后他独身一人，到了那抹绿色之中。

四

10 年后，刘帆成了一个白发苍苍的老人，他在地球上种植了很多树。此时，太阳风暴侵袭了“天地号”，大量粒子疯狂地撞击，原本宏伟的“天地号”千疮百孔。大部分聚变发动机被毁，船内生态循环系统全面崩溃，“天地号”中人心惶惶。有一天，刘帆正在植树，他的随身 AI 报警：“警告！BE426D 区域太空电梯出现沙暴！”他起身张望，黑压压一片。

他定睛一看，是人群！人多得以致扬起沙土，成为沙暴！人群在刘帆面前停下，为首的人喊了一声：“前辈！”

原来，“天地号”的遭遇使很多人觉醒，《讲给时间的故事》让他们如获至宝，于是来到地球，寻找刘帆。

过了许久，刘帆开口道：“我们人类不是自然的主宰，而是天地过客！”

不远处，一棵正在发芽的小树苗，在阳光下显得无比娇嫩。他不知不觉跪在土地上，后面的人也跪了一片。“虽是天地过客，但我们仍有希望……”

指导老师：乔洪涛，中国作家协会会员，齐鲁文化之星，曾获泰山文艺奖、齐鲁散文奖、刘勰文学奖。

复　苏

刘泽禹 / 高二年级　孙大庆 / 指导老师　山东省青岛市第十九中学

“轰！”一声，一颗子弹从拾七的脸颊滑过。

“拾七！控制住那个保安！”

队长韩青一边喊着，一边按着自己受伤流血的胳膊。

拾七吓出了一身冷汗，他望向窗外，发现自己处在一片火海之中。只听“哼”的一声，拾七被打倒在地。他的眼睛里充满血丝，透露着绝望与不甘。

“不！”

“轰”一声，拾七两眼发黑，再没有力气站起来。

当拾七再次站起，已经是在数据转换机里昏迷许久了。

“很抱歉地告诉你，这次我们又失败了。”韩青在数据转换台前，一边工作，一边对醒来的拾七说，他面无表情，仿佛已经受够了这种愚蠢的行动，进而有些绝望。

拾七走到窗前，外面早已是冰天雪地，世界仿佛只剩下白色。

公元 2060 年，果然像天文学家和气候学家预测的那样，不论各国施行怎样的政策，都没能阻止 CO_2 排放超标。全球年平均气温已近 30℃，两极冰原消失，海平面上升。随着技术的进步和时代的发展，人们开始清楚地认识到地球的不友好，一些狂热分子改造了名为 DAC 的技术，企图通过巨大的 DAC 机器直接从空气中吸除万恶的 CO_2。开始效果很好，各国政府也极力推荐，收购了大批 DAC，安置在自己的领土上。但结局谁也未曾想到。

CO_2 就像一床棉被裹在地球上，DAC 给这床棉被捅了个大洞，热量开始大量散失。不巧的是，由于气候变迁，火山活动愈发激烈，火山喷发时喷出的气凝胶，迅速覆盖了地球表面，它就像反光镜，反射走所有的太阳光，使全球瞬间变冷，赤道也被封冻起来，人类进入漫长的冰河时代，农业歉收，工业萎缩，人口骤减。

公元 2080 年，人口总数不足原来的 1/10，人类证明了时空穿越的可行性，做出了巨大的数据转换机，创造了数据包模式，力图通过人脑与计算机对连，将灾难发生前的世界信息，用数据表示后下载到当今世界，以完成人类文明的复兴，拾七则是任务的执行者。

“让我再试一次！”拾七不甘心就这样失败，他走向数据转换机。

“即将使您的大脑与 2060 年连线。”

拾七醒来时，已是公元 2060 年的某一天早上。他躺在一片草地上，闻到久违的花香，就连太阳也如此可爱。

这次他决定不再通过暴力的方式毁掉 DAC，而是将 DAC 的弊端披露给媒体。然而事情依旧没那么顺利。他甚至被扣上了“疯子”的帽子。“这人想毁了我们，灭绝人类。”路上的人都对他议论纷纷。

直到拾七遇上了她。

她叫延梦，是联合国气候大使。也许她是唯一一位和拾七站在一条线上的人。上次会议，她公开反对 DAC，并指出其弊端。

延梦曾说过，人类生存在自己创造的环境下，但并非万物之主，她提倡“绿水青山，是人类最好的生存环境，即是金山银山”。因此反对当下高排放量的飞行汽车。

绿水青山，这才是生活，她总是这样说，拾七从她的身上找到了希望。一次偶遇使他们成为无话不说的朋友。

延梦最后一次和拾七见面，是在一处简约的咖啡馆里。“人类总是太自信。”她这样说道，看向外面繁华的景色。

“不是所有的人都是坏人！”他肯定地说，“现在很多人已经开始绿色生活。无论从交通上，还是日常生活上，许多人都坚持减少排放的理念。”“你不就是这样的人吗？你一定会为了大家而牺牲自己。”“我知道毁掉 DAC 的唯一方法，就是引爆它……”“可是我们还会再见面，对吧！”

“会的。”拾七已从数据转换机中走出来。

他望向窗外，世界已从寒冷中复苏，迎面而来的是花香、春色。

指导老师：孙大庆，文学硕士，山东省青岛市优秀一级教师。曾获青岛市优秀班主任一等奖、学生最喜爱教师等荣誉称号。

常 青

刘子衿 / 高二年级　谢兴无 / 指导老师　湖北省宜昌市第一中学

加国，宣城，这里矗立着高耸的常青研究所大厦。常青研究所是由普瑞提一手组建，于今不过几年，却发展迅猛。

普瑞提出生于加国荒漠化最严重，温室效应最强的地方。高温接连不断地带走水汽，致使那里极度缺水，居民的生活举步维艰。这就是她的家乡——高热、干旱、满目荒芜。于是改善家乡的环境就成了普瑞提的志向。她潜心于环境建设学，毕业后，与一帮志同道合的朋友创立了常青研究所。

普瑞提坐在光脑前，全神贯注地看着实验基地传来的数据。忽然，视频通信请示弹出，她接通后，实验员比尤特弗尔有些犹疑地说："所长，3 号试验田出现突发异常，我觉得需要您来看一看……"普瑞提干脆利落地应下，她拿出随身空间场，调试了一下参数，便准备启动——这个时代，火车、飞机等高能耗、高污染的交通工具已被淘汰，取而代之的是空间场。只需要几个简单的参数，就可以把你送到你想去的任何地方。

一阵眩晕过后，普瑞提已经踏上了距宣城千里之外的家乡小路，她不禁在心里赞叹这高效低能的发明。比尤特弗尔已经在等她了。比尤特弗尔是个外向的人，见了顶头上司也不害怕，她说："您这边来。这次让您跑一趟，主要是因为 3 号试验田内温室气体浓度突然下降，我们不知道是检测仪故障还是……嗯，真的找到了抑制温室气体的方法。"说这话的时候，她的语气中有着难掩的兴奋。

她们推开试验田的大门。试验田是半封闭式，里面充斥着各类仪器与花草植物。普瑞提爬到墙角堆放的大型装置上，问："这是什么？"比尤特弗尔解释道："是热能发电仪，直接利用温室气体导致的高温发电。原理类似于蒸汽机，不过高效得多。"普瑞提点了点头。"这片试验田主要种植的是哪种植物？"普瑞提又问道。比尤特弗尔立刻回答："是我们利用高效吸收温室气体的植物转基因杂交出的优良品种，编号是 0037。"

普瑞提趁着两人对话时检查了各个分散的仪器，说道：“排除故障可能。”比尤特弗尔眼睛一亮：“也就是说我们成功了？治理荒漠化和温室效应可行？”普瑞提说：“不是治理，只是修复那些被初步破坏的生态地区。我们永远无法挑战自然的权威。”

当天，普瑞提带着比尤特弗尔去面见政府高层，要将环境修复模式进行推广。在联合国环境治理会议上，加国代表声称，加国已经找到了治理温室效应，遏制全球变暖的方法。在众人惊异的表情下，加国代表展示了治理方案与治理前后的对比照片——照片上是普瑞提的家乡。

普瑞提在会议上发言：“温室治理在加国仅推行半年，现行方案还有一些有待改进的地方，治理方案我们可以无偿提供给各国，在严峻的环境问题下，人类只能命运与共。”

人们等这样一个机会已经太久了。从前，人类自认为是万物之主，取之无度，无视环境给出的各种警告，于是，自然给人类亮出了一张红牌。温室效应出现，如带着倒计时的死刑，使处于温室气体中的人们惶惶不可终日。如今，技术先行一步，为他们解决了治理难题，那么剩下的 99 步，人类将坚定前行。

联合国会议结束的那一晚，普瑞提带着比尤特弗尔回到了她的家乡。她们坐在试验田高高的棚顶上，一起看着远处逐渐充满绿意的荒野。比尤特弗尔笑着说：“真好，你的梦想实现了，接下来想做什么？”普瑞提想了想，说：“我要留在家乡，去推广温室治理技术，让它逐步落地。”

“那我陪你。”比尤特弗尔说，“对了，我们的转基因苗马上就要推广到全世界了，你给起个名字呗，总不能还叫实验编号吧！”“要不就叫常青吧。”普瑞提说道。

常青，也是常青研究所的名字，它取意于：青山不改，绿水“常”流。

远处，朝阳正喷薄而出。

指导老师：谢兴无，湖北省宜昌市第一中学语文高级教师，曾获宜昌市夷陵区师德标兵、宜昌市教育局学生最满意教师称号，系宜昌市教育系统第三届学科带头人。

朝圣者的觉醒计划

龙葆琳 / 高三年级　张毛毛 / 指导老师　广东省东莞中学松山湖学校

在赤道附近，地表以上已无人生存，只留下曾经的高楼大厦孤独地顶着强烈的紫外线，在黄土沟壑上矗立。海岸旁的沙地被浑浊的白色晶体覆盖，其上又躺着一具具海洋生物的尸体，盐分极度超标，再也不是这些浅海生物所能承受的程度了。各国统计的由于炎热、饥饿而死亡的人数，呈指数式上升，眼前的图景可谓是触目惊心。

这是在公元 2030 年国际气候研讨会上，A 模拟出的 2070 年地球的面貌——破败、萧条，荒芜凋敝。会上，有来自全球的科研工作者、各国领导，以及商业巨擘，此次会议的目的就是要唤醒所有自称“地球主宰者”的人类。

模拟的效果还不错，震慑住了在场的所有人，寂静与恐惧笼罩着整个会场。同时会议的视频被传到了互联网上，一小时内便引起了热烈的讨论。一批人如大梦初醒，他们自称“朝圣者”，想挽留住这个曾经十分美丽的地球，他们想赎罪。其实，引导朝圣者出现的不是这次会议，只是 A 很聪明，给了他们一个发声的契机，这样一来，他们便有了与邪恶势力抗衡的赌注。

一个月后，国际气候研讨小组会议召开，这次，参加会议的科学家们需要提出挽救地球环境的可行性措施。

“到了这样一个阶段，我认为我们有必要实施一些限制措施了，寻找新型清洁能源固然重要，但终止对地球一次又一次地索取与掠夺同样重要。”B 站在中间的主席台上简短地开头后，挥手示意了观众席的助手。助手走到 B 身旁，将手里的薄型 U 盘嵌入背后墙上的插口，蓝色的光影中出现一行行数字，助手转向观众席，开始介绍起这些数字的来历：“这是关于目前全球资源利用，以及已经造成的污染的一些统计数据。可以看到，目前人类每日的资源消耗量在不断增长，可是从全球 QD 调查问卷中来看，人们在此方面的需求却并未明显增加。”

全球 QD 调查问卷是由 C 集团通过官方调研后向公众发布的。不言而喻，大家都知道他想说的是C集团在背后进行的违法操纵。

C集团，是一个以航天为主导产业的集团，已有不少人乘坐该集团研发的火箭前往火星，但掀开表面那块布，C集团实际上是通过高新科技产品控制人类的欲望来进行敛财的组织。他们有全职的心理研究工作者，有顶尖的工程师，全球每个人的生活、出行、工作方式，都会在用户使用该集团的产品时，被编写在程序当中，C集团反过来会通过产品，进一步激发使用者的欲望，控制他们的行为。

若没有朝圣者的觉醒，后果不堪设想，A心想。

B看到角落里一位年迈的老者颤抖着站起来，缓慢而愤怒地说道："完全抵抗人类的欲望是不可能的，但兴许我们能够唤醒他们，唤醒C集团董事长那颗冷漠的心！"

接着，他留下了一个牛皮纸文件袋，便只身离开了会议厅。

B拿过来，小心翼翼地用刀片划开上面的火漆——里面是一片绿叶似的芯片和一封信。信里写道：

人类的欲望不过是被他控制了罢了，资源枯竭，能量过度消耗，温室气体超标排放，都是无止境的欲望衍生出来的一系列后果。若控制了欲望的扩增，也许地球就有救了。

这块芯片，你们想办法植入他的大脑，我在芯片里设计了一个梦，让他亲身经历一下2070年以后的地球，也许能使他回心转意吧！

2030年6月22日

B读完，感到震惊——欲望，是人类几十年来未触碰过的词，他们致力于保护环境却忽略了这个决定性因素。B选择相信老者。他看着眼前几十双疲惫的双眼，默念道："只有他醒了，他们才会醒；他们醒了，地球才有救。"

当晚，B在朝圣者组织的官网上发布了这个抵抗欲望的"觉醒计划"。最后一行写着：人类终将与自然和谐共处！

指导老师：张毛毛，文学硕士，毕业于陕西师范大学中国古代文学专业。中学一级教师。

竹心蕴清辉

龙婧琳/高三年级　熊放放/指导老师　江苏省南京市第十三中学

茫茫林海，空气中仍翻滚着丝丝燥热。山顶，一人衣衫破旧，望着不远处已有雏形的基站，抚摩胸前那根清亮的竹玉挂件，欣慰地笑了……

“陈昱消失了！”消息经过生物电波中心传向了全世界，万千人的心被揪起，他们不仅担心陈昱个人的安危，更担忧他创造的宏大的“生物电帝国”该何去何从。为通过减少人们外出的次数来减少碳排放，以延缓全球气候变暖，陈昱和他的团队潜心钻研十余年，终于研发出生物电联通技术：人们利用体内安装的特制芯片接收和发送信号，中转站则负责将信号分发给指定人员，大大提高了人们交流联通的效率。

就在发展势头一片大好之际，总负责人不声不响地离去。在熙熙攘攘的机场中，一个微偻着背的男人，身着暗淡的外衣，压低帽檐，奔向了地球的“最深处”……

陈昱消失的第二天，一个身着精致西装、头发光亮的男人，夹着一片轻薄的“塑料片”，晃晃悠悠地进了公司的大门。员工们或疑惑，或厌恶地盯着这个男人，陈昱的师弟兼得力助手——贾聪。他不慌不忙地打开那个薄片，画面随即通过生物电传导系统传向世界各地。画面中的陈昱脸色平和，缓缓说道：“我很好，请各位勿念，地球的深处正在召唤我，我去去便回。这段时间公司事务全部交给贾聪主理。”寥寥几语，陈昱便消失在画面中。

贾聪大摇大摆地走进了陈昱的办公室，环顾四周，发现除了他长年挂在电脑上的竹玉挂件没了，其他东西一件未少，桌上有一份密密麻麻、满是字迹的文件。“固碳新基站？”贾聪咧了咧嘴，“真是老古板。”

陈昱消失的消息很快被人们淡忘，贾聪凭着年轻人的激情和魄力，还有精准的商业嗅觉，大力进行生物电商产品研发，全方位提升人们的感官体验，生物电公司很快便赚得盆满钵满。

寂静的城市上空突然被一声一声凄厉的尖叫划破。“救命！”“好痛，不要过来！”成千上万的人涌向医院，在拿到精神检测书后又涌向了生物电公司。抗议、声讨此起彼伏：“是你们控制了我们的感官，无耻！还我们安宁！”

程序检测员告知贾聪，近期中转站里出现了大量未知来源的信号，用高保密通道直达世界各地。“而且，信号来源不属于人类……”就在贾聪一筹莫展之际，一个佝偻着身子，衣衫褴褛的男人穿过人流，找到一块高地，爬上去后沉稳有力地说道：“各位好，我是陈昱。”激愤的人群顿时安静下来，眼前这个男人尽管面黄肌瘦，裸露的皮肤上不是泥屑，就是火红的肿泡，但那双炯炯有神的眼睛展现出他太阳一般的坚毅与热情。

“想必大家最近过得有些痛苦吧……但你们的痛苦与它们比起来，少了千倍万倍！”陈昱掏出箱子中的电子显示屏，生物电信号再次强劲地传递进所有人的体内。画面中，由于全球变暖，爆发的山火无情吞噬着万千生命，动物四处逃窜，南北极的生物在弹丸之地勉强站立，更多的则被海洋挟持进无底深渊……在场的人或有被火舌灼烧之感，或有被海洋淹没的窒息之感，痛苦不堪。“我消失的这些日子，就是去试验我的新产品——普适芯片，将动物正在经历的痛苦传递给人类，让我们品尝自己种下的恶果！”

万千民众自愿上书，恳请政府加快保护地球气候，还地球一个安宁的环境。各国领导人召开了三次全球会议，陈昱适时呈上自己的“固碳新基站”计划，用高能粒子处理过的多孔植物不仅可以吸收空气污染物，还可以高效固碳。他的新产品普适芯片可植入动物体内，为仿生技术、医疗救助等提供了广阔前景。

任林风漫溢在胸，陈昱望着拔地而起的新基站，他再次轻抚胸前那根竹玉。贾聪走到他身旁，陈昱轻拍他的肩：“年轻人，且以竹心蕴清辉，唯剩万古清朗。”

指导老师：熊放放，南京市玄武区语文学科带头人，高级教师。

气象人 2070

楼宽/高二年级　吴巧阳/指导老师　浙江省东阳中学

“咚咚，咚咚”清脆的敲门声响起，飞博士一把拽掉被子，火速穿好衣服，不耐烦地向门口走去。多半又是哪个无良开发商，飞博士心想。这几个月来，一直有唯利是图的黑心家伙来博士家谈生意。随着全球气候的不断升温，在 2021 年，政府已经明令禁止会对环境造成污染的化工厂的建设和开发，但总有些不法分子想用金钱买通飞博士，请飞博士证明他们的化工厂对环境没有污染。

作为全球首席气象监督官和多届诺贝尔生理学或医学奖的获得者，飞很清楚人类的未来将会是艰难的，因此他并不愿意作伪证。但这些开发大亨来头不小，因此飞也只好打开房门。但这一次，令飞吃惊的是，门外竟没有一个人。奇怪，开发商不是每次都恨不得破门而入的吗？怎么这次敲完门就走了？他低头一看，只见地上有一个纸箱，上面写着：To Fly（寄给：飞）。奇怪啊，莫非是外国寄来的？

飞很疑惑，但他还是把纸箱拿进了屋。打开纸箱，里面装的是一张纸片，还有一台 VR 眼镜。他谨慎地戴上手套，只见纸片上写着：“你刚买的盲盒里装的是 A 角色，打开电视，体育频道的篮球赛即将结束，湖人队将会获胜，比分是 111∶110。”飞更疑惑了，他打开刚买的盲盒，果然是角色 A，他又打开电视，体育频道的比分是 108∶110，他笑了，这无非是一场恶作剧罢了，比赛时间只剩下 2 秒，湖人队落后 2 分，怎么可能获胜？但只见电视中比赛直播的最后一秒，湖人队投出一记 3 分，绝杀，111∶110，湖人队胜利！飞彻底傻住了，他马上意识到事情的诡异。只见纸片下方写着：“怎么样？没错吧。想知道我是谁吗？请戴上 VR 眼镜。”没有落款。飞赶忙戴上 VR 眼镜。

飞的面前出现全息投影的字幕：“欢迎来到气象人 2070。你好，飞。”飞点了点头，向前走去，看见拐角处有一扇门，其他地方仿佛都很黑，很黏稠。白居易诗云：“绿蚁新醅酒，红泥小火炉。晚来天欲雪，能饮一杯无？”似乎正是眼前情景。

他推开门，向外走去。眼前全然另一番景象：高山流水，鸟语花香，晴空万里无云，朗日照耀着万物，生机勃勃。飞明白，“气象人 2070”不过是一个场景类的 VR 游戏罢了，但比起那些别有用心的开发商，那污浊不堪的河水，那浓烟缭绕的天空，这虽是游戏，却让人想永远置身于其中。毕竟，“气象人 2070”中的气象万千美好，自然和谐，哪像现实中这般暗无天日呢？

飞心情大好，仿佛一个返璞归真的孩子，又蹦又跳地来到水边，碧水波光粼粼，飞真是太爱这绿水青山了，想要再凑近些去触摸这清水，但一个不小心，身子前倾，扎入水中。

飞是会游泳的，他感觉在水里待了很久，而身边的水好像也渐渐变得黏稠、灰暗。不知多久，他猛地一下从水中坐起，却睁不开眼，用手一摸，发觉脸上被黏稠的液体粘住了，他用力抹掉黏液，睁开眼，却见自己坐在一个浴缸中，浴缸内满是黏稠的液体。他赶忙爬出这令人作呕的浴缸，赤身裸体跑了出去。外面漆黑一片，根本没什么亮光，偶尔，天空中几道闪电，照亮地面。地面上波涛汹涌，根本没有什么生物的痕迹，大雨瓢泼，满是刺鼻的气味，好像是酸雨。飞吓了一跳，专门研究气象的他知道，在这样的环境中人根本无法正常生存。飞痛苦极了，虽然在下大雨，但飞却感觉极其炎热，身子就要蒸发一样。这时，他看到远处有一个跟自己长得很像的人，便跑过去问道：“请问这还是气象人 2070 吗？发生了什么事啊？”

那位先生答道：“哦，是这样，现在是 2070 年，因为几十年来人类对环境气象的漠不关心，导致了全球气温不断上升，现在两极的冰川已经全部融化，海平面大幅度上升，东南亚及世界上大部分岛屿与沿海城市都已被淹没。大部分生物已灭绝，人类无法适应当前的环境，于是将后代用体外繁殖技术培育在培养缸中，就是那些像浴缸一样的东西。那些黏稠的液体则是高营养的培养液，提取自已经死亡的生物。而你之前所看到的绿水青山都是培养缸为你提供的 VR 技术幻景。我是负责检修培养缸的工作人员之一。我和你长得像，是因为我们大家都是同一动物的两性基因培养缸产物。其实全世界的人长得都差不多。还有，这里是中国西南部的青藏高原，由于海拔较高，还不至于被淹没。本来全球通用语言是中文，由于东南亚的沉没，现存的国家中使用英语的偏多，因此现在流通的语言已经是英文。”

2070？英文？飞猛地想起了那纸箱上的英文收件人和纸片上的内容。他一把摘下 VR 眼镜，眼前的一切都是那么正常，其实现实世界只过了半小时，飞回想着游戏中 2070 年的场景，他开始感到深深的恐惧，一丝责任心也缓缓地升了上来。不行，世界不该是那样，他要改善气候，拯救人类的环境！

飞缓过神来，他马上驾车前往工作室，与助手一诺开始商议如何来实现环境的可持续发展，实现人、科技与自然和谐共处的世界。

2070 年，全球科技生活与气象环境创新发明表彰现场。

“随着几十年来科技发展的日新月异，人类正式进入 100% 可持续可循环发展的新时代，由来自中国的飞博士领导研发的 Fly 系列产品使人、科技与自然真正做到了和谐共处。”主持人激动地说道，“其中，‘氢车’是一种高速度、零污染的高性能喷射式汽车。它使用空气中的氢气与氧气内燃形成高效率的动力助推，排放物只有水，氢车在空中行驶时排放出的水不但可以增加空气湿度，更能降低大气温度。而另一代表‘碳骨架住宅’也是一项划时代发明。‘碳骨架住宅’即使用基础碳链构成的住宅。其中碳元素来源于大气中的二氧化碳，使用碳骨架作为建筑材料，不仅可以降低大气中二氧化碳的含量，更是保护了树木森林，使建筑的取材真正源于自然，不再像传统的住宅建筑一样需要砍伐树木。但考虑到碳与大气中的氢结合会生成烷烃，导致人类中毒，因此在碳骨架外铺设了一层高分子足球烯……”

至此，飞博士松了一口气，自己的发明不但提高了人类的生活质量，同时也避免了大气污染与气候的恶化。在 2070 年，人类居住在适宜的环境中，与科技、自然和谐共生。飞博士也被授予“2070 气象人”的称号。看着那幅完整的世界地图，飞博士笑了，他若有所思地掏出 49 年前的那张纸箱上的物流单，惊奇地发现英文的“To Fly”变成了中文。“果然，人与自然是伙伴，要敬畏爱护自然，而不是去征服它。”飞自言自语道。

指导老师：吴巧阳，正高级教师，中文教育硕士，东阳中学语文学科主任。曾获金华市教坛新秀第一名、金华市优质课一等奖，浙江师范大学浙派语文教育研究中心研究员，东阳市首届学科带头人。

我 在

陆谌昊 / 高二年级　高文珠 / 指导老师　江苏省太仓市高级中学

2049年。距离地面36000千米的同步卫星已连续数日警醒陆地上红外线热辐射最强的中心城市，大都市以肉眼可见的速度持续升温，超越了历年最高温度。科学家们正焦头烂额。

华盛顿自然科学研究所。“威尔逊博士，看近日来两极的气候变化，恐怕真会像您30年前的预言那样，人类文明将会在2070年前湮灭！”240寸全息投影前，端坐着一位60岁的老者，观察着投影上红黄绿三色的变化，轻咳了一声，“放心，20年内他们应该建造得差不多了，预言终会被推翻，就像那1000年过去了，撒旦必然被放出，我们只要耐心等他被关回监狱。”

月球。自从钛、硅两种元素组合后，太空电梯的想法被实现了。“本杰明！背面环形山下1800米处能导热吗？”“当然！我早说过，内能即能量，可以转化成线速度的！根据爱因斯坦的质能方程 $E = mc^2$，不用说地表几摄氏度的热辐射，就算把地心的热能通过太空电梯管道在第二宇宙速度下也能导进月球地核！”

地质勘测队与化学家们前赴后继，在城市脚下的地表层进行岩层腐蚀，形成类喀斯特地貌，以核聚变反应堆为装置核心贯通多条地下能量运输管，热量将以量子形式转化成中子，附着碳原子并催化成有机物，生成氢、氦原子，整个过程经库仑后代之手形成吸热储热反应。地表上的温度会被降低，而热量会以不同方式导出并被利用。

很多年后。“威尔逊博士，2070年了，地表温度和2019年时相近，温室效应得到缓解！”墓碑前，白发老者满含热泪，欣喜不已。

……

托尼在房间里醒来，碳纳米板打造而成的墙壁起到了很好的降噪导“碳”功能。今日旧金山最高温度20℃，两极温度稳定在–29℃，空气中CO_2含量为0.03%。此数据自2069年以来没有出现过大幅波动，地球的气候已趋于稳定了。

上午8点。托尼经过空间隧道，一秒钟内到达工作地点。道路上穿行着碳功能车，该类车以CO_2为动能，使碳原子在对流层以下循环利用。公司里所有人都穿着轻薄的“循原衣”，衣服中央有微小的核聚变反应堆可以提供应急电能。公司周边的智能植物全部以核能科技扶植，通过无性生殖延续后代，反应堆与光合作用的巧妙结合不仅净化了空气，还解决了核反应堆易泄漏的问题。

上午9点。托尼正式工作。办公人员告别了自行操作生产办公的时代，仅用一个手势，强大的人工智能就开始规划最便捷、环保的方案。投影主机的程序中，总有这样一条首要指令：“环境第一！”

工业生产上的废物会经过地下能源运输管，被层层分解成微粒，有用的金属粒子或产品原粒粒子被“打包”“过滤”“返还”；而有害粒子与污染粒子被有机转化，真正实现了循环利用的宗旨。

托尼回到家，躺倒在床上，回顾曾经的那张照片——照片中的老者抱着一个小孩，老者的背后是宇宙，小孩的背后是地球。如今地球的供热使月球成了一个“天然”的核聚变反应堆，高能粒子在核反应堆中高速运转，以次级引力形成月球第二个引力场。热核与引力使月球上的重力加速度增大，吸引住了大气层，使“空气”留下。人类通过科技移植植物，使月球成了地球的“花园”。这座“花园”不断给地球输送“新鲜血液”，在太空电梯的传输与重力差的作用下，地球上的植物多样性得以补充，有效抑制了台风、海啸等自然灾害。

就在本月，托尼参加了科学纪念活动，悼念20年前为了改变恶劣气候做出贡献的科学家们。其中两位已逝科学家，一位叫本杰明，一位叫威尔逊。透过全息照片，两位老者的“眼神”撼动了他。“那位威尔逊？”他拿出了那张老照片，老者的慈爱面庞与眼前全息照片里的人像完全重合！

“这就是未来，未来很美，看到了吗？”托尼大喊。

“不只有你一人，我也在！”

“我们都在！”

环境美好依旧，行星运转，地球文明永不熄灭。科技造就环境，环境引领科技。是的，我在，我们都在，用科技护自然！

指导老师：高文珠，毕业于南京师范大学中文系，中学一级教师。

微星纪的救援

吕祎琳/高二年级　公维堂/指导老师　山东省临沂市蒙阴第一中学

公元2100年，微星纪31年。午夜，人们聚集在世纪广场上，张灯结彩，欢庆度过了又一个10年，苦难的10年……

我漫步在广场上，与熙攘的人群擦肩而过。绕过欢庆的人群，我来到了广场后面，一间破败的小屋前。推开门，小老头儿在等我，但与往年不同的是，今年的桌子上堆满了相册，泛黄的封面告诉我，它们来自遥远的过去。"生日快乐，小坏蛋转眼就31了，我也老喽。"老头的声音打破了寂静。老头是我的爷爷，出生于21世纪初，被当时的人称为世纪宝宝；我出生于微星纪初，被现在的人称为星纪宝宝。两个"宝宝"的关系不像祖孙，更像是忘年交。

"大孙子，感动不感动，为了给你庆祝生日，老头子可是把珍藏了80多年的宝贝都拿出来了。我去做饭，相册标好号了，你慢慢看。"我轻笑一声，翻开了相册，也打开了爷爷尘封的记忆。

第一张照片上，10岁的他抱着一个小孩子，孤零零地坐在孤儿院门口。第二张照片上，年轻时候的老头挺直着腰板站立在新建成的房前，身旁一个10岁的小孩子正冲镜头做鬼脸。第三张照片上，他身边多了一位挺着大肚子的女人——那是年轻时候的奶奶，身后是一位意气风发的军装少年……陆续翻完了一本本相册，我不懂老头想告诉我什么。

老头默默走到桌前，轻拭着相册的封面，缓缓开口："我出生于2000年，也就是人们所说的千禧年；5岁时，父亲走了，母亲改嫁，留下了我和一岁的弟弟与七旬的奶奶相依为命；10岁那年，奶奶去世，我们被送往孤儿院；15岁那年，我来到这里打拼，盖了房、买了地供你二爷读书；你二爷参军那年，你奶奶生下你大伯，一家人其乐融融。当时的国家富有强大，百姓幸福安康。但世界正在悄悄改变，人类的贪婪和自私导致国际冲突不断，地球资源严重枯竭，生态环境日益恶化，洪水、干旱、高温、酷寒等极端天气越来越多。最终，你二爷在一次抗洪抢险中被洪水吞没，再也没能回来。那时的科学家预言：2070 年人类或许会面临灭顶之灾。可悲的是那时的我们非但没能节约资源、修复生态，反而举全人类之力研发‘生态球’——一个人造的绿色生态空间。可生态球里的世界，并没有成为人们避世的桃花源。你大伯作为第一批志愿者进入生态球生活，一个月后因辐射去世；你的父母为了援助被困人群进入生态球，生生被炙热的光线烤成肉干，只留下年幼的你。这是人类的浩劫，也是报应。

“我知道你们实验室正在研究光速时空传送机，爷爷不反对，但我想央求你让我做第一批实验者，让我回到曾经那个鸟语花香、繁花似锦的星球，我一定要告诉他们未来世界的残败萧瑟，让人们懂得珍惜与节制，我想让世界继续美好。”

“老头儿，你可不准抛下我一个人。再说了，技术尚不成熟，风险很大，若当真要去，我陪你。”我笑笑，拿出了早已填好的志愿报名表，和老头相视而笑。

一年后，实验室里，我握着老头的“手”，怀揣《环保宣言》，慢慢走进时空乱流。手中的黑白照片上，定格着老头满眼对未来的希冀。“以后，酷暑寒冬，我替你走完，连你的那份一起。”我默念。

经历了几乎被撕碎的空间乱流后，我来到了 2035 年。新世界里，我公开了我的身份、经历以及那份《环保宣言》。随即“低碳出行”“新能源”“节约”以及来自新星纪的“微动能”等词汇遍布大街小巷，人们开始改变。

在接下来的半年里，我游览了许多在微星纪已消失的古迹，直到身在故宫的我，身影渐渐透明，我知道自己将要离开了，永远地离开。在乳白色的光晕中，我看到了老头、二爷、大伯、父母、年幼的自己。宅院外，早已没了汽车轰鸣。新的世界，已然到来。

依稀中，有人问我：“后悔吗？”我笑笑，“不悔。”这个世界美好灿烂，不再需要我。

指导老师：公维堂，毕业于曲阜师范大学，中学高级教师。

苏醒在未来

马鸣悦/高三年级　史建筑/指导老师　北京市十一学校

2017年的冬天，我在一个天空澄净、小雪纷飞的日子睡去，等待苏醒，迎接新生……

“嘀，嘀嘀，B201号体征正常，转入观察调整病房……”恍惚间听到一阵模糊不清的声音。眼前出现了光，我费力地眨着眼睛，飞快旋转着大脑：我怎么了，我在哪儿？

我曾因癌症晚期被冰冻，到现在，已是30年后的2047年，医学技术稳步发展并取得巨大成果，我苏醒过来。医院专门分配了一位“欢迎员”——兰，来帮助我了解世界，适应生活。

“既然现在的医学已经这么发达……”我想，“那一定会有许多新鲜又炫酷的事物在等着我吧！”沉睡之前，我家境优渥，知道爸妈可以得到哥哥们很好的照顾，于是在悲伤过后，我带着一丝恐惧与更多的期待睡去，等待未来。

“来，穿上这个。”兰递给我一件东西，看起来像一件连体防护服。

“什么，我要穿这个东西出去吗？”

“至少白天需要。”

穿好后，我们走出了医院，出现在眼前的并不是魔幻高级的未来景象，一切稀松平常甚至有些奇怪，我不禁开口问道：“这是哪里？为什么见不到许多人？为什么那些草上要罩着玻璃？汽车呢？难道现在已经……”我把“会瞬移”几个字又咽了回去，因为我看见一个人骑自行车路过，虽然样式与之前不同，但我肯定那就是自行车。“好了好了，知道你有很多问题，下面让我告诉你发生了什么。”兰一边踱步，一边开始讲述。

“其实很简单，你沉睡后，世界各国过于追求经济发展，享受生活；发展军事，避免战争；四处探测，试图控制自然……我们现在称其为‘激进派’，他们不顾环境学家的劝阻，毕竟手握重权。十几年后，自然有了回应，人口暴增，化石燃料几乎耗尽，气候恶劣，各种自然灾害频发。”

兰偏头看了眼还没反应过来的我，加了一句，“对了，忘了告诉你，现在是11月份。”我震惊，此前从未怀疑自己身在仲夏，现实竟然是北京的11月份。在沉睡之前，我从未考虑过自然，没有这方面的专业知识，平时衣食无忧，看着“绿色出行”的标语，坐着豪华轿车出游……不知自己对今天的局面有几分“贡献”，我有一种愧疚。

“没关系，”看我没说话，兰继续说，“现在的领导人已经意识到了问题，并且拯救环境的理念也已深入人心，近年来紫外线照射强烈，人们穿着防护服，还给草发明了特制玻璃，减弱来自紫外线的伤害。汽车几乎看不到了，人们出行都骑自行车，或乘……地铁，如果按你们那时的说法。”

兰指了指天，我抬头，看到悬空列车飞驰而过，知道兰叫得不准确，但并没有纠正她。“你看，”兰又指着地上的植物，说，“那种草自己进化出了抗紫外线能力，宝贵着呢。植物都在努力，我们怎能不做点什么。”那草的叶子没有什么奇特，略显暗绿又恣意张扬，此时在不起眼的路边，竟让我感到了力量。

到了暂时安排的公寓，已是下午，刚坐上椅子想厘清思路，突然，兰说：“西南部地区发生了地震……虽然情况不可控，但你有权知道一切。”还没有弄清状况，我就被拉到了中间的空地。

兰按下按键，头顶上4个放映机同时工作起来，我竟置身于一片郊区房舍间。这是迅速发展的全息投影技术，通过现场取材，多角度重合，给观看新闻的人真实的体验，以往人们会在外围观看，但现在，我正位于震源中心。周围的房屋不断晃动，断裂，像一块块积木，没有生气地脱落，强烈的全景音效让我双腿颤抖，巨大的隆隆声，大人们的叫喊，小孩子的哭闹，穿透耳膜，直击肺腑，我头晕，惊恐，不知所措。

从未有过的体验让我觉得自己马上要昏倒，这时，我看见身旁的裂缝中，有一个小女孩的脸，小女孩正尖声呼救，这么近的距离，我想动，但动不了。突然一道身影穿透我的身体，是救援队的人，我看着他冲向小女孩，看着他抓住小女孩的手，就在此时，房梁断了，又是一声巨响……一片废墟。一声尖叫，我跌坐在地，才发现，泪，早已浸湿了防护衣襟。

身边的环境消失了，我看到了同样泪流满面的兰。兰说：“对不起，没有个铺垫，就让你经历这些……”“这些也是因为我们破坏了环境？”“确实是的，是海平面上升，板块间剧烈碰撞引起的。”

“我们不怪你们。”兰拉起我，“当务之急，是团结起来拯救自然。我们不再追求奢侈的生活，大部分人才投入到可替代资源及低碳生活方式的研究中，因为科技的进步，基础建设者们也没有那么累了，人口保持低速稳定增长。”

我们一直聊到吃过晚饭。兰说：“还有最后一件事，我的工作就结束了。”兰抬起头，直视我的眼睛：“世界上总会有不同的声音，有一小部分人，坚持纸醉金迷的享乐生活，甚至建造了巨大的保护罩抵抗自然，自己活在罩中……我们尊重每一位苏醒者，要过什么样的生活，你自己选择。”说完，她离开了，没有穿防护服，因为外面已经是暗夜。

兰走后，我简单清洗就上了床，马上睡着了，没有花多少时间思考，因为我早已有了打算。

几个月后——

“老师，老师！这个空应该填什么呀？”

我选择了做一名幼儿教师，希望滋养更多孩子的心灵。我要告诉他们，曾经的世界有多美好。

“这个空呀，要填‘千树万树梨花开’。”

“哇，这么多梨花，肯定很美。”一个小姑娘感叹。我笑着说：“梨花只是一个比喻哦，其实作者写的是雪花。”

“雪花？什么是雪花？”

我微怔，兰忘了告诉我，在这一纬度地区，已多年没有下雪了，孩子们没有见过，甚至大人们也淡忘了。

看着今天窗外血红色的残阳，我回忆着曾经没到小腿的鹅毛大雪。半晌，才说：“一定可以的，你们一定会看到雪。”

30 年后——

可能因为身体的缘故，现今的环境不能让我很好地活下去，气若游丝的我又躺在了病床上。床边围着这些年的密友和我喜爱的孩子们。我觉得这一生没有白过，体验了两个时代，找到了生命的意义，即使平凡而普通。

忽然，透过人群的缝隙，我看到窗外深蓝的背景下，竟好似白光闪闪，我盯着窗，“是雪吗？”然后陷入了永远的沉睡。

指导老师：史建筑，北京市十一学校语文特级教师，中国教育学会中学语文教学专业委员会学术委员，中国教育报 2019 年度“推动读书十大人物”。

不负河山，不负卿

满如月 / 高二年级　衣振娟 / 指导老师　山东省烟台第一中学

2070 年，“热纪元”元年。

现任全球环保协会会长的思源放下那一份份令人焦头烂额的文件，摘下老花镜，揉了揉干涩的双眼，眸中有些许忧虑与呆滞。窗外是一片无尽的悲凉，生灵涂炭。思源紧握住老伴的照片，几颗泪珠从他沟壑纵横的面颊上淌过，是咸涩的。就在一个月前的抗洪抢险工作中，年逾花甲的她毅然加入了指挥工作，拯救了千位难民，却被无情的洪水吞噬……遥想当年，老伴最大的心愿便是让自己加入保守派，并成为会长，以科技力量暂缓“热纪元”的到来。可自己，年少轻狂，坚信 30 年内必会找到可替代地球的行星。几十载已逝，自己成为会长了，却也成了“热纪元”的迎接者。某个与地球相仿的行星也已被发现，却由于种种原因被无限搁浅了，他后悔了，想改变点什么，可老伴已抱憾而终……

或许仍有一线生机！近几日，水瓶座 α 星被观测出有时间裂隙，只是由于内部结构复杂，宇宙射线集中，以现在的技术闯入风险较大，无人愿意回到过去。思源经几日的观测与计算，大致求出了穿行速度与轨道半径，可倘若稍有差池，便会被黑洞吸入。

思源小心地做了出发准备，打发走了职员，决定放手一搏。

强光、灼热，思源勇敢地进入了裂隙，感觉自己仿佛要被撕裂。终究，还是没有机会了吗……

“思源，思源！怎么睡着了！”身边的人一阵推搡，思源睁开了双眼。会议室、老会长，还是翻译官的妻子……这是谈判会！思源内心雀跃：成功了！而定睛一看，却是大局已定；新进派个个欢呼，保守派人人丧气。一己之力，安能救河山？

“我坚决支持保守派！”思源拍案而起。

会场上先是寂静，又是一片鼎沸，疑惑、咒骂此起彼伏。

“首席，现在的科技力量解决不了极端气候问题，先是上亿辆汽车的尾气问题就难以解决！”新进派成员大喊。

“很简单，未来几十年里，集中力量开发氢能与太阳能，20年后，将大部分汽车进行改装，各地普及补氢站与太阳能存储站。”思源沉着应对。

“可那一批批汽车工人、石油工人呢？他们面临失业危机，这可不人道！”曾经并肩作战的朋友义愤填膺。

“部分加强新能源方面的培训，部分充至其他行业。”思源深知新进派的“人道主义”套路，“若是找不到合适的居住区，数十亿人民流离失所，更不人道吧？”

“您曾说过，是由于地球环境恶劣，我们才被迫搬出的！”

思源为自己荒谬的想法摇头：“得鱼莫忘筌，饮水须思源，我们不能忘记地球的恩惠，以科技力量救地球，也是救人民。”

最终，在思源的努力下，协会决定暂缓新进派计划，继续守住地球。而思源决心永远退出领导层，投入科研事业。他摘下勋章，向人群最后一次敬礼。

掌声雷动，思源流下了感动的泪水，是甜而沁凉的……

高耸入云的烟囱被拆除了，全部工厂装上了污染物处理系统。所有的汽车都以太阳能与氢能为动力，路上不再尾气弥漫。垃圾填埋厂与焚烧厂全部改为绿地，新型可降解塑料普及全球。树木砍伐量减少，学生们以电子设备代替纸张，全球森林覆盖率达50%。风力发电代替了燃煤，实现了稳定储备与输出。

思源使用量子技术与宇宙射线相结合，成功修补了臭氧层漏洞，海平面不再上升，冰川不再消逝，环境不再恶化，人们携创新之手，与自然和谐共处。我们不再是自然的主宰者，我们是创新的源泉，是自然的朋友。

窗外，以宇宙射线为能源的飞船顺利着陆，孩子们在户外课上亲手植下小树，思源与老伴已白发苍苍，见此景，相视一笑。

这是一个新的2070年，人们的确做到了，不负河山，不负卿。

指导老师：衣振娟，山东栖霞人，北京师范大学汉语言文学专业毕业，烟台一中高中语文教师。中学高级教师，多次获得烟台市高中教学工作先进个人荣誉称号，被栖霞市教委授予高三优秀教师称号。

汤婆婆与气候的故事

毛婧雨 / 高二年级　陈晓娇 / 指导老师　四川省成都市天府第七中学

我叫汤婆婆，是在神仙界负责管理地球气候的一介小仙。这被人类世界称为“气候”的东西，其实就是我屋里的一口热水炉而已。即使是个神仙，我也不是无所不有的——我每天最喜欢的时刻就是全世界资本家的金币从热水炉中冒着热气迸出，弹进我装金币用的玻璃管中去，发出“叮咚”脆响，那声音简直就是天籁！不过作为回报，我也会答应资本家的需求，容许他们把水再烧开一点。资本家们好像很爱泡温泉。

这热水炉中的水咕噜咕噜冒着大泡，这也是人类世界气候变暖的原因。我想，西方的普罗米修斯带给人类火种，人们都这样崇敬他，那我把气候变暖不也是依葫芦画瓢，既受人们尊敬，顺便还能得到点金银，岂不两全哉？

但是，就在我把人们“泡温泉”的梦想实现后，我的上司“环境爷”火冒三丈，用一副“瞧你干了什么好事”的模样盯着我，把我盯得心慌。他放我一周假，让我跳进热水炉中，去看看人类都活成什么样了。

2070 年的某一天，我来到了人间，随身携带着我那迷你版的热水炉和装金币的玻璃管，念了几句咒语后，我幻化为人形，出现在欧洲大陆上。

欧洲的气候温暖适宜，这里的人与自然和谐共处，黄昏日落时温柔的玫瑰，使我嗅得空气中的香甜。“我就说，泡泡温泉又不是什么坏事情，看我功劳多大！”我对身边的一个人类说。“对对对，欧洲亚士山庄的温泉最好了，您老人家可以去那里，旅游业发达得很！”那位人类说。他显然不知道这一切都是我的杰作。

“回想 1000 年前的世界，地球上的人类是多么保守啊，只会用我这热水炉洗冷水澡，现在泡上温泉，脑袋也灵光了，旅游经济也发达了不少！”我骄傲地想着，想到高兴之处，还捂着嘴“吭哧吭哧”地笑。

吹响下一场即将胜利的号角，我来到了非洲：“天呐，这里难道是蒸桑拿的地方吗，如此之热！”非洲的土地荒无人烟，印度洋干涸，我看见了一个极度营养不良的人躺在地上，两眼无神又混浊。我变出一些汤水让他喝了下去，他润了润干燥的嘴唇，说："这里是撒哈拉沙漠，我生长的地方。"他还告诉我，非洲的干旱日益严重，水资源越来越少，人们甚至会为争夺一摊浑水而打架。

我的内心充满愧疚，哀怨地用千里眼和顺风耳去寻找全世界的资本家，却发现他们都聚集在欧洲亚士山庄中，泡着温泉，享受着用金钱换来的快乐，资本家装模作样地换上了最洁白的浴袍，自以为比谁都高贵——他们不仅想自己泡温泉，还想整个地球陪他们泡温泉。

"你们不是自然的主宰者，你们无法也无权让地球变成在高温下沸腾的模样！"我穿越进亚士山庄，疯狂地吼道。资本家们被我吓了一跳，从钱包里扔出几千万钞票，想要收买我，但同样的错误，我不会再犯第二次。

我拿过环境爷送我的玻璃管，蓄力将其打破，忽然一道冷冽的白光冒出，随后，金币奔回资本家的钱包，而资本家却消失了，亚士山庄也随即无影无踪。时空倒流了。

我不能为了满足一己私利而容忍人类的不当作为，在剩余的时间里，我到世界各地宣讲，告诉人类他们从来不是万物之主，他们只能与自然和谐共处。在做好思想工作后，我开始带领人类一起研发各种清洁型替代能源以及时改变利用环境资源的方式。人类称我为"转世神农"。可谁又能了解我背后的忏悔呢？只有把地球变得更好，才能让我的良心不被谴责。

今后我的职责变成了如何维护好地球这颗水晶球，地球在我心中变得更加圣洁。环境爷看我这么努力，也终于欣慰地笑了。

指导老师：陈晓娇，教育学硕士，毕业于华东师范大学，中学一级教师，国家二级心理咨询师。

生命公式

孟潮 / 高三年级　陈芳 / 指导老师　浙江省北京师范大学附属嘉兴南湖高级中学

2056 年，美国的自然科学家艾文声称发现了夸克内运行的法则，并将其命名为“自然公式”。该公式目前在碳、氢、氧三种离子的夸克内得到验证。利用这一公式，人类可以对这三种元素进行排列组合，创造出许多新生命体。如果继续研究，甚至有可能找出让人类不死不老的技术。

此后，各国科学家开始疯狂试验，对可利用的碳、氢、氧元素进行提取、排列。植物的身影逐渐从地球上消失，气候也变得更加恶劣，荒漠化、海平面上升、生物灭绝等问题层出不穷。科学家们甚至在私底下用人体进行试验。科技成了毁灭自然与人类的工具。

艾文作为该公式的发现者，认为自己犯了一个天大的错误。他连忙找到了自己的老师守钟人，想要通过老师发明的时光机回到过去，阻止 2056 年的自己。

守钟人答应了，艾文通过时光机来到 2056 年。看到年轻的自己正冲向实验室，艾文想立刻跟上去阻止。但一辆失控的汽车突然撞向自己，艾文连忙躲开。回过头，年轻的艾文已经不在了。

就在艾文焦急万分地寻找年轻的自己时，恰好遇到了 2056 年的守钟人，他便将未来的一切告诉了守钟人。守钟人笑道：“你可以和我相遇，年轻的艾文也可以和我相遇，但年轻的艾文却不能与你相遇，还不明白吗？”

艾文摇头，守钟人继续解释：“这是自然之神力的安排，它是一种超越你我之外的力量，无比强大、无法抗拒。在自然面前，人类是只虫子。你发现了自然公式，只是虫子找到一片树叶罢了，虫子从来就没有征服过自然。”

“不！不是征服！但也不会投降。”艾文声音逐渐大了起来，“我既然是‘盗火者’，就将保护好这团火！我不会让它成为焚烧世界的恶魔，而是要带来光明。虽然我不能改变过去，但我能改变未来！”

艾文回到现实，通过不懈的努力，最终提出了“生命公式”，即“自然公式”的合理应用方法。高层管理者们开始了对地球的改造和重塑。

2070 年，生命计划已经推行了 14 年了。艾文与守钟人站在天台边，看着窗外的几只小恐龙嬉戏着，不禁笑了。“下界仿佛是在侏罗纪时代呢。”艾文说道。

守钟人点头：“马上就要回到上界了，多看一会儿吧。从某个角度来说，你可是它们的父亲呢。”

艾文大笑，拍了拍他，说：“你可别打趣我了，我的‘自然公式’造出恐龙，你教我的‘生命公式’可是拯救了人类啊。”

两人相视一笑。一个长长的管道从天而降，两人走上去，很快到了上界。“感谢两位到下界观光，欢迎下次再来。”

所谓“生命公式”，便是在大气表层建造人类基地，将地球包裹住。在地表收集太阳能，为基地运行供能，同时在地壳内进行人工培育，利用“自然公式”复活那些灭绝的生物。整个地球便形成“上界是人类活动的科技世界，下界是自然世界”。

平时人类在上界活动，但每天都有一批人到下界去体验自然生活。下界仿佛回到了几千万年前地球原本的样子，森林茂密，生物繁多，少有人类干涉。

“按时间来算，下个纪元，下界就应该进化出类人猿了吧？”艾文感叹道，“现在到下界体验的人次太多，供不应求。自从人类转移到人工基地上界后，便对自然怀念起来，不满足于上界的人造景区了。”

这时，艾文想起曾经和守钟人的对话：“人类的未来很远，你能找到那个通往真相的门吗？”他回答道：“能的。”

时间流转，艾文看着眼前人类、科技与自然和谐相生的景象笑道：“已经找到了啊……”

指导老师：陈芳，北师大嘉兴附属南湖高级中学语文教师。

改绝境，创共生

孟琳朋 / 高三年级　郭传斌 / 指导老师　山东省淄博第四中学

黑夜携带着它的清凉悄然离去……

此刻，太阳正悬挂在空中毫无保留地炫耀并施舍着自己炽热的光芒。海里的水分子们仿佛感受到了太阳热情的呼唤，它们纷纷挣脱母亲的怀抱，顽皮地奔向新伙伴，或许是厌恶了孩童们无聊的游戏，太阳便索性在这群孩子中躲藏了起来——阴天了。不知从哪儿突然冒出几架飞机，朝孩童们喷洒着“礼物”——冷凝核，孩童们兴奋地你追我赶，抢着挑选，却跌跌撞撞地碰到了小伙伴们。天，下雨了。

久住在清凉海底的人们纷纷乘着海陆电梯上岸，贪婪地呼吸着新鲜的氧气，这种久违的舒适感不知有多久没有体验过了。沿着海底隧道，短短几分钟便可抵达海底制冷工厂，这里几乎是所有人的工作地。高大的设备在海底轰隆隆地运行着，人们利用海底水流所储存的动能作为能源，此外还有继续深入海底采集的地壳的核能等。人们通过建立从陆上到海底的巨型通气管，将陆地上的空气通入该制冷设备中富集起来，再按各种气体的不同沸点依次降温，将其中的氧气通入海底居民区以维持人们的呼吸，但更主要目的是将空气中的二氧化碳冷却成干冰储存在海底，以此来缓解温室效应。

此次上岸，人们不仅仅是来放松享受的，而是来实施“021 计划”的。上岸的人大致被分成三个批次，第一批去各地势较高的地带实施植物细胞组织培养和微型工厂化生产，利用植物细胞的全能性快速制备具有优良性状（能吸收大量二氧化碳）的植物，并将育出的试管苗四处种植，同时为其提供适量的营养物质（如无机盐）和植物激素（如生长素和细胞分裂素），使其快速生长成茁壮的参天大树。这样既可吸收大量二氧化碳，同时阻挡一部分照射到地面的太阳光，为各种生物提供凉爽适宜的生活环境，打造一片生长在陆地上的“绿色海洋”。

第二批次的人则到海拔较高的高原上，利用研发已久的快速钻地技术，修建多条细长的通道，并在底部将它们相连（类似新疆的坎儿井工程，能尽量减少水分的蒸发），将每次的雨水收集起来，利用太阳能电池板储存的廉价易得的太阳能作为动力源，将这些储存在渠道里的水抽到高原山峰上将其冰封，以形成雪山来储存固态淡水，供人们日用。

第三批次的人们则是利用长期干旱的地区，充分发挥当地的土地资源优势，将其与人工建造海上陆地工程结合起来。当然这也需要因地制宜，对于靠近沿海地区的沙漠，则可建设调水工程，将海水中的粗盐等粗略除杂后（保留其中少量的钙、镁离子等微量矿物质），以喷洒、滴溉等方法对干旱的土地进行灌溉，使其充分涵养水分后进行铺草坪、植树造林、种植转基因高产粮食作物等；而距海较远的地带则需建设空间轨道，将土地资源转移到人造漂浮床上，实现高科技版的“精卫填海”。

少部分人还将运用动物细胞组织培养和动物细胞核移植等技术，增加濒危动物的数量，并培育出能适应气候变暖的新物种，将动物置于已创造好植被的地区，任其自然生存，人类不得进行干预，以此打造青山绿水、虫鸣鸟叫的自然和谐的生态系统，为大自然重添生命气息。

春去秋回数十载，世界仿佛又回到了从前的四季分明，春有百花开、夏有凉树荫、秋有好丰收、冬有白雪飘的诗意画面。或许世界又回到了开始的起点，恢复到从前的模样，但每个人的心境却都已不再似从前：少了份掌控欲、多了份对自然的敬畏……

指导老师：郭传斌，中学语文高级教师，区骨干教师、教科研先进个人，曾获得淄博市普通高中优秀课程资源二等奖，教研案例曾获得普通高中语文网络教研案例二等奖。

从厄尔尼诺看世界气候变化

闵瑞/高二年级　夏伟/指导老师　北京市十一学校

在地球46亿年的历史中，气候从未停止变迁，一直在冷暖干湿之间游移。1000年前的世界，生机勃勃，缤纷多彩，许多地方出现乍起乍落的文明，古巴比伦、玛雅、古印度、中国，其中两个帝国由于干旱饥荒而走向了灭亡之路。也有一些国家诞生于暖温带等地理条件优越的地区。骆驼商队、丝路与季风，将欧、亚、非等地区连成一体，世界上开始出现横跨多个大陆的经济共同体。

然而16世纪中叶至19世纪末叶，当欧洲受益于温暖气候时，地球上许多地区却苦于高温干旱，人类大迁徙，文明消失。人们意识到了自然气候的威力，开始利用公速箱、指风针、遥感卫星等逐步了解世界气候变化规律。早在18世纪末，居住在美洲西部的印第安人发现每隔3—5年，科迪勒拉山系山麓下冲积平原的庄稼就会枯萎死掉，并伴随着异常高温席卷美洲，令人苦不堪言。后来哥伦布将从意大利带来的先进的科学技术传到美洲大陆，人们发现了这一气候运动规律，并将其称为厄尔尼诺现象，也叫作南太平洋扰动异常现象。“厄尔尼诺”是西班牙语的译音，原意是“圣婴”“神童”或“圣明之子”。

20世纪中叶，第一颗遥感卫星成功发射，帮助人们解释了这一现象产生的原因。从遥感图像来看，当厄尔尼诺现象发生时，原本自西向东流动的北太平洋暖流的中心偏东，东南信风减弱，东太平洋冷水上翻现象消失，表层暖水向东回流，导致赤道东太平洋海面上升，海面水温升高。秘鲁、厄瓜多尔沿岸由冷洋流转变为暖洋流，出现一个异常的高温气压团，使海平面升温压力变大，气流升高并向东西两侧扩散，由东向西的东北季风带去的暖湿气流会导致高温多雨，向东的气流会带去高温的暖风，进而使太平洋西部温带沿海地区受到暖湿气流下沉，形成异常高温多雨的天气；太平洋东部地区会变得高温干燥，水资源蒸发、减少，造成巨大的灾难。

虽然人类已经大致了解了厄尔尼诺现象的成因，但如何避免这种现象的产生依然得不到解决。居住在太平洋西部的人们面对多降雨造成的台风现象束手无措，东部美洲人民的收成也会大打折扣。并且由于厄尔尼诺现象发生在春夏两季，大量迁徙的动物会因为高温干旱而死亡。但以前的人们利用自然资源有所节制，靠着对环境的了解和善于利用机会的本事，他们存活了下来，而在至为严峻的环境中，由数千万年无比严重的洪水、干旱所淬炼出的生活方式也因此赓续不绝。随着科技的飞速发展，生活在北美洲的人们用人工降雨等手段缓解了厄尔尼诺现象所造成的危害，但并没有完全遏制住它。

当前，由于工业化社会规模庞大，人类排放温室气体不但不见稍减，还有加速的趋势。全球性的温室效应使海水的温度提升，海平面上升使气压团下降，进而使气温再度提升，降水再度增多，厄尔尼诺现象更加显著，人类的危机也进一步加重。

越来越多的证据显示，厄尔尼诺现象所引发的干旱是与全球暖化有关而默不作声的阴险杀手。干旱引起了水资源匮乏，在联合国环境计划署的报告中，现今有接近 15 个国家，共计 1.2 亿人次由于厄尔尼诺现象，苦于用水不足。若不加以控制，干旱缺水带给人类的灾难将不可设想。

历史始终在我们身边，威胁我们，鼓励我们，并给我们前车之鉴。人类从来不是自然世界的主宰者，而是只能迁就变化不断的自然世界以图生存。诚如高棉人和玛雅人给我们的教训，我们越是想掌握自然世界，离永续生存可能就越远，甚至会走向毁灭。我们应坦然迎接人类不是万物之主的未来，从而顺承厄尔尼诺现象，把自己当成不断变化的自然世界的伙伴。

指导老师：夏伟，中学高级教师，曾获得海淀区优秀教师、海淀区语文骨干教师、海淀区语文学科带头人、十一学校优秀班主任等称号。

再见，我的将军

莫兰怡 / 高二年级　谢瑞瑜 / 指导老师　广西壮族自治区梧州市藤县第六中学

公元 2065 年，全球迎来了科创时代。在这个科技文明发展的时代里，人们面临的挑战却是全球变暖。气温上升，环境恶化，人类长期处于水深火热之中。10 月，洛希上将前往全球卫生组织参加会议。

"洛希上将，您可算来了！"到达会议总部，一位清俊的男子上前提起上将的行李箱，殷勤道，"'赤温'能源发射弹进展如何？我们都在等待您的音信！"

年近九旬的洛希上将脚步不停，微微蹙眉道："能源严重不足！近年来温室效应愈演愈烈，降温能源的收集远远赶不上气温上升！"

男子有些着急："将军！部长说过，资源不够您完全可以从我们这里调集人手！""调集人手？"洛希上将冷笑道，"在这个世界文明发达的年代，让我从这里调集人手，是等他们盗取我们的成果吗？"说完他推开男子，大步迈入会议室。

这个世界，文明塌陷，物种变异，一切都不可轻信。科创时代的发展带动了全球科技的进步，各国之间暗战不断，常会派些秘密分子潜入别国经济中心，窃取解决温室效应的机密。洛希上将的"赤温"能源发射弹便是全球都虎视眈眈的发明。

洛希上将站立于窗前，俯视着这片千疮百孔的世界。他深知，地球再这么下去，能生存的地方就会越变越少，人类将会更快灭绝，一切改变迫在眉睫。

"林可，进来。"洛希上将开口叫道，"全面加快能源挖掘，我们所剩的时间不多了。""是，上将。"林可跟在将军身边多年，从未见过将军的背影这般萧条。"将军，身体可有不适？"林可小声问道。

洛希上将的背影微微一顿："少废话！快去！"

林可不敢有丝毫懈怠，转身出去，轻手关上门。在林可离开的那一瞬间，洛希上将心头一梗，将一口浓血吐了出来。洛希上将明白，多年来自己身体吸收的辐射和反能源数不胜数，怎会吃得消？但他更明白，在"赤温"

能源完成前，他不能倒下，这些年一直偷偷吃药，就怕有万一。

公元 2066 年，在洛希上将的带领下，“赤温”能源收集得到进一步突破，可他的身体也愈发吃不消。林可看见上将的咳疾愈发严重，不忍道：“将军，快去休息吧！这里有我们！”洛希上将一手握拳轻咳，一手推开他道：“不行！只要今年加快步子，明年定能发射成功！”说完转身走向实验基地。

公元 2067 年 6 月，洛希上将吞下一把药丸，便看见林可急急忙忙地跑进来。“呼……将军！情况不妙！气象预报检测到在五分钟后全球将迎来严重性地质灾害！台风、海啸、地震等自然灾害也将同时发生！预计死亡 50 亿人，有 25% 的土地将被吞噬！”洛希上将猛地坐起：“快！启动‘赤温’能源发射弹！通知所有部门一分钟后就位，两分钟后发射导弹！”洛希上将心跳加速，此话说完，窒息感猛地涌上心头。

这三分钟是决定人类命运的时刻。“各部门准备就绪！”一声号令，全场气氛紧张到极点。突然间，一阵狂风猛地刮来，卷起一阵又一阵黄沙风暴，地面开始震动，被吹倒的枯木向基地袭来！

“准备发射！”洛希上将压下心头的窒息感，一声令下，全员待命。

“3！”地板震动愈发激烈，满地是碎石黄沙。

“2！”乌云笼罩，大雨将至。

“1！”上将喊完，双膝猛地跪地，心脏病和哮喘并发，刚压下去的窒息感和血味此刻将他包围，刹那间他仿佛游鱼在海滩搁浅。意识朦胧之际，他望见“赤温”直上云霄，能源于高空盛开，天崩地裂之后，一切灾害仿佛被按了暂停键。

他微微一笑，鲜血和着泪水流了下来，文明将亘古恢宏。伴随着林可跑过来的脚步声和人们的欢呼声，他缓缓闭上了双目。

满城花开，宛如春回大地，一切灾害平息，气温恢复正常。时光轮回往复，像无限温柔的风，带人们光临永恒的梦。

谢谢你，我的将军。再见，我的将军。

指导老师：谢瑞瑜，大学本科，毕业于贺州学院，汉语言文学专业。中学二级教师。

好想爱这个世界

南佳宁 / 高三年级　周惠芬 / 指导老师　山东省聊城市阳谷县第一中学

公元 2055 年，温室气体的大量排放和臭氧层的破坏，导致全球气候急剧变暖。太平洋沿岸地区海平面上升，史上最大的海啸袭击了这座城。这场灾难引起了世界各组织的重视，他们必须采取措施！

——摘自《南向晚日记》

阴暗的天空无法为此处的人们指明方向，他们开始怨恨上帝，为何在这个繁荣的年代，让他们遭受如此的“酷刑”。世界的另一角，“拯救者号”的科研工作人员密切地关注着太平洋的这个城市，他们眉头紧锁，目光集聚在 AI 智能的播放仪上……

“将军，现在状况如何？”夏一程先生问道。“我们预测的事情发生了，这场海啸已经影响了地球的电缆设备，如若再不行动，1000 年前的历史恐怕会再演……”夏先生已然明白，这是地球向人类发出的又一次警告。

“‘火种’计划实施得怎么样了？”

“一切顺利。‘STAR’种子可以利用宇宙中的能量产生‘伪氧’，可供人们正常呼吸，并能通过产生热量形成可阻挡紫外线的屏障，再通过基因工程技术使其发生理化反应，产生供人们饮用的水源，但产量有限……”

“马上命令基因库和文化遗库的人员，必须保证信息全部被保留。”将军命令通讯员。他们想要将人类文明延续，这是人类几千年来全部的遗产。太阳黑子和太阳风暴如同时爆发，地球的磁极将发生“翻天覆地”的变化。87 亿的人类也将灭亡！

“不好，宇宙在加速膨胀，曲率已经变化。将军，我们要发送信号吗？”监测员忐忑地问。“当然！”将军斩钉截铁地喊出！此时海啸已退却，但城市伤亡惨重，已变成一片废墟。政府下达即刻救援的命令，绝不放弃任何一个生命。

一场灾难，使得这座城的生命与繁华刹那间陨落。其余地方的人们恐惧着未来，害怕死亡，只躲在政府的避难所，所有的人都变得颓废不堪。被海啸袭击过的城市，被称作“死亡城”。

公元2059年，神奇的事情发生了：“死亡城”突然变得人声鼎沸。仅存的几个人竟找到了他们的亲人。一个市民说：“我好像是我自己，又好像我不是我。”原来平行宇宙真的存在！由于相干性原理，每个人都可以找到另一个宇宙中的自己；而退相干，也让人们遇见了去世的亲人。若宇宙曲率再次发生变化，他们的生活将恢复原状。

夏一程与南向晚再次见面，相拥而泣，而这一抱竟是永别！他必须担起重任，去完成火种计划，让移居外星成为可能。他是人类的最后一丝希望。

宇宙飞船直冲云霄，夏一程的视线模糊了。他看着即将驶入的浩瀚的星空，说：“死亡并非所有的归宿，这是另一场旅程的开始……”

公元2070年，地球依旧照常运转。人们更加懂得珍惜：如果说世上还有什么值得向往，那就是人间真情。适者生存、优胜劣汰的残酷法则依旧存在。但人们已深知，保护和珍爱地球是人类唯一的选择！

夏一程先生已经在地球消失，但他点燃了亿万人的生命……当南向晚再次翻开日记，恍惚间有种洒脱镌刻在字里行间，一笔一画，清隽有力——当人们热爱这世界时，他们才真正生活在这世上！

在古老的地球时代，存在过一种脆弱的碳基生物。他们的幼虫经历漫长的能量积累，蛰伏于沉寂与黑暗中，于痛苦中自我束缚，诞生出新的生命——蝴蝶。

我终于明白了夏——目之所及，步履所往，即是远方。对未来最大的慷慨，是把一切奉献给现在！

——摘自《南向晚日记》

指导老师：周惠芬，毕业于聊城市师范专科学校汉语言文学专业，中学语文高级教师，曾获得山东省骨干教师、聊城市教学能手、阳谷县名师等荣誉称号。

触碰永恒

牛思源 / 高二年级　柏腾 / 指导老师　山东省济南大学城实验高级中学

这是最好的时代，也是最坏的时代。这是希望之春，也是失望之冬。

——查尔斯·狄更斯《双城记》

诞生于工业革命时期的一句话，现在仍然适用。环境问题日益严重，在经济不断向好的同时，气温拉起了警戒线，如果再不采取合理行动，冰川融水很快就会将人类文明一举淹没。

国际科学研究所内正在进行讨论会。伊斯特从文献中抬起头，提出了她的见解："如今没有什么别的办法了，只能实施一些紧缩型政策，再控制人口，最后恢复小国寡民的时代。"

池筱摇了摇头："我们都不希望人类文明倒退，不是有句古话叫'解铃还须系铃人'，环境因为科技发展而恶化，如果采取科学的对策……那我们将是第一批触碰永恒的生物。"随后，用科技改变未来的方案全票通过。

池筱从会议室走出，对旁边的伊斯特和巴德说："距离2070年还有49年，我们必须尽快想出对策。对策还应包含两个方面：分析未来和改变未来。"

巴德思忖片刻道："我们科研组最近研制出一种仪器，它会采集所有地球信息，再分析地质、宇宙环境等的变化，模拟出任意时间点的未来。"

伊斯特眼中闪出兴奋的光芒："那模拟的原理是什么？"

这回池筱替巴德回答了："影响未来的因素和未来本身相当于一组函数，因素是自变量，未来是因变量，理论上，自变量全部测得，因变量也随之确定。"

巴德赞许地点点头，补充道："的确是这样，这种估测的准确率高达99%，剩下1%的转机或意外，存在于这个未知变量。"他用手指着仪器的显示屏。

随后几个小时，仪器一刻不停地计算、运转着，那个未知变量却始终没有被消去。最终结果显示：人类若按现行趋势发展，到2070年，能源枯竭，气候恶劣，但人类创造出了一种超级载重飞船，可将月球中大量的氦-3带回地球做核燃料；到 2575 年，氦–3 用尽，人类又找到新能源，但依然供不应求，人类将于 100 万年后缓慢灭亡。所有人陷入了沉默。

这时，计划制订者杨致远向大家宣布：“大会决定，一周后国际科学研究所的全体成员乘坐时光机穿越，去改变可能出现的未来灾难，我们的任务是写下高端科技对应的发明原理，让那个时代的科学家依照这个思路去创造发明，从而起到改变未来的作用。请你们做好准备。”

一周后，池筱拿着几十页的稿子踏进时光机，一路上他不断地向对应的时间点投掷超级载重飞船、升级版时光机、原料转化器等科技创造发明原理，旁边巴德持续注视着显示屏，直到最后一个稿件投掷完毕，虽然模拟器显示，人类会成功攻克难关，然而那个未知变量依然在那里没变。巴德疑惑道：“为什么还没有确定？”

池筱答：“因为我们刚才改变的是未来，并非是那个未知变量，我们人为改变了应有的发展水平。一般条件下，小变化范围不会引起质变，而在改变积累到一定范围，就像电子一样，会出现能级跃迁，处于激发态。我们就是此种情况，如果没猜错，未知变量应该是总方程的一个修正项。但是，我们虽然完成了这一伟大的工作，却再也回不到 2021 年了，目前没有东西能超过光速，时间不可能倒流，说不准我们得搭个‘生物圈 3 号’度过余生了。”

他带领一行人走出舱门。正当这些人一筹莫展时，面前凭空出现一个时空舱，走出一些人，为首的人笑着开口：“任务完成得很好，未来人类会继续存活，他们依靠模拟器外加发明，防患于未然，并将最大效率地利用资源。”“你们是谁？”池筱问道。

“我们是未来的人。你们预测得不错，但略有瑕疵，未来的人类确实经历了你们的预测，还设法超过光速，让时光倒流；而你们的任务是从源头阻止、改变这一切。所以，你们是那个未知变量。”

物换星移，时间奔流，我们得以见证漫长岁月里，所有的永恒和不朽。

指导老师：柏腾，汉语国际教育硕士，毕业于新疆大学，汉语国际教育专业。

鹤望兰

潘泓铭/高二年级　王欢/指导老师　江苏省扬州中学

墨绿的叶亦卷亦舒，微醺出淡淡的草木之气。我坐在驾驶舱内，眼睛瞟着舱外的天空之城、地下堡垒。如今全球气候恶化，厄尔尼诺酷暑、拉尼娜严寒，迫使人类迁徙至中纬度地带，向地球纵深处发展。

“小天啊，你们可真会挑日子，芒种出去执行任务。”母亲叠衣服时漫不经心地说，“你这次是去哪儿？去无人区啊？”“嗯。赤道附近核排查。”我懒懒地答道。母亲转身握住我的手：“小天啊，能不能不去，太危险了。”我一把挣开：“妈，你太幼稚。别的地方组员都查过了，这是最后一个片区。”我说着就往门外跑，母亲在后面追着：“衣服，拿衣服！”

鹤望兰亭亭静静地立着，沉默着。临近无人区，我的额头上已沁出密密的汗珠，一场超暖气流显示在屏幕上，“‘芒种火烧天’不假啊。”

脚一落地，触碰到松软润湿的土壤，便心头一软，荒凉的大地上有一处野草正自葳蕤，坚韧的茎笔挺着，像是抹了蜡的叶面宽大舒展，闪耀着光辉，浓香袭来，比茉莉的素，比睡莲的厚，直醉六神，这便是热带的香草吧。我想起《离骚》里的香草美人，“朝饮木兰之坠露兮，夕餐秋菊之落英。”想起《红楼梦》里的蘅芜苑，“蘼芜蘅芷逊孤芳，万绿千红俱避席。”真实的美的冲动已盎然。

我痴痴地环顾周遭的郁郁葱葱，大自然以青天为宣纸，以云彩做狼毫，把阳光磨成粉、凝成墨，铺摛出人类永远无法创造的美。那是钢筋水泥、电缆柏油永远无法得到的美，那是格式化整治永远无法拥有的心动。我开始懂得真正的科技不是盲目地打破与造弄，而是睿智地恢复和保留。

回到飞船，我盯着那盆墨绿的鹤望兰，觉得把自然比作母亲是不错的，孩子与母亲、人类与自然，都需要彼此尊重，维系他们的是一种真挚、美好的和谐纽带，任何一方受到伤害，痛苦的都是彼此。

“发现！发现！”显示器打乱我的思绪，定睛一看，原来是个半旧的虫洞入口。“好家伙，等我排完这最后一公里再来研究你。”飞船继续前行。过高的温度使鹤望兰垂下了脑袋。“发现！发现！”显示屏通红，是未爆过的核！

太阳辐射愈来愈烈，温度一再飙升，即将达到核爆点。我的心跳似乎静止，血液已然凝滞，手心淌出的汗沁进指缝，指腹皱缩，掌心疲软。我的喉咙像是被锁住，挤不出一个字。

四顾这初现生机的大地，不敢想那核爆之后的摧残和吞噬。唯一的拯救办法——带着核前往那未知的虫洞入口，离开这个空间，让我和一切作别。

“啾——”一只金刚鹦鹉从舱前掠过，阳光射在她的喙上，泛出金属光泽，溢出金粉在她的七彩翎毛上流淌，漏下，斑驳在芭蕉叶上，叶上一颗露水折射出万千光芒，照亮了雨林、照亮了云翳、也照亮了我的双眸。

鹤望兰注视着我，脂质叶面舒展着，温柔地展开褶皱，仿佛在说：“孩子，追寻你的内心吧。”

我摩挲着鹤望兰的叶，幽香沁入心脾。勾出脑海中蕾切尔的《寂静的春天》中的一句话：“那些感受大地之美的人，能从中获得生命的力量，直至一生。”现在，我分明感到胸中那股力量的滚烫与炽热。温度示数的红字正在跳跃。按下按钮，机器臂将装有核的那架破车收进舱内，飞船驶向虫洞入口。

“妈，您要好好的啊！请原谅我。”鹤望兰，兰是君子，君子要有担当。

告别盒子墨晶的摄像头已对准我，我顿了顿，挤出一个酒窝：“如果不能再见，我提前祝您早安、午安、晚安。”我想起了电影《楚门的世界》里的一句话。

鹤望兰轻扬慢卷，伸向那无尽的时空之海里。休戚不惊，闲望庭前鹤舞鹤憩，去留无意，漫随舱内兰卷兰舒。

指导老师：王欢，文学硕士，毕业于华东师范大学文艺学专业。中学中级教师。曾获2017年扬州市直第八届“顾黄初杯”语文教学竞赛高中组一等奖和扬州市市直学校先进工作者、扬州中学优秀教师等荣誉称号。

阳光未来，科学地球

彭盈/高二年级　谢立红/指导老师　湖南省长沙铁路第一中学

这是一个被笼罩于高温之下的世界，冰雪剧融，海平面上升。新星的图腾被放映在科研室的大屏上，人们正试图找寻一颗宇宙天体来安居，这项工作已开展十多载，进展甚微。自然科研组的工作人员每天发布关于地球的情况，呼吁人类携手共同复原地球。许多生命移居地底，地下生存室里住着无数科研人员。他们被划分为许多小组，为地球的未来奋斗。

鑫程是一位年轻的天文学者，他曾经一心想要另寻星球来转移地球上的多数生命，但现在他却不那么坚定了……“天文小组的成员们，有个建议我希望你们考虑一下。地球是我们的母亲，她孕育了千万代人，如今她的儿女将她弄得遍体鳞伤，却一心想弃她而去，换作你们，会做何感想？”颜悦是鑫程的队友，她询问道：“那你说说，我们现在该怎么做？”“我们应该听从自然科研组的指令，复原地球，而非弃她而去！”鑫程坚决地回答。

“没错！我们人类虽然一直在研究星体，但却从未放弃地球，现在海平面上升，已淹没多个岛屿及沿海城市，南极洲面积骤减，我们困在这地下，就是要寻找到解决办法。”总指挥员奥利·汀新非常支持鑫程，“我们已有多个小组开展了地球复原工作的研究，如今能有鑫程你们这样的青年人才，地球的恢复定不是梦！”

次日，人类全面展开地球复原工作，同时开启地面防护罩，以削弱外面阳光的辐射。数年过去，人类研发了海面侦测计数仪、潜艇、飞行器等高科技产品，最大的工程是“冰川”号，它被安装在南极洲，靠吸收、处理海水来制冰，“修复”南极冰川！人类不再使用有污染的能源，而是大量使用潮汐能、太阳能……

颜悦穿上厚重的降温服，驾驶着飞行器在各处检测空气成分。鑫程在新的工作室里要将地球外部的情况实时报告给总指挥部门，并击碎砸向地球的陨石。落慕是鑫程的徒弟，年纪尚小，但聪明有志气，跟着鑫程每天做着大量精确的计算。普通群众每日组成绿色小队，在地表开展植树造林工程，多年后，地表部分地区颇有重归绿林的迹象。人们还将干涸的湖泊填了清水，将地下养殖的水生物放入其中……

南极洲面积随“冰川”号的改进升级而增加得更快，在这里的负责人冰琦向总指挥部申请将南极洲的物种逐渐放归。地表海洋面积在颜悦的报告数据显示中日有缩减。

一晃数十载，光阴不胜数。地球各地的生态系统逐渐还原，曾经的小树苗也已成参天大树，人类在地球表面又逐渐建起了小房子，这似乎又是另一种生气。代际更替，冰雪南极又成了一道可人的风景线。海平面下降，大陆架更新，防护罩撤去，人们又有了诗意与未来。

落慕不再如从前般稚嫩，鑫程与颜悦一代的科学家成了历史。全世界都歌颂着过去一代代英雄伟人。如今落慕成为总指挥官，他仍旧坚持着过去那股奋斗劲儿，呼吁人们保护地球。他也像他的师傅鑫程一样，带了徒弟，并被委以重任，培养着新一代科研人员。在这个时代，人们充满了理想信念，立志为保护地球献出力量，他们在世界各地研发新能源、新科技，尽力保护环境。地球各处生命繁衍生息，出现了许多新物种，阳光不再强烈刺眼，朝阳与落日重新变得柔和温暖……

冰川起，万物灵，人颜悦，新程踏上，噩梦落幕，人心有志在四方，看山巍峨海荡荡。大自然是家所驻之处，人类没有伤害她的理由。人与自然将脚踏风雪，手握晖光，共同迈向更远方。

指导老师：谢立红，中学一级教师，长沙市邓志刚语文名师工作室成员。

星火燎洋

彭芷若 / 高三年级　徐天祥 / 指导老师　江苏省宿迁市泗阳中学

多年之后，辰欣看着攥在手里的两条项链，想起了那晚的相拥带来的“火柴”与“星星”的碰撞，电光火石，星雨坠落，城池悄然攻陷。

公元 2070 年，全球近 40% 的地区极度干旱，南、北极上空臭氧空洞达 35%。公元 2100 年，世界各国联合应对气候变化，可新能源开发力度不够，全球普遍干旱，南、北极上空臭氧空洞近 90%，紫外线长期辐射地表，加快地磁衰退。公元 2130 年，地磁消失，太阳高能粒子流划过地球大气，宇宙射线、太阳风肆虐地表。土地沙化、海水淹没陆地、疾病蔓延使人们不得不重建家园。

凌晨 2 点 30 分，太平洋研究基地。海洋城设计人员辰欣依旧埋头于设计图稿，构划太平洋海域基地建设。为抗击海洋深处超高压强，科研人员不得不研发出更高强度的物质材料以及更稳固的房型构造。

“咚咚咚”，玻璃房门被敲响。“伊万！”辰欣惊呼，“你怎么来啦？”

伊万双手背在后方，脸上洋溢着欣喜，连眉梢都像染上了蜜一般：“通风系统设计最后定稿了，不久就可以研制完成，人类得救了。”除了海底压强这一难题，氧气供应也是海洋深处基地建设的重点技术。伊万所在的通风系统研究部门，便是解决这一问题的主力团体。

辰欣听后，还没来得及惊喜，便见伊万猝然紧缩眉头，身体微微颤抖，略弯下腰，好像在承受着难以忍受的痛苦。“伊万，你怎么了？”

两秒后，伊万的脸上重挂笑容，摆了摆右手说没事。他走到辰欣面前，伸出左手，摊开手掌，是一条简单的银色项链闪着光，一颗五角星悬挂在下面。

“庆祝通风系统成功研制，庆祝喜欢辰欣的第 886 天。”说着伊万便为辰欣戴上项链，接着勾出自己胸前的另一条项链，那是一条火柴样式的项链。

“伊万，为什么是‘火柴’和‘星星’呀？”“秘密。”

两个月后，海洋基地建成，通风系统装配至海底，全球共分为三大基地，进行陆地—海洋人口迁移。只是新城面积狭小，通风系统供应氧气量也十分有限，如何迁移成为摆在全人类面前的一道难题。各基地总负责人经商议最后决定，将全部科研人员、部分年轻且未患有疾病的男性、女性作为首批转移对象。科研人员继续攻克新城的建设难题，争取短期后将地面幸存人员转移至海洋新城；而年轻的男性、女性，则要承担着人口延续的重要责任。宣布一出，人群安静而默契。

“伊万，我们走吧。”辰欣的眼中带着对残酷生存法则的无奈，也带着即将与心爱之人共赴未来的雀跃。伊万皱了皱眉，像是强咽下什么东西，又是两三秒后笑着说道：“好，你先去列车，我去拿行李。”

就这样，辰欣独自前往列车中等候。等了又等，也没有等到伊万。

列车进入了海底隧道，身旁的众人终于松开了拽着她的手，辰欣将手搭在包袱之上，触碰到了信封的一角。里面是伊万的“火柴”项链和一封信。列车开入深蓝的海底，断了线的泪如钻石般闪耀。

两年后，新城重获生机。经历了气候极端恶化导致的一系列浩劫，基地中的人们更加珍惜现在的生活与环境。人类将通风系统进行改造、升级，利用巨大吸力研究海水漩涡式获取能源的新方法，家家户户在窗前、门外种植绿色植物，一系列关于气候与新能源的教育内容被编入教材。人类没有温和地走入那个良夜，而是一步步地重获生机。

辰欣坐在窗前，看着窗外的景象，手中抚摸着“火柴”与“星星”项链，想起了伊万的最后一封信：亲爱的辰欣，我得了病，恐怕无法与你一起走下去了。那个秘密现在终于能告诉你了。天上没有星星，但我希望，用一根火柴去点燃，为整个世界带来光亮。火柴点燃的瞬间迸发出的光亮，就是你——我亲爱的辰欣，我的星星。

天上没有星辰，但天上永远有他的辰欣。

指导老师：徐天祥，毕业于扬州师范学院。江苏省中小学语文高级教师，宿迁市语文学科带头人，曾获县优秀班主任、市县先进教师、学生最喜爱教师荣誉称号。

寻 昭

钱景上/高二年级 相卫平/指导老师 浙江省绍兴市嵊州中学

我叫简十初，第十代寻昭绿色生命系统守护者。

我的朋友，寻昭，由神舟计算机人工智能系统研发，出生于离天最近的地方，一片灼热的圣土——青藏高原。她哺育着无数人类，实际上她是最大的能源供应中心，准确地说，是一颗由微电管生物材料和硅芯片构成的仿生树，她的根系绵延几千里，她可以感受到地球的脉动和大陆板块每一次撞击的能量，她能吸收地核里熊熊燃烧的火热。她的枝干，可以承受塞外狂风呼啸而过的力量，她的叶片可以享受碎金般的阳光在跃动的喜悦……正如你所见，我的朋友，寻昭，几乎是这个星球上最智能、最强大的绿色使者，自然的使者。她是我们家庭世世代代守护的结晶，是人类参悟自然的硕果。

我的老太爷简首初，是寻昭的第一代守护者，也是联合国“行星地球计划”的发起人。那时的寻昭还是棵小树苗，对光、热、风的利用率不到现在的百分之一，那时的人们对全球环境问题漠然置之，科研经费寥寥无几，我的老太爷只能一个人扎根在这片荒山上，日复一日地给寻昭加上养料、添置传感系统，那条川藏公路，我的老太爷不知踏遍了几回。

后来，我的爷爷接过守护的重任，那时的寻昭已经成长为一棵大树，她的根扎向世界最荒芜的山脉——喜马拉雅，我的爷爷便每天穿着钉靴，顺着陡峭的崖壁一点一点地维护它的枝干和根系。

星云流转，天际变幻，灾难频繁发生。水漫威尼斯，雾满长安街，沙卷莫斯科，冰冻华盛顿，在一次又一次的灾难面前，人类幡然醒悟，开始寻找出路，遏制生态恶化，守护家园。正在这时，寻昭，站在了世界的中心。

人们在她跃动的枝叶上看到跃动的希望，世界各地的科研人员涌入青藏高原，为寻昭添上新枝绿叶，扩大她的根系，增加她的深度，延展她的广度。无论什么肤色，无论什么语言，人们在这片净土上，接受自然的洗礼，感受生命的雄奇。

爷爷每每回忆起那段岁月，总是嘴角带笑：“我们那时候啊都骑自行车，大家聚在一起，日日夜夜地攻关，把寻昭收集到的能量通过量子光缆传输到世界各地，现在的植物手机、电脑都是那时候通过5G连接到寻昭上，利用生物质能来充电，还有新能源汽车、环保家居系统，都是用寻昭的系统供应电能的。”

我常常问爷爷：“你那时孤独吗，累吗？”他总是激动地一拍大腿：“我自豪啊！骄傲啊！那时候全世界人们的心都是连在一起的！所有人都想着保护这颗星球，世界上没有战争，只有万众一心，没有国界，只有共同的家园！”

每当这时，我都满眼星光地望着这个激动得手舞足蹈的老人，抚摸着爷爷布满老茧的手，轻捶着他历经沧桑的脊背和撑起无数生机的脊骨。

现在的寻昭已经足够茁壮，允许我踏出西藏，去看看曾经荒无人烟的西伯利亚，如今已绿茵遍野，牛羊遍地；去看东非大草原上万马奔腾，豹跃鹿踊；还有亚马孙雨林里百鸟争鸣，生机盎然。世界各地的绿色城市、花园城市，都换下霓虹外衣，披上迷彩绿服，将汽油车改造成新能源车，将城市电网接入寻昭的根系。年轻人投身新能源产业、绿色环保业、高新技术业，建立起以“寻昭”为名的环保基金会。我们的星球正在恢复生机，她随着所有人的心跳而脉动，生机勃勃，欣欣向荣。

寻，寻找，昭，光明。从简首初到简十初，从个人到群体，从国家到世界！无数人的日夜兼程，披星戴月，终于汇聚成这棵生命之树，为人类带来光明，带来希望。重建总比打破困难，希望总比绝望易逝，可是无数人用他们的坚毅、勇敢、仁爱、博大和智慧在这片绝望之地上，建立起希望之邦，追求生机，追求光明！让我们璀璨的文明与星河长存。

我轻抚着寻昭粗糙的树皮，感受着生机的流淌。我是简十初，寻昭的第十代守护者，我在青藏高原，守护寻昭，和你们共同守护着我们的家园！

指导老师：相卫平，中学高级教师，浙江省教坛新秀，绍兴市学科带头人。

海　城

曲佳乐/高二年级　王小涵/指导老师　山东省青岛第一中学

夕日欲颓。光无能却又暴怒地想把一望无际的海水掀起滔天巨浪，可奈何海水已经湮灭了这古老太阳的最后一缕光芒。2070年的地球已经彻底成为一颗水球。放眼望去，除了无边无垠的海水，就只剩下几座楼顶和零零星星的岛屿。这是被水统治的世界。

地球上一个普通的夜晚，郭洪湖沉沉地睡去。他住在一个小岛上的一座锈迹斑斑的灯塔中。他是自己目力所及的范围内唯一的人类。他不知道地球上是不是仅剩下他一个人。周围的海洋给他提供食物，海水淡化仪淡化过的海水给他提供淡水资源，起起伏伏的波涛能发电，但是他还是恨这片海。海把他围了起来，他哪儿也去不了，什么都做不了。

曾经的郭洪湖还开着他祖父留下的小型潜艇到处寻找其他幸存于这片海中的人类。但方圆八百里搜了个遍，什么都没有。郭洪湖没有做好一个人孤独终老，然后将人类文明残存的最后火种熄灭的心理准备，但他好像也只能这么听天由命地活。他唯一的希望就是那台破旧的雷达和那架无线电通信仪。多年前距他四千米的地方曾响起超级微弱的信号，但还没等他冲到仪器跟前，信号便中断了。他一直希望那台机器还能再响一次，可这么多年过去，始终没有任何响动。

海面逐渐泛光，天快亮了。郭洪湖翻了几个身，将要醒来。这时无线电通信仪响了“嘀——嘀——”

“什么?！”大呼小叫地，这是自己的声音吗?郭洪湖已经好久没说话了。他从被子中跳起来，冲到无线电前，拿起话筒：“喂?你好?你好……”他的声音显然不受控制了。“喂喂?别激动……你慢点说。”对面居然传出了人声！这是郭洪湖多年来第一次和人对话，他甚至快忘记自己是谁，该怎么发音吐字。

“没想到现在海平面上还真有幸存者。”对面又传来了人声。郭洪湖心跳加快："那个……你在哪儿？这地球上还有别的人类吗？"他尽量克制住自己忽高忽低的音量。"当然，我们建了海底城市，所有人都在这里生活。你要是想，那就快来找我们吧，过来和我们一起生活……"声音背景是嘈杂的人声和车的鸣笛声。

郭洪湖看了看信号位置，距自己四千米！这么近，他应该早发现了啊！但他惊喜得全然不顾了，说："你能不能发个定位过来？"对方犹豫了一会，道："不行，我们这里有防火墙，不允许随意暴露自己的位置。你是不是能看见我们的位置？但那是我们海城模拟的信号位置。我自己也不知道这是在地球上的哪儿，你还是自己尽力找一找吧。"

郭洪湖有些失望地沉默了。"没关系，我可以陪你聊聊天。"通过聊天，郭洪湖了解到对方是海城的通讯员，负责搜寻海面上的幸存者，但自地球被淹没后，他从没找到过幸存者。今天他终于找到一个也是第一个幸存者，他很兴奋。郭洪湖通过无线电听到那边车水马龙的声音，十分激动。

希望的日出又一次浮上海面。"今天先到这儿，下次还找你聊，你也努力找找，看能不能找来。"对方终止了通话。

郭洪湖受了莫大的鼓舞，他坐下来，忽然发现了一本他从未打开的杂志，翻开时，从中掉出一页泛黄生脆的广告纸——超长待机机器人，无穷电量，可在洪灾后被海水淹没的地球上陪你打发寂寞，可无线电远距离对话，可模仿真实生活场景和各种声音。

天光大亮，郭洪湖笑出了声——距灯塔四千米的深海，一个孤独的机器人正坐着。斑驳的铁皮和频频闪红灯的电池似乎正宣告他的死期。他学着人类擦擦泪。

深海压抑了全部生的气息，只有给世界上最后一个人类打一通电话。

……光久违地照在他的脸上。一艘小型潜艇的灯，正对着他，扭头一看，上面坐着的就是那位幸存者——郭洪湖。郭洪湖十分平静地微笑着，缓缓地把手放在舱室的玻璃上；机器人也学着人类笑笑，然后也把手隔着玻璃对在人类的手上。他们隔着玻璃，隔着海，相会了。夕日欲颓，这是一首悲歌。

指导老师：王小涵，文学学士，毕业于西南大学文学院，青岛一中老师。

浮　城

沈陆宇 / 高三年级　李珊 / 指导老师　云南省玉溪市衡水实验中学

2177年4月9日，新泛大洋中部，“破晓”号浮城上的高塔。

随着全息时针上的数字从5:59变为6:00后，这个近30平方米大小的房间犹如“活”了一般——灰色的防护挡板自动收缩，乳白色的遮光板也徐徐升起，清晨的第一缕阳光透了进来。

与此同时，温柔的女声响起，这是“破晓”号的高级AI精灵阿萱的声音。

“早上好，陈帆同志，现在是早上6点，‘破晓’号位于您的祖国——原中国上方，并正以70节的速度向正东行驶。今天天气晴朗，春风微起，昨夜的暴雨将空气中的燥热洗净了许多，所以今天的空气格外清新。”

房间正中的床铺上，一个青年男子缓缓坐起身来，揉了揉双眼问道：“阿萱，早上好，昨夜下雨了吗？有多大？”

“是的，这是今年以来的第19场暴风雨，风速超过12级，降雨量也达到了700毫米。根据《新纪元气象防范标准》要求，‘破晓’号使用了防护板，所以才没有惊动您。”

“这样啊，我早已习以为常了。”陈帆下床，迅速穿衣洗漱，再从一旁的饮食单元里端出一碗热气腾腾的炸酱面，坐在窗边看着一望无垠的大海若有所思地吃了起来。

破晓，C级浮城，于2100年新纪元年下水。整座城市由低密度超合金制成，兼顾硬度和韧性，面积达16.4平方千米，现已容纳超过50万人口。浮城，顾名思义，就是漂浮在海面上的城市。100多年前的21世纪，温室效应加剧，其引发的恶性后果不只是海平面上升这么简单，还包括一系列极端天气、海啸、大地震及超级火山爆发……到2060年，南北极冰川全部融化，海平面上升了200多米，远超人类预计，频发的地震与海啸，使得一些陆地沉没，引起了大陆板块重构，而最后的陆地，年均气温也超过30℃，而且情况非常不稳定。

就在人类未来前景暗淡、命运未知的情况下，当时的中国作为人类命运共同体的领导者，提出并主导了“浮城”计划。

窗外，几只海鸥正围着高塔飞翔，这里是“破晓”号控制人员工作与生活的地点，年纪轻轻就当上舰长助理的陈帆一定是付出了非凡的努力才走到今天这一步。高塔之下是密密层层的建筑群，高空悬浮列车在大厦间穿行，楼与楼之间联通着许多高低错落、四通八达的通道，忙碌的人们穿行其中。远处，海浪轻拍着金色的人造沙滩，这是海水淡化及污水处理基地，更远处则是高达40米的护城防波堤。这座城市，恢复了她以往的活力，“破晓”号沐浴着阳光，开始了新一天的征程。

吃完早餐，陈帆准备完毕，正要前往上方700米的高塔顶部的控制室工作，却听见阿萱说道：“陈帆同志，刘伟舰长找您。”

陈帆点了点头，一幅一人高的全息影像就出现在房间内，紧接着，一个头发花白，却很有精神的中年人浮现在他面前，刘伟先是上下打量了一下陈帆，这才说道：“小伙子，一大早很有精神！不错！刚刚我接到通知，‘阿贝多’号B级浮城要向我们输送今年的蛋白质储备。他们已经快到了，所以，快上来吧，我在控制室等你。”

事关50万人一年的蛋白质供给，陈帆不敢怠慢，随即乘坐高速电梯来到位于高塔顶部的控制室。

控制室里，一批工作人员正有条不紊地调整浮城的航向，以便与“阿贝多”号对接。从高塔顶端看出去，可以清晰地看到浮城尾部若隐若现的白色尾迹。

陈帆找到了刘伟，此时他正站在控制实验室的高台上，指挥着众人。见到陈帆，他微微一笑，对阿萱道：“距离‘阿贝多’号浮城还有多远？”

“回舰长，还有820海里，已经可以从天眼观察到。”阿萱放大了远处海平面的图像，果然可以看见一个小黑点。“此次输送的蛋白质共400吨，全为海拉Ⅳ蛋白质细胞，足够破晓使用一年。”阿萱补充。

破晓不生产食物，作为一座纯人口型浮城，它的所有设计，都是为了提高居住量和安全性，因此，破晓的补给就完全依靠进口了。而“阿贝多”号是一座B级浮城，专门培育大量的蛋白质细胞，供给人口浮城，这就是新世纪的生存法则。

陈帆点了点头，这种交接工作他也进行过多次了，但这次……“阿萱，”他突然问道，“现在海深多少？”

“下方为四川盆地，据陆沉后的数据计算，当前海深 271 米。”

“不好！”陈帆皱眉，转向刘伟，“舰长，联合署是不是搞错了，‘阿贝多’号是一座 B 级浮城，吃水达 350 米，它是无法与我们会合的。”

“这……”刘伟也反应过来了，“阿萱，他们现在在哪儿？”

“‘阿贝多’号现位于华南平原，正以 90 节的速度向西行驶。”

“如果要我们去交接，别忘了四川盆地边缘的大陆架因为地壳运动，抬升了不少，就连‘破晓’号 200 米的吃水也难过去！那我们只能往南绕道珠江平原，这样一来会耽搁很多时间，而且会打乱联合署的配给计划。”

有人打断了陈帆的话，是一位工作人员。

“报告舰长，‘阿贝多’号停下了，原因是探测到四川盆地边缘海底火山活动而且担心搁浅。”

陈帆心中一惊，果然，如果要从南边去珠江平原的话，时间紧迫，再加上受海底火山活动影响耽搁太长时间的话，有可能会导致断粮！这个灾难性的后果是谁也无法承担的。

他思索了一会，毅然开口道：“舰长，准备大型浮空平台吧，我率领一支运输队先过去。叫‘阿贝多’号先行向下一个补给目标出发，浮空平台速度快，我应该能在海南岛附近追上他们。而且未来 72 小时天气状况良好，我会密切关注海底火山状况，同时您小心通过四川盆地，向广西方向进发，我们在那儿会合。最好再进行一下粮食配给管制，以防突发情况。”

“好！真是后生可畏，思维很缜密，安排也很周详。只是你这一出发可是担负着整个‘破晓’号的希望，你一定要谨慎行事，确保圆满完成任务。这是充满挑战的新世纪生存法则，也是你成长的历练。”

舰长透过控制室厚厚的玻璃看向海平面，看着急速远去的浮空平台，仿佛看见了人类光明的未来……

指导老师：李珊，毕业于云南民族大学汉语言文学专业。曾获优秀教师称号、教师专业技能考试二等奖、玉溪衡水实验中学优秀班主任称号。

时间缝纫针

施伟/高三年级　范海霞/指导老师　安徽省宁国中学

华艰难地抬起手，遮住了有些刺眼的阳光，冬眠初醒后僵硬的身体在阳光的抚摸下渐渐变得灵活。苏的职业就是带这些从冬眠中苏醒的人适应新环境，他们一般都会大惊小怪地对新时代所展现出的一切高科技成果发出惊呼。

华是他引导的第 377 个冬眠人。但这人很奇怪，苏既查不到他冬眠的时间，也不知道他之前是干什么的，他对很多科研成果少有惊讶，更多的是赞赏和欣慰。这多少让苏有些意外。

两人并肩走在街上，一辆辆飞车飘行而过。华指着它们问："是磁悬浮吗？"显然他注意到飞车没有轮子。苏有些得意地说："没错，近 10 年才普及的，你就不好奇这些车的动力源？说出来不怕吓着你，是核聚变！那么小的一个车壳里进行着可控核聚变！"以前的冬眠者听到这个后，只要知道核聚变是什么的，无一不是喜极而泣，手舞足蹈。而华，只是礼貌性地笑了笑："现在的科学家很厉害啊。"

苏一时有些语塞，同时华的不为所动激起了他的好胜心，"以前可是没有这么厉害的！"苏示威似的看着他，"光遗传技术，充分利用光的波粒二象性进行信息携带和剪辑，就实现了广义上的记忆遗传。"他一字一顿地说，期待着华的反应，而华只是点点头。

"你看这些树、草，有没有觉得不一样？我告诉你，它们都是由同一类种子长成的，叫作'生命之种'。科学家利用基因技术将各种植物的基因聚集到一种草上，只要在一处旱地里种上一株，给少量的水和光，一年后就是一片树林！就是凭着它，我们才彻底根除了全球变暖的问题！"苏急了，他不懂为什么一个冬眠者会有这么强的技术免疫力。但华只是抚摸着道旁树翠绿的叶片，一言不发，似乎在想着什么。苏再次败下阵来。

夜晚很快降临，华停下脚步，仰头望着夜空，群星闪烁之中有三颗格外明亮。"那是华一，华二和华五。"这一次，苏的声音中带着无比的虔诚，

“2025年，全球温度激增，海平面每天都在上涨，无数人陷入绝望。这时全球科学家在首席的带领下突破了最后的技术壁垒，用72颗同步近地卫星在大气层中散布制冷气体，从而使冰川完全融化的速度延缓了5年。就是在这多出来的5年里，科研团队研究出了‘生命之种’，成功实现了碳中和，让气温下降，也使地球上的生灵免于灭顶之灾。”他的语气很诚恳，可华却像没听到似的拐进街角的一栋建筑。

这是一座记录人们与全球变暖抗争历程的博物馆，连苏也是第一次来。他一走进，入口处的激光投影仪投出一束光线，将影像打在他的视网膜上。

联合国大厅，台上站着的人是华，下方各国领导正襟危坐，神色严肃。华郑重地开口道：“不能再等了，必须立刻发射卫星！只要有这5年时间，我和我的团队一定能研发出‘生命之种’。”他神情严肃，声音掷地有力，与眼前的华判若两人。

光影变幻，这次是一间实验室，华笑着说：“光遗传技术终于成功了，以后我们苏醒时就能更轻松地跟上科技发展水平了！我和我的团队跟缝纫针似的，将两处的时间点连上，缝合冬眠所跨过的时间，隔一段时间就苏醒一次，给科学界扎一针。”随后是一阵爽朗的笑声。

影像结束，苏才看清楚，他站在一条长廊中间，两侧是众多科学家的照片及介绍。他们无一不是对抗全球变暖的先驱。其中一位便是华，简介中写着：“时间缝纫针”研究所首席科学家兼创始人华。他与他的团队研发了“生命之种”，解决了全球气候变暖的问题，拯救了地球上的生灵。以光遗传技术连接冬眠前后的时间，极大地推动了科技发展。

苏抬头看向华，敬佩如潮水般从心中涌出。他觉得自己第一次理解了“先驱”这个词的含义与分量。无论多少年过去，每当人类沐浴在和煦的阳光之下，都不会忘记像华这样的科学家。

指导老师：范海霞，文学学士，教育硕士，中学高级教师，市骨干教师。

通　感

石宸/高三年级　郭传斌/指导老师　山东省淄博第四中学

火光在冰川上，闪耀无比，映出她脑海中的幻影。

一团团火从天空中划过，降落在冰川上，融入冰中。那一座座冰川，瞬间崩裂瓦解，变成暖黄色的水滴，随即变成混沌的黑色，像一个无底洞，压抑无比。

她忽然闻到颜色的气味，是浅浅的清香，深入鼻腔，仔细一品，却又有刺激的感觉，只停留一瞬，消失殆尽，仿佛是生存的气息。

空中划过一颗流星，太阳骤然发怒，一团团火砸下，周围的冰川与大地开始毁灭，她慌张地想逃跑，却发现无处可逃，只因所在之处，南为裂谷，北为死海，天崩地裂。

景象被睁开的双眼截止，她心中一块巨石落下，雨滴落在落地窗上，外面的霓虹灯五彩缤纷。早已睡意全无，她手持高脚杯，轻抿一口血色红酒，倚在窗户上。对面高楼偌大的一块广告牌，一只手托起“低碳出行”四个字，在一片霓虹闪烁中，仅发出微弱的浅绿色的光。雨点绽放在窗户上，模糊了一片绿光。

她有一种强烈的感觉，那气味，是微薄的那束光。

十年前，她去撒哈拉寻找一种独特的松柏，能在极干旱的地区生长。那时她还只是一个刚毕业的，对环境充满希望的活力女生，她们公司派她与几个同龄男女组成环境小组，研究气候变暖的问题。怀着满腔热血，来到撒哈拉，她才明白自己的天真和单纯。刚下火车，车站地面脏乱不已，却躺了许多流浪汉，有几个柴火一般靠在墙上，一动不动。接待他们的人一脸厌弃，告诫他们绕着走，把包拿好，尤其不要喝水。一个面色蜡黄的非洲黑人，眼睁着，看到她，或许辨认出她是中国人，用不纯正的口音从嗓子眼里挤出一个字：“水……水。”她心里一紧，看到一旁三四岁大的孩子痛苦的表情，迅速从包里抽出一瓶矿泉水。他一把夺过去，塞到孩子嘴里，生怕被别人抢走。

脸上露出狰狞的表情，似乎想哭又哭不出，泪水早已干涸。

她忘不掉，走的时候那孩子盯着她，眼里的那束微薄的光，发出一种气味，人类生存的气息。

她花了十年，成就自己。转头，空荡的家中，是木质的家居地面，废旧的易拉罐加工成的吊灯发出暖色又不刺眼的亮光。一个专门的角落，放了几个纸箱，上面清楚地标明了各类垃圾投放分类；另一个角落，几个透明玻璃杯，里面盛放着各种生活废水。一侧的墙上，贴了一张纤维材质的海报，上面用植物色素染料染成一片沙漠，中间有一滴水，又或许，是一滴泪。家里的一切都是灰蓝色暗淡风，但她总是闻到绿色的气味。一种通感，感到生存的气息。

她花了十年，奉献公司。现在接任上一任老总工作，她早已发家致富，却没有开过一辆车。朋友有疑惑的，也有惋惜的，十年如一日，手持公交卡、自行车把，特殊天气就步行到公司，哪有这样的总经理？她总笑着答："你们还不懂，但很快了。"她知道有人懂她，在那一块广告牌，在那一片绿色的气息中。

她花了十年，致力于科技。公司早已成立以她为首的环境研究组，取代了最初力量微薄的环境小组，奔走于国内外各个地区，参与了调水工程、大坝设计，专注于研发新能源，解决气候变暖的问题。近期，她们推出一款软件，鼓励号召人民记录每一天的低碳生活，每天推送一条建议，并且给予坚持久的人奖励，越来越多的人参与到低碳与节约用水的行动中。她感到气息越来越重了，人类生存的气味。

红光又在闪烁，只是那绿光的气息掩盖了它的刺眼。她心里明白，那团火未消失，也有随时落下的危险。可是，绿光有一种气味，清香掩盖了刺鼻。气味通感成文字，映在绿色广告牌上——你们不是万物之主，要合作，要接受，要融入，只能融入。

她轻轻一笑，会有更多人看到那绿色的，会有更多人闻到那气味的。

指导老师：郭传斌，中学高级语文教师，区骨干教师，曾获得淄博市普通高中优秀课程资源教学设计二等奖、普通高中语文网络教研案例二等奖。

森林的守梦人

石全玉／高二年级　陈丽娜／指导老师　天津市和平区第二十中学

中国大兴安岭

这是一片幽静的远古森林，此时正值寒冬，凛冽的风吹遍山林各个角落。一队人踏着枯枝败叶在森林中巡查，枝叶的残骸被碾入泥土，发出一阵阵呻吟声，沿途平平矮矮的树桩像一个个坟墓。

在队伍中，有个人叫遥远，他是这一带的护林员，早在几个月前就被告知将要退休，他已经快要 50 岁了。

他很喜欢小动物，曾经喂养过一只猫，一群鸟，还有一只狐狸。如今，森林中的树木被砍伐，野生动物被猎杀，周遭变得荒凉冷寂。

“我无法阻止他们。”

这是他经常说的话。

“遥队，你还不离开这里吗？政府给你轻便又体面的新工作，外加丰厚的补偿金，多少人眼馋，这可比护林工作舒服。”一个戴着宽边眼镜，身体略微发福的中年男人笑着看向遥远。

“林队，森林这么大，我能说走就走嘛。”遥远苦笑道。

“世界这么大，做什么不好，偏要来做这个。你又不是不知道，伤寒这病要趁早治，不然会瘫痪的。”

遥远苦笑着，使劲用拳头捶打自己的腿，以缓解疼痛。

“兄弟，你过来看看这个。”遥远打开笔记本电脑中的一个应用程序，在液晶显示屏上，呈现出一个地球的 3D 影像。

“如果人类再继续肆意破坏自然，你认为会如何？”

说着，他将时间设为 2070 年，只见那地球上蓝色的面积竟是增大了一圈，两极的白色渐渐融为蓝色，赤道地区已看不见绿色，只有光秃秃的黄色。

“这……这是？”

“如果人类对大自然继续破坏下去，这里将会成为海洋，赤道地区会达到 60℃以上的高温，适宜人类居住的空间会被挤压到亚热带至南北回归线地区，到那时，人类将承受恶劣的自然环境的惩罚。”遥远叹了口气，“人类对森林的破坏犹如野火一般，肆意侵燃，生灵涂炭。最终潮水会淹没森林，连同野火。”

一轮落日急速坠入地平线，天色暗淡下来，大地被暮色笼罩，世界变得死寂，林队沉默了……

冬眠康复中心

2070 年 4 月。遥远缓缓睁开眼睛，视线之外一片模糊，平稳的呼吸声仍清晰可闻。

40 年前……在他退休之后的 10 余年里，仍然坚守着那片森林，直到双腿的风寒越来越严重，无法直立行走。由于当时治疗风寒的技术尚未成熟，他选择了冬眠。40 年后，他的风寒被先进的医疗技术治愈，他也随之被唤醒。

经过一番休整与康复训练，他可以行走自如了。当他要打开这扇封印他 40 多年的大门时，突然想起了当年电脑中模拟的，在 2070 年被洪水淹没的地球。

然而，当他打开大门时，一片绿色清新地扑面而来：是的，森林并没有消失，海洋也没有淹没这里。

这时候，一个 AI 机器人示意他乘坐观光机。随着美好景致的变化，AI 开始介绍这 40 年的世界发展历程：

“在您冬眠之后的 5 年，人类意识到自然正惨遭破坏，所以开始尝试利用多种方法，拯救地球。这时一个年轻人提出了建设性的方案，他就是林长冬，护林员林队的儿子。他设计了光球计划，并自主研发了一种纳米材料，可以将光能转化为电能。他设想着将这种纳米材料铺设在地球的各个角落，全球无遗漏地吸纳阳光，源源不断地转化为电能。这种纳米材料，折光性良好，用肉眼是看不到的。经历 20 年的努力，林长冬成功了，这种纳米材料被铺设在全球各地，源源不断为人类提供电能，改变了人类对传统能源的依赖。

“虽然人类完全克服了能源危机，但自然灾害的频发仍然会给人类带来重大打击。为了有效避免灾害的重创，人类想到要利用人工智能和大数据强大的运算能力。迄今为止，人工智能已经成功地预言了5年前一颗正落往地球的陨石，13年前印度洋的海啸，目前又预测了未来50年后会有一次十分严重的地壳运动，200年以后，太阳可能会发生氦闪，因此人类现在需要建设避难所了。”

AI的讲解告一段落，一轮红日跃出地平线，和煦的阳光映射在脸上，遥远张开双臂，面朝晴空，欣慰地笑了……

指导老师：陈丽娜，毕业于华东师范大学课程与教学论专业，天津市第二十中学一级教师，和平区第一期新锐教师。

雾散鲁尔，春秋再来

时美蓉 / 高三年级　韩淑萍 / 指导老师　山东省临沂国际学校

时序推移，春去秋来无论多少轮回，我们仍然会感叹自然的馈赠。但人的贪念，无节制地发展，也曾让自然寒心。

十九世纪七十年代，第二次工业革命如西欧常年吹拂的西风，深入每一座工厂，自然也深入了这个煤炭资源极为丰富的地方——德国鲁尔区。

“日不落帝国”在大西洋张牙舞爪，得益于第一次工业革命的丰硕成果，英国稳居头等工业强国的宝座，这令鲁尔区着实眼红……一座座工厂拔地而起，烟囱林立，资本家们沉醉在迷雾中露出得意的笑容，手中却挥舞长鞭，将阶级差异的锋芒刺向工人群众。不仅如此，鲁尔，这个欧洲的十字路口，西通阿姆斯特丹港，南临洛林铁矿，发达的交通令鲁尔区迅速抢占国际钢铁市场，与美国并肩直逼大英帝国。

日渐高大的身躯却投下了不可忽视的阴影——

机器隆隆作响——河流却映不出蓝天；资本家坐拥金钱——煤坑却越凿越深；家家灯火通明——夜里却看不见星星……自然早就负重累累，历史上最大的一次雾霾就已有上万人死亡！鲁尔的未来究竟在哪里？

多雨的西欧又下了一场酸雨，脱掉了四面八方围墙般的雾墙铁壁，就像摄影师对镜头哈哈气，然后用砂纸抹了去——却惊奇地发现枝头上的一抹绿芽。

二十世纪七八十年代，鲁尔工业区轰轰烈烈地开展了“寻春之路”，改造传统产业，发展高新技术产业，治理环境污染，政府、资本家、工人竭尽全力，共同为拨开雾霾助力。如今，鲁尔区摇身一变，看得见天，饮得了水，望得见未来。

雾散鲁尔，春秋再来，这是一声实践强音！揆诸当下，我们亦应探其原因，究其教训。二氧化碳是令人又爱又恨的物质，地面长波辐射返回太空的路上就会遇见它，它是一个庞大而强势的组织，对长波辐射的热量围追堵截，热闹哄抢，最终把大部分裹在身上，待心情大好时返还给地面，以完成大气逆辐射，为地表提供温暖。正因为二氧化碳的特殊功能，有时它也会令人眉头紧皱——大气不断升温，冰川耐不住高冷，一块块从极地脱落，不时会偶遇航船，会使海平面上升，海边的城市岌岌可危，大陆的逆温现象使人们不敢大口喘气。

雾散鲁尔，春秋再来，这是一个时代使命！当下，中国已成为碳排放量第一大国，但是这种趋势难以在短时间内逆改，因此，国际合作尤为重要。《京都议定书》和《巴黎协定》便是国际社会治理全球气候变暖的见证，是命运共同体中的每一位成员的心愿的见证。发展中国家发展大势正盛，发达国家应担起重任。携手合作，只为寻共存之道，饮沁心之泉，以待春秋。

既然是我们自己弄丢了春，就让我们来找回。雾霾散尽，皓月长明。此后只愿漫看云卷云舒，闲游花间草地，共赏四时之韵。

指导老师：韩淑萍，中学一级语文教师，曾获得临沂市高中语文优质课评选一等奖，多次获得市级优质教学成绩奖。

她曾是高山

史筠烨/高三年级　张聪聪/指导老师　山东省淄博市桓台第一中学

“哗！”一只小小的飞鱼在平整的浮冰上凌空跃过，金灿灿的尾鳍镀上了太阳的光芒。“这块浮冰也太低了，怎能衬托出我高超的凌空技巧呢！”入水的飞鱼摆动尾巴，娇嗔地抱怨道。低矮的浮冰扯起嘴角，挂起一个卑微凄婉的笑。

“不得无礼，小毛孩！你可知，她曾是高山。”鱼中老者捋着长长的鱼须，微微摇头。

“高山？那种只存在于妈妈故事中的高大冰山吗？”小飞鱼好奇地望向浮冰，突然觉得，那笑容似远方飘来的歌谣，古老又渺茫。

是的，浮冰曾是俯瞰万物的巍峨冰山。被东方古国盛赞“高山仰止，景行行止，虽不能至，然心向往之”的五岳名山，在她面前，一文不名；西欧峡湾的两岸峭壁，在她面前，也只能在刃脊断崖、冰斗角峰的矫饰下，班门弄斧。大陆群山在她裙下俯首称臣，无垠宇宙在她头顶终日乾乾。她是那样高大威严，又是那样生机快活。长日盛夏，她驾着西风漂流，逗弄麦夸里小岛；祁寒之冬，她矗立极点，张开手臂守护暴风雪中蜷缩的企鹅。

她伟岸高耸又非盛气凌人，她融化自我来哺育万物。她镇守世界之极，持冰雪权杖守护生态平衡。海明威都认为完美的文学应像她一样，深藏百分之九十的神秘。

然而，一切都变了。

她只是快消融的小小浮冰，高山之姿已成往昔。

多年以后，她依稀记着那个太阳炙烤的午后。南极世界的天气本就暴虐多变，望着头顶较往日强烈数十倍的太阳辐射，她甩了甩满头的汗滴，心里疑窦暗生。

一只帝企鹅浮上水面，躺在她的荫庇里回味中午的美食。他惬意地舒展开四肢，突然，灼烧的痛楚顺着前肢蔓延，一滴水珠落在眼睑上。他大睁双眼，却看见头顶暴烈的太阳，片片白气因冰山的丝丝喘息而颤抖。惊诧的企鹅和吃力的冰山，不会知道，“极地臭氧层空洞”一词，已在人类世界盛行。

紫外线曾经一度忌惮极地上空的臭氧层，憎恨其阻断刺穿大气、炙烤地面生灵的机会。最近几年，他幸灾乐祸地旁观着人类过量使用氟利昂。肆意排放的氟利昂就像条条线虫，一点一点蚕食着冰山头顶的臭氧，令其薄如蝉翼，而后消失殆尽。

臭氧一毁，紫外线争先恐后地钻入冰山肌理。众企鹅和海豹们，一边躲避着灼人之光，一边哀痛着她的衰退，起初只见她的强颜欢笑，后来憔悴萎缩的身躯撕裂她的伪装。慢慢地，化石燃料燃烧形成的厚厚温室罩也加入毁灭的狂欢，把无法逃逸的热量投入攻击。

高竦飒爽的风姿不再，额上高贵的冰雪王冠坍圮滚落，仿佛昨日的高山只是幻想。

她在慢性死亡。

她的身躯在一天天死去。

与此同时，海岸边缘白浪卷上沾满石油，体形异变的海鸟尸体，遥远北极传来的北极熊之死，麦夸里小岛上熟识的鸟儿在生物入侵中渐渐绝迹……这一切让她的责任之心饱受蹂躏。

她的心，也在一天天死去。

她不能接受，夏日再度倾听麦夸里岛群鸟合奏已是痴心妄想，曾许下于大陆板块漂移重组时会面北极熊的约定早已破裂。那我呢？我护不了它们，也保不住自己，于历史只有几万年的人类轻而易举造成的灾难前，只能步步后退，束手无策，她绝望地低头。

她投降了，在人类面前投降了。

她只能，眼睁睁看着帝企鹅以科考名义被猎杀，眼睁睁看着工业时代的痕迹深入这块尚未开发的处女地，默默地扮演人类脚下的浮冰，默默地走向消失。

在她消亡后的一天，企鹅们谈论一个海岸城市的失落，鱼中老者继续讲述高山的故事。

指导老师：张聪聪，文学学士，毕业于山东师范大学汉语言文学专业。中学一级教师，曾获得淄博市首届教坛新秀、淄博市市优质课一等奖、桓台县骨干教师等荣誉称号。

肉灵合一，生生不息

束咏徽 / 高三年级　徐晓珍 / 指导老师　江苏省盐城中学

“毁灭吧，这糟糕的世界。”姬子纵身踏入一片炙热。

出生在 11 区的进化者家族，姬子从未踏出过冷柜一步。“对比外面的火燎地狱，家确实是个冷柜。”姬子对自己说道。作为一个进化者家庭的普通人，他的基因叛逆地背离了进化者的初衷，全无一点抗热御旱的能力。

成为一个机械者，这似乎是姬子唯一的选择，也是姬子一直以来的秘密。

自全球骤热问题发生之初，科技工作者们便提出了两大方案：一是由人类的自我进化辅以基因过滤，寻找耐热个体形成优势群体，即现今的进化者；二是人机结合，用机械取代部分人体器官，去抵御酷热，即机械者。到 2070 年，整个地球已形成了两极对抗的局势。

“下面播报几则快报：7 区进化者与机械者冲突，爆发小规模热战，进化者领导人对此发表讲话。”光脑上投射出炎帝伟岸的英姿，四肢矫健，孔武有力。“强者恒强，弱者恒弱，肉体本身，进化者胜。”姬子默背出炎帝的话，那是他从小接受的观念：追求肉体的强大存在。他决定了，他要成为机械者。

在无数摄像头的包围下，姬子笑颜如花。自上周秘密联系 11 区机械者首领后，姬子被视作机械者战胜进化者的标志，安全护送到机械者领地。“太棒了，真是太棒了，再也没有人说什么肉体本真的话了，也再也不会有人嘲笑我了。果然，精神的力量凌驾于肉体之上。”姬子暗自欣喜。

为给姬子成为机械者做准备，机械者们安排姬子参观了解机械者的历史与先进科技。走过一扇扇陈列窗，见证机械者对于精神力量的崇拜，姬子被簇拥着来到了一扇大门前。看着机械者的三位高层分别数据分析验证身份成功，姬子心想门内定是个大人物。他一进去，就看到超前的办公桌上浮着“黄帝”的光字。“黄帝！机械者的领导人黄帝！”姬子迫不及待地想见一见从未露面的黄帝。机械椅缓缓转动，上面坐着一个“人”。或许，这已经不能称为人了，“他”顶着机器人般光滑的机械脑，零件拼合的四肢架住机械甲保护的躯干，一只眼睛还投射出幽蓝的光线，活像一颗玻璃珠。

“啊，伟大的黄帝，完美的黄帝，您将是人类唯一的太阳啊！”周围的高层们纷纷跪拜在地，而姬子全身的细胞都在叫嚣着恐惧，没有经过思考，姬子本能地抬腿就跑。

“不行，我不能变成那个样子，坚决不行。”姬子逃也似的狂奔而去。

狂奔中，姬子脑中不断闪过炎帝矫健的身姿和黄帝冰冷的蓝光。“肉与灵，身与心，割裂或是融合，生存或是毁灭，到底什么才是真理？而存在又到底意味着什么？”喉中泛上腥甜，脚下却步履不停，眼角泌出的泪水模糊了视线。突然，一线光刺痛眼睛，姬子推开大门，纵身踏入一片炙热火海。

“肉灵分割又谈何存在，进化不过是四肢发达的野兽，只知一味追求力量，机械不过是存在意识依附的机器，只知一味追求睿智。不是天地无容我之处，是我瞧不上这天地。”

“毁灭吧，这糟糕的世界。”姬子熔化在这干旱天地。

无处不在的摄像头将这一幕幕画面传送到了全球光脑上，战争不断的两大势力不约而同地停止了争论。

大街上，一个明显的进化者女郎和一个机械者男子动情地接吻。哦，不，现今已无进化者、机械者之分了。自姬子事件后，炎黄会晤，一同签订颁布了《肉灵结合条约》。自此，没有机械者，也没有进化者，只有需要机械辅助的人，只有睿智健康的人。

肉灵合一的姬子重生火燎地狱。

肉灵合一的人们安居科技天堂。

肉灵合一，生生不息。

指导老师：徐晓珍，毕业于南京师范大学汉语言文学教育专业。中学一级教师。

地球，请不要闭眼

宋昶郴／高二年级　马洪国／指导老师　山东省临沂市蒙阴第一中学

在放肆的猖獗后，是无尽的冷冰，莫要闭眼，尘封近千年的文明；借自然之手，毁灭的是什么？毋逆而为之，请以自然，救自然，睁开眼，看看更美的未来！

2070年。人类的最低纬度居住线已经上升到32.5度，全球约有70%的地区处于拥挤状态，广阔的沙漠已吞噬了地球近17%的土地，赤道地区全年平均气温50℃，两极冰层融化，北极点附近浮冰最厚处已不足3米。

“刚又听到国际卫生组织报道，伴随南极冰川融化，海平面上升1米，尘封了十几亿年的冰川病毒已随大洋扩散，而且这病毒古老得仅剩一点残碎基因片，完全无法分析它的来路。不过最可怕的是，地球可能已撑不住这样的疲倦，将要闭眼了，这将是新一轮的雪球地球时期，如同休伦大冰期、成冰纪大冰期一样！”辛麦尔感叹道。惠斯说：“什么是地球‘闭眼’了呢？”

辛麦尔不屑地打开一旁的荧屏，说：“你的古地理学是怎么学的？早在元古宙，就出现过这样的情况，那时岩石风化、草木疯长都吸收了大量的温室气体，地球海平面迅速下降，近百年的时间里，地球迅速冰封，赤道地区的冰层厚达几十米！这就是地球‘闭眼’了。”

“可如今这碳排放是只增不减，‘闭眼’之说，绝无可能啊！”惠斯不解地说。

“不！如今在极端天气的影响下，人类活动锐减，工厂纷纷停工，社会文明退化。赤道地区的蒸发量增加导致大量降雨，岩石的持续风化、城市的废墟上疯长的森林，都会吸收大量的CO_2，空气中O_2含量增加将带来大氧化事件，全球气温骤降，冰川较高的反射率也将使地球获得的热量越来越少，直至地球完全陷入冷循环中。”

2080年。“全球已经出现了普遍性的饥荒，近80%的物种将走向灭绝，人口总数已经下降 11.3%，这样下去不是办法。”惠斯说，“如你所言，地球含氧量正在上升至一个峰值——谁能想到如今竟是温室效应锐减的时刻啊！还有研究发现，冰川病毒可以将能量贮存，使温度降低，恐怕全球冰封，连 3 年的时间都用不到……”

“别慌，想些办法，靠推进器将地球维持在离太阳更近的地方如何？现今只有这一个可行之法。”辛麦尔沉思后说道。

两年时间，人类将地球向太阳推进约两个天文单位，可是，气温不但没有升高，反而开始骤降；以两极和人口较少的大洋中部为凝结点，开始了地表的凝固。过半的人口迁移至地下生活，在自然的剧变面前，人类就是这么无能为力……

地表含氧量达到近 10 亿年来的新高度，热量一散而空，伴随着凄美的白浪如雪花般扑撒向地球，地球闭上了白色的眼眸。地表推进器的燃料近乎耗尽，地球慢慢又要回到以前的位置。人类坚持通过科技不断向冰川上层释放温室气体，并等待着火山喷发释放高浓度 CO_2 造成强烈温室效应，缓慢地融化冰层。

3021 年。伴随着巨大的声响，太平洋中部的板块骤然断裂，炽热的岩浆推开冰层，释放着漫天水汽，伴随着剧烈的反应，顷刻间形成一座大山，几千米高的惠斯山系诞生。浓烟遮蔽了天空，气温骤然上升，冰层迅速融化，露出了地表，赤道以及大山中心，由白色成为蔚蓝色，大雨过后，天气放晴，大山喷发的物质又落于海底，为原始的蠕虫所消化，自由又回到地球了！

人们在惠斯山系上竖起高碑，宣告光明重回人间，新一次的大氧化让海底再次布满了美丽的条带铁矿，纪念黑暗后的黎明；如同休伦大冰期后的地球，人类纪元迎来了新一轮的绽放。

辛麦尔说道：“冰寒与冷冽消弭后，定是温暖的春天，残酷与悲伤交结后，才能凝成最美的幸福，我与自然，正如你与我，和谐向前，定是无限，你的回眸，为何未使我转头——地球啊地球！请你莫要闭眼！”

指导老师：马洪国，中学一级教师，曾获得山东省临沂市政府教学成果一等奖，获蒙阴县优秀教师、蒙阴县优秀团干部等荣誉称号，多次被评为优秀班主任、学生最喜欢的老师。

在南十字星座辉映下

宋润妍 / 高二年级　石瑛 / 指导老师　江苏省常州市第一中学

当人们仰望星空时，总觉得那颗星星是为自己而亮的。我叫小新，这里是非洲，地球是我的故乡，而群星将是我的归宿。

这里也曾是一片干旱炎热难耐的土地，寸草不生。50年前的这块皲裂的土地上，我的同胞们曾经倒在干涸的河床边，两眼迷茫，无助又弱小。

而我现在正悠闲地躺在被绿色覆盖的大草坪上，仰视着祖母绿的深邃夜空，非洲仿佛在50年间迎来了它的新生。

父亲告诉我，这一切变化都要归功于我们头顶上夜夜可见的——南十字星座。

北半球的人常说“天上有颗北斗星”，而在我们南半球应该说“天上有个南十字星座”。千百年前，天文学家们把这块处于半人马座马肚子和马腿的部分用星际手术刀剜了出来，取名“南十字星座”。这个独特的菱形饼干状星座默默守护了我们无数年，就在非洲的正上方。

父亲是南非的天文学家，他还告诉我，在南十字星座的南边，黑乎乎的地方，是烟袋星云，是宇宙尘埃的堆积产物，同样，是恒星系的宇宙襁褓。

我笑了，宇宙尘埃？原来神秘莫测的宇宙里也有这种灰蒙蒙的东西。

父亲的表情却很严肃，50年前，当你还未降世的时候，地球上被这种灰尘笼罩，工业生产排放的大量温室气体致使全球的气温大幅度攀升。非洲这里的气候本就干旱炎热，有时，人们惊恐地看着骤变的天气，仿佛末日就在一瞬间。

我环视四周，带着果汁气味的空气钻入鼻孔，我不可置信地摇摇头，四周一片葱茏，和父亲的描述判若两个世界。

父亲和我走进实验室，工作人员们正娴熟地操纵着设备。父亲领着我走近一个透明的玻璃管，神秘地敲了敲。

“这是你的新研究？”我端详了半天，毫无发现。

“这台设备已经使用了30多年，我们叫它‘南星一号’。”

“可是这里面什么都没有啊？”

父亲走向电脑，从主机中调取了玻璃管中的最新数据：“不是没有东西，只是你看不见而已。玻璃管中存在一种特殊的超强电场，让它可以吸收1000平方米范围内超过指标的多余温室气体和有害小颗粒并存储在管内，当数量达到一定限度时，调整电场强度，便可以使管内的气体在看不见的电场感应下输送至外太空，而我们对接的星体便是头顶的，南十字星座的烟袋星云。”

我似懂非懂地点点头。“南星一号”“南星二号”“南星N号”分布在非洲的各个角落。在夜深人静的时候，悄悄输送迫害地球生命的“坏蛋”上天。

全世界的人民为了保护自己的栖息地，无时无刻不在提心吊胆着，我们需要为千百年来人类无知的行为赎罪。南十字星座在天上注视着我们。

我说：“那南十字星座知不知道他的烟袋正一点一点被人类的污染填充呀？”

我伸出两只手，用大拇指和食指框出了天上的十字架，星系里的星星一闪一闪的。

父亲的眼神却黯淡了下来：“只能说，目前还没有反馈不好的消息。”

目前？50年来人类生存环境的转好难道真的会带来新的灾难？很多专家都指出，人类曾经对环境做出的伤害是不可逆的，我们能做的，微乎其微。

“目前的改变，只是让环境不要恶化。”

和宇宙比起来，我们实在是太渺小了，你以为你在一日千里的驰骋中电光石火，若上天在星云上看你，其实你动都未动一下。

我第一次觉得，头顶的南十字星座是为我而亮，为我们而亮，为世界而亮。

充满果汁味的空气中，南十字星座悲悯而普度一切的光，照射在土地和人民身上，群星将会是我们的归宿。

指导老师：石瑛，中小学高级教师，常州市第一中学语文教研组长，常州市语文学科带头人，常州市教育工作者，常州市师德模范。

这颗星球上没有水

宋欣茹 / 高三年级　高明 / 指导老师　新疆维吾尔自治区伊宁市第三中学

噩梦

“江……江悦！”钟霖惊声从梦中坐起，背后密密麻麻全是冷汗。他伸手向身侧，在一片寂静的夜中如痴寻光亮的瞎子，可身侧什么也没有。失望至极的他只身独坐困厄混沌之中，脑中一遍遍浮现刚才可怖至极的梦。独坐很久他方才有些清醒，翻身下床，摸索着找一支镇痛剂。注射了镇痛剂，他的头渐渐不再疼痛，喉咙中却如烧火一般干燥。他想喝水，想如十几年前一样亲昵地叫着江悦的名字，看她如阳光般温暖地笑着，为身心俱疲的他送一杯清茶。他想着，盼着，在黑暗中如枯木一般呆滞而又笨拙。许久，他又惊醒，才发觉自己已经在夜中站了半小时，也才记起，地球上已经没有液态水，江悦也在十九年前，如海浪一般消失，不复存在。

勉强又找来一支类水合剂注射，钟霖方才觉得舒适许多。十九年的每夜，他都如此，白天看似冷静沉稳而少言的世界水源联合研究组组长钟霖，也想过放声肆意哭泣，哭他的江悦永逝，哭为什么人类竟自大到狂妄地认为自己能征服自然。可他哭不出一滴泪——靠着类水合剂生存的人们，苟活的人们，身体中早已没有一粒水分子。钟霖夜不能寐，十九年前的一切如全息投影，历历在目。

十九年前

“组长！”世界防旱联合研究组成员楚江开推开钟霖办公室的门。

钟霖从一堆全息电子文件中抬眼。“怎么了？”看楚江开一脸焦虑万分的样子，钟霖一手拨开投影在空中的文件，拿起桌上的茶呷一口，“有事慢慢讲。”

这时楚江开的脸上又露出犹豫神色，唯唯诺诺说不清楚，钟霖听不清，便要求他大声些。楚江开却沉默，许久如下定决心一般喊出：“刚才联合国来通知，说是又有一座海岛被淹没！”

钟霖心生疑惑，全球变暖，两极冰川融化，气候变暖，地壳运动更剧烈，每日总有新的海底火山喷发，总有新的海岛形成又迅速被淹没——这很正常。可楚江开的下一句话却让钟霖如百尺蜈蚣在身，陷入混沌之界。

“联合国那边说，淹没的……是 HB–Z 海岛。”

楚江开说完，大气不敢出。他不敢想象钟霖听到这个消息的反应。

钟霖握住茶杯的手微微发抖，青筋暴起，心中似大浪涛天。

“那，防洪研究小组长呢？”他颤抖着问。世界防洪联合研究小组，是在两极完全融化后成立的组织，目的是研究如何最大化减免洪水对人类的威胁——他的妻子江悦，于一年前参与该小组，现任防洪研究小组长。两日前，她与组员们前往新生海岛 HB–Z 调研。

“全……全部牺牲。”楚江开声音更低，伸手递给钟霖一只小硅晶盒，“这是江女士最后用量子传输带传送的……节哀。”

钟霖接过，只觉如地崩山摧，世界塌陷，双眼无光。

“谢谢——你先出去吧。”钟霖低声说。

“好的，组长，人事节哀，世界之责不可忘啊。”楚江开担忧地看钟霖一眼，出去了。

世界之责……钟霖握紧手中盒子。

十九年如白驹过隙，世界上的水源果如预言那样蒸发殆尽。原防洪、防旱小组合并，成立世界水源联合研究组，由钟霖任组长。十九年，钟霖兢兢业业，怀世界，为人类，奋斗在寻找水源之路上，可十九年前的伤痛，钟霖也从未忘记。

生命之花

钟霖一夜不寐，身心俱疲，可第二天仍按点到达联合国，开每月一次的分析报告会。楚江开见他神色枯槁，递来一支能量剂，他摆手拒绝——太多能量剂会使人产生幻觉，带着幻觉如何开会？

不久，会议开始，今天报告的内容让所有人为之一震：西半球冰川遗迹考察者们，在冰川留下的一处龟裂 U 型谷缝隙中找到一朵花，可以生成 H_2 与 O_2，在阳光下光合，成为 H_2O——世界上唯一的水源！

这朵花与其唯一的露珠通过量子传输带已无损传输至联合国。可检测结果又一次震惊世界。生命之花不拥有地球上任何一种生物的基因序列，甚至连碳基生物都不是——它是硅基生物，世界生物库存部发出那则令世界一片喧嚣哗然的检测结果——生命之花不属于地球，它来自几亿、几十亿光年，甚至更远的宇宙深处，是外星物种。

几百万人在地球上战栗，几百万碳基生命开始揣测，那宇宙深处的硅基文明，他们会来到地球吗？他们会带走那唯一的生命之花吗？

两个月后的清晨，在世界研究者们还未开展进一步研究，只是将花朵严密保护时，地球大气层出现一支飞船纵队，三秒之内又迅速驶离，随后联合国安全委员会向世界发出红色警告：生命之花不见了，那些飞船纵队的驾驶者们来自宇宙深处，是硅基单体。

几百万碳基生命在震惊后开始哭泣，由于没有泪水而只能听见哀号一片。

在这危急时刻，人们看见一只人类星际飞船直冲天际，向那飞船纵队驶去。钟霖操控飞船的大脑很清楚，他面对的不是简单的硅基生物，是能在三秒内从已知三维空间最严密的保护体系中取出生命之花的单体生命——是身为三维却使用着四维技术的，来自宇宙深处的硅基生命。飞船以光速前行，外星纵队飞船认为地球人绝不敢与之抗争，飞得并不快。但当它们的飞船发出警报时，钟霖的飞船已然不顾一切地撞上。

宇宙中散出耀眼的光却没有声音，在无尽浩渺中，一群硅基生命与一个碳基生命消失得一干二净。人类飞船赶到时，只拿回一朵由于保护严密而毫无损伤的花朵，与一个硅晶盒。生命之花被带回地球，硅晶盒中检测出一段悦耳的女声，江悦的声音传出：“自然永远不可能臣服于人类……”

指导老师：高明，文学学士，毕业于陕西师范大学汉语言文学专业。中学一级教师，曾获伊宁市2020年度优秀教师称号。

绿 原

宋昱霖／高三年级　马先凤／指导老师　山东省临沂市沂水县第二中学

2070年，地下城。“报告首长，潜海器准备就绪！”“飞行器准备就绪，请首长指示！”“‘希望号’深潜员A231及宇航员B020准备就绪，请首长指示。”一串串声音从闪着幽蓝色光芒的指挥器中飞出，首长听着那一道道坚毅决绝的“勇士之声”，低低地喃语：“希望你们能活着回来啊。启动吧！”老人注视着“希望号”远去。

一个时辰前，首长办公室。

“首长，有何指示？”一道清脆的女声响起。“很快就要出发了，你们可害怕？”如悠远的龙钟一般，首长缓慢地问。艾Weixin然问着自己：“怕吗？”“怕，但必须去做。”心里另一个声音响起。现今世界因为人类的私心，全球平均气温升高了7℃，两极冰川融化，海平面上升，淹没了大片土地，人们不得以举家迁入地下，建立了“地下城”，以求生存。艾慜然是“绿色希望计划”的执行员，任务是寻找绿色生命，以解决人类的生存问题。之前已经有无数先驱者去探索过，地球上的绿色植物已近绝迹，人们寄希望于太空，希望平行空间中尚有“绿色”存在。“首长，我知道自己的使命，万死不悔！”艾慜然坚毅地答道。

南极。

“好像有个海岛！”桓西望兴奋起来，没准能找到绿色生命的存在呢。两人将深潜器关闭，借着浮力缓缓登陆。

“咦，那有个老渔夫！”桓西望指着说。“去看看，”艾慜然回道。“老伯，请问这岛上还有绿色生命吗？”艾慜然上前询问。“绿色生命？我几十年前见过，现在连海藻都快没有了，更别提绿色生命了。”老者答道。“那您还在这儿……”“我呀，一大把年纪了，去地下城也是浪费资源，幸好还有些营养液，也足以供我苟延残喘了。”老者渐行渐远，艾慜然叹了一口气，回到座舱，看着地图，“看来地球上找不到绿色了。”艾慜然神色有些黯淡。

太空。

极致的黑暗充盈四周，身侧闪过一个又一个星球，却寻不到一丝绿色的痕迹，漫长的飞行世界里，一次次希望和失望、放弃和坚持拉锯着，两人的精神已经紧绷到了极点，忽然机器警报声刺耳地响起。“又有东西了。”桓西望说道。“避开吧。”艾恣然神色黯然。“不对，B020，你看那是什么？”前方黑暗中亮起微弱的光，奇幻瑰丽的颜色吸引着人们探索。“是虫洞吗？快冲进去。”“你不要命啦，万一不是呢！”“机不可失，我们必须如此。”艾恣然坚毅地说道。

像是在绞肉机里翻滚着，浑身上下的细胞叫嚣着。不知过了多久，艾恣然缓慢睁开双眼，绿色映入眼帘，高耸的树木，飞翔的鸟群，习习微风吹过，撩起她的发丝。“这是天堂？”“不是，我们很幸运，进入了一个未知的平行空间。”桓西望笑着朝她走来。眼前忽现一位骑着白马的红衣少年，他手里捧着一颗透明球走来，“你们好，外星来客，这是给你们的礼物。是生命存储器，里面有你们需要的东西。十几年前我们接收过你们传来的问询信号，早就备好了。”少年笑着说，“回去吧，地球还等着你们呢。”“大恩不言谢，后会有期。”艾恣然回了他一个发自内心的微笑。

2130 年，地球。

“老桓，看到那片绿原了吗？”艾恣然用拐杖指着前方的一片绿色说道。“看到了，那是我们带回来的希望，有了它们，人类终于可以重返地面了。可是地下城咋办？”桓西望问。

“留着吧，给子孙后代一个警示，人类可不能再重蹈覆辙了。”艾恣然拄着拐杖，进了一扇门。

“首长，我们带来了绿原。”门牌上首长办公室的字样已近斑驳，“希望你们活着回来呀……”耳畔似乎又回响起那浑厚的叮咛声……

指导老师：马先凤，2015 年入职沂水县第二中学，曾获得优秀教师荣誉称号，作为负责人参与县级课题研究并在《教育与研究》期刊上发表论文。

重　生

苏楷棋 / 高二年级　佟金生 / 指导老师　辽宁省辽阳石油化纤公司高级中学

清晨，当第一抹阳光照进窗子时，佟金生在床上翻了个身。两个小时后，火辣辣的太阳光洒满屋子，佟金生再也无法忍受日光的毒害，啐了一口，起身接水。水龙头打开，水却只装了杯子容积的 2/3，就没有了。“今天怎么又少了？”佟金生暴躁地痛骂之后，穿好纱袍，开门投入无边的炙热。

这是公元 2070 年。自 21 世纪上半叶某超级大国垄断全球石油产业以来，全球平均气温已上升了 8℃。两极冰盖只剩下几百平方千米，海平面上升数十米，海拔 100 米以下的地区已沉入大海。石油流通没有了限制，全球经济开始洗牌。低海拔地区已不适合人类居住，于是人们选择了更高的地方。原先无人问津的高原地区，如今人人趋之若鹜。

佟金生就居住在青藏高原上。他很幸运，作为一名资源工程师，被选中并分发了高原许可证。佟金生走在大街上，随手点开了在线商店，里面大多是水贩子，价格高得离谱。佟金生皱了皱眉，订了几桶。“如今有水才是王道啊！”他嘟囔道。地球文明目前正处于 0.8 型文明，距离Ⅰ型文明还有几百年的时间，所以人类还没有掌握大规模净化海水的方法，但量子通信技术却发展得很快，不管身在何方，只需轻轻一点，就会召唤出弹窗。佟金生感慨地回想起历史……

18 世纪工业革命以来，人类掌握了先进的生产力，妄图以自然之主自居。乱砍滥伐、大肆捕捞，地球表面环境已恶化得不成样子，而人类却没有停止破坏的脚步，传统能源仍大行其道，新型能源仿佛被困在永恒的理论中，始终没有得到应用。源源不断的污染性气体从冲天烟囱中涌出，破坏了臭氧层，人们长期处于超标的紫外线辐射之下；全球性酸雨使本就所剩无几的植物更加匮乏，“地球之肺”亚马孙雨林的面积缩减为原来的 20%。

思绪飘回现实，佟金生喝起了来之不易的水，不对，怎么一股硫的味道？他没有在意，打开了“脑联”，开始阅读今天的新闻。“昨天下午，中东地区A国和Y国对M国宣战，双方兵力今日投放到大西洋东岸。”……忽然，强烈的晃动传来，“脑联”里仍然播放着M国领导人自信的微笑：“我们是地球的主人，天佑M国！”十几分钟后，晃动停止了。作为工程师，佟金生敏锐地察觉到异样。他用随身携带的量子跃迁传送器将水样送到实验室，结果很快出来：硫含量超标38倍。佟金生皱起眉头……

两天后，双方正式开战。世界霸主M国依靠国力的绝对优势，用先进的纳米机器人轻松取胜。佟金生摇了摇头，“M国就只会用暴力解决问题，这样下去迟早玩完！”然而就在M国人民欢庆胜利的时候，几十千米外的火山爆发，原来是由于人类过度开采挖掘地下资源，导致地质结构被破坏，引发了火山喷发。环太平洋带、印度洋带等地大大小小的火山，纷纷开始“怒火中烧”。无数城市淹没在火海之中。M国领导人在安保人员的护送下逃往地下掩体，但万万没想到，地下掩体之下，还有火山，于是他们沉入岩浆，化为泡影……而居住在高原的工程师、科学家等人类智慧的顶尖代表，均幸免于难。

3年后，地球表层已经化作灰烬，地质结构也渐趋稳定。科学家们茫然地看着外面世界的骇人景象。佟金生感慨地说：“人类自己作的恶，终究要自己来偿还。”旁边一位须发皆白的哲学家说：“这是上帝的怒火。《圣经》上记载，上帝降与世人的十难中，第一难便是火难……”

史学家在整理这段历史时，将其称为“大劫难”。史料中是这样记载的：“大劫难”后，人类再一次回到了原点。空气得到了净化，环境亟待人们去创造。这一次，人类闪耀着理性的光辉，坦然迎接人类不是万物之主的未来。

我们领悟以后，便在烈火中重生。

指导老师：佟金生，毕业于沈阳师范大学汉语言文学专业。曾荣获辽阳市青年五四奖章、辽阳市骨干教师等荣誉。

眼有星河，胸有丘壑

孙亚茹/高二年级　李健/指导老师　山东省泰安市东平高级中学

咖啡馆里，舒缓的音乐萦绕在耳畔，咖啡的香醇弥漫在鼻间，随后绽开在舌尖，微微的苦涩漫到舌根。夏南穿着白大褂，坐在窗边，细碎的阳光打在他身上，让他的五官显得更为精致。

夏南不断地用食指轻敲着咖啡桌，频频望向大门口，好像在等什么人。“叮咚！”门上铃铛响了一下，夏南抬头望去。眼睛瞬间亮了，轻声呼道：“阿也哥，这儿！”门口的人一米八七左右的身高，五官精致程度不输夏南，有一种艺术家的气息。咖啡馆内走动着安装有太阳能转化芯片的 AI 智能服务机器人，讲话的语调毫无波澜，这是因为机器人内部装有防仿声芯片——可以防止 AI 收集人类声波进行人声克隆。这种芯片有效保障了公民的信息安全，使 AI 使用的安全隐患大大降低。

萧也朝夏南走去。夏南不禁抱怨道：“我等了好久。”萧也笑了笑：“我的错，临时又有工作。”夏南“嘁”了一声，递给萧也一个牌子：“家属证我办好了，戴上，我带你去我的研究室。”看到夏南神秘兮兮的表情，萧也知道他肯定又有新发现了，笑容里不禁带了几分期待和宠溺。

两人上了氢气车，这车质量轻、速度快，通过收集装置从空气中获取氢气，在车内部的反应装置中与氧气反应供能，生成的水则随输送装置进入水重组净化装置，变为饮用水。在长途旅行中驾驶氢气车，人们既不用自备燃料，也不用担心水源的问题。

如今水重组净化器已经普及，家庭用水也可通过它不断循环使用。人们生活中所使用的耗电机器，都是利用太阳能转化成的电能。空中随处可见的 PM2.5 吸附器，可吸收 PM2.5 等大气污染物，并进行原子重组，将其转化为无害物质再释放到大气中。

几分钟的时间，两人便到了研究所门口，进了夏南的私人研究室。夏南虽然年纪小，但他是首个实现原子重组这一技术的科学家，PM2.5 吸附器就是他研发的，因这一成就，他在学术科研界的地位相当高，在全国第一研究所内有了私人研究室。

“阿也哥，你过来看这是什么。”萧也走过去低下头，透过超电子显微器，看到了封闭微型培养皿里有一个个圆球状的白色圆点，周围有许多小突起。“阿也哥，这是我的超微型捕获器检测到的异状，我发现这种‘病毒’我从未见过，哦，当然，它并不一定是病毒，只是结构类似。”

夏南的神色略带了些严肃，继续道：“前半个月我几乎从未出过我的研究室，一直在观察研究它，终于在前几天，我发现了一些异状，我把另一种病毒加入这个培养皿，发现它们靠到一起后，紧挨却不相融，随后它们就原地消失了，与此同时，培养皿的另一端出现了完全相同的组合。哥，这说明这种‘病毒’很有可能具有远距离传递的功能！我把它命名为‘光病毒’，据我测量，它的速度甚至可以超越光速！少量光病毒只能传送体积微小的病毒，那如果是大量光病毒聚集在一起呢？岂不是所有东西，包括人都可以实现远距离传送！到那时，人们出行就会更便利。我还会研发一种特制腕表，通过能量转移来压缩储存光病毒，未来只要有腕表，哪都去得了！”

夏南越说越激动，白皙的面孔漫上一层微红：“不过我还得继续研究，以确保它的方向性及传送功能为我们所用，还得弄清它是否能够自我繁殖。哥，这项成果一旦问世，肯定会极大推进社会发展速度。”

“还有啊，哥，这个腕表一经测验成功，我肯定让你成为戴上这腕表的第一人，这样你一按表就能来找我，可不许再迟到啊！”萧也不禁笑道：“当然好啊，我的小博士，我很期待你为我戴上腕表的那一天。”

窗外正黄昏，天边由浅绛泛成酡红，太阳快要没入地平线，余光透过窗户落在实验台上，桌边的青年眼睛发亮，仿佛揉碎了洒满一地的星光，照亮人类的未来……

何其有幸，未来有你……

指导老师：李健，山东省东平高级中学语文教师，毕业于山东师范大学。

复 苏

孙宇盟/高三年级 马秋霞/指导老师 浙江省台州市北京师范大学台州附属高级中学

这世界，灯红酒绿，满目荒唐。站在大厦之上，我眺望着万千男女，短袖歌舞，满是风情。我啜饮红酒，继续我的“商业帝国”行动。

几十年来，我倾注了全部心血建造基地，开采地下资源，完善公司流程，一跃世界之巅，属于我的时代才刚刚开始。我叫沈生，商业帝国的开拓者。

“不不，我觉得还是采用传统模式吧，新型材料成本太高，虽然环保但不够经济。”沈生慵懒地倚在沙发上，用全息屏与商业伙伴交流着。妻子玛莎脸上的鄙夷清晰分明：“你真该去看看外面的世界，看看这个被你亲手摧毁的一切！”她重重地放下的茶杯，溅起的水落在茶几上，晕开的雾气被高效控湿器迅速吸收。

他哂笑，不以为意。夜晚来得很快。如今没有了四季，唯有白昼与黑夜交换，昭告着人们时间的流逝。

梦魇抓住了他。白日里的水滴，化成了一个巨大的网，将他局限于方寸之地。眼前的一切与他的生活截然不同，无垠的黄土之上，他用自己年迈的双腿尽力奔跑，皮肤的灼烧感令他心慌。远处的几抹身影，沧桑疲惫，哭诉着他的罪孽。哭声将他带进了无尽的旋涡。

惊醒，汗淋漓。见证了他所经历的噩梦，沈生摊开自己的手掌，黝黑而干瘪。他曾是农民的儿子，现在，他想回到家乡看看。

沈生来到了他的故乡——大兴安岭。这个红松之乡，被砍伐到只剩木桩。商人们的头颅，为这可笑的利益驱使着，耻辱地垂下。他心中有如一片翻滚的海，倾翻了他的帝国。他去了北极。极地化成了一片海，全球变暖，让这里的冰层不复存在。海面粼粼闪耀着，波光之下又埋葬了多少生命，灭绝了多少物种啊！他到达了非洲。滚滚的黄沙淘尽，在悲剧的撒哈拉里，他看见了数以万计的皮肤癌患者。他蹙眉，喝下了当地肮脏污浊的饮用水。

他从未替自己的行为感到不耻，相反，那曾是他崇高的事业。如今他牺牲的自然，正将它的馈赠收回，一点一点显示他的罪恶，瓦解他的骄傲。

沈生回来了。他使用全息投影，使全世界都听得见他的声音："从前我爱海，爱它的波澜与壮阔，爱它翻涌的气势，如今，我害怕它，怕它的惊涛骇浪，怕它光影背后的阴暗面。现在我决心启动'复苏计划'，复苏自然，救赎人类，也救赎我自己！"

那一刻，万物奔腾。沈生带着自己的计划和多年的积蓄，走访各地。他利用 5G 技术观测沙漠动态，远程控制机器人在沙漠中植树，他期待着沙漠中的绿洲，即便是新芽也足以令他雀跃不已。他搭建天网，收集生物信息，利用大型天线光缆，向全世界推荐新型环保方式，新型材料完全替代了他公司中的污染能源，他还在各地建起温室气体吸收基站，并将其中的氢收集起来。同时，虚拟现实技术在他的公司广泛应用，线上办公极大地减少了出行带来的污染，新能源的普及令这个世界多了一份绿色。

沈生坐在玛莎身边，指尖感受着落地窗上的炙热，他看着她的眼睛，热泪盈眶，声音嘶哑："我以我全部的热忱归还这个世界原有的模样，只希望自然可以将它的青睐重新馈赠于人类。"

我的一生，都在摆脱贫穷的束缚，向往物质的荣光。我倾尽一切，构造出了我的理想世界，却失去了自然。我相信我不是唯一这样的人，但我坚信，所有的物质首先是由自然应允才会被交付到我们的手上。我已不再风华正茂，却在这样老态龙钟的年纪明白自然的可贵与可敬，以余下的时光弥补我先前的恶行。我将以人类的名义奋勇，唤醒更多熟睡的人，毕竟这片土地，承载着我们的祖先以及后世万代。

人类啊，属于我们的时代才刚刚开始。我叫沈生，这是我的新生，也是你们的新生。

指导老师：马秋霞，资深中学语文高级教师。浙江省春蚕奖获得者，台州市教坛新秀，台州市教学能手。

等待一条船

谭舒文/高三年级　王丽萍/指导老师　浙江省绍兴市柯桥区钱清中学

我又见到了他——坐在高高的海蚀崖上，盯着海平面发呆。别的孩子都说他是个怪胎，整天阴沉沉的，就知道爬到这来，一坐就是从日出到日落。

“傻子！傻子！”有个小孩跑到他耳边怪叫。他头也不回，继续望着大海出神。海风穿身而过，撩起他松松垮垮的衣摆，露出瘦骨嶙峋的肚皮。他枯草般打结的头发经风一吹，更像个小鸟窝了，我忍不住笑出声来。

“我不是傻子！我只是在等！”他稚嫩的声音，一本正经。

“那你在等什么？”

“我——我在等一条船！”他倏然站了起来，对我挥舞着枯枝似的手臂，“我爸告诉我的！”

我一噎，是啊，谁没在等“一条船”呢？

我和他都是流亡到这座岛上的难民。三年前，一场突如其来的洪水淹没了我的家乡，浑浊的泥水冲垮了我的所有。我紧紧地抓着一根浮木，在水里漂了一天一夜，终于被一条船发现，打捞上来，带到了这个小岛。小岛有简陋的信号塔，广播传来断断续续的信息，我明白了这场洪水的前因后果。在七天的暴雨下，几条大江大河同时决堤——这颗湛蓝的星球上，唯一出露的是曾经的高原。

千顷万顷农田被淹，不计其数的人无家可归，妻离子散。而我，不过是芸芸众生的一员，想不出有什么比自暴自弃更好的办法，直到我见到了他。我从未见过如此坚定的灵魂。

他说，他父亲是出海去了，等找到一个宜居的小岛，就过来接他。他对父亲的话深信不疑，“到时候我就是岛主，是国王！”他兴奋得手舞足蹈。

我揉了揉他的乱发，轻叹。广播里说那次洪水是由于两极的冰川急剧融化后崩塌造成的，但所幸深埋地底的种子库还算安全，所以要不了一段时间，人类的家园就会重新建立。

然而，一年又一年过去了，废土丝毫没有重生的打算。每天都有一群不苟言笑的人和一队机器人上岛提供补给，对于茫茫大海之外的地方，他们只字不提。我知道，除了洪水还有干旱，世界已经乱成一锅粥。

“好了，今天不会有船来了，下去吧。”

“叔，你说明天船会来吗？”

“会的吧……”

日升日落，潮起潮落，那个整天嚷嚷着要等船来接的小孩也长成了青年，只是乱得像野草丛的头发，还坚守着，十几年如一日。我也走向了一生的日落，微薄的生命摇摇欲坠。我患了皮肤癌，这是人类向天空无节制地排放温室气体后所遭到的反噬。

谁能想到当初那个怪小孩如今成了个小有成就的科学家呢？听说他们实验室正在研究更高效的防晒材料，不过我怕是没有福气等到那一天了。

我艰难地撕开声带，对他说：“我死后，把我的遗体捐给医院吧！人要铭记之前犯下的罪过啊！”

他说，好。

我和他终于等到了一条船，只不过船上载的是他父亲遇难的噩耗和一些遗物。我在陪他整理他父亲遗物的时候，偶然发现他父亲的日记本里夹着几朵干花，虽然失去了水分，但尚可见它们盛放的姿态，是七色堇，它的花语是希望、等待。

我看着他长大成人，开始为人类工作，尽管如此，我仍能透过这个依旧消瘦的青年，拥抱那个号啕大哭的小孩。他从未开口对我说过他的心事，不过我想，他的心里一定有一座鲜花盛放的海岛，小小的港口停泊着一条船，船上有位老船长和一个年轻的船员。

人类啊，当你们手握科技的利剑开辟未来，也请不要忘记，用传统的药箱，给地球母亲疗伤啊。

指导老师：王丽萍，毕业于杭州师范大学汉语言文学与教学专业。中学高级教师，曾获得柯桥区优秀班主任、学科星级教师等荣誉称号。

重生的地球

唐靖然/高二年级　张焕鹏/指导老师　山东省青岛通济实验学校

我去探望那几个菲律宾的孩子时，他们正在学着用芭蕉叶搭建屋棚。他们总是很高兴见到我。3年前的某天，我在跟随民间组织去菲律宾转移难民时遇见了这几个孩子。因为两极冰川融化，菲律宾的大多数岛屿已经没入水中无法居住，救援队的船只在马尼拉的柏油路上搁浅，志愿者们就蹚水进入贫民窟，把那里的难民一个个从废墟里背出来。我登上礁石一样的墙垣，找到了蜷缩在塑料布里的几个儿童，不见父母，旁侧却有一摊腐肉。我试着抱起那个最小的孩子，他的四肢都因为营养不良而肿胀起来，嘴角和两腮都挂着血污，轻得几乎没有分量……我不知道这些孩子挨饿了多久，只是再不敢去看那摊腐肉。返航途中，大概因为晕船，我吐了很多胃酸，那孩子则在吃过东西以后死去了，从那以后我再没跟志愿者来过这里。

数十年前，联合国就全球变暖问题发出警告，直到2085年，海平面上升造成的土地资源锐减，耕地和城市被海水淹没，陆地的形貌变得残缺不全，丧失生存空间的流民潮水般卷入内陆，生存资源愈发紧张，极端气候频繁侵扰，如何生存成为全人类共同面对的难题。

此后，人们拆毁高楼，保留林地与农田，留下贫困地区的流民在此耕作，而多数人迁居地底，成为穴居动物。我的亲友如今正潜心于自己的事业，在地下暗无天日地劳碌着。他们告诉我，大陆架边沿的风力和潮汐发电一刻不曾中断，他们居住的地方总是灯火通明。

我的父辈一生致力于对生态环境的复原和对大陆的改造，我承接他们的事业，至今停驻在地表。我所从事的工作是拟造生态系统。大片田野中巨大的玻璃穹顶笼罩着各个功能区，我们重塑不同生物的栖息环境，使濒危的物种得以继续繁衍生息。这些玻璃半球照管着生命，也同样参与全球气象的恢复。我不能不为人类的成果感到喜悦，可同时我也清楚“穴居”的文明无法长久。

当今没有一个国家能够轻易应对人口与环境问题，我眼前这几个孩子受教育程度不高，在地下的世界无法生活，但留在生态系统中的3年，却让他们渐渐与人类文明脱节，每次我去见他们时，都发觉他们的语言功能在逐步退化，他们与很多来此的流民住在一起，过着像野人一样的生活。

组织留下这些人是想要重塑文明，这些野人一般的流民将会作为新生文明的主体。我起先试图反驳这种方案，文明重塑意味着让人类的历史从数百万年前重演。但是远古的生态环境并非当前的人类所能模拟，众多物种在百万年前就已灭绝，重塑文明的可能性微乎其微。我理解不了这种疯狂且毫无意义的计划，直到同僚向我诉出我们可能的未来。

人类为航天领域的发展留下空间。希望有朝一日能够迁走过量的人口，实现星际移民，到那时，人们才有可能结束穴居的生活，不用再忍受地底的黑暗和压抑。但是对于地球，人类并未放弃。最好的结果是：我们仰赖科技的成果远迁或漫游，将地球留给重生的文明，过去的物种能否复活并不重要，重要的是重塑文明的漫长日子能令地球苏醒。到那时，在系外漂泊或已定居的人类不但发展了文明，或许还可以重返已经复苏和新生了的地球。

“那新人类在我们回来后将会如何？”我这样问道，“经过许多年后，地球上的新人类和我们还会是同等的吗？”

同僚说，正如哥伦布的航船驶向美洲新大陆，带来的是对原住民的奴役和屠戮。地球虽然现在是我们的家园，但日后它或许也成为人类的殖民地之一，待我们重返地球时，那些新生的、人造的文明，会像印第安人一样覆灭。但殖民者的目的达到了，地球已经实现了重生。

我望着那几个孩子说不出话来，想要人与自然和谐共生，是留住人更重要，还是留住自然重要？我开始疑惑了。

指导老师：张焕鹏，毕业于曲阜师范大学汉语言文学教育专业。中学一级教师，曾获即墨区骨干班主任、中学优秀教师、学生最喜爱教师等荣誉称号。

气候旅行

唐秀聚 / 高二年级　陈雪萍 / 指导老师　浙江省绍兴市第一中学

随着航行平台的一声鸣笛，我来到了这个世界。我出生于公元 2070 年的北极圈内。爷爷常说，他小的时候，北极是一个冰天雪地、天寒地冻的地方，一年四季，冰川堆砌。每当北极熊出来觅食，人们便纷纷躲进村庄，关上门窗。可这样的北极我从来没有见过。

我从出生到现在一直生活在航行平台上。它是一座漂浮在海面上的移动小岛，岛上住着居民，每座航行平台上面设有工厂、商场、医院、学校、居民楼、政府等等。根据地理老师所讲，家乡的冰川，在我出生那年就已经基本融化，北极圈内已是一片汪洋大海。至于北极熊，我只在全息投影里看过。

我现在是一位旅行家，常常乘坐各种新兴的交通工具前往不同的地区。

这一次，我乘坐海底弹道弹射舱来到撒哈拉沙漠。这种交通方式正是为了应付全球气候变暖所创造的。因为气候的极端炎热，加上干旱与臭氧层空洞的加剧，传统的交通工具因长期暴晒损耗快，降温能耗成本高，以及排放出的温室气体不环保等种种因素而逐渐被淘汰。这一种海底弹道弹射舱则完美地解决了以上问题，它通过在海底构建出连通各地区的弹道轨道，利用海水洋流季风所产生的能量供电，结合人类在 100 多年以前就已成熟的卫星或导弹发射技术，将乘客所坐的弹射舱发射到目的地。水下温度较低，光照少，既减少了能耗损失，又能快速到达目的地，另外，不断升高的海平面更创造了广阔的空间。

如今全球平均气温升高 7℃，地面的气候环境根本无法生存。于是，人们便挖掘出地下城，集体移居至地下。别看这上头荒凉一片，寸草不生，地下城可就尽显繁荣了。这里地势平坦开阔，凉爽适宜，海水淡化技术将越来越多的海水资源转化成淡水，虚拟现实技术和现实增强技术营造出全球绿意盎然的森林景观。我参观过“绿洲农场”，他们采用无土栽培技术，用人工设定的环境条件培育出一切农作物。全天候的光照使植物的生长更为迅速茂盛。

肉制品则是采用了高分子蛋白有机合成技术，肉质鲜美。

主理人骄傲地告诉我，他们的培育技术是全球最顶尖的高新技术，这是人类的伟大与智慧。我莞尔一笑。当我穿上极端环境防护服走到地上的沙漠里时，再次想起主理人的话，心中默念道，这也算是人类的伟大和智慧吗?

几天以后，我来到位于C国的联合政府总部。由于处在温带，气候并没有非常恶劣，人们仍旧生活在陆地上。城市的上方，采用纳米级合金以及空气凝固技术，在夏天形成流形保护罩，用于抵抗高温，还能在必要时抵御军事袭击。

联合政府前竖立着全球所有国家的国旗，以及一把各异的箭矢，我想，是象征着团结与联合吧。出示电子证件后，机器人向导热情地带我参观了政府大楼。中间是行政楼，全球所有重要决策从这里出台，四周皆为科技部门，时刻监测着气候环境变化。

向导向我介绍道：现在全球约有19亿人生活在高温地区，占据了地球人口的35%，两极冰川融化，生物大规模灭绝，海平面上升，许多太平洋岛国被海水淹没。

我陷入了沉思，人类的科技发展却给地球带来了如此大的危害，这究竟是人类的智慧还是愚昧?

突然，机器人向导高兴地一跃而起，说道:“根据地球卫星传来的量子光速通信消息，联合政府采取的降温措施起作用了，地球将在未来50年内逐步降回到原来的气温。”

我在心中感慨。既然科技的进步是必然的，而人类也能处理好环境的危机，这当然是一种智慧。但如果一定要先破坏再治理，这才是一种愚昧。

仰望星空，面朝大海，我希望50年后的冰川和我想象中的一样美丽，希望地下城的人们迎来重见光明的那一天，我希望人、科技、自然和谐共生。

指导老师：陈雪萍，浙江省绍兴市第一中学一级教师。曾获绍兴市高中语文课堂教学评比一等奖、市家长满意教师等荣誉。

亚特兰蒂斯

陶静／高三年级　沈良军／指导老师　浙江省绍兴市阳明中学

这是一座水上之城。所有的建筑如同睡莲的叶子一般，漂浮在水面上。维系和固定他们之间相对位置的是这些“荷叶”叶底的圆形光圈。在这群钢铁荷叶的簇拥下，直直地冲上云霄的，是这座城市的中心大楼。它精密而高挑，底座是从四面八方而来的钢筋，按照规律整齐地旋转着，支撑着整个塔身。一束阳光穿透灰蒙的雾霾，将整座建筑照耀出冰冷而锐利的锋芒。

在大楼的最高层，巨大的落地窗前站着一个人。他伸手触摸了几下窗户，很快，窗外的景色消失了。一张模型图出现在了玻璃屏幕上。他转过身来，向着身后围坐一圈的董事们，展示他筹备已久的“亚特兰蒂斯计划”。

“大海很美，但却一刻不停地渴望着吞没我们。不出10年，浮萍城市将被连根拔起。既然如此，那我就由它吞噬……计划的第一阶段，我将以这座浮萍城为试点。在海的深处，除了波塞冬的宫殿，也将有属于人类的亚特兰蒂斯之城。第Ⅱ期海底生存基础的建设报告各位可以浏览一下，这个结果令我十分……惊喜。这证明，人类统治过陆地，终将可以统治海洋。”说到这里，周晴已经很兴奋了。他个子很高，骨架很大，眼神锋利得如同猎鹰，嘴角维系着一丝若有若无的笑，表情因为深不可测的思虑显得有些阴郁和冷酷。也许这些也在无形之中令他的演讲有着惊人的吸引力和压迫感。很快，座下的人都屏息凝神，眉头紧锁，思考着现在和未来。

“可是，老人呢？这座浮萍城环境属同期最佳，有很多老人居住。水下之城的生活对他们……”董事会里张先生的话语，随着周晴调出的另一份文件而消散在会议厅的沉默之中。

中央广场前熙熙攘攘，大屏幕中周晴在与一名记者谈话。许多人都认真地看着屏幕，倾听着这位年轻人的想法。只有一个人静静地看了一眼，又带着一丝厌烦地转身离开。

24 岁的周雨，与周晴是高中同学，两人实力相当，却一个高贵如王子，一个平凡如尘土。毕业后，周晴亲手操办关乎城市命运的项目，而周雨却不得不为生计奔波，二人分道扬镳。

天颐，周晴的新工程，是一座养老院。一夜之间，周晴仿佛突然关注起了老年人的生存状况，列举了数条诸如水上悬浮车对老年人的操作难度，水面城市对老年人出行及健康的影响等等。即使城市已经在水面上了，养老依旧是社会难题。2070 年，宜居城市都寥寥无几，何况适合老人居住的地方呢。变化无常的天气，频繁加剧的水灾，还有新式能源与新的交通方式，技术产品复杂的操作困扰着老人。于是，老人的生存面临困境，社会养老压力有增无减。

周晴的演讲，新闻的报道，铺天盖地的广告宣传，在这个时候看来，无疑是一种极大的诱惑。人性化的设施和照料，也吸引着孤身独居的老人。

周雨，正好就是这家养老院的护工之一。回到养老院的员工室，换上工作服的他准备去接待另一位新来的老人。在路上，周雨有些无奈地想着，尽管养老院的建立并不是什么坏事，可周雨不认为周晴会好心到关注老年人。高中时，周晴和周雨就曾为此辩论，那时的周晴可不认为作为非劳动力的老年人于社会是“有益的”。正胡思乱想着，周雨却突然停下脚步，呆呆地望着面前的老人。

“杨教授？！”

听见周雨的呼声，在等候室里坐着的老人才缓缓抬起头。“周雨？”杨教授的声音年迈而深沉，有一种令人安心的厚度和力量。

时光回到高中，那场辩论，两人不分高下。可周晴依旧凭借着他的势力取得了票数上的胜利。周雨对此难以释怀。那时，杨教授是他们的老师。辩论之后，正是他开导了周雨：不是所有事物都能被数据所衡量。永远要有那份对真理和正义的坚持。

周雨静静地看着杨教授，皱了皱眉，开口道：“杨教授，我知道您不是那种安于晚年的人。您很有智慧，并不是那种会因为年龄而消沉的人。您接受新事物的能力那么强，水浮云车您也会开，又怎么会想着留在养老院……”

“周雨。”杨教授笑着拍了拍他的肩“你倒是聪明。我来养老院，确实不是来安享晚年的。”

“那……”

“周雨，”杨教授压低了声音，“你知道周晴的为人。他很聪明，但为了目的也会不择手段……”

周雨若有所思地抿了抿嘴，像是突然间想到了什么，眼睛睁得很大。“是……深海Ⅱ期工程？”

“不错。”杨教授微微一笑。

对于深海工程，周晴从未大做文章，甚至刻意隐瞒。但周雨明白，他一直在探寻海底生存的可能性。他花重金召集许多科研专家进行实验，而他们现在所在的浮萍城，正是周晴准备进行海底生存试点的地方。海底城的成功建立，必然会引起更多人的效仿。但海底城的部分公开数据表明，它并不适合老年人生存，海底城只能是一座永远不会“衰老”的城，一个永远年轻的亚特兰蒂斯。而老人们只能被永远地留在浮萍城的养老院里，随海水漂流，无人问津。

……

杨教授已经来了有一个月左右，他和周雨总是在四处奔走。他们渐渐地织起了一张网。

“明天周晴就要来视察了。视察那天，势必会有最高的曝光量，这正是揭露真相最好的时机。”周雨这样想着，又坐起身来重新检查了一遍发给记者的通稿。“我们该活着，不该那样活着。”

第二天上午8点。不顾工作人员的阻拦，周晴走进养老院，只见广场上站着众多容颜苍老的人，站在最前面的就是周雨。他们在此等候多时。

新闻此时传到了每一个人的手机上。全城哗然，议论纷纷。周晴的通讯器疯狂地跳出一条条愤怒的质询……他身后，保安正拦着一哄而上的人群，许多人都愤怒着，叫喊着，质问着，混乱不堪。而他对面的老人们，则像一棵棵沧桑的老树一样安静地伫立着，一言不发。

周晴不用看也知道发生了什么。只是沉默地盯着周雨，像要看进他的灵魂。

周雨没有再看周晴。他带着老人的队伍，像是带着人类的过去，踏过出口薄薄的水层，走向另一种未来。

指导老师：沈良军，毕业于绍兴文理学院汉语言文学与教育专业。曾获得绍兴市柯桥区优质课一等奖、绍兴县“百名优秀班主任”、局级优秀党员、局级先进个人、家长满意教师等荣誉。

米兰计划

田方园/高二年级　程莉/指导老师　湖北省宜都市第一中学

公元2435年，由于人类生产活动带来了大量污染，地球生态环境极度恶劣。两极冰川融化，许多岛国被吞没，人类面临生存危机。为拯救人类，各洲派出人才成立“全球机密性生态控制组织”，商议地球生态问题的解决方案。

“议会成员3号米兰，收到开会通知。”机器人的声音将米兰的思绪拉了回来。他慢吞吞地翻出议会成员牌，叫上助手艾莫森，走出了实验楼。偌大的会议厅里，已坐了其他5位议会成员，指挥官坐在正中央：“今天叫大家来是想问问各位，关于改善全球气候这事儿，3年前我们提出的议案，现在是不是该选一个实施了？”会议厅里格外安静，指挥官扫视了一圈，又开口说，“既然你们都没有想法，那就让我来替你们做出抉择吧——事到如今，你们应该明白，只有部分人才有资格获取生存的机会，另一部分不符合要求的人，就得出局。我看我们就施行B计划吧，制造‘天命服’，让那些有钱的人来买吧。这样我们也能轻松一点——”

“不行！”米兰一拍桌子，迅速起身。他盯着指挥官的眼睛：“你这个自私的家伙，你以为你是开商场赚钱的吗？！‘天命服’成本高昂，别说我们能做多少，就算做了，又能救活几个人？！”

“米兰，别这么激动嘛。”指挥官轻飘飘地说，“我知道你在想什么，你是想动用你的‘米兰计划’吧。如果能实施当然好啦，你就成了全人类的英雄、救世主……可你别忘了，成功率只有10%——我们有90%的概率会让地球成为几十万年前的大冰球！我可不想冒险。”

米兰听着其他几个人的附和声，咬牙说道：“可如今气温急剧上升，若不启动C计划，人类用不了多久就会灭亡！”指挥官的脸色阴沉下来，他打断米兰：“行啦，反正我是不会同意的。制造‘天命服’能保多少是多少……散会！”

米兰默默走出会议厅，心里充斥着说不出来的情绪，他脑筋一转，一个大胆的主意油然而生。“什么?！您要秘密启动C计划?！”艾莫森惊叫道。米兰做了一个噤声的手势，微笑道：“我给计划的核心装置安上了保险系统，成功率已上升到80%。只是因为担心说出来后指挥官会做手脚，才一直忍住没说。”艾莫森迟疑地说道：“可是，核心装置已经被指挥官封存起来了，放在离他家不远的仓库里，仓库的门上装了密码锁。”米兰一面收拾东西，一面回应道：“不用担心，我知道密码。”

当天晚上，米兰带着艾莫森混过了指挥官眼线的盘问，来到存放核心装置的仓库。米兰小心翼翼地输入密码。“警告！密码错误！有外来者入侵！”门前的灯忽地亮了，指挥官突然出现在米兰身后，他呵斥道：“米兰，你好大的胆子！”

米兰被带到了国际看守所。指挥官站在门口，冷笑道：“现在，你就在这里继续你那‘伟大’的事业吧！”米兰感到失望、愤怒。

不知过了多久，“米兰教授！”艾莫森的声音突然传来。他打开门冲了进来，一边把米兰往外拉，一边说道，“您还不知道吧！指挥官早就把密码改了！不过现在好啦，我取得了他的信任，得到了正确的密码。咱们快去仓库吧！”

艾莫森带着他出了看守所，又潜入了仓库。他快速输入密码，大门打开……米兰快速上前，解开几重密锁后，点击了“启动”按钮，温度急剧下降……

“米兰！你在干什么！温度已经下降到零下15℃了！你失败了！我们都完了！地球要变成大冰球了！”急切的声音传来，指挥官冲了进来。

米兰冷静地看着他：“不，相信我，我计算了上百遍，应该没有意外……”指挥官狠狠地说：“你自己看！已经零下30℃了！你想让我们冻成冰碴子才死心吗！”米兰站在原地，眼底透着坚毅的光，尽管他已经被冻得手脚发麻。

终于，在他将要倒下时，冰冷的机械声响起：“警告！目标温度过低，保险装置启动……”

指导老师：程莉，湖北省宜都市一中语文教师，曾荣获省级优课表彰，多次荣获宜昌市级优质课一等奖。

点亮能源灯塔

涂诗语/高三年级　刘君朝/指导老师　重庆市璧山中学校

公元2040年，距离此前预测的超高温地球到来的时间，还有30年。我听着飞行广播不断播出的关于低碳出行的忠告，双手因巨大的惊喜而微微颤抖着，屏幕里小赵白白素素的脸上溢满了笑容，由于常年在海中工作而导致的苍白的皮肤此刻也变得通红。“博士，成功了！博士！我们真的发现了比可燃冰更高效、比氢能源更纯净的——全新的能源了！”

我又想起了10年前那个辗转反侧的夜晚，那时我才进研究团队不久，专家的预测已经引起全世界人民的恐慌。世界上科技领先的几个国家担起责任，自发地集结起来，为挽救人类的未来拼尽全力。我记得老院士们夜夜在实验室里刻苦奋战，记得有同事因几天没合眼，直接昏睡在配菜简陋的快餐盒旁，记得小组成员设计了成百上千套降低温室气体排放的方案，一遍又一遍不辞劳苦地修改。

一切本在大家的共同努力下出现了转机，低排放的太阳能公交车逐步完善，越来越多的人愿意乘坐。零氟利昂的空调、冰箱实现大规模生产出售，性能大大提高，获得了许多民众的青睐。这样如满天星般小小的改变虽然无法立刻使人类脱离灾难的隐患，但是足够多的小树苗未来定能长成茂密的森林。

可是那一夜，一个如同水中惊雷的噩耗让所有人措手不及。集结起来的20个国家里，不是每一个都希望实现人类、科技与自然和谐共处。雄心勃勃、狂妄自大的N国，不满于面临自然灾难妥善求和的做法。他们相信人定胜天，相信万物由人类主宰，竟然打起了作为热源、光源、生命之源的太阳的主意。秘密计划了10年，N国企图减弱太阳的辐射，直接对太阳强行降温。但盲目行动的他们没有完全掌握太阳的真正构造，机器灰飞烟灭，10年的心血毁于一旦，太阳受到错误干扰，释放的能量暴涨，使得地球温度不降反升。

那一夜，集合在实验室里的每一个人都沉痛地低下了头，N国的失败，无异于将大家的全部努力无情地丢弃进火炕里烧得焦黑，长时间的高压状态压得人喘不过气来，和我关系最好的小赵，一米八几的大男人抱着我痛哭起来。

当时的我也有些麻木了，头皮的凉意将我钉在原地动弹不得，然而那夜我却尚未感觉到温度升高的难耐，甚至大开的窗户还携着些许微风，把实验台上的资料吹得哗哗作响。智慧的话语突然浮现在脑海中，仿佛是布莱恩·费根在我耳边轻声引导："人类最大的资产乃是善用降临眼前的所有机会，以及适应新环境的无穷本事。"

这句话犹如一盏明灯将我失去光芒的双眸重新点亮。"太阳的磁场受到了干扰，海水必然被异常搅动，曾经埋藏的那些未被发现的、珍贵的新能源，不正是尚待人类去开发的资产吗！"我的自言自语在安静的实验室里扔出了一颗小石，然后激起圈圈涟漪缓缓散开。年轻成员很快被点燃了热血，激情昂扬的斗志也感染了老一辈的研究员。

"星星的陨落不应该只看到陨落，它自始至终都是星星。"我和小赵对视一笑，仿佛听见耳边传来有海浪的声音。

"没错，现在距离 2070 年还有 40 年，还怕造不出奇迹？"我的耳边响彻着团队成员互相鼓励的语句以及热潮叠涌的欢呼声。又一个 10 年过去，我们研发了"光明七号"潜水艇，制作了可连续换氧的轻质潜水服，越来越多的志愿者身着潜水服捡拾海洋垃圾；发明了迅速播种的形如大树的机器，通过压强将种子播散四周，形成森林格局；人们越来越重视环保，自愿将温室气体排放降低。一切都在变好，我仿佛看见一个绿色温和的自然在向人类亲切招手。

海风轻轻吹，海鸥在鸣唱，大家紧紧拥抱在一起，我们都看见了那乌云里的能源灯塔，在拨开噩运，被汇聚起来的努力缓缓点亮，冲破黑暗。

指导老师：刘君朝，正高级教师，特级教师。

地球冷却计划

万世豪/高二年级　张谋敏/指导老师　重庆市开州区临江中学

在浩瀚的太阳系中，有这样一个星球：它曾生机勃勃，此刻却一片荒芜；它曾气候宜人，但此时却成了吞噬生命的温室。放眼望去，一片热浪袭来，让人难以想象它昔日的容颜……

——引子

在地球上的实验室中，波姆博士正回想着往事，此刻是2070年，但他的思绪早已飞回了2030年，那是一个美好的年代：世界经济繁盛，温度不低不高刚刚好。面对着窗外日渐升起的海平面，他不禁说道："要是能回去该多好呀！"

就在这时，一位年轻的小伙子进了实验室，看着波姆浮想联翩的样子，他笑出声来："您又在乱想了？"

波姆博士厉色道："什么叫乱想？我研制的制冷炮马上就要成功了，到时候叫你看看什么是奇迹！"

小伙子叫小志，刚满20岁，在他出生那一年，世界刚好发生了热爆炸，火山喷发掀起了热浪，火山灰飘浮不散，两极冰川快速融化，上升的海平面使众多动物灭绝。所以他一直不相信博士所说的那个五彩斑斓的世界。

接着，波姆正色道："现在我们的当务之急就是在联合国大会上击败资源节约派，从而发射我们的制冷炮！"

联合国大会上，人声喧闹，人们正热火朝天地讨论地球拯救方案。

资源节约派发言人说道："我们不是世界的主宰，我们应积极保护资源，而不是费尽资源来研究成功机会渺茫的制冷炮！"

"资源节约已经取得了新的成果，在众多科学家的合作之下，我们成功找到了煤炭资源的替代品——氢射线，借助它的威力，我们已在全球多地建立了'新地球村'，里面已经基本符合各种生物的生存条件！"

话音刚落，会场一片哗然，波姆博士不知所措。

波姆的发言很不理想，经联合国成员国代表讨论决定，启用资源节约方案。

波姆博士的梦想破碎，他几十年来辛苦研究的成果作废了。他疯了一样地冲出会场，冲进了实验室。

小志紧紧地跟着博士，怕他做出什么出格的事儿来。

波姆蜷曲在实验室中，小志立马跑过去安慰："博士，地球是我们的地球，无论如何，只要地球好，就是人类的福祉。况且，我已经调查过了，'新地球村'的居民正在实行资源节约、绿色环保的生活方式，所有的出行工具也都是低能耗的，如果我们能与节约派合作，那么我们离那个曾经的地球就不远了。"

但波姆博士已什么也听不进，他疯一般地冲向按钮，咔嚓一声，制冷炮的冷气如洪流一般涌向地面，所到之处全部冻结，幸亏有海洋的阻挡，才不至于大规模扩散。

波姆博士怔住了，没有想到制冷炮有如此大的破坏力。他立即找到资源节约派，提出愿望将制冷炮的能量贡献给"新地球村"的建设。

节约资源的行动开始在全球范围内进行，凭借着制冷炮的能量，数十种新能源都被研制了出来。人们竭其所能地节约能源，重复利用、资源回收的理念深入人心。10年后，联合国宣布：全球气候明显变冷，预计5年后将恢复2030年的气温水平。

波姆博士在实验室中听到这个消息，高兴得老泪纵横，在有生之年终于能看见地球重焕生机。而小志已成为新一代环境学家，他的心里一直装着这样的信念：地球不需要制冷，我们只要与它和谐共处，就可以让它重焕活力！

指导老师：张谋敏，文学学士，毕业于重庆师范大学汉语言文学专业。中学语文一级教师，曾获得重庆市优秀班主任、开州区中学语文骨干教师、开州区优秀教师等荣誉称号。

未来的家乡

汪澈/高二年级　黄艳/指导老师　江苏省南京市宁海中学

2070 年，爷爷在劳动时被烧伤，那年我 8 岁。

大人们都说那是一场意外：爷爷在田间忙着收玉米，头顶的光透膜突然就破裂了。光透膜可供光线通过，也可以隔温。可能是一时疏忽导致的，气压不知怎么就超出了阈值，撑破了透膜。当时正是正午，室外的气温为 80℃，爷爷瞬间就被高温吞没。当爸爸穿着隔热服将他背到家时，爷爷的全身早已通红一片，皮膜多处被烧得血肉模糊。

这是一个残忍的时代。从孩提时我便明白了这一点。

我来到乡里的医院。爸爸说，爷爷早已神志不太清醒，但一直说要见我。走进病房，我看到浑身裹着雪白纱布的爷爷。他的手露在被子外，上面沟壑一般的皱纹一道道穿过，如同一条条人生的深谷。我轻轻握住那只手，好像握住了爷爷的一生。

爷爷见我来了，微微笑了。他看向我，咳了两声，用沙哑的声音开口道："孩子，你知道三星堆吗？"他说，"那是一个强大的文明，但由于气候变化，最后被洪水毁灭了。"爷爷顿了顿，继续说，"孩子，我知道，有一天这里也一样。到外面去，孩子，到外面的世界。那里还有可居住的大城市，有不怕高温的室内城。这个小地方已经不是你未来的家了，要记住……"

3 天后，爷爷去世了。爸爸说，到最后一刻，爷爷还在不断念叨着我的名字。我在心里暗暗下定决心，要去往外面的世界，那里才是属于我的天空。

2081 年，我被美国纽约的一所大学录取了。从这所大学里，走出了不少改变世界的人物。我背起爸爸准备的红背包，坐着空管列车出发了。空管列车可以抵御高温严寒，外壳坚固可靠，是人类现在主要的出行工具。这是我第一次离开生活多年的家乡，去往爷爷口中的那个世界。

我第一次进入室内城的时候，看到了宏伟广阔的穹顶、形状各异的大楼和霓虹灯。大学里，我毫不犹豫地选择了气候科学专业。这里是一个没有恐慌的世界，人们肆意地生活，对城外的环境不闻不问。这是一个天堂，也是人类的囚笼和用于麻醉自己的毒药。我既震惊于室内城的繁荣，又为城外那些因极端气候挣扎在死亡边缘的人感到担忧。

30年一闪而过，我成家立业，身份变成了气象科学首席科学家。可每当想起家乡那座金属小屋，想到爷爷，我总是心头隐隐作痛，他不会是唯一一个因气候而死的人。城外的乡镇，有无数人活在水深火热中，无助的眼神里闪着对死亡的恐惧。我的团队目前正在研究一种全新的元素，预计50年后，这种新元素就可以使地球的气候恢复正常。

突然一则新闻让我心如刀绞："据中国气象局推断，中国江苏、福建、广东等地的不少沿海城市将在30年内被大水吞没……"

江苏……就是我的家乡啊！那座小房子、爷爷的话和那只布满皱纹的手，一齐涌上了我的大脑……时间不多了。

我一头扎进实验室。实验用品摆满了各个角落，计算用的稿纸堆成了山。这是一场与时间的战斗，与气候的战斗，与人类命运的战斗。我坚持不懈地研究着，被内心的信念所指引。

2099年，新型保护气体在全球广泛生产。

2113年，南极上方的臭氧空洞消失。

2130年，全球平均气温降至25℃以下。

2142年，我已是白发苍苍的老教授。这年，孙子带我回家了，大家都没有穿防护服。在飞机上，我看到大地又变为了绿色。家人推着我的轮椅，带我回到了那座金属小屋前。这里最终没有被淹没。爷爷的墓在房子后面，看着碑上的字，我的眼泪情不自禁地流下来。"爷爷，这里就是我未来的家。"我轻轻说。

夕阳出现了。万丈金光洒向这片大地。墓碑被这灿烂的夕阳镀上一层瑰丽的金边，无比庄严、无比坚定地挺立着，守护着几代人最美好的幻想与希望。

指导老师：黄艳，文学学士，毕业于苏州大学汉语言文学教育专业。中学高级教师，曾获南京市教学先进个人、鼓楼区教育先进个人称号。

未来滚烫

王陈慕蓉/高二年级　王珊珊/指导老师　上海市卢湾高级中学

“禅师，您觉得我的情况如何？”偌大的古寺坐落在地下 20 千米的地壳处，万籁俱寂，禅师睁开了久闭的双眼。

关善起身，沏上一壶茶水，示意对方将手张开。细长滚烫的液体直直淋在了对方手心。

“悟出什么了吗？”关善抬眼。

“禅师，您是想说，温度太高，就会……”“嗞嗞”的声响伴着一股焦味冲散了弥漫的茶香。

“温度太高，就会短路，又是一件残次品，唉……”关善捋了捋衣襟，命人将早已发生故障的“仿真人”带走。推开古寺的后门，关善乘电梯下降到 2900 千米的下地幔层。

电梯门缓缓打开，关善脱下了防护服。对比之前的古色古香，这儿完全是另一番景象，各种高科技仪器象征着 2074 年的发达水平。早在 2020 年，禅师 A1 占卜机器人就已演算出未来世界的气候极端化：那将是个滚烫的世界，生灵涂炭，万物灭绝。联合国在全球各地组建了一批智慧集团，名曰“禅师”。关善便是其中一员，带领着新型 A1 占卜师，想要实现环境的可持续化发展。

望着智能窗屏，关善陷入了沉思。真正的地球表面，已是漆黑一片。作为禅师的第十八代传人，他清楚记得祖父母一代曾将地球描述得那般高远辽阔，和谐共存的乌托邦如今也只在教科书中出现。2030 年，禅师集团在联合国会议上提出的“熄球”计划被全票通过，人类将暂停一切地面活动，向地球内部搬移，待地表万物轮回、生态欣荣后再返回故土。既是为了适应未来重返地面时可能遭受的高温环境，也是还这片土地宁静的长眠。

“关善，您还好吗？”雷恩打破了关善面对漆黑与火热的凝视。关善勉强扯了扯嘴角，表示自己无事。雷恩是禅师集团 2045 年研发的第一款成功的仿真人，能承受地幔层近 2000℃的高温，但可惜是父亲的遗作。

“天气越来越热了，你体会过内心的暖流与澎湃吗？”关善无奈地摇了摇头。

“你知道的，关善，我体会不到热度。”雷恩说道，照例递上一份晨报。

“之前都说，地下十八层到底是地壳层还是地幔层，可当内心的那股热被外在的热量淹没，地狱也不过如此吧……”关善盯着晨报标题《人类成功向地核又迈进了一步》，感慨地发笑。

雷恩明白，关善做了个决定，而且可能与自己有关。于是雷恩细细观察，静静等待着关善的指示。

终于，3012 年的某个早晨，当晨报再次爆出人类与地核“近在咫尺”的惊闻后，关善将雷恩唤到身旁。

“这几年我一直在申请停止‘熄球’计划，初衷本是减少地表能源消耗，但我们的 A1 占卜机却没能预测到人类会将贪婪的目光探向地下。如今地幔层也快空了吧。”关善神情凝重。

“也许现在还不算晚。你是唯一一个能抵抗住上地幔处温度的仿真人，我们虽不知道地表情况，但这是唯一的机会。你得去探一探地面的生态恢复情况，哪怕未来滚烫。”关善的呼吸急促了起来。

雷恩明白这是他身上的担子，即使此行一去无回。临出发，雷恩问关善：“如果地球生态恢复了，人类会做些什么？”

关善认真地思考了许久，开口道：“我不清楚过去的人们，但如果是我，我会去贝加尔湖划船，感受自然的权利是造物主赐给人类最好的礼物。”说完拍了拍雷恩的肩膀，示意他上路。

雷恩踏进了防护舱。不知过了多久，一道光洒在面前，恰到好处的温暖。雷恩的仿真皮肤暴露在暖黄色的自然光束下，伸手触摸，似欲解读这片温暖。雷恩努力裂开机械嘴角，他在笑。

雷恩体会到了关善所说的“未来滚烫”，不是来自地表灼热的吞噬，不是空气中弥漫的炙热，那是从心底涌升的一股力量，是伴着吹过的暖风与万物相拥，时光有序，世界静好如初。

夜深了，雷恩怀着内心的一份温热划向有光的地方……

指导老师：王珊珊，文学硕士。中学一级教师。

跨越时空的实地考察

王晨力/高三年级　唐飞娆/指导老师　山西省太原市令德中学校

布莱恩，一个生活在公元2070年的科研员。他的时代是最好的时代，也是我们最向往的时代。

公元2050年，各国因抢夺资源，在航天航空、生物工程、电子研究等领域不断创新突破，导致了第三次世界大战爆发，这场旷日持久的战争持续到2060年，反动与邪恶势力被一网打尽，全球化成为现实。各国之间没有了贸易壁垒，优质商品互通有无，由此引发了第二次文艺复兴。同时，人们提高了光谱利用率与强度，把每一滴水都做了细微结构拆解，使其可以自由膨胀与收缩，增强了水的利用效率。利用高度光照和水种植出的水稻在一周内就可以收获过去一年的粮食产量……

布莱恩带我去他的实验室，这里可以看到成千上万个“小屋”——人造子宫。在超高密度下的聚乙烯–29薄膜里，有各种各样的濒危生物，非洲象、鲨鱼、金丝猴、藏羚羊等。如今，全球变暖已经导致了臭氧层稀薄，冰川融化，沙漠干旱，海平面上升，海面上浮游生物过多使海内氧气量骤减、温度过高。

看着人造子宫里沉睡着一个个粉色肉皮的小动物，我心中有了一个疑问，人类不会在未来的某一天也用人造子宫生育吧？布莱恩似乎看出了我的疑问，他轻轻地说：“全球联合国委员考虑到，这项技术运用到人身上可能会导致不可控制的伦理问题，所以目前只用来解决动物濒危和早产儿死亡率高的问题。”

我又问他：“我们要如何帮助动物重建它们的家园呢？”布莱恩把我领出实验室，我们乘坐悬浮地铁车，10分钟后从中国来到了非洲大草原。“我们刚才坐的那班车，是太阳能驱动的悬浮列车，它能高效能地利用能量，并最大限度实现零阻力。”到达非洲后，绿草如茵，蓝天白云，只是没有一个动物在这草原上。布莱恩缓慢地说道：“这些年，我们致力于恢复生态系统，弥补我们祖先犯下的错误。我们的第一步是执行“女娲补天”计划，用臭氧催化剂在大气中反应，增加臭氧层对太阳辐射的抵抗，同时普及太阳能、风能，使用磁悬浮列车。第二步是水资源寻觅计划。世界派出一支特种舰队‘逐日3号’，穿越宇宙到其他文明中寻找水资源，舰队在穿越虫洞后的特拉文明上找到了生产水的能力与技术，这让地球上的生物可以在非洲等热带气候地区生存和繁衍。第三步就是你刚刚见到的原生态动物培养和安顿计划，等到动物们被大批地培养出生以后，它们将从第一代开始重返大自然，一代一代地自行接力，这时人为干预因素就要减少了。”

听到这里，我不禁愧疚起来。早在1000年前，孟子就告诉梁惠王：“不违农时，谷不可胜食也；数罟不入洿池，鱼鳖不可胜食也；斧斤以时入山林，材木不可胜用也。”而在过去这1000年的时间里，我们经历了拥有、破坏、懊悔、弥补、珍惜等过程。如今借助科技的力量，地球上的各个基因种族得以再次团圆相聚；我们驾驶曲率飞船寻觅到了再生人造水的秘方，让生命之源得以延续；化学技术让“女娲补天”不再只是神话传说。更重要的是，由于人文意识的提升，人类没有破坏道德伦理体系。我们在实现人类文明延续计划的同时，也尊重自然的客观规律。

布莱恩接着说：“我们下一步计划是用体外超声波激光升级加速，在人们不受伤的前提下，10秒内使肿瘤高温坏死，并自动脱落。同样的方法也可以用于治疗艾滋病。未来，人类可以在毫发无损的情况下治愈曾经让无数患者痛不欲生的病症。”我称赞了这项计划的绝妙之处，并激动地展望未来，而他在一旁微笑着说：“星河灿烂，科技生活让我们的未来可期！”

人们，拿起科技的宝剑，遵循内心道德和社会伦理的原则，回望历史的足迹和教训，用远大而坚定的目光眺望未来，坦然面对与解决问题，和平与和谐将与我们同在！

指导老师：唐飞娆，法学硕士。毕业于山西大学思想政治教育专业，中学教师。

末日列车

王晨煜 / 高三年级　王宇鹏 / 指导老师　北京市清华大学附属中学朝阳学校

茫茫原野，一列快车，是生命的传递还是扼杀的绫带？它沉默地带着人类的秘密驶向远方。

“瑞恩，快点起床！今天学校组织的自然探险课可在 307 车厢，离我们这里要好远！”男孩睡眼惺忪地望向窗外，又是一个阳光明媚的好天气，随后嘟囔道：“自然探险课为什么还要在车厢里上，外面的天气明明更好。”走进客厅，妈妈早已不见踪影，作为一名科学研究者，她总是这么忙。

涓涓细流，怪松乱石，热带雨林，瑞恩了无兴趣地看向怪异景色，一年一度的探险日让他已经对 307 车厢的景色提不起兴趣。“快来！瑞恩！我记得这里有象龟！”好友贝卡在他面前兴奋地招手。

“已经 12 年了，贝卡，你不觉得没意思吗？”瑞恩双手环胸，“外面的世界肯定比这里精彩百倍，我赌十包宇宙虾条。”头顶的电子穹顶逐渐变暗，夕阳的余晖洒在厢底。两位少年的身影被拉得无限大。

深夜，两个身影偷偷溜出营地。“我之前就了解过了，离这最近的外界之门在 305 车厢，我们一个晚上就能到，早上回营地，老师肯定不会发现我们的。”瑞恩边说边脱下了腕上的儿童手表，“别戴这个，有定位显示。”

两位少年小心翼翼地走出厢门，电子屏上的月清冷圆润，外面的月亮应该会更大更亮，他们憧憬着。

下了车厢飞车，305 厢就在眼前。他们跑到了东部，人们总是把外界之门安在东边——太阳升起的方向。古铜的重门旁，布下了禁止擅自出入的标志。两位少年渺小如蚁，站在门前。他们没有欢呼，无声地凝视大门，心里明白单凭自己永远无法出去。“走吧，瑞恩。”贝卡低声道。瑞恩闭上眼，将耳朵贴紧车门，“贝卡，我好像听到了风的声音。”

几个月后。学校放了暑假，瑞恩整日宅在冷清的家中，妈妈总是忙于工作。那一晚的风声永远刻印在他的脑中。“我要去看看！”瑞恩又一次望向窗外，千万株一闪而逝的树木好像迎着风在朝他招手。

水、压缩饼干、强力手电筒，还有一幅印象中爸爸的画像，瑞恩背着包潜进妈妈的书房。保险箱前，他深吸一口气，“就再试一次。”“20350628”，“嘀嗒”，保险箱门打开，果然是登上列车的日期。他从厚厚一沓文件中，抽出了妈妈的出入证——进入外界之门的钥匙。

又一次站在相同的大门前，瑞恩微颤着，将卡慢慢贴近感应区。

“住手！瑞恩！”妈妈从远方跑来，实际上她从收到保险箱打开的智能信息后就赶来了。“不！我是人类！为什么要生活在列车里？课本上的早期人类都是生活在陆地上的，我也想！我想听风，淋雨，看云，观雪！”他猛地将卡贴上去，随着“轰隆”一声巨响，305 厢外界之门开启。

眼前是瑞恩从未见到过的世界：隔热玻璃后是片片沼泽，树干干枯，废弃的高楼大厦蹚着污浊的水一啸而过。目光所及之处，万物不生，一片荒凉。他日思夜想的带着清新气息的风，刮走了树干上的最后一片绿叶。

“瑞恩，你本应在 18 岁生日当天才能知道的。我们是生活在列车上的最后一批人类。2030 年，环境状况比专家预测的还要糟糕，地球平均气温达到了 35℃。联合政府耗尽人力物力，历时 5 年建造了这列生命快车。我们在等，等大自然的自净系统生效，也用人类微薄的力量外出清洁环境。你的爸爸就是这样牺牲的，他被洪流卷走时你才 1 岁。瑞恩，我知道你可能接受不了，但你要相信，在一代代人的努力下，我们是能够回到陆地上的，回到我们以前的家。”妈妈拉起瑞恩的手，“这是我们每个地球人的责任和义务。”

多年后，瑞恩坐在实验室内，望向窗外真实的世界。真正的夕阳西下，青年身后的影子越来越长……

指导老师：王宇鹏，中学一级教师，毕业于首都师范大学汉语言文学专业。荣获朝阳区教育系统优秀班主任、“阳光杯”优秀班主任等称号。

2070，氨然无恙

王存智 / 高二年级　杨华利 / 指导老师　山东省济南市济阳区第一中学

孟子告诉过梁惠王：“不违农时，谷不可胜食也；数罟不入洿池，鱼鳖不可胜食也；斧斤以时入山林，材木不可胜用也。”人类越是想主宰自然，自然越会反扑。徒劳的人类宛若笼中之雀，最终只会伤痕累累。

海底实验室里，晟已经在工作。纸上是密密麻麻的公式，化学符号杂乱无章。由于温室气体的排放，35 年里，全球平均气温已升高 5.7℃，冰川融化面积超过 1/3，海平面日益上升。如果我们不想抛弃这片土地，就必须找到合适的能源来减轻生态压力。依靠海水制造氢气已达到一定水平，纵然海之大，然而一旦打破了水与大气的平衡，便再也无力回天。于是，我和晟把目光转向了氨——100% 制氨。

晟忽地跳起，目光灼灼。我冲向开关阀，打开人造太阳，启动机器。晟迅速输入数据，机器轰鸣。渐，声息，玻璃柱内充入气体，是氨气。

“倒霉，还是这么少，方向还是不对。”晟沮丧地说。

“别灰心，制氨的条件本就苛刻，氨气不稳定，很容易就分解了，我们已经把转化效率提高了 10%，继续走下去，我们一定可以成功。”

“唉，我真想一头扎进‘四维’里算了。”

“又来了，更改时间可是国家严令禁止的，况且，从未有人进去过，也从未有人出来过。”我的眼中掠过一丝惘然。

我的哥哥，默，研究出了通往四维的钥匙，没人知道他是怎么做到的。因为那天，他走进去，就再也没出来。奇怪的是，他所有研究资料都凭空消失了，那台可怕的机器现在也已不知去向。

“你说，我们要不要再去找些别的催化剂？”

“不，”我果断否定，“气体转化效率就需要究其本源，我们已选用了最好的催化剂，温度、压强也不能再高了。所以我们现在要稳定住氨气，这个方向要坚持。”

通氦气制氨气？荒唐——这是所有人的想法，但我做到了。我用氦气成功地稳定住氨气，提高了5%的转化效率，尽管有人说，这是巧合。比如，晟。

“惰性气体又不会改变氨自身的性质，说不定真是巧合。”

“一次是，两次呢？”我大声质问，“一次5%，一次10%，我都做到了，你两次都不在，没目睹事情的经过，怎么可以否认实验结果？”

“可是，你想，氦气可以稳定氨，也固然可以稳定氮气和氢气，反过来讲，它不是也降低了氮和氢的反应速率吗？自然是不可以被主宰的，是要付出代价的……我理解，你一心想尽早达到100%，想阻止2070年的险情，同时想出名嘛，但……”

“够了！”我吼道，“你不会理解的。”我愤然离去。

他怎么理解，一位兄长在星空下给弟弟讲述美好的未来，用童真的语言描述氨气的种种。说好共同制得氨，名扬四海，现在，未来难期，他无踪迹。唯一人，坚持这份梦想。

倚在沙发上，脑中却不由回涌起过往，默曾给我讲过维度，一维是一条线，二维便是很多条直线组成的平面，三维，在横、纵两条轴上加了海拔，也可以说是高度，便从平面上升到了空间，也是我们的世界，而四维，就是在三轴上加上了时间轴……时间……氨气的转化……时间……如果在反应中把氨气的时间始终调节在初始生成时，纵使时差微小，也总有一个短暂的时刻是完全的氨气……我恍然惊醒，冲向默的旧宅。

也许是直觉，我冲入地下室，果然有暗道。一个人站在一扇门前，门内没有尽头，又像是没有空间。他回头，微笑。晟——不，默开口道：“我说过，主宰自然是要付出代价的，这一次，是真的别了，去实验室吧！”

我跑进实验室，已是泪流满面，他，一直都在我身边，陪我坚持着那份梦想……我眼前一阵迷蒙，看到氨，充满了玻璃管。破涕为笑。

默，走了，但他仍在某个角落，微笑着注视我。

100%氨气，有了。能源，成了。自然，尚好。

他与2070，都会安然无恙。

指导老师：杨华利，中教一级教师，曾获得区优秀教师、优秀班主任、区师德建设先进个人等荣誉奖项。

未来的气象工作者

王道宁/高二年级　袁宝莲/指导老师　北京市海淀实验中学

公元2070年，世界已然发展成一个不同于以往任何时候的模样。这模样令生活在地球上的人们感到幸福！

我是一名工程师，负责研究气候的变化。就在半个世纪前，这类工作普通得可有可无，但在这个年代，情况发生了变化。这项工作备受全社会的重视，国家投入大量的人力物力进行气候研究和保护。因为，所有人都清楚，如果不了解气候的变迁，不加以保护，其后果就如同21世纪初，有十几个国家因气候恶化，大批居民被迫流浪或者迁移到其他国家。而我的工作就是防止类似的事情今后再发生，并让社会有持续发展的空间。

当然，最重要的是让每个公民都产生自觉意识，让他们主动采取行动，阻止气候恶化。所以，接下来，我给大家展示一下我一天的工作经历，或许你会了解我的工作使命。

早上6点，我离开家，迎着朝阳，沿步行道向研究所走去。城市环境优美，道路两旁绿树成荫，鸟语花香，空气清新怡人。路上还遇到了我的同事张皓。张皓是一个充满热情的小伙子，看见他，我不由得回忆起年轻时的自己。张皓看到我，快步走来，和我打招呼："李组长，真巧，我们又遇见了。"我们并排行走，他十分高兴，仿佛有什么大好事要告诉我一样。我也回应了一句："张皓，你好！最近怎么样？"随后，张皓开始滔滔不绝地聊起最近的研究进展，他说："气候变化保持在合理区间，继续采取同样的措施是没有问题的。不过，上级有要求，要有更加可行的方案，以应对可能出现的突发情况。"我听了回道："这事儿得跟其他组共同讨论，须得稳妥。"接着我们又聊了些生活琐事，不知不觉就到了研究所。

为了减少交通工具的尾气排放以及能源消耗，国家下大力气进行城市规划和改造，当时有许多人强烈反对，但国家依然坚定地执行这个决定，到现在快30年了，效果不错。政策要求：每个人就近工作，一般步行几分钟或十几分钟就能到达工作地。

走进办公室，我看到相关部门事先送过来的一摞资料。这是关于气候周期性的观测数据，为了让分析结果更准确，减少因判断失误带来的损失，单单负责各地气候数据观测和记录分析的人员就占据研究所员工总量的很大比例。我需要花费一上午时间来对数据分析总结，然后撰写一份总结报告，交给其他组参考商讨。从数据上来看，各项措施都取得了预期的效果，在此基础上加以改进，还会取得更好的效果。

正午时分，我走出办公室前往餐厅，看见张皓正巧也从办公室出来。在一起用餐过程中，张皓向我提起了自己的行动计划："李组长，我跟您说件事，我打算利用周末两天，再请一星期假，去南方游览一趟。"听到这话，我有点惊讶："这么快就打算去旅游，你的任务量难道提前完成了？"他有些自豪地说："这趟旅游我计划了快半年，我每天都加班加点赶研究进度，终于匀出了时间！"我接着问："那你的植树量也完成了？"他轻松地答道："那是自然，我周末减少休息，去加倍植树，已保质保量完成了任务。"

在这里，我有必要交代一下，现在，国家规定，植树是每个公民的义务，政府部门根据每个人的身体情况、消费情况等综合因素，给每个公民规定植树量。植树的位置、树种的挑选等问题都经研究所分析后得出结论，每人只需依照要求进行种植即可。保护气候人人有责，气候保护是由公民的"合力"来完成的。饭后，我继续投身于忙碌的研究工作中。这就是我，一名气象工作者的一天。

如今，随着各种措施的出台，地球环境已发生了翻天覆地的变化，与从前截然不同，干旱、高温、海平面上升等困扰人类的问题已被消除，地震、火山喷发、泥石流、海啸等自然灾难也已被消除，地球成了一颗和平安全的星球，一颗最适宜人类居住的星球。人类用智慧和勤劳保护着美丽的家园，大自然也焕发出勃勃生机，人们幸福安康地生活在这里！

指导老师：袁宝莲，北京市海淀实验中学语文老师，海淀区"四有教师"获得者。

凝 霜

王俊淇/高三年级 宋俊燕/指导老师 山东省德州市第一中学

热，还是热。苏鸣不断拽动自己的衣领，希望有更多的风从衣领贯入，但收效甚微，汗液顺着肌肤滑落的黏腻与不适感仍旧清晰地刺激着他的每一根神经。

“啪”，苏鸣推开窗户，迎接他的不是9月里凉爽的秋风，而是一股又一股夹杂着细沙的热浪。苏鸣的心中泛起一阵苦涩。

2047年，距离预测的极端气候时代还有23年，但看见昔日的皑皑白雪变成手中不断流逝的白沙，“润物细无声”的雨露变成额头上不断飘落的汗滴，人类的心中还是涌现出了恐惧：我们将何去何从?

为了应对气候变暖加剧，联合国成立了全球科技联盟，该联盟提出了“二十一度四”计划，试图利用科技的力量扭转乾坤，而苏鸣正是这项计划的执行人员之一。

“‘二十一度四’计划分为两大板块：‘凝霜’和‘白露’，计划的根本目的是修复全球冷气流循环系统，使全球平均气温降至21.4℃，请大家相信我们！”赶往科研所的苏鸣想起了5年前对全球民众许下豪言壮语的情景，不禁苦笑了一下——计划目前正处于瓶颈期，迟迟没有显著突破，而这份豪言壮语的实现似乎也变得遥遥无期。

“吱呀”，推开科研所的大门，苏鸣的同事们已经在模拟实验台上开始忙碌了，他们正在模拟“凝霜”——制造固态冰，用以补充两极冰川，使冷气流循环初步进行，而后进行第二板块——“白露”，使全球气温在大规模的人工降雪、降雨下趋于稳定。

此时，实验已经进行到“凝霜”最关键的一环——结合，两个工作人员分别操纵触摸屏，使两个氢氧聚合分子聚拢，在两个流动的球状分子结合的那一瞬间，又一个工作人员迅速按下了触摸屏上的另一个按钮，霎时，分子结合区域又充满了另一种气体——氮气，利用氮气分解时吸收的巨大能量使

温度降至 –2℃以下，进而使流动球状分子内产生比氢键更为稳定的“双氢键”，最后通入制冷剂，球状分子便形成了固态冰。但这块承载着科研人员希冀目光的固态冰不长时间便成了飘散在空中的晶体粉末。

“唉，又失败了！”一个工作人员开始垂头丧气，这种氢氧聚合分子的流动性太强了，空腔外层的氧原子太容易“逃逸了”。

“那如果多加几个外层化学键压制它的流动呢？”在一旁一直沉思的苏鸣忽然出声，“我们可以换一种思路，先使用球金属吻合剂将它的球状空腔结构压成饼状，再通入高温气化砷剔除金属键，再将多个压缩后的氢氧聚合分子叠成层峦叠嶂的山岩结构，那它的稳定性不就上升了吗？”说着，苏鸣走到了实验台前，开始实际操作起来，他的话像一簇希望的火苗落在每个工作人员的心上。“对啊，我们太执着于它的笼状空腔结构了。总是认为这是最稳固的，却没有想到其他结构。”

“咔嗒”，苏鸣的实验操作已接近尾声。他面色冷静，将多个饼状分子压合在一起，又通入制冷剂，“咔嚓，咔嚓”，一块固态冰正在逐渐成形……

众人屏息凝神地用温柔的目光盯着这个“酣睡中的婴儿”。1 分钟、5 分钟……37℃、42℃、49℃……温度一次次上升，固态冰依然稳如泰山地漂浮在那，它仿佛在以宽厚的身躯守护身后的人类。

“成功了！”狂喜的氛围顿时在这个科研工作室内扩散开来，众人喜极而泣，苏鸣的身体因兴奋而颤抖，在泪眼蒙眬中，他看见了一枚晶莹剔透的雪花静静地飘在空中——那是大自然的精灵，是拯救人类的精灵……

半个月后，中国“零度”科研船组拉着巨大的冰川驶向两极，苏鸣站在船头，看着科研的巨帆带着冰川乘风破浪，他眼中的帆与冰川渐渐融合在一起，他相信，“二十一度四”便是带领全人类重新启航的帆！

“如果混沌蝴蝶存在的话，那我们便成为蝴蝶，扇动羽翼，为全球带去湿润的气流。”

苏鸣仿佛已看到了久违的美丽家园。

指导老师：宋俊燕，文学学士，中学高级教师。

我，仍在这里

王鹿鸣/高二年级　张培/指导老师　河北省沧州市第二中学

“星河浩瀚，在茫茫群星温暖的臂膀中，是我们湛蓝色的母星——地球……”来自上个世纪的声音在空旷的客厅里回荡。一双白皙纤细的手，抚上面前这台老旧的录播机。落满灰尘的它正在播放着放入其中的磁带。一盘盘磁带整齐地码在那个微微泛黄的纸箱中。

金发的女子坐在录播机旁，磁带中那激昂的声调所描述的图景在今天根本就是难以想象的色彩，让人无法相信它的真实。一抹消沉划过她的眼眸。时针已指向半夜，但她似乎并没有休息的意思，只是漠然地坐在那里。

地面再一次传来隐隐的震动，四周的墙壁不断地传来硬物碰撞时尖锐的声响，这一定是火箭又一次升空了，她数不清是第几次了。

我们生活的母星——地球，早已不是从前那般温顺的样子，至少她从来没见过地球湛蓝的颜色。随着海平面积年累月的上涨，中部隆起的大陆与高原成了地球上仅存的陆地。干燥的大陆风裹挟着漫天的沙石侵扰着每一寸可以让人类安身的净土。

生存面积不断缩小，严酷的自然环境迫使全人类联合在一起去创造这项伟大的工程——“戴森球计划”。这是用人造物包裹恒星来抽取恒星能量的疯狂举动，所幸人类终于取得了试验的成功。千万艘搭载着人类乘客与地球文明的太空船，将在戴森球的能量供给下驶向宇宙，去寻找新的家园。

人类在残酷的大自然面前是渺小的，但从某些方面来说，却又是顽强且不可战胜的。

“轰隆……”又是一阵猛烈的震动，一枚火箭升上太空——移民行动已步入尾声。

女人一旁的屏幕亮起，一个焦急的声音从中传来。“嘿！你在干什么？！”

女人茫然地抬起头，手中正紧紧地握着一条挂着半颗爱心的吊坠。

“快走啊！最后一批移民飞船就要起航了！”

女人微微地摇摇头：“我在等人。”

“什么？！你一定是疯了！快去站台，难道你想为地球陪葬吗？！”那人气恼、焦急得似乎要从屏幕里跳出来。女人显然也不想和他多言，只是淡淡地说：“我在等他。”

“他？不，听着，女士，这座城已经要被清空了，您的亲人应该早已坐上移民飞船离开这个鬼地方了，你们会相见的！我保证！所以请……”

“他是最后一批执行戴森球计划的负责人。”女人打断了他的话语，语气平淡且冷静。

那人突然间像是被什么定住了。最后一批执行戴森球计划的宇航船，于48小时前，在土卫一附近的行星带附近失去了联系。在这种情况下，如果发生意外，生存的概率为零。

“不，女士，我……深表歉意，但您的爱人肯定也希望您能……活下去……”

“不。”女人十分坚决，她抚摸着自己和爱人的一张合影，喃喃说道，“我和他约好了，他执行完任务一定会回家。就算所有人都离开了，我也会留下。他知道，我，仍在这里。”电话中断了，是女人主动切断了信号。

失去厚重大气层保护的地球，在未来的几天内会遭到来自太阳系的小行星撞击，这次撞击是地球历史上未曾有过的灾难，谁都不可能侥幸逃脱。

女人靠在椅背上，看着相框中那张坚毅且自信的脸庞，不禁泛起一抹微笑，她闭上了眼睛，泪无声地顺着脸颊留下，滴落在她手中那条半心形吊坠之上，那闪烁着的晶莹泪光，像极了在那个夜晚，她和他仰望的那颗流星。

门被猛地推开。呼啸的风挟着几片落叶和着尘土的味道拥入屋内。

女人笑了，她睁开眼睛。他倚着门框，气喘吁吁。

“我知道，你一定会在这里！”“是的，我仍在这里。”

体会了生存的不易，人类自然会拥有更好的自己；没有勇者的付出与坚定的守望，人类便不会阔步向前。

当一切尘埃落定，又有谁会看到那废墟中的一根钢筋上，正迎风飞舞的完整的泛着星光的心形吊坠呢？

指导老师：张培，文学学士，毕业于河北师范大学汉语言文学专业，中学一级教师。曾获得沧州市语文优质课一等奖、沧州市“教坛新秀”称号。

文明重启

王为暄/高三年级　傅钱萍/指导老师　浙江省诸暨市海亮实验中学

厚重的窗帘遮挡了室外炽热的阳光，寂静的室内只依稀辨得出家具模糊的轮廓，更衬得其间粗重的喘息引人注目。一片混乱的床单上，一人无力地靠坐在墙边，一手遮住双目，满是噩梦后的惊惧不定。

“又做噩梦了吗？主人。”轻柔的女声从屋内各处涌来，唤醒了陷在噩梦中的青年，“您真的不需要我替您购置一些安神的药物吗？”女声中的关切满溢。

“谢谢你的关心，瑶瑶。”青年沙哑的声音低沉，“但还是不了。”青年终于放下了遮住眉目的手，显露出极为疲累的眉眼，眼下青黑，眉心紧锁。他试图回想起梦的内容，却不出所料的又一次失败，只余下模糊朦胧的几幅画面，如同雾里观花般的不真切。

窗户慢慢变得透明，洒落满室金辉。青年起身，终于下定了决心似的，“瑶瑶，替我约去市政府的车。”说罢，他开始洗漱更衣。银蓝的连体衣将脖子以下紧紧包裹，甚至于每根手指。

“好的，主人。”女声再次响起，“半小时后的车可以吗？您出门千万要做好防晒措施啊。”

“谢谢提醒，这次真的不会忘了。”青年无奈地走向餐厅。

暖香盈满了餐厅，金黄的吐司带着乳酪的香甜，乳白的牛奶氤氲出升腾的白雾，金边嫩滑的荷包蛋在描金盏碟中滑动，殷红的圣女果上滑落清澈的水珠。半空悬浮的电子屏上还映着一张邀请函，写着：

尊敬的考古学家明羽先生：

您好！

我们诚邀您参与本次“探索旧日文明”活动。如有意向，请于7月7日早8点到市政府门前集合，届时将有人引导。真诚期待您的到来。

重明市政府文化部

青年看着邀请函，深深地叹了口气。咀嚼着食物，思绪却已飘向不知名的时空。不一会儿，桌上已只余盏碟。明羽走到玄关，戴上头盔，换好靴子，匆匆离开。

刚一走出楼房，失去了隔热涂层和防护玻璃的保护，炽烈的阳光无情地炙烤着万物生灵。明羽匆匆行至车站，抬腕一看，正好 7 点，车站的广播也恰好响起，“请明羽先生速至 3 号车站，请 ×× 先生速至 4 号车站……”这些同样身着连体衣和头盔的人匆匆分开，去往各自的站点，那里有小型公交座椅等待着他们。明羽匆匆坐上他约好的座椅。望着两边的高楼大厦急速倒退，座椅沿着轨道高速行驶，明羽思绪渐远。

在大数据、人工智能高度普及的 2070 年，为了缓解资源匮乏，如何高精度、无损耗、无浪费地利用好每一份资源，成为最大的课题。利用智能和数据计算，已实现交通完全公共化，资源配置精确到个人，资源缺乏得到有效遏制。但是新能源的开发遇到了瓶颈，热核聚变的高温可以通过磁体环控实现可控轻核聚变，但难以转化为家用供电，且能量损耗极大。环境污染，臭氧空洞，温室效应，冰川融化，海平面上升，饮用水稀缺，干旱导致的饥饿、传染病横行……人类的生存环境不断恶化，人口数量急剧下跌。户外工作早已被机器取代，为了节约资源，政府提倡居家办公……

但考古始终未被机器取代，明羽漫不经心地想着，大概是怕机器损坏了文物，无法辨识吧。

“您已到达目的地，请携带好随身物品，小心脚下……”机械提示音响起。明羽下了车，就有人迎了上来。“您好，明羽先生，请随我来。市长先生很欢迎您的到来。”引导机器人保持着得体的微笑，滚轮以合适的速度向前滑去，刚好能让明羽跟上。

到了一间办公室门口，机器人停下，鞠躬示意后，转身离开。明羽抬手，敲响了厚重的红木门。“请进。”门随着话音悄然开启，面色和蔼的长者坐在办公桌前。待明羽坐下时，门已悄然阖上。

“接下来，您如果确定要参与此次考古，请签订保密协定，然后，我将告诉您一切事宜。”市长温和开口。纵然不解，明羽仍坚定地点头。片刻，一份纸质文件随着光脑响起的提示音被推至眼前。明羽更加疑惑不解，由于树木资源匮乏，人们早已放弃使用纸张，而采用电子屏和电子文件了。

“重要文件，一式两份，须机密保存。”市长淡然解释。

明羽点头以示理解，确认条款后签上了名字。市长接过，存放进特殊文件袋中，交给机器人存放至档案库。

房间变暗，侧墙的景幕有影像播放，市长开始解说：“这是前几日科学工作者在寻找新能源时发现的遗迹，其中显示出高度发达的文明。”视频中机器拨开藤蔓丛生的洞口，内里的金属走道显露，两侧墙壁的壁画将一个文明的出现与灭亡描绘得淋漓尽致，“我们怀疑，人类其实已经经历过一次文明‘重启’。”“文明‘重启’？”明羽不自觉地嚷出了声。

镜头经过漫长的走道，来到了一扇金属门前，门上镌刻满了不知名的文字。“是的。我们通过壁画推测，曾经也有一代人类，同我们一样，经历了漫长的演变和科技的发展，却因没有与自然和谐相处，企图征服自然而招致天灾。自然试图毁灭文明，他们费尽心力保存下了文明的种子，开动了这次‘重启’，这才加速了我们这代人类的发展。”

“为什么自然这么残酷？”明羽不自觉地喃喃问道。

“不，真正残酷的是人类，他们自己毁灭了自己。自然是仁慈的，它只是为了自保，但仍留存了人类的文明火种。经过极其漫长的休养生息，它又再次孕育它的孩子。”

“那我们岂不是正在重复着这段毁灭的旅程吗？”明羽有些绝望。

“是的，但又不一样。我们已经意识到了问题，并且试图在挽回了。母亲娇惯的孩子已经学会了克制，粒子和反粒子对冲能量已经初现成果，我们将会拥有更好的明天。”市长温和地宽慰，“接下来，我们会安排你和其他考古学家一起进入遗址，那里不允许机器进入，你们需要解开文明‘重启’的密码，为人类带来更多生的希望……”市长继续嘱咐。

“明白，保证完成任务。”明羽眼中浮现坚定的光，梦里的场景变得清晰。原来，他正是梦到了文明毁灭的场景：洪水，地陷，火山爆发……

没有诺亚方舟的人类，终将慢慢学会保护自然，去改变属于他们的未来，迎接新的希望……

指导老师：傅钱萍，毕业于华中师范大学汉语言文学专业。中学一级教师，曾获诸暨市优质课二等奖，多次获市教学案例一等奖。

决　堤

王曦珂 / 原高三年级　吕宏 / 指导老师　北京市第五中学

2070 年。湛蓝色天空一片透彻，日光微暖，清风淡寒，自青翠草地上掠过，从茂密的枝叶间拂过，在琼楼玉宇间穿行。平直宽广的街道上，飞过几辆氢能源汽车，高空上，核动力飞船不时来往。悬空的浮台上，西装革履的人们彬彬有礼地交谈，机器人踩着消音平稳的轮子，端来一瓶半世纪前的红酒。

沧望着眼前这美好安宁的景象，不禁垂下了头，长叹一口气，握紧把手，让他那吭哧吭哧的电动三轮飞快地跑起来。不一会，三轮停在了一扇发光的大门前，扫码后，大门亮起绿色的光。沧驾着他的三轮消失在光芒之中。

光芒褪去，焦黄的天空映入眼帘，大地荒芜，裂缝深邃，窄的可一步跨过，宽的则形成不见底的峡谷。空气燥热，河流一片污黑，散发阵阵腐臭。鱼不能跃，鸟不能翔，天地间一片死寂。“这才是我的 2070。”沧喃喃着。

三轮车继续行驶，远方大地上出现了一片黑色的海洋，海面高悬在陆地之上，海岸线边，高耸入云的堤坝如同钢铁巨人一般屹立，将那漆黑色的惊涛骇浪抵挡在外，而海岸线内侧，堤坝不远处，一个破破烂烂的小镇冒着阵阵黑烟。

沧先回工厂交了单，然后驾车去往海边，拜访一个“失心疯”的老人。路过水站的时候，又看到了“今日无水”四个猩红大字。

越靠近海岸，堤坝就越发显得高大威严。那位老人说过，随着两极海冰大面积融化，海平面飞速上升，人类迫不得已，才修筑了这巨大的堤坝，来保护这最后的土地。如果在巨大的墙壁下居住，就会时时刻刻听到那排山倒海的大浪撞击堤坝的轰鸣。

沧停了车，在院坝里见到了正在费力刨土的老人。老人用干裂的双手费力扒出一个小坑，将一颗籽粒放入其中，填土，拿起水杯势要倾倒。

“等等！”沧上前一把抢过水杯，“疯老头你干吗！你哪来的种子……现在的水，我们自己都不够用，能别这么瞎折腾吗！”老人一怔：“也罢，也罢。”摆摆手，转身找把椅子坐下，沧坐在老人旁边，望着老人那舒展的眉眼。

“今天，去那边了？”“是。厂里紧急委托送货，我就去了。”沧突然激动起来，“我跟你说，那里面……”

“很美，对吧。”老人打断沧的话，望了望天，“曾经这里，外面，整个世界都是那样的，碧水青天，红花绿叶。”“净瞎扯……”沧下意识地脱口而出，可又想起眼前的老人年近 70，过去的世界他都经历过。沧不禁好奇：“那后来发生了什么？”

老人垂下眼帘，用悲伤又无奈的声音开始讲述：“过去，天是蓝的，水是清的，后来我们不断发展，大量开采矿产，砍伐森林，排放有害气体，污染水源，最终，这世界变得越来越糟，由于温室效应，导致全球气候变暖，两极冰川融化，海平面上升，极端天气增多。当人们意识到问题时，已经晚了。开发清洁能源，植树造林，我们什么都试过，可……”

沧突然听到堤坝发出的不祥的声音，他抬头望了望，只见墙体微微颤抖，沧突然想起，最近厂里偶有人提到堤坝最近的异样，不禁担忧起来：“老家伙，我们是不是先离开这里再说。”

老人却不为所动，只顾自己讲：“可决堤之势，岂能挡之。当时保护与修复生态的速度，哪赶得上生态恶化的速度啊，最后，有科学家突破了四维空间建造技术，折叠分配空间，所以有人建造了‘那边’，然后把所有的环境问题扔给了‘这边’——从那以后，我们便成为他们的过滤室、垃圾场。”

随着巨大的轰鸣声，高大的坝壁上突然出现了几道裂缝，倏忽间，便疾如雷电般延展开来。

沧面色惨白，咆哮着：“老头，该走了！”可是逃去哪儿，他不知道。

老人回头看了看，微微摇头：“真当我们，只甘做‘我们’吗？”

坝体在巨大轰鸣中倒塌，海水遮天蔽日倾倒而来，黑水摧毁小镇、工厂、戈壁、荒漠——“这边”的一切。

决堤之势，岂能挡之。

指导老师：吕宏，毕业于北京师范大学语言学专业，北京市第五中学语文老师。

出　去

王小桑 / 高三年级　王欣芸 / 指导老师　广东省广州市执信中学

电子音落下并在如水的人群中荡起轻轻涟漪时，他开始产生更多的疑虑、不安与愤懑，但得到肯定的现实又如迷香一般柔和地挥之不去，以至于他开始有些难以回望她的目光。阴暗的走廊两侧，穿戴防护服的人群已渐安静——没有人敢一再产生如此多的二氧化碳。他们现在都只是望着他：男男女女老老少少，疲惫，不安，甚至有些嫉恨与狡狯。

守卫者锃亮如夜的铠甲将他夹在中间，使他的目光也不得不直视前方：能源开采的轨迹在大地上艰难而凶狠地攀行，千万蚁状的人影在重力升降机之下的坑道中忙碌。直到一圈银色的光晕带着寒意刺破了无尽的地下阴影，他才感到自己的情绪、情感再次拥有了明确的方向：他出去了。

“你想必知道自己为什么会来到这里吧？”亮银长桌后温和的形象在他的视界中成形——他知道那人是客观的，因为他已损坏了感知调节器。

“委员会的需要。”

“对于大部分的人来说，这已经是足够充分的理由。”这个将银发梳理得十分得体而肌肤又如古铜般光滑的控制者——一位中年男子微笑着说，“但对于你……我相信也会是一个难得的机会。”

他在电动扶椅上坐下，控制者用纯黑的眼睛直望着他，“你来到这里不是因为你符合我们的要求……恰恰相反，是因为你不符合我们的要求……你试图扰乱社会正常秩序，并擅自破坏了自身的感知调节装置……”

“那么我应当在心理熔炉里。”

控制者笑了笑，“那另当别论。你，我就叫你离吧？我想做的其实是想要了解你，并通过谈话来帮助你。你很有天赋，在一百多亿人中屈指可数，委员会不希望你同我们……分离。

“我了解过，当然是通过旧的数据和思想分析，你的思想接近于三个世纪前（大约 1770 年）盛行的自由主义和人道主义。你曾经在生产者的小群体活动时间中评论我们的制度，说这个为人类提供生存前途的堡垒‘从道义上站不住脚’。你希望委员会能给生产者提供更多的自由空间，更多没有感知调节的活动时间……你希望能将这个危如累卵的文明带入到诗意的浪漫主义天堂。

“在三十年前，泛全球联合政府在进行了管理模式的实验后，以压倒性票数通过了如今的‘控制—守卫—生产’法令，我们造起了高出洋面的尖塔和实验室，将无比巨大的人造塔式城市打入了那曾养育先人、也埋葬他们的海底土地深处。我们对每个人释放的二氧化碳及其他温室气体的量作了明确规定，并实行统一的配给与管束，终于遏止住了两极的消融与海平面的持续上升。当然，为了更有效地同岩浆、飓风以及巨浪合作，为了避免再次触怒地球，我们必须在生产及守卫者的脑内植入若干部件以确保他们情绪的平和、稳定与统一，甚至不惜给他们制造一些幻觉来维持下去！我们得以重新规范人类的生活、出行与工作，剔除掉软弱……或者说是太过高超或是自由的生存活动与无病呻吟的情感活动，来让这个社会长治久安下去。不，我请你不要幼稚到说出那样的话——光有科技来实现同环境的和谐是不够的，还需善用自然与人本身的协调关系——我希望你没有自私到会认为你的价值高于……好吧，我换种说法，你不会认为人类部分的自由高于生存吧。”

“别傻里傻气了，离。”控制官笑着，“人已经不需要再像十八九世纪的诗人和画家那样，去感受热爱自然才能与它相安无事！现在，人的生存会被太多这样的情绪干扰所毁掉。所以，人只要服从与执行就好。”

离站起身，“我要出去一下，控制官。”

“请便。”

他穿过一个又一个昂贵的银色房间，举目凝望远处碧波浩渺、水天一色的浑然大海，他想，人类早已走过盲目征服自然的阶段，现在只是在服从于曾给予过他们重击的自然法规——既无愤恨亦无惊惧，只有一种受尽苦难的人在面对苦难时的沉寂。

“兄长。”他看见她朝他迎面走来，步履轻盈如同早已绝迹的小鹿，“他们希望我的存在能令你回心转意，”她轻声笑着，“毕竟自从家庭制逐步取消后，像我们这样情感联系密切的人不多了……虽然我们并不是血脉相通。”

她慢慢地说着：“我知道人们都想活下去……不像你我……但你真的能

接受他们那样的活法吗？限定的阶级，限定的关系，限定的情绪，限定的娱乐……他们不该那样活啊。”

“但如果没有别的办法呢？”他惊恐于自己声音中的方寸大乱与暴躁，“如果只有这样才能不招来更大更多的自然灾害，让上一代人的悲剧不再重现呢？如果你我所珍视的哲思、绘画、写作与音乐必须成为生存的代价呢？”

她一动不动地听着，大大的绿色眼睛里古井无波。“就算这样，”她把自己的小手放在他的大手中，“我们感受到的这些呢？”他听着海涛声和她加速的心跳，梗塞于心的触感再次决堤而出，使他那已经摇曳的心神再次以比之前更庄严的态势稳固下来。

“我认为我们组织社会的形式，即人与人之间的关系，人活在人中间的形式，是头等大事。你们看看外面的大海和岛屿，那些是我们必须倚靠的，是我们必须去了解，去处理的。活得好，活得自由，活得更加丰富而不拘泥于我们最根本也最无他的欲望，才应当是人们生存的样子。我不希望告诉你们如何发明科技，我希望告诉你们如何将其应用以处理我们社会的形态，处理我们彼此间的关系。艺术、哲学，还有爱与亲情，这些东西不可以成为人类生存的牺牲品，也不应该被一个合乎人性的社会所抛弃。你们只要愿意，也可以像我们少数健全的人一样去感受与生活，去和他人建立不一样的关系，而不是只限于决策与执行。我希望人类的未来是丰富而有意义的，不惧自然的威胁和自由活动的后果，因为有过苦难经历的自由人，也会以更加平和的心态去面对生养他的自然，而这才是一个足够有意义并且可以避免许多流血事件的社会。”离喘了一口气，发现从头到尾七个控制官都没有站起、抬头或发出过任何声音，“必要的约束无可辩驳，但请不要让它伤到人类自己。”

冰冷锐利的沉默持续了良久，直到银发男子出声打破沉默：“你们兄妹可以出去了。”离和妹妹转身时，又听见他说，“我与我的同事们也可以出去了。”

指导老师：王欣芸，文学硕士，毕业于华中师范大学。中学一级教师。曾获得广东省“一师一优课，一课一名师”活动省级“优课”。

一展科技之翼，所向天人合一

王心燚/高二年级　李悦/指导老师　山东省烟台第一中学

公元2064年。距离此前科学家们预测的世界将被极端气候所主宰的2070年，还有6年。可现在的世界，却与多年前预测的情景截然相反，看不到一丁点儿气候极端化的踪影。天空永远是湛蓝的，河水永远是澄澈的。冬季有没及小腿的积雪，夏季有高悬穹隆的烈日。人类与万物生灵，同生共荣于21世纪60年代的地球。用古人的话说，“天人合一”的局面，差不多就要实现了。

我叫吴科翼，生于21世纪元年。我活了60多岁，可算得上亲眼见证了地球环境由濒临崩溃的边缘，一步步走向天人合一的历程。这其中起决定性作用的，当属飞速发展的科技力量了。父亲给我起名字的时候，希望我能借助科技的力量，投身于改善地球环境，拯救人类的事业中，便给了我“科翼”之名，取意“乘着科技之翼”。

看着现在人与自然以科技为纽带，和谐相处的场景，我时常回想起儿时司空见惯的黄沙漫天、被垃圾覆盖的海洋、灭绝生物的遗照……每每和孙儿们提起这些，他们都感到不可思议，毕竟，那些触目惊心的环境问题，早在他们出生前，就已经从地球上消失了。

“爷爷，老师今天让我们回家问问爷爷奶奶，几十年前地球上的环境是什么样的，您能给我们具体讲讲吗？”在上小学的孙儿吴天仁、吴合仪刚放学，一进门儿就冲到我的藤椅旁，迫切地抓住扶手喊道。

作为这个时代中少数经历过所谓“极端环境”的人，我自然十分乐意做他们的“百科全书”。

“今天的天蓝吗？”我摸摸天仁的脑袋。“蓝！像——矢车菊的花瓣！”小孙儿晃着脑袋回答。

“60年前，想要看到这么蓝的天，可是不容易。那个时候，路上跑的汽车，天上飞的飞机，海里驶的轮船，统统以化石燃料为动力，冬天我们取暖，也是要烧煤炭的。燃烧产生的烟尘，伴随着大量的二氧化碳弥散在空气里……那时的天啊，常常是灰蒙蒙的。越来越多被排放到大气中的温室气体，让地球表面的温度不断升高。那时，专家们预言，到了2070年，地球将热得像一只巨大的烤箱，南北极的冰雪融化，你们喜欢的北极熊和帝企鹅都将失去赖以生存的家园，统统灭绝。”

“啊，这么严重？”天仁的嘴巴张得老大。

“那为什么现在没有变得那么热呢？”合仪乌黑的大眼睛里闪着好奇的光。

“你想想，现在我们用的电，是从哪儿来的？”我揉了揉他的圆脸。

“您说过，是从天上来的！”

“对，我们人类啊，意识到应该与大自然和谐共处之后，就潜心钻研，将几十颗载有巨幅太阳能电池板和暗物质、反物质集能器的卫星发射到天上，组成几个大同心环，将地球围在中间。它们将丰富的宇宙能源不停地转化成电能，并以波的形式传送给地球，这样，我们要用电时，只需要与卫星进行超光速量子连接，便可以开机启动啦，用不着再烧煤发电了。还有啊，你们刚刚回家乘坐的校车，以及现在所有的交通工具——包括曲率飞行器，都是以氢气为能源的，氢氧燃料电池就是一种将氢气变成动力的‘魔术箱’。

“人类为了保护自然环境，想了很多办法，动用了很多强大的科技力量，我们建造了地下城市、海洋城市、地球卫星城市，用来减轻地面的人口压力。高耸入云的建筑上也不只有冰冷的窗户了。看，咱们现在住的楼，哪一幢不是被草木装点得绿意盎然——瞧对面阳台上那株小玉兰——对对，长在水里的那株，开的花儿像不像和平鸽？多好看呐！你们前天不还看了地球的卫星照片吗……”

“蓝的是海，绿的就是陆地，特别漂亮！”合仪兴奋地抢答道，小脸儿涨得通红。

“爷爷，您说这么多了，口渴了吧，我给您倒杯水去。”天仁蹦蹦跳跳地去饮水机旁接了杯水，递了过来。

水很甜。我抿了一口，放下杯子：“说到水，你们知道这看似‘取之不尽’的水又是怎么来的吗？”看着孙儿们求知的眼神，我“呵呵”一笑，“饮水机里的水，是从楼下的井里来的，而普通水龙头里的水，是你们上次洗菜、洗衣的水变来的。”

“您骗人，咱楼下什么时候还有过井了。而且，水龙头里的水那么干净，怎么可能是用过的脏水啊。”两个小孙儿不大乐意地噘着小嘴，对我的话表示怀疑。

“哈哈，说是井，其实能被我们看到的只有一个小小的观测仪而已，我们每栋楼都设有一个独立的水循环系统，每天用的水在其中反复地流动着。在楼的中央部分，藏着一个污水处理器，它会把我们每天用过的脏水，通过科学设备的过滤净化，变成澄澈的水。而井里的水是生活用水经过更复杂的转化，向其中加入许多我们必需的矿物成分后，再输送给我们的。有了这些，像几十年前那样几亿人没有水喝的糟糕情况就不会发生啦。”

“这么说，地球没有变成预言中的那样，科技帮了不少忙啊！”天仁、合仪齐声叹道。

“那是当然。曾经被利欲蒙蔽了双眼的人们，妄图利用手中的科技手段，对地球进行大规模‘改造’，成为自然的主宰，差一点酿成大错。孩子们，你们要记住，科技能造福人类，也能把人类推向万劫不复的深渊。我们人啊，同世界上其他生命一样，都是这个地球上小小的一部分。无论什么时候，都万万不可有‘掌握自然界’的念头。人类要想永续生存，离不了我们脚下踩的这块土地，离不了呼吸着的清新空气，离不了身边林中大大小小的生灵。所以科技产生的宗旨是要造福人类，造福自然，造福地球的，只有把科技用在正确的位置，才能让人类与自然成为永久的伙伴，实现可持续发展，营造一个‘天人合一’的世界。”

“‘天人’‘合一’？”孙儿天仁与合仪像是发现了一个新星系，“原来爷爷起的名字就是指这种万物共生，和谐美好的自然啊！科技的力量真的好强大，我们也想成为像您一样的科学家，研发出更多有助于天人合一的技术，让地球变得更美好！”

暮色西沉，落日正用余晖染红旷远的天边。孙儿们回屋了，我扶上眼镜，打开视频投影——今晚，由我们老一辈科学家参加的，关于“生活垃圾无害化降解机制”的会议，马上就要开始了。

指导老师：李悦，山东淄博人，苏州大学学科教学（语文）专业毕业。烟台一中高中语文教师。

身处黑暗，奔往光明

王学超 / 高三年级　朱春晖 / 指导老师　上海市奉贤中学

“为缓解全球气候变暖，各国政府商议后，决定共同开启‘全人类筛选计划’，请各位考生进入考场……”这是一场奇特的考试，所有被认为可以独立思考的人都被强制参加。考场里坐着孩童，也坐着老人。

利用在答卷上表现出来的个人特性，所有人类被一场考试分为 3 个等级。中等的 B 类人群被派往地球周边的各个空间站，从事诸如制造业等第二产业，将工厂搬离地球；而“工厂主”们，则被划分为 A 类人群，在地球上发展诸如商业、金融业等第三产业，同时发展科技；C 类人群则从事农业、畜牧业等第一产业的劳作。

这是 2070 年，人类筛选计划完成，为保证人类等级划分的可靠性、公平性，各国联合创办了一种 12 年制的义务教育学校，所有青少年被集中于一处集体教学。为了保证学校足够公正，学校分班、授课由人工智能统一管理。A、C 类后代可在每天的教学结束后回家，B 类则强制住宿、每月休 5 天。

世界三类人的数量分布如同枣核，A、C 类人群是少数，更多人是中间的 B 类。见夏是 A 类人的后代，知秋则是 C 类人的孩子。他们在同一个班里，成了朋友。见夏放学回家后总是有各种辅导课，父母为他请了 AI 家教，希望他未来学业有成、继承家产。知秋放学后，总是泡在田地里，有时帮大人干活，有时只是坐着，观察粮食的生长。见夏、知秋身边的同学，大部分为 B 类人的孩子，他们都住在学校里，平时家长繁忙、无法抽空来看望，他们远离家长的管控。他们总是很快乐，课后不必上辅导班，也不必为家里干活。

为了让所有同学了解各个等级的不同工作，学校会为学生组织实地考察，每 4 年去一个等级生活地居住一周，3 次体验后，学生的筛选考核便会到来。

住在地球上的孩子在前往空间站时总是兴奋的。在见夏眼中，空间站是父母产业发展的地方；而知秋眼中，空间站则是他们家最大的粮食进购商。

空间站是高科技砌成的生产工厂，有些许新产品连见夏都未曾接触过。

“感觉空间站周围黑压压的。”知秋站在空间站露台上，看向自己家的方向。“是啊。人也死气沉沉的，周围空气也很浑浊。”空间站的大烟囱沉默地向外吐着黑烟，与昏暗的宇宙融为一体。知秋回到空间站内，看着到处喷洒的空气净化剂，还有广告牌上画着的防毒面具，心中突然有一个想法。“见夏！这些工厂不会还在往宇宙中排放废气吧……”“我爸爸的工厂用的是清洁能源，但其余的大部分工厂，大概率是的。”见夏无奈地说，“毕竟要将太阳辐射转化为能源，又要将废气、废料、废渣单独净化处理，在一些工厂主的眼里，花费的这些成本大大损害了他们的利益。”

知秋感到非常愤怒：“将工厂搬到外太空，是在为了减缓地球上的温室效应、拯救地球，而他们这样的行为，不是在造就另一个被温室气体包围的星球吗？即使宇宙够大，但也总有一天会被消耗完！到那时，难道就损害不到他们自己的利益吗？”

见夏被他眼神中蕴含的东西所感动，他思考了一会，说：“商人总是趋向于利益的，一旦净化处理的成本低于使用空气净化剂的成本，清洁的工厂自然会出现。我记得有一个课程的研究主题包含了清洁能源的优化，我们去研究吧。”

这已经是他们的第 3 次居住体验，接下来 4 年的时间里，足够知秋成为科研领域的预备役，也足够见夏到所有空间站进行调查。

考核结束，知秋一头扎进了研究所，见夏着手于工厂的改革。随着时间流逝，工厂里的污水与废气不再随意排放，烟囱不再吐黑烟，极端气候的威胁远去了，而消失的冰山尚未恢复，人类不会再重蹈覆辙。

“吾辈欲点亮黑暗，奔赴光明。欲点亮黑暗，必先成为黑暗。”

指导老师：朱春晖，文学学士，毕业于华东师范大学汉语言文学专业。中学一级教师，曾获第十六届全国语文规范化知识学习活动中学组优秀指导奖、校教学能手、优秀教师等荣誉称号。

"虚拟"的末日

王一/高三年级　田玉凤/指导老师　北京市平谷中学

荒凉的街道上，枯木横生，狂风席卷着枯枝败叶和废纸垃圾，漫天乱舞，空气中夹杂着沙土，这个城市中充满了诡异与灾难，人们该如何生存？无人开垦的荒地，多半倒塌的建筑，初到这里的人们要在这里生存并找到延缓末日到来的方法。

"热死啦！这个鬼地方，热死啦！"萧诗晚从床上坐起来，这已经是这个月第6次睡不着了，"再过3天，只要3天，就冷了。"萧诗晚这么想着，"凉快点总比热着强！"

这是个虚拟城市，每个刚年满18岁的年轻人，都要到这个虚拟城市中经历为期7个月的末日世界。虚拟城市中只有冬夏两季，总控中心每半个月更换一次季节。初到城市的每个人没有任何取暖或制冷设备，目的是为了让来到这里的人最直观地感受到末日带来的身体不适。

为在末日世界谋求更好的生活，每位初到城市的人需要在城市中进行低碳绿色生活，换取相应积分，凭所得积分到城市主理处获得所需设备。即使在末日世界也有自己的晋升法则，提出可实现创造理念和设计出科学设备的人，就有机会成为城市大使与管理者。7个月后，若有人不愿离开，可根据本人意愿留下；若出去后有破坏环境或随意浪费的行为，仍需回到虚拟城市之中，从新人重新做起，继续经历冷暖交替带来的身体不适，以及强制进行绿色低碳生活。

虚拟城市概念的提出源于2030年全球气温大幅度升高，那年，环境污染严重，部分沿海城市被海洋淹没，生物种类与数量锐减，联合国提出打造虚拟末日城市，将各国18岁的青年送入城市当中，切身体会末日下的世界：寸草不生，终年的极端天气，时不时地发生地震、海啸、洪水、沙尘暴……在末日中绝地求生，一来可以提高人们的环保理念，使人们深刻认识到环保的重要性；二来也培养人们爱护环境、保护环境的习惯。更重要的是寻找拥有创新能力的人才，尽可能地恢复城市中的灭绝生物，延迟或避免末日真的到来。与此同时虚拟城市中提出的理念与新的发明全部率先在虚拟城市中使用，根据效果投放到现实世界。

萧诗晚作为第46批进来的人，已经从无数“前辈”的口中知道虚拟城市的可怕与神奇了。萧诗晚已经无数次怀念家中的空调，并思考当下的处境。可是一想到如今所处如此恶劣的环境可能是下一代人一辈子生活的环境，而空调所使用的制冷剂是破坏臭氧层的罪魁祸首，平时出行的汽车所排放的尾气中的二氧化碳是导致全球变暖的元凶，心中就涌起一阵阵愧疚。

“但是，热也是事实啊，我还差多少积分才能兑换空调呀，不知道有没有什么方法，可以不使用空调也能取暖和制冷呢？”萧诗晚顿时被自己大胆的想法吓了一跳，“想那么多干吗，先睡觉，明天还得工作呢。”

3个月后。“终于攒够积分了！快快快，去城市主理处。”刚到那，她就被眼前丰富多样的智能科技震惊了：窗户过滤器、烟尘回收器、全自动家用水循环处理器、飞行包裹机器人、营养土壤水、全自动无人驾驶无排放汽车……这些新奇的发明让萧诗晚研发全新制冷和取暖的新科技的意愿更加强烈。

还没等萧诗晚决定购买哪一件物品时，一位老人缓缓向她走来：“小姑娘，既然决定不了，为什么不自己设计一款呢？”萧诗晚震惊了，这位老人就这么把她心中的想法说了出来。震惊之余，萧诗晚也感到奇怪，她从没有在这个城市中见过老年人，很少会有人在进来7个月后还愿意留在这里，怎么会有老人呢？

萧诗晚愣愣地看着这位老人，老人不等她开口，便自顾自地说了起来：“我已经在这个城市中生活了20多年，见证了很多新发明的诞生，自己也有幸做过几个发明……”“但是您为什么不出去呢？这里的环境这么差，何必非要在这里，外面不也可以发明吗？”萧诗晚非常疑惑，她无法理解怎么会有人愿意在这个城市中找罪受。

老人没有理睬她，自顾自说着自己的话题：“我也算是个可怜人，老来得子，儿子在2030年的海啸中死了。我开始反思，是不是因为自己年轻时不仅未曾保护环境，而且还肆意地浪费资源，让我失去了儿子。我害怕有更多像我儿子这样的年轻人在灾害中死去，我无法看着一个个比自己年轻的孩子在我面前消逝，我主动来到这个城市中，偿还我犯下的罪，弥补我对环境造成的伤害，我自愿留在这个城市，体会着下一代可能体会的惩罚，可能的‘末日’。”

萧诗晚被老人的话深深地震撼了，在“末日”中避免末日，这才是这个城市存在的意义吗？有的人苦苦挨到7个月后离开，毫无不舍，毅然决然；有的人在城市中尝试找到解决方法，但时间一到，功未成，人已退；有的人如这位老人一般，在城市中坚守，为下一代人创造新的希望。“那我要成为什么样的人呢，我又该担当起多少责任呢？”

……

3年后，萧诗晚当选虚拟城市科技大使，成为城市中最年轻的管理者，有记者采访她：“萧小姐，请问您当初为什么选择留在这个城市中？”

“许是不想这个末日城市，真的变成现实吧。”

“萧小姐，是什么启发了您，发明了这14项高科技产品的呢？您发明的冷暖墙壁，家喻户晓，首创制冷和取暖设备零污染物排放的纪录，其中的反常水原理堪称绝妙，即墙壁中的水可根据外界温度，通过水中的反物质自动调节为人类最适宜居住的温度。这项伟大的发明在全世界范围内得到普及，对此您有什么感言吗？”

“我很庆幸在我最讨厌这个城市时，一位老人的一席话启迪了我，他对我说，如今我们经历的苦难，可能是下一辈人一生所经历的苦难，我们这一代人要做的是避免末日的发生，并怀着一颗经世报国之心。”

末日会发生吗？

有人说会，有人说不会。

我不知道会不会真的到来。我只知道我不希望它真的到来，也不希望有人经历这样的苦难，愿“虚拟”的末日，只是虚拟，不会成真。

指导老师：田玉凤，中学语文高级教师。北京市师德先进个人，平谷区骨干教师，平谷区优秀班主任。

拭去五十年后的眼泪

王怡宁/高二年级　亓琳琳/指导老师　山东省济南市莱芜第一中学

对未来最大的慷慨，就是把一切都献给现在。

——加缪

一

“魏博士，魏博士？”听见有人急促地呼喊，我费力地抬起沉重的眼皮，可那刺眼的猩红色的光差点让我失明，好半天我才缓过神来，发现他看上去像是一台机器，或者说是仿生人。

“你是谁？这是哪里？”我警惕地向后挪了挪，那机器笑了：“别紧张，魏博士，这里是2070年的实验室，您要是出去可得穿上防护服，不然啊，呵呵……”看着他递来的厚重盔甲，我三下五除二地套上，才发现自己变成了和他一样的“仿生人”。

我随他走出实验室，不由得倒抽一口凉气：室外的天是火炭一般的红，柏油路早被烤得快化了，地面干裂成一块一块的，寸草不生。往日闪亮如钻石般的湖泊早已干涸，焦黑色的枯木伸着弯曲粗糙的枝丫，沿路行乞的人们骨瘦如柴，穿着厚重的隔热服，有的因体力不支倒在地上，再也爬不起来……横尸遍野，满目荒凉。

我再也不忍心看下去，闭上了双眼：“为什么会这样？”他突然笑了：“这难道不应该问问你自己和你们那个时代的人吗？魏博士？”

二

“‘光尘粒子’正被我们初步应用于大气污染的治理实验中，其工作原理并不复杂，即可以将排放的二氧化碳、粉尘微粒，甚至是太阳辐射通过这种粒子转化为能量供应，从而应用于生活制冷制热、发电系统中，这样就可以摆脱对空调的依赖。至于它的作用原理，嗯，可以理解为是一种粉碎研磨再加工的过程。如果这次试验成功的话，未来我们将会把光尘粒子应用于生产生活等多个方面，实现居家生活零污染、工业生产污染转化的美好愿景。”

这次科研座谈会上我公布了实验室的科研成果，赢得了一致认可与广泛支持。“魏博士，听说您以前的工作领域是对自然的开发与利用，而且您的团队一向以对自然索取掠夺态度之蛮横著称，可您为什么一夜之间突然转变了科研方向？是有什么特殊的原因吗？”会议结束后环境保护局的陈沁突然好奇地询问。“只是我突然觉得自然既是我们生存依赖的基础，又是我们唯一的家园，几亿年的文明历史绝不能毁于人类手中。我们不仅要为自己着想，更应为生态文明的可持续发展着想。”

“哦呵呵，魏博士您还真是高尚呢。”他笑着走远，可这熟悉的笑声让我瞬间怔在原地。

三

终于如我所愿，在“光尘粒子”发明 10 年后的今天，它被广泛应用于生产生活。现在街上的汽车都装上了由光尘粒子制成的转换器，实现了自身能量循环，无尾气且大大减少能源消耗；而用光尘粒子制作的家庭暖气管道既可用来取暖又可用于制冷，实现了屋体本身冬暖夏凉的梦想，彻底摆脱了空调束缚；那些重污染的工厂，如今排出的也只是粒子处理完废气后解体产生的轻烟……或许你会认为这样会导致大量人口失业？完全不会，许多空调加工厂如今被改为了光尘粒子的加工厂和应用改造厂，反而需要大量的劳动力……

总而言之，如今天蓝水清，气候更适宜了，人民也变得更有幸福感了，我因此也收获了人民的爱戴与尊敬，可我始终忘不了 10 多年前的那个夜晚，陈沁用时光机带我穿梭回 2070 年看到的景象，那使我明白，爱护和尊重自然才是对人类最好的保护。对未来子孙最大的慷慨，就是抓紧当下的点点滴滴为他们保护好自然。

我们不能只顾自己一时惬意而不计后果。

我们要拭去 50 年后人们脸上的泪水。

指导老师：亓琳琳，文学硕士，毕业于山东大学中国古代文学专业。中学一级教师。

收官之战

王艺霖/高三年级　娄连君/指导老师　辽宁省丹东市第二中学

M国，环境监测局总部，大气碳环境协理司，2055年。

一尾顶了棚的浓密芭蕉影影绰绰地遮了落地窗前透进来的光影，傍晚的风落进了那斑驳的暖色，流淌在办公室内的红木地板上。屋子的另一头，是一台外形肖似空调的温室气体含量监测仪，与那张宽大的办公桌上另一台小型监测仪的数据同频波动。

周絮陷在那张扶手椅里，在这10分钟之内第15次摁开手机屏幕，瞄了一眼后又泄气地关上，他紧张得手心冒汗，电流般的惊悸从脚跟一阵一阵窜向胸膛，电磁波扩音似的将他急促的心跳带至耳膜，鼓励般催促他再看一眼手机。

他深呼吸了一次，想伸手拿纸擦擦汗，却倏地想起半个月前，国家颁布法令，为了低碳化的生活蓝图，将来可能会取缔木质纸张。环境监测局以身作则先行试用，把员工所有的生活用纸都收走了——换上了新材料高科技的“纸”，主要成分为二氧化硅，经打磨、淘洗、超高温蒸馏后压实，质感竟十分地丝滑，且吸水去污效果尚佳——只是这东西目前技术成本颇高，贵得很，局里只能给员工每月发一包，周絮舍不得用。

罢了。他想，过不了几年，这种纸便会普及全国乃至全世界，造价低廉且低碳环保，彼时便不会像现在这样拮据。他起身踱至落地窗前，望向窗外那条车水马龙的街，童年记忆里那些车尾钢管冒白烟的小轿车早已被绿色牌照的电动车取代，而那些站在斑马线上被氤氲的汽车尾气呛得昏天黑地的日子，也终于都一去不复返了。

世界都在向着更纯粹自然的方向前进。近20年，经过不懈地研究，人类终于兵荒马乱地勒住了全球变暖的悬崖之马，可这好比编一个篮子，前面编得如何绚烂并不重要，若是这个篮口收不好，再多的努力都无济于事。

周絮是这个收口的人。他的任务只有一个——解决完全低碳化发电的问题。全国几亿辆汽车所需要的电能从哪里来？尽管经过多年的能源结构调整，但由于成本和技术问题，新能源电场的力量终究九牛一毛。这场革命的关键还在于煤炭。周絮所要研究的，就是如何将碳排放量降到最低。法子倒是有：他们可以利用化学中的积碳和消碳反应原理，来控制二氧化碳的生成——但问题不在这里，问题在于催化剂。如果没有催化剂，这个反应根本无法进行。按理说，理想的催化剂应是茅苍术醇，但茅苍术醇合成成本高，制作过程中又有毒性气体产生，易造成污染，这条路是行不通的。好在前些日子周絮联系到了一位著名的化学博士，对方听说后，表示自己可以进行实验研究寻找新的催化剂。周絮大喜过望，只觉得全身的血液都沸腾了起来——但两个多月过去，一次次失败像兜头冷水一样盆盆浇下，他的心像寒夜里的烛火一样熄灭冷却，就连滴下烛泪的力气都没有了。

而就在前日，项目组给他下了最后指示：无论如何，今天都将是最后一次实验。如果还没有任何进展，总局会驳回这个项目的任何资金申请。

或许很多事情的转机，都是一种绝处逢生的惊喜。周絮总这么安慰自己。

他这一整天坐立难安，从早上等到了下午。时间比阳光更善于流淌，但在这样的煎熬之下，他的心却似有预感地，一点点重新雀跃起来：说不定真的可以呢，说不定他们所有的努力马上就能收获结果呢，说不定潘多拉的魔盒要等到最后一刻才能打开呢？

他无从知晓。但他已经尽其所能，至于结果，命运只给了他等待的权利。

周絮看着西沉的黄微微的太阳，那些紧张、企盼还有些许的恐惧一齐搅成的复杂情绪轮番漫上来，细细地啮噬他的心。

这时已是下午 5 点钟，屋子里所剩无几的阳光马上要顺着窗角流净了，在他垂落的手指间流连着最后的光影。

而他掌心倏地收紧，竟是欲去抓住这片斑驳的余烬——

就在此刻，办公桌上的手机毫无预兆地亮起，周絮却似有预感般地回身，仿佛早已演练过多次，甚至在铃声还没来得及响起之前就已经接通了电话。

——只有沉重而急促的呼吸声。电话两边，一时谁都没有说话。

周絮像个在等待班主任念期末考试成绩的孩子，颤抖而激动，他甚至从对面的沉默当中听出了坐立不安的、初露苗头的、即将爆发的喜悦和欣忭来——

“成功了……成功了老周！”他的下属大声喊道，对方似乎是在户外拨通了这通电话，听筒里传来呜呜的风声，将他的声音吹得模糊而若即若离——但周絮却从来没有听得这么清楚过。

这时阳光终于完全退了下去，可周絮知道他已然抓住了它，无论是以什么样的形式。

他深深地闭上眼睛，长出了口气，再度睁开眼睛的时候，先前那些无措、不安和难掩的激动已经全部沉寂下来。他抓起大衣和办公室钥匙冲出门，径直朝楼下奔去。

“……楚博士成功地试验出了新催化剂—— γ－丁内脂和乙烯，条件是低温萃取，原料易得，能耗还低。过不了多久，咱们的技术可能比那二氧化硅做的纸普及得还快！过不了多久，过不了多久……”

周絮已经奔到了楼外，耳边响着对方叽叽喳喳的雀跃的声音，心中满得好像要溢出来一般。是啊，他想，过不了多久，当所有的火力发电厂都应用了这种技术，全国乃至全世界的排碳量都会急剧下降，千家万户，万千生灵，都会因为它而受益。两极冰川或许终于能停止融化，海潮会停下漫延的脚步……这场与碳的战役即将胜利。

现在，周絮才敢回想这些日子以来的诸多辛劳。有时候连续的失败就像一个永恒坍缩的黑洞，他的心被拉扯得裂了一个口，漏出一整片冰冷的海洋。他也曾经整夜整夜地睁着眼睛，看到那些无法言说的失望和无助，浓雾似的朝他漫过来。

但是都值得。他站在城市傍晚的街道上，欣慰地想。比起几代人的家，这一切的付出与痛，都值得。

他望着那一碧如洗的蓝天，似乎看见了未来：纯粹、澄净，如早春三月般清冽而暖意融融。

指导老师：娄连君，文学硕士，毕业于东北师范大学汉语言文学专业。中学高级教师，丹东市基础教育学科专家委员会高中语文专家。

桥　梁

王奕文／高二年级　徐沁园／指导老师　山东省临沂第一中学

“桥梁，我曾深深地为它着迷。”

“我迷恋古代那布满了沧桑的石桥，迷恋过去那钢筋铁骨的立交桥，也迷恋如今天上通往浮游城的太空桥。但当洪水冲毁了石桥，海平面没过了立交桥，雾霾笼罩了太空桥……我才猛然发现，我最爱的桥是无形的，它该是连接人与自然的，该是为科技的飞速发展和全球变暖等气候灾难构架平衡的一座桥。”

“所以我站在这儿，愿意献出我的一切来追寻它。”

这是成竹博士进入气象院所录的第一条日志。他原是工程院小有成就的一位博士，后来却义无反顾地转入了气象院。这是不小的变动，但气象院的博士们人人焦头烂额，没有谁注意过他——除了我，他的日志仪助手，众多AI中的一个。

“呃，早上好，有件事情我想值得记录下来。”成竹博士手持日志仪走到他的实验室，外面的广播正在不停地转播海平面的最新高度，在我所记录的数据库里，今天又高了一厘米——每天都是这样。成竹看上去疲惫却无比兴奋：“这是新的树种，还记得吗？可以吸收原先三倍量二氧化碳的新树种，这真是几个月来最好的消息——它们成活了！”

我的数据库中有此记载，为了对付空气中不断增多的二氧化碳，有人采用了机械硬吸收，有人走偏门建造浮游城来隔绝污染和远离升高的海平面，而有人则埋头培养新树种——他便是成竹博士。这项目并不赚钱，甚至连笔像样的启动资金都没有，但博士夜以继日地泡在上面。

成竹关闭了日志仪，精神极度亢奋地想要向外界传递这个好消息。

这时的他并没有注意到窗外的小平台上，落下了一架轻巧的无人机。

这是我第一次见到它。轻盈地落在铁架上，全身是碳纤维材质，和从前市面上的无人机极像，但我觉得它是美一些的。

不过，市面上的无人机几乎见不到了——人们把像它一般的机械归为这场气候灾害的元凶，抵制运动如外面的潮水一般汹涌，错误地吞噬了大片的世界。它静静地待在那里，指示灯发出的光像视线一样投进来，落在成竹的身上，又落在我的身上。它像个美好的梦一样悄无声息地融入这个故事，飞走之前，还对我闪了闪灯。

那是一个问候。

几天之后，我记录的银行账户上打来一笔备注为“薪水”的钱，成竹顶着黑眼圈从实验室走出来，伸着懒腰，一眼就看到了那串数字，他脸上的表情几乎是错愕：“这，这算什么？补偿费吗……”

他哭笑不得地打开了日志仪，进入实验室里，狭小的空间里堆满了各种绿色，他几乎连落脚的地方都没有，却还是能灵活地穿梭于这片专属于他的天地：“第四次。我的树苗存活了，一切数据都很可观，但他们还是驳回了我的项目，和前三次一样，哪怕海平面已经快吞没了夏威夷。浮游城在天上，能躲，可所有人一辈子都不回陆地吗？”

他沉默了，把“薪水”退回了原来的账户，又一次回到他的房间里，对着满屋子的桥梁模型发呆。而他的小树苗则蹲在窗边，大口吞咽着外面那没被过滤的污染。

成竹第一次看起来这么累。

这天下午，气象院的另一位博士按响了门铃：“成竹，你在吗？我来找你谈谈。”他把镀着金边的通行证塞到成竹手里，盯着成竹的面孔，无比真切地说，“浮游城，你明白的。只要你以高级桥梁师的身份到上面去，有最好的待遇！污染、洪水、大海全都沾不到你一点！你……”

成竹像从前那样把通行证退回给来人：“我一人能走，其他人怎么办？”

对方愣了：“其他人？你管他们做什么？在气象院大家没日没夜地研究，多少人想上去都没机会呢！你到底知不知道通行证意味着什么？”

成竹叹了口气，反问道：“你知道我为什么建桥吗？”

对方没有回复，显然没有料到他会问这样一个搭不上边的问题。

良久，成竹自己开口说道：“我建桥不为了我一人走，为了其他人也能走，为了新的生命能走，为了我们的历史能流淌下去，我……唉，你若有空，请院长多了解我的项目吧。”

“成竹博士，我实话告诉你吧。浮游城马上就要大规模地投入使用了，你现在上去能拿到最好的待遇，比到时候被迫上去好得多，你莫不信我……”

“您请回吧。通行证我愿意让出来，会有人需要它的。但是，现在地面比浮游城更需要我。”

“少你一个地球又不会停转！海平面已经快上升到极限了，我们马上就要失败了！地面？没有人在意了，没有人！”

成竹把自己浸在缄默中。

“疯子，你们这些家伙都是疯子！留在下面，等着被吞噬吧！”

成竹又一次送走了闪着金光的通行证，他全身的力气被抽干般地瘫在沙发上，把脸深深地埋进软枕里。他的肩头不住地耸动，良久，软枕中间传出一声变了调的呜咽。

像往常一样，身边的广播还在孜孜不倦地播着气候恶化的消息和浮游城的宣传广告。

没有人在意了吗？还是所有的大陆终究只能迎来一个被放弃的局面？

“如果疯子的意义是守在地面，那我愿意做个疯子。”

那天夜里是我第二次见到那架无人机。

它似是从成竹送走客人后就一直蹲在窗边，它“观察”成竹，“观察”我，同时似乎又只是一直盯着成竹的小树苗。

海面的浪潮升起，星星的影子从海底闪耀时，成竹在窗边捡到一则简讯，他把消息传入了日志仪，那似是孩子手写的笔迹：“我生在地面上，住在浮游城。我喜欢你的树，你能送我一些吗？”

成竹笑得很开心，比这则幼稚的简讯更像个孩子，他红肿的眼睛像是又一次闪烁了光。他坐在桌子前面写了很久的回信，洗干净手，挑了一株可爱的树苗和一些种子，用纸袋细细地包装好，挂在窗边，又一次进到他的实验室里去了。

无人机轻盈地落在窗边，带上树苗和种子，冲我闪了两下指示灯，披着黎明的光芒飞走了。我很难把它看作气候灾害的元凶之一，哪怕它归根结底还是机械。

回信很快传到了成竹手上："谢谢您的树苗，它们看起来真棒。作为报答，我愿意化作一方砖块，做您桥梁的一块地基。"

面对这回信，成竹只是简单地笑了笑，他看起来并没有很在意。实际上，那时我也认为这只是段小插曲，却没想到它会给成竹带来怎样的……那是后话。

洪水又升起了一波，越来越多的建筑泡在水里，我甚至能在水里见到死亡了的企鹅宝宝，成竹也该是看见了的。

他打了无数通电话给气象院，最后几乎是咆哮着说："能挽回的！效率是够的！给我六个月，我证明给你看！人类逃往浮游城了，那其他生命呢？工业污染的烂摊子只有人类自己能收拾！"

院长沉默着，成竹也沉默着。这段通话的最后，一份打了绿勾的文件传到了成竹面前，院长的声音传来，隔着长长的距离听不真切，但那细微的声音意外地坚定："我愿意相信你，你去做吧。时间不多了，但我代表我自己，愿给你最大的帮助。祝你，不，祝你们顺利，祝地球顺利。"

我见到了成竹眼里翻涌的泪花。

当人流涌向浮游城的方向，总有人愿意逆流而上，将自身化作桥梁，做连接地球和人类的最后的希望。

此去一十八日，成竹再没回过家。我只能在广播里零星地记录一点他的消息。

"成竹博士成功组建科研队，代号'桥梁'的计划全面投入生产。博士称，他会和广大一线工作者们坚持到最后一刻。"

"危急！环境状况恶化，多支前线科研队宣告撤离至浮游城，'桥梁'计划或成最后防线！"

"红线逼近！生产线求远大于供，'桥梁'计划能否挺住？"

我偶尔能在窗边看见那台无人机，它闪着指示灯，向我传来摩斯电码：

“我很喜欢成竹的桥梁，其中一座是我初次飞翔的地方。人类给我骨骼，为我装上翅膀，让我能感知世界。我爱他们，我爱所有的人类，奋斗着的，坚强着的，还有躲避着的。他们被科技带来的污染压到透不过气，而我却从这污染中诞生，我的羽翼上，每一片都沾着熏黑的矿渣……所以我愿为他们助一把力。我只是天地间的蜉蝣一只，却也想有一日见到成竹的梦想化作现实到我眼前——人与自然的桥梁，上面承载着科技和气候的平衡。”

“那一天会到来的。不过，那些树，你带它们去了哪儿？”

“它们在该在的地方，还没有成熟，博士就快见到它们了。”

成竹的消息偶尔传回日志仪，他说，他最初在各地进行巡回演讲，越来越多的人加入了他们的队伍，这是让他感到十分欣慰的事，在意料之外，又在情理之中，他从不是一个人在战斗，在他看不见的地方，也有阳光在努力撕破黑暗；他说，他的小树苗成长得很好，效果甚至超出预期；他还说，南北极的冰川重整项目推进良好，他还见到了几位昔日气象院的同事……但，他也说过，“桥梁”计划可能确实来不及了。一切过程都进行得良好，只是洪水肆虐，土地被冲毁，这不同于定期泛滥的尼罗河，能留下肥沃的土地，而是洪水经过的地方，再难种出树苗——陆地上来不及处理的化工污染，一股脑地全都混合在这滔天的洪水中，侵蚀着每一方土地。

不是春风吹又生。烈火燎原之后，这次，很难再见到新绿了。

秋天来临前，成竹带着满身的脏污回到家，重新打开了日志仪，他疲惫，悲伤，却无可奈何：“昨天，我建的最后一座桥也盖上了洪水。”

他沉默了一阵，满屋子的桥梁模型都陪着他沉默。终于，他继续说道：“人类从水中走出来，用石头，用水泥，用钢筋混凝土建造的一切，又回到水里去了。”

“红线将要被冲破了，速度不够，我们的树苗还是需要生长周期的，成熟的树不够用，我……我尽力了。对不起。”

这句“对不起”他说得很轻，像是对着他自己，又像是对所有支持他的人，对他见过的每一个城市，和浸没在水下的每一座桥——又或者只是对自己说的。

成竹沉默着收拾了屋子，他存下来的钱极少，东西也极少，唯一算是大量的科研成果也都送到院里，存到浮游城去了。他倚着小小的行李箱，看向他收藏桥梁模型的屋子，再一次叹息："我此生最想建的桥，在风雨中建了一半。今天，若是空气质量监测能降到红线以下，这桥就还有修完的可能。否则，这大概是我生命中最后一座。"

他静静地坐在黑暗里，像罪人等待审判般等待数据加载。

六个月，他终于再一次把目光投向了窗边，第一次看见了一架无人机，不，是由一架我熟悉的无人机带领着的无人机群！

它们轻敲窗边，正向上飞，向上飞……我不知该如何形容这时的场景，我和成竹一样受到极大的震撼：在它的身边，是不计其数的、像浮游城般飘在空中的、成竹送出去的小树苗的培育种——全部都是成熟的！

我面前的显示屏上投影了两个字："礼物"。

那是一份属于机械的回馈。

一棵棵树苗排成一条曲线，中间部分微微向上突起，成竹呆呆地看着它，一个闪电般的念头贯穿他的脑海：那是一座桥。

那看起来如此地简陋，只有着彩虹般简单的一道弧形，虽然不是雨后初晴的五光十色，但那是一片绿色——一片生机盎然的绿色。

那才是真正的桥。跨越了钢筋水泥混凝土，跨越了时间空间，跨越了吞噬一切的洪水……是连接人与自然的，为科技的飞速发展和全球变暖等气候灾难构架平衡的一座桥。

无人机飞远的刹那，成竹的数据爆炸般地出现在屏幕上，绿色的数字跳跃，红色的喜报宣告着红线远去，还有语音信箱里无数同伴哽咽的欢呼……

成竹颤抖着打开日志仪，用满是脏污的手抹了一把脸，屏幕里挤满了他的泪水和笑容。我听见他像个孩子般地喃喃："你看，是我的桥……"

那才是真正的桥，连接了冰冷的科技和炽热的心。

那也是成竹毕生的追求，是无数同他一样的人毕生的追求。

许多年后，同我一起被展览的小树苗被一架无人机模型支撑着，这座展览馆建在洪水退去的第一片陆地上，用作全体人类对曾经那场战役里无数英雄的纪念。

属于成竹的展厅中央存放着这个故事。而我，把故事说给你听。

指导老师：徐沁园，山东师范大学汉语言文学教育硕士。山东临沂第一中学语文教师。

生死如浮萍，何处为桃源

王雨彤/高二年级　赵侃/指导老师　山东省济宁市金乡县第一中学

公元2070年，由于科技的快速发展，环境也随之恶化，人类与自然的联系被自己亲手折断了。50年前的春夏秋冬翻页过去，只留这一屋脆弱的远古绿植。外界高温气候已经无法让人生存，所以人们便运用数千年积累的智慧建造了一个巨大的人造外壳，隔绝着来自太阳的紫外线。这巨型的外壳用它的研发者的名字命名——“白时”。“白时”不但外能阻挡来自外部的伤害，它的内部也有着模拟太阳东升西落的“金乌”。但虚假的光无法提供能量，所以除了一个叫“桃源”的温室里还有些人造植物外，其他的植物全部灭亡。人类正孤独地活在被神遗忘的星球。

“白宁，今天也出去吗？”管家小心地看着这位英雄的后代，怕他少爷脾气又被点燃。

“白时让我在家好好待着。”少年依旧玩着VR，连头都没回地答道。

管家见他真的准备玩一天的游戏，便默默地退了出去。

当7点的钟声响起时，白宁放下VR，推开窗户，向着窗边绿纤维化的假树一跃而起：“鬼才听他的话呢！”少年完美落地，向着郊外的一处山洞奔去。有个新交的朋友在等他，他们约定好的，今天要相聚在他们的秘密基地。

“你来了！”山洞中一个少年看着白宁奔跑而来的身影大声呼唤道。

“渊！今天也没到你吧！”白宁看着那位叫渊的少年，担心地询问道。

因为两极冰雪融化，陆地的面积越来越小，联合政府在去年出台了“伟大计划”，说白了就是每月从人群中抽出10个人，借着探索外界的理由减少“白时”内的人口数量。在白宁看来这计划从名字上就透露着一股非人性化的残忍。而渊也在这虚伪计划的名单上。

“坐下吧，我今天来便是和你一块说说这事的。”渊看着又要生气的白宁，随他一同坐在地上。

“你不觉得这计划有道理吗？”渊先白宁一步开了口，他虽是这计划之刃下的一头待宰的羔羊，但他却从未反抗或挣扎过，在他眼中，为了人类文明的长流而离开这个没有眷恋的世界，他是无所谓的。

“渊？”白宁看着严肃发问的渊，愣了。

“为了人类文明的夜行船可以在这世界上再走得远些，你我都有牺牲的义务。”金乌的光照进漆黑的山洞，温柔地拂上这个少年的脸庞。

“但他们和你都会死啊！”

“我们都有这义务！白宁，别天真地扛着那伪善的人道主义大旗不放了。”渊抬头看向洞外，在那视线的尽头，隐隐约约可以看到“白时”的边界，“你看，哪还会是我们的归宿呢？我们已经失去太多的东西了，不能连最后存在过的痕迹也一同消失。你明白的，如果人口过多，人类落下的泪水，会随着那末日的来临，冲刷走这进化万年的文明！夜行船与全军覆没，你说，选哪个？”

“所以你要等着，为这活不久的文明，毫无意义地死去？”白宁有点想笑地向渊发问。

“但丁地狱的火已描述出那悲惨的未来，但希望总会有，虽然大多都是像‘桃源’里脆弱的绿植一样。但是，你看那边。”渊抬手指向“白时”界外，“那边，有花。”

“你开玩笑呢？什么东西能在外边生存下去啊！”

“真的有！那是希望。”渊抬头看向白宁，坚决又真诚，“所以今天我才跟你聊这么多，那花会是人类最后的希望，解开这朵花的秘密，解开它为什么会无缘无故出现在我们无法触及的外界的原因，解开它为什么可以在如此高温的环境下存活的原因。那研究成果，再不济也能扩大‘白时’的面积，进而增加人类的生存空间，而这多出来的部分，我坚信，必定会是人类自救行动的关键！”

“所以，你要去摘花？”不可置信顿时写满了白宁的双眼。

“对，但我需要你，抗高温的衣服，温度自动调节的自养皿，以及你在‘白时’内的接应。”渊的语气中带着叹息，哀怨但又充满着无畏，白宁不明白为什么。

“你都这样说了，我还能怎么办呢，我去我爸爸实验室一趟，一个星期后，我来找你。”望着心意已决的好友，白宁也不禁叹了口气。

管家看着刚回来的白宁，一直提着的心总算落了地，才想开口说几句，白宁便先他张口了：“带我去见白时。”

一个星期的连偷带哄，两件东西终于到了手，白宁立马起身去了山洞。

“白宁呢！我实验室的抗温服他拿走干什么？”白时见白宁又跑了出去，大喊道。

“我也不清楚啊，但白宁好像是向着西边界去了。不好，他不会要干什么傻事吧？”管家急了，刚想继续开口，就看见白时已经冲出门了。

“一会，无论我回不回得来，都要保护好自养皿。”已经穿好抗温服的渊叮嘱着白宁。

“不，你一定能回来！”

“嗯，我去了。”白时的工作证很轻易地打开了“白时”，那无畏的少年向希望一步步迈去。

花被成功地放入了自养皿，但穿在渊身上的抗温服开始融开一个个小洞，即使已经是最顶尖的现代科技，也依旧抵抗不了这极度恶劣的环境。

“天！渊，快回来！”白宁看着渊的身体马上要暴露在那空气中，急忙大喊道。

“白宁，谢谢……”自养皿在空中划过一条弧线，落在了白宁的手里，而在最后关头奋力跃进“白时”内的渊，两条腿已被烧得焦黑。

白时匆匆赶到，目睹了一切，没有说什么，喊来急救科后，便拖着还在痛哭的儿子一起去医院了。

“他叫渊，是我跑出去玩的时候交到的朋友，他是‘下面’的人。”平静下来的白宁忐忑地和父亲解释着。在这个因为环境恶化而导致的资源极其匮乏的社会里，阶级分化不可避免，“下面”人便是大家对分到资源最少的社会底层人群一种公认的称呼，他们一般没有对自然科学的知识储备，但也有例外，比如现在正躺在病床上的渊。

“我也老了，自养皿里的东西你们年轻人来着手研究吧。”

不久后，已经出院的渊和白宁一起开始了研究的漫漫长路，他们发现了那朵花在外界存活下去的原因：它以高强度的紫外线与二氧化碳为养料。因为其极强的生命力，这种花被命名为“浮萍”，这一重大发现，改写了人类被困于牢笼中的命运，随着浮萍被大规模地种植与繁育，人类也开始了慢慢向外迈步的尝试。

数年后，已步入老年生活的白宁看着在花海中自由奔跑的孩子们，笑容铺满了脸颊，他转头看向坐在轮椅上的渊说道："当我爸造的那个外壳打开的那一天，我才明白你原先对我说的那一切。你说你当时还是一个小孩，你哪来的勇气出去的？"渊看着眼前荒废的温室"桃源"说道："人类文明的行船，总得有一些不知害怕的人站出来掌舵。"

指导老师：赵侃，毕业于聊城大学汉语言文学教育专业，中学一级教师。曾获济宁市"一师一优课"、金乡县教学能手等奖项。

金黄与蔚蓝的秘密

王玉 / 高二年级　周菁菁 / 指导老师　四川省成都市武侯高级中学

散落的月光穿过重云，躲着人群藏进海底。浩瀚蔚蓝色的秘密低吟着主宰文明的古老江河不可述说的期待。

“成功了，终于成功完成了使命！”慌忙的代码输入，欢呼喝彩打破这栋顶级繁华大楼久违的宁静，“报告 211，收到请回答。”作为这栋楼里最年轻的教授，他稳重果敢的决断和娴熟的操作手法令人叹服。

窗外炽热的阳光穿透世界环境与科技大楼的窗户，万条光箭斜插在这栋高大的楼上，只有一条被阻断在代号 211 的年轻人宽厚的肩上，深邃的棕色瞳仁里将过去的灾难重演了一遍又一遍，泪水渗透进每一位研究“新型 CO_2 转化器”的专家的心。

将目光拉回古早人类的时代，抬头仰望的无奈神情出现在城市的多个角落。干涸的河床被狂风肆意地嘲笑，泛滥的海啸洪水无情地炫耀着获得自由的快意和不受束缚的狂喜，沙化的荒漠不停地扩大自己的领土，狂妄地吞噬着周边的沃土。绝望将那时的科学家们推向深不可测的黑洞，飞入太空的宇航员们不愿回望这个只剩金黄和蔚蓝的宝石。

科技的力量让世界各国精英聚集，世界环境与科技大厦在广阔不知名的深色平地悄悄耸立，前几年的 H_2 简易制造与 CH_4 节省开发计划的成功鼓舞了更多高新技术人才加入了这个强大的队伍。

地铁穿行在人们脚下，“出行通”每日计算着每一位居民的环保指数；新能源汽车代替了所有传统燃油汽车，轻捷地飞奔在道路上；太阳能、风能、水力发电都成了这个时代最得意的宠儿。水源输送站的岗位上，节能机器人一丝不苟地更新着各地水源情况的报告，准备随时调动水库里的水。

深绿与蓝色交织的水晶球吸引着人们开启一场又一场旅行，60% 的绿洲面积将骄傲和得意写在每一个地球人的脸上。负责计算的机器人每周将“出行通”和“植树行”的统计汇总，排名前 10 的人便可参加“海底两万里”深海旅行。

古老的玛雅文明将深海寄予不可逾越的神圣，海底变幻莫测的奇观让人欲罢不能。彩色的珊瑚礁织起一场丰盈美好的梦，鱼儿畅游在浩瀚的海底世界，成为海的主人，时间不一定能消逝所有不美好的事物，但一定会给做出决定的人一个满意的答案。解说员严肃地分析海底的生态系统，让这场旅行不仅是视觉，更是精神的盛宴。

抬头仰望，星河汇聚，黑暗里的寂寞才能读懂浩渺宇宙的倾诉。“国际联盟”挺立在欧洲最发达地区的土地上，工作人员全神贯注地观察卫星的寻找轨迹，为人类第一次星际移民打好坚实的基础。

第一代 CO_2 转化器的功劳让地球两极的白色摇篮再一次沉睡，隔离了变暖的危险，梦幻的白色世界比 H_2 与 Cl_2 点燃的反应还要温柔。

人们紧张地包围着世界环境与科技大楼，等待科研人员公布此次第二代 CO_2 转化器成果，最后的欢呼不出例外地打破保留在黑暗的宁静，喜悦感动长久驻留在希望盛满的地球。

金色与蔚蓝的秘密永远留在每个地球人心中，将超越万千滞留时代的纯净，送向人类与自然携手主宰的未来时代。

指导老师：周菁菁，文学学士，毕业于四川师范大学汉语言文学专业。中学一级教师，曾获成都市骨干教师、武侯区优秀班主任等荣誉。

蔚蓝之心

王越妍/高三年级　张梦丹/指导老师　湖北省黄石市第三中学

远方酒馆里传出的悠扬乐声给天边的霞光蒙上了层微醺色，少女骑着单车，鲜活的身影在平整的路面上拉出焦糖色的影子，然后在路的尽头处一幢小楼前停下。“妈！我回来了。”瞳孔对上门前的智能扫描仪，大门应声而开。初夏微弱的蝉鸣不像盛夏般声嘶力竭，在闷热的空气中绕啊绕，像是要摸进花树的脉络，绕进人的心里。

她将书包甩给来门口迎接她的机器人阿年，上了二楼，走进妈妈的卧室。“妈，这都夏天了，地面上待不住了，学校那边是不是该放我们去海里了？”妈妈正在VR游戏设备里攀爬高山，转头对她笑笑：“你啊，天天想着往海里住，有那么热吗？”“有！我天天晚上热得睡不着觉。真不知道你们以前不下海的夏天是怎么熬过来的。”

“行，可不能热着你。”妈妈将她往外推，“正好你们老师刚通知了，下周就开始上网课了，咱们家一起搬进海里去。快去，叫阿年帮你把行李打包，放进这个小盒子里。”妈妈递给她一只白色的四方体小盒子，一家人无论有多少行李都可以用3D纳米技术压缩进这个小盒子里。

一周后，她们一家人来到一片较浅的海域，海底有漂亮的海藻海草等植物，重重叠叠的，斑驳了穿透进来的天光。她掏出一颗形状规则的蔚蓝色水晶。这是一只便携的微型海景房，只要将它投掷在海底平面上，压缩进水晶的房屋就能在海底“长”出一幢小小的“海中屋”。在海里的生活是悠闲的，她常常撑开保护屏去较深的海里同小鱼小虾嬉戏打闹，还穿着像美人鱼尾巴一样的仿真裙子去沙滩上坐坐。

这天傍晚时分，她拿上妈妈书柜里的一本年代久远的书，到沙滩上去看。这本书沉甸甸的、不知是用什么材料做的，像砖块一样的东西。她很难理解以前的人们是怎样把网络上的文字印在这一页页叫作“纸”的东西上的。不过她喜欢翻看时，薄如蝉翼的书页因风作响，那是她未曾听到过的，最悦耳的清鸣。

漏光的树叶间隙烙下时间的坐标，浅金色的沙粒纯净，她的霞色仿真人鱼裙摆在深褐色的礁石的衬托下显得格外夺目，旁边坐着充满科技感的机器人阿年，面对着亘古不变的深海汪洋，这真像是一幅奇妙的画。

她一边翻书，一边和阿年对话。

“你说这么薄的，一片片的东西，到底是用什么做的？”

“是树，主人。”

“树？树怎么能做成这东西呢？”

阿年给她解释了一番纸的来历和书的做法，可她依然不甚明白，“唉，算了，你说了我也听不懂。妈妈那个年代总是有很多我无法理解的事物。”

她继续往后翻，当她看到三四十年前世界的样子——支离破碎，资源枯竭，家园残败，人们流离失所，她愣住了。她问阿年：“爸爸妈妈还曾经有过这样的日子？”阿年机械化冰冷的声音响起：“是啊，流离失所，朝不保夕。主人，你现在所看到的茂密的树木，在那个时候，全是光秃秃的。当时你的父辈们使用的制冷和取暖的设备，都需要消耗大量的能源，正是人们的肆意使用，才导致了三四十年前的危局。”

“所以我们现在单调的生活，也是因为三四十年前的那场灾难吗？”她望着神秘的海面发呆，沉默了半天只说出这一句。“哪里单调了？”阿年拍拍她的脑袋，“只不过没以前那么放纵而已。”

她年龄小，还不懂何谓天灾，何所浩劫。阿年指着远处对她说：“你看那片海，那群白鹭，还有它们洁白的羽毛，这些你现在可以轻易看到的美丽，在以前未必可以。”她确实被那些美妙迷住了。是啊，人们收起了从前的轻慢与放纵，宁愿为自己戴上枷锁，也要留住这片莫测的自然。

她拿出影像机，冲着眼前的风景“咔嚓”一声，影像机便洗出一张动态相片。相片里，她好像看到每个生命都在阳光下沐浴，大家都在与美妙的自然共舞。

指导老师：张梦丹，湖北省黄石市第三中学语文高级教师，黄石三中优秀教师，高三语文组备课组组长。

栈　台

王政然 / 高三年级　李广伟 / 指导老师　山东省临沂市费县实验中学

由于人类大量排放温室气体，全球气候变暖加剧，地球早已不堪重负。人类急需一个空间——既能容纳无限量的温室气体，又能够为人类的出行提供服务。于是，“栈台”便成了 21 世纪中期人类最伟大的科技成果。

2070 年的某日，是“栈台”建成 20 周年纪念日，同时也是 SMART 公司成立 10 周年纪念日。

“首长好！”会议室里传来热烈的掌声。一位身着特殊制服的青年男子走到主席台前，自我介绍说，“大家好，我是刘帆，是 SMART 公司的首席执行官……”

台下在掌声中夹杂着两个人的说话声，其中一位是“栈台”里的副指挥王灿，另一位是他的朋友罗恒，就读于中国海洋大学。罗恒对王灿说：“刘帆之前是你们的人？”“没错，他当时在‘栈台’工作时就特别突出，他 19 岁时便成立了 SMART 公司。在我们收纳大量温室气体时，他已经在研究怎么利用这些气体来改良交通工具了，的确是个天才。”

罗恒望着一架架从窗外飞过的小型飞机，说出了自己心中的疑惑：为什么温室气体被“栈台”存储起来之后还要从中取出来？“栈台”到底是个什么装置？

王灿告诉罗恒，“栈台”是一个无限大的空间，它的设计理念来自“黑洞”，因为黑洞可以把周围的一切物质全吸进去，连光也无法逃脱。中国国际空间站循着这样的思路，在空间站与地球之间，创造了一个新的维度空间，来收纳温室气体。刘帆的 SMART 公司也制造了一个维度空间——SMART 空间，里面存储着一种地球上没有的能源，被称为“驱动能源”。这两个维度空间存在着某种联系，如果一方关闭，另一方也将关闭。同时，SMART 依托“驱动能源”研制出了曲率驱动飞船，通过改变空间曲率，实现时空飞行，现已成为每家每户出行必需的交通工具，从中国北京到美国纽约仅需 10 分钟。

罗恒回到家中，疲惫不堪的他一下子扑到床上，醒来时已是第二天中午了。当他拿起手机，突然出现的一条消息令他猝不及防："栈台"关闭了！手机未接来电足足有30条，其中10多条都是王灿打的。罗恒急忙开飞船去"栈台"，所幸他的飞船里储存的"驱动能源"够他飞几次。

"现在情况如何？"

王灿严肃地回答道："SMART空间也已关闭，不允许任何人进出。但目前全球排放的温室气体已经严重超标。如果今天不能修复'栈台'，后果将不堪设想。"

这时，刘帆着急地跑过来，对罗恒说："听说你们学校成立了一个新能源实验室，你是组长，可真有此事？"

"确有此事，但我的实验结果表明，这种能源虽能建造一个维度空间，但是量不够，无法像'栈台'那样吸收全球的温室气体。"罗恒字正腔圆地说。

"你的那种新型能源，利用我的SMART空间，是不是可以制造出大量的新型能源？"刘帆激动地说。

"应该可以。但是你的那个空间不是已经关闭了吗？"

"你跟我来。"随后，一个用巨大的机器制造出来的维度空间展现在罗恒面前。刘帆解释道："这是我利用'驱动能源'建造的自给自足的维度空间，就是为了应对这种突发状况的。话不多说，我们开始实验吧。"

两个小时过后，傍晚5点，刘帆和罗恒从实验室内径直走出来，一群人纷纷走上前询问结果。罗恒气喘吁吁地、一字一句地说："已经成功了，可以把它放到国际空间站上，把'栈台'再次打开。"一瞬间，人群沸腾了。

随后，王灿驾驶着曲率驱动飞船，将新型能源带到了国际空间站。晚上8点，"栈台"空间重新打开。

王灿等人为罗恒和刘帆办了个庆功宴。宴会上，罗恒对王灿说："我想加入你们，可以吗？""完全可以！欢迎你成为我们的一员！"全场响起了热烈的掌声。

我们不必再担心温室气体的排放会造成全球气候变暖，"栈台"可以处理它们，并将它们进行二次利用。从此，人类与这个世界和谐共处，人类文明衍衍不息。

指导老师：李广伟，本科，山东费县实验中学高中语文教师，多次荣获市县教学成果奖。

花 丛

王子琪/高二年级 袁海林/指导老师 湖北省武汉市光谷第二高级中学

花匠双手捧着一捧土，跌跌撞撞地用肩膀撞开温室花房的门：“老师！这儿，看我找到了什么！”老花匠闻声抬起头：“咳咳，什么东西？”又定睛一看，“是月季！”花匠举起手中的土，只见泥土中生长着一株红月季，枝干苍绿挺直，翠绿的叶片微微抖动，上方是朵鲜红的花，慵懒舒展自己的花瓣，娇艳得使人挪不开眼。

“我在外面的露天花园里发现了它。这是一朵真的花啊，老师。”不等老花匠说什么，花匠便急着回答。“可我们没有真水，花匠。”老花匠片刻便反应过来，“它活不了的，咳，很快就会死，咳咳……”

花匠的手停在空中，将月季缓缓放入花盆，将手上残余的泥土拍掉，花匠扶老花匠坐下：“您仍然不能适应水吗？”

“30年前，那时你还没出生，全球水资源告急。科学家们采取人工合成水的方式，决定用人造水，代替真水。人造水很快被证实无法种植植物——粮食也不行。人们又研制出可在人造水的浇灌下生长的植物，暂时解除危机。”老花匠缓声说。

花匠点点头，不禁望向窗外沉思——现在是2070年。距人类使用人造水已有30年了。那街边巷尾的绿植花朵，除了花匠，谁能辨得清哪只是经改造后的仿生花呢？“可我是个花匠，现在我只能与仿生花做伴，制造假象骗自己吗？”花匠在心里默想，离开了温室花房。花匠刚刚二十几岁的年纪，意气风发，正是不顾一切追寻所想的时候，他要去找水，真的水。

“5年间，我借助时空旅行技术回到了过去——在人类历史上的各个时间点、各个地点，我能找到真水，甚至可以带回来，可我却不能留住它。我又意识到既然无法改变事实，不如改写历史。”

2075年6月30日。“人类科技发展总有个源头，找到它，扼杀它，免得我们自以为是地欺骗自己。”

2076 年 3 月 2 日。“不对，我又错了，人类文明灿烂神奇，我们在好奇心的驱使下，不断探索自然，发现世界的奥秘，才有了科学的发展。人类的发展只是借助了科技的力量，但科技并不能决定未来的走向。若科技只是工具，那问题出在哪儿？”

2079 年 9 月 10 日。这是花匠时空旅行的第 10 年。花匠拜访了几乎所有伟大的历史时刻，但也没能改变什么。时空旅行是有时间限制的，如果在一次旅行中停留一个月以上，旅者就不能回去了。

“这 10 年我什么都做了，却又什么都没做。数千年来人类扎根世界，与自然搏斗，与自然共生，我们探索世界的奥秘，是为了生存于这个世界上，可到底要与自然反抗，还是服从自然，听天由命呢？也许我只能与那些生动灵巧的花儿永别。”花匠站在一片花园前思索，“或者，我可以留下。”

“咳咳，你不能留下。”花匠身后出现一位老人，将手搭在花匠肩上，“孩子，你无法改写历史，为什么不尝试创造未来呢？我们没法否定，在人类历史中，科技发展在绝大多数情况下，都使人类受益。科学也许只是人类探寻世界的方式，我们还没有找到正确的方式与自然和谐相处，无论是反抗自然还是屈服于自然，都只会更糟。留下……是在逃避。”

“老师，你也……”花匠错愕地望向老人。“可我回不去了，逃避无用，但你还有机会。”

“然后，你就回来啦！”十几岁的小花匠蹲在园中，指着一株月季。他身旁是花匠，身后是数不清的鲜花，迎风绽放。

“虽然我只是花匠，好像什么也做不了，但我记得所有鲜花的样子，记得如何培育它们。科技只是手段，人类有无限的创造力与潜力，只要我想，真正的花朵有一天会再次绽放，能书写历史并创造未来的，只有现在。”

2080 年 1 月 1 日。等你，在未来。

指导老师：袁海林，湖北省特级教师，“全国五一劳动奖章”“湖北省五一劳动奖章”获得者，荆州市学术带头人，荆州市骨干教师。曾荣获湖北省青年教师教学竞赛第一名、湖北省优质课竞赛一等奖。

天空之城

魏诗桐/高三年级　闫红梅/指导老师　山东省济宁市金乡县第一中学

公元2060年，这是人类被迫搬离地面的第20年。几十年前，因人类过度排放温室气体，导致大气平均温度上升，一些优秀的科学家以及富商等上层人士，花巨资来修建一些空中城市，其中最繁荣、最庞大的当属天空之城。

并不是所有人都能去天空之城或者其他空中城市，政府从每家每户中选择部分人口，供其生活在天空之城。而一些上层人士，可以举家搬迁，喝上好的冰川水。普通居民，只能生活在天空之城的底部，还要为天空之城而工作。

伯克，来自天空之城的底层，父母是第一批获得居住权的居民。他如今19岁了，对天空之城的顶部充满了幻想。层数越高，价格越高，伯克一家经过几十年的努力才前进了2层，想到达天空之城的顶端，如登天般艰难。然而今年，天空之城的底层来了位贵宾——莱德，一位曾居住在天空之城顶层的人。他因为一次作战任务失败，被贬谪到底层，担任了伯克的老师。

莱德向伯克讲述了顶层的生活，他曾是一名宇航员和飞船设计者。顶层的人们已经不满足于优越的现状，而是去寻找和发现其他可居住的星球。如今天空之城的资源坚持不了多久了，顶层的人们只好计划着逐步淘汰底部人口，每10年去掉一层。莱德告诉伯克，顶层和其他层完全不一样，生活在顶层，就像生活在陆地上。底部生产的物品优先运送到顶层然后是中层。底层的阳光照射少，获得电能少，而顶层的反玻璃罩既隔绝了强辐射的射线，又从太阳中获取了电能，从而使坐在航天飞机中的人们看到的天空之城是一座不夜城。于是，伯克暗下决心：人若一辈子生活在底层，何谈梦想和心愿呢？我要去顶层生活！伯克请求莱德教给他关于航空航天的知识。整整5年，伯克闭门钻研科技。2070年，莱德的流放时间结束，他终究还是要回到顶层生活。他看着眼前这个心怀大志的年轻人，恋恋不舍地告诉伯克："不要忘记你的梦想，我会在顶层等着你。"伯克送别了老师莱德，现在他已经成为一名生物学家和航天研究者，还有几个月就可以迁往中层。

天空之城的中层，天气时而阴沉，时而明朗，有时还会下雨，伯克第一次来到中层就被惊艳了。这里的高速公路外面有一层玻璃罩，这座城市完全由钢铁和稀有金属打造，无比坚固、结实，目的就是给顶层做支撑。生活在这里的居民，大多从事科研和设计，这里的人才未来将会被送往顶层。顶层的人们并不全是有钱人，也有一些为富人服务的人。顶层会定期从中层和底层招人上去，而被招上去的人，没有一个回来的。有的说是顶层的条件太好，当仆人都比生活在中层好，也有的说回不来了，见过顶层的人，就得生在顶层，死在顶层。顶层的人甚少来中层或者到底层生活，除非是犯了错的。伯克在中层娶了妻子，安了家，渐渐忘记自己曾来自底层。他越来越融入这里的生活，忘了自己的初心，忘了还在底层的父母，甚至忘了他要的人人平等、自由的社会。直到有一天，他忽然听到了父母的死讯，这大大刺激了他。是啊！还有无数像他父母一样的人，为温饱而担心，为何时被淘汰而担心。他所要的平等呢？如果再这样安逸下去，他对父母的承诺又将何时实现呢？

经过数年奋斗，伯克终于来到了顶层，脚下踩的是坚实的土地，喝的是冰川的水。他的故事打动了一些科学家，于是他们向政府建议，实行轮换制度，让生活在底层的人获得一段时间的顶层和中层的生活，虽然并不是完全平等，但是相对于以往，底层的人们终究没被遗弃，他们也将有来中层和顶层生活的机会。

天空之城，养育着无数人，支持着人类向外界探索新事物。天空之城或许并不是人类的终结之城，在茫茫的宇宙中，人类又或许正在建设新的城市，但天空之城在阻止地球环境持续恶化的同时，也为仅存的人类，提供生路！

指导老师：闫红梅，文学学士，毕业于曲阜师范大学中文系。中学一级教师。

花儿开了

吴俊妍/高二年级　马莉/指导老师　四川省成都外国语学校

窗台上的花儿开了，雪白的花瓣拢着淡黄的毛绒花蕊，在阵阵炎热的微风中摇摇摆摆，不住地散发着清淡的芳香。她看着白色的小花，旁边是一碗碗居民们送来的清澈的水，内心荡漾着满足与丝丝遗憾。

随着温室效应的加剧，海平面不断上升，气候愈发极端化，对于处在干旱地区的人们来说，简直是雪上加霜，不过这更像火上加炭。政府积极采取措施，净化工业废气，使用新型能源供能，但干旱问题无疑是块难啃的硬骨头，非洲地区面临着前所未有的严峻挑战。于是，有一批又一批的人深入到了非洲大地。他们将杂交而出的耐旱粮食、树种播撒在这里，引水、挖井，挨家挨户地解决困难，大力宣传控制生育，在这片“不可能”的土地上耕耘奇迹。老木就是其中一个。

想到老木，她就忍不住发笑，这个不正经的爸爸有一头稀疏但乱糟糟的头发，杂乱的半长发丝纠缠在一起，偶尔还能揪出只虱子，他戴着副残腿眼镜，记不清什么时候摔断了一只眼镜腿，脸上有一把永远理不干净的胡茬，脚踏着可以露出大拇指的运动鞋。老木会在她刚会走路时就拽着她下田，会和她抢难得的包子吃，也会兴奋地同她讲杂交的小麦和新的能源。老木是她最敬爱的人。

她是在安哥拉出生，在安哥拉长大的，很小就和老木在这里奔走，母亲的概念从出生后就不存在了，她也没放在心上。这里每一个黑色皮肤的人都有着极亮极白的牙齿，会热情或羞涩地朝他们露出最甜的笑容。老木也会向每一个或贫穷或疾病的人伸出他黝黑粗糙的双手，紧紧握住对方乌黑的手。

扎哈家的爷爷老是喜欢给她一根最大的香糯烤玉米；切格瓦拉家的姐姐之前不顾瓦达叔叔的咒骂硬是偷偷塞给她一根象牙手链，后来被老木送回去了；还有阿卜拉姆，那个没了丈夫的老奶奶总是给她做新花衣，还都是悄悄送到他们家里，实际上她早就知道了。

总而言之，她很喜欢安哥拉的人们。

某天回家，在他们灰败的小屋门口有一抹极亮极净的白，像是这里的人们欢笑露出的牙。凑近一看，是一朵很小的野花，细细的茎支起白色的花苞，颤颤巍巍地从龟裂的土地上探出头来，那么弱不禁风又坚定不移地挺立着。她当时是那么惊奇，往花前一坐就不挪位置。

老木一看也乐了："这儿都能开花！奇了呀，闺女！你看看！没有肥料没有水源，它怎么就开得这么好呢！"

老木的眼睛闪着透亮的光，兴奋地绕着小白花转了又转。

"老爸，它开花也就我们俩看得到，有啥意义啊？"她有些遗憾。

"怎么没有意义了！小木同志你这就不对了！"老木脸一沉就地而坐，认真解释道，"你看，就小的来说，此刻我俩因为它而惊奇感动，在它面前感叹生命的伟大与不易，这没有价值？就大的来说，这意味着什么？证明开花植物可以在咱们干旱土地上生长，这能改变什么？闺女，你明白吗？"老木一拍巴掌，越发激动起来，"这能让干旱的土地变成绿洲啊！能让多少人免于饥饿啊！"

这激动的表情同她更小时候看到的老木的身影重叠起来，老木也不管她听不听得懂，硬是絮叨到她眼皮都快闭上了，但朦胧间爸爸的话却刻在了心里。

"小木同志你要记住，现在你所享受的一切全是排在你前面的人前仆后继地为你创造出来的。文明就好像一锅煮着的汤，人们排着队去享受。它不会永远沸腾，每个人都要尝试往里面加点什么，好让别人也能享受。小木同志，你要把这点牢记于心。"

又是一阵炎风，柔丝丝的花香很难不往鼻子里钻。她开始想念老木了，开始想念这片土地上每一个纯净的笑容了。

老木一生都在为"白花研究"奔波，但因为身体原因，十年前便与他心心念念的土地融为了一体。不久她自己也患上了胃癌，她硬撑着投身于"白花研究"，可没两年还是倒下了。

"白花研究"其实就是渗透调节基因和渗调蛋白研究。植物对干旱胁迫的适应途径有渗透调节、形态结构变化、细胞壁弹性调节、气孔调节、活性氧代谢和激素调节六种方法。植物在干旱、盐渍等逆境条件下通过代谢活动增加细胞内溶液浓度，降低其渗透势，从而维持细胞正常生理活动，这就是渗透调节。肯布尔早就提出了将 pro 作为渗透调节物质的观点，但 pro 含量高的植物不是那么容易找的。这个过程说起来其实很简单，首先在小白花中寻找目标基因，然后进行基因的分离、导入、整合、表达、遗传，最后利用羟脯氨酸与脯氨酸的拮抗作用原理，在大麦中获得高产 pro 的突变体，从而增强了抗旱性。但真正操作起来，其中的困难不是几句话能说清楚的。

现在非洲的干旱情况已经因老木和她的“白花研究”成果，得到极大的改善。小小的白色花朵绽放在非洲大陆之上。她唯一的遗憾是，自己只在这片土地上奔走了四十多年，还没有老木跑得久。

在她陷入昏迷之际，那些乌黑的脸庞围绕在她的身边，亦如她出生时一样，许许多多或熟悉或陌生的黑色脸庞。如今，他们干净的眼睛笼上泪水，一滴一滴地砸在这片曾经的干旱死寂上，砸破了原本的不可能。

她闭上了眼睛，想的是这片土地变成的绿洲，是人们灿烂的笑脸，是第一次看见小白花时老木兴奋的话语，是稚嫩的她铿锵有力的愿望：我要让这里的每一寸土地，都开上小白花。

当一朵小白花凋谢，另一朵、另一片、另一处的小白花在炙热的太阳下，盛开在这片土地上。

指导老师：马莉，中共党员，硕士研究生，毕业于四川师范大学。中学一级教师，四川省赛课一等奖，多次荣获市级优秀教师、优秀班主任称号。

筑　坝

吴林锐 / 高二年级　张裕琪 / 指导老师　四川省成都外国语学校

来自大西洋的微风挑逗着远处的油灯，昏黄色的光与这海风捉着迷藏。身着破旧工作服，头戴掉了漆的安全盔的卡尔站了起来，罩上了煤油灯的灯罩。摇曳的火光立刻蒙上了一层朦胧，新鲜的空气染上了几分凝重。

21 年了，战友们，终于回来了。卡尔长叹了一口气，望向橘红色的天际——艳烈的落日与柔和的明月相拥在一起，变幻出淡淡的红霞。卡尔陶醉的眼神爱抚着五光十色的日暮，思绪滑向过往。

狂风怒吼着，席卷着来自北大西洋的愤怒。卡尔，这位年仅 20 岁的英国皇家海军陆战队队员，正在阿帕奇武装直升机的护送下，火速赶往直布罗陀大坝。

直布罗陀大坝始建于 21 世纪 30 年代，欧洲联盟为了防备海洋向人类文明的进攻，提前建起了这座壁垒。只要它在，地中海、欧洲甚至小亚细亚都可能获救。在飓风朝着这里奔驰而来的同时，一股疯狂的势力也正显露獠牙。卡尔很清楚自己的敌人是多么危险：那些暴徒，那些倒退者，那些达尔文加速主义的疯子！

卡尔踏上了宏伟的直布罗陀大坝——这座大坝在欧洲人的心中好比诺亚方舟，它矗立在西班牙与北非之间，连绵的钢铁长城一望无际，夜以继日地守卫着欧洲人最后的希望。这时，枪支的爆鸣惊醒了他——暴徒已掌控了整座大坝。

他与他的小队向主控室冲去，一路枪林弹雨，血肉横飞。尽管死神的脚步在脑后回响，希望的影子却仍在前方飘荡。卡尔到达了主控室。推开门，一位穿着破败、脸上似笑非笑的中年男人站在那里，举起了双手。卡尔不假思索地举枪将他射杀。“这是你自己的选择。”一句拉丁语回荡在卡尔耳边。突然，脚下的钢筋混凝土开始摇动，天花板扭曲成了达利笔下的画面。敌人引爆了炸弹，狂风怒吼着将大坝撕裂，冲向卡尔，吞没了他的意识。

21年后，他重新来到故园，重建这里。他现在是新直布罗陀大坝分区首席工程师。卡尔在21年前那场战斗结束后，昏迷了一周才苏醒，意识恢复时，他已经随欧洲的大部分人类迁到了空中的城市。野性的激进者占据了大地。

日复一日，卡尔心中的悔恨与愤怒潜滋暗长，他因脑部创伤无法再参军，于是学起土木工程与环境学，并考入了新帝国理工大学。他时常向下望去，那曾是他的故乡。

洪水褪去，不列颠群岛露出了水面。地上的人又在欧洲各处建起了城市，和葱绿交错着映在卡尔海蓝色的眼里。地中海恢复了生态，意大利从荒原变成了广袤的平原，整个欧洲沃野千里，绿林成荫。

艳丽的太阳与温和的月光交织进入卡尔眼帘：地面与空中是否能一起重新建造家园？人类真的会毁灭自然吗？卡尔眼中的坚冰在霞光中渐渐融化。

卡尔又开始彻夜工作。每个人都把自己有限的精力与无限的热情投入到重建家园中——阿尔卑斯太阳能牧场计划、勃艮第高原防风经济林计划、比利留斯半岛原野计划、大不列颠重登计划……人类正如这大坝后的微微光芒，蕴含着巨大的能量。

卡尔又回想起去年刚回到地面的场景，巴黎的市民们夹道欢庆着象征科技的天空城的人们回归——战争与不同的社会观念曾让卡尔一行人背井离乡，现在地上的同胞不计前嫌，接纳了他们。科技的力量容易掌握，但人类的生存之道，人与自然的共生之念才更为珍贵啊。

如今，卡尔的副手是一位“自然派”的教徒。这位叫麦克的年轻人正在远处指挥着工人搬运重型机械。在直布罗陀海峡高耸巨大的岸壁上，钢铁如藤蔓般生机勃勃地依附其上；钢梁之上，又有无数渺小的人影如辛勤的蚂蚁般劳作。

卡尔露出一丝难得的笑容，离开了主结构梁。太阳与月亮的光芒深情地交错，难以分别。

指导老师：张裕琪，中学语文高级教师，成实外教育集团特级教师，成都市优秀德育工作者，两次获得成都市教育局优秀教师的嘉奖。

对　话

吴思雨/高二年级　谭峥/指导老师　北京市丰台十二中钱学森学校

输入：最近过得好么？我这里的大风暴已经被政府处理好了。你呢？

回复：怎么做到的？我这风沙大得要命，真没办法……

我正用棱镜与平行世界的我——妮可对话。在20年前，气候日益恶化，科学家们为了多方面收集解决办法，发明了棱镜。大概是通过中子碰撞发射出多条信号路径，激活并联通了众多宇宙中的一个，也就是我们俗称的“平行世界”。

对话一：交通工具

我：最近污染真是越来越重，我们这边已经开始温度升高了，你们呢？

妮可：[无奈]① 咱们情况差不多，现在出去还开汽车，只不过那些尾气都储在圆球里，一点儿也不方便，甚至还要因为这个限速！

我：可不是！据说那个球膜有反应物质，能跟尾气反应生成水。我看这迟早得被淘汰。哪有那么多人想买这种又慢又贵的车呢。

妮可：不是有政府补贴嘛！未来的天气可千万别再变热了，咱们还是尽己所能，变换出行方式吧。

那是我们的第一次对话。早在许多年前就有科学家预测并发出警告，如果不加以节制，到2070年，后果不堪设想。于是，人类从交通方式上开始转变，减少排放。

对话二：生活改变

我：嘿，视网膜投影又升级了！

妮可：太久没联系，最近天气好转得真不少。至少温室气体排放限制得

注：①　此处为网络聊天中用户使用的表示“无奈”的表情符号。

不错。你那里呢？

我：咱们是平行世界，历史轴上的进度应该差不多的。视网膜投影穿上了吗？这个小玩意儿还能反映出咱们第一次的聊天记录呢。

视网膜投影技术是前不久才获准民用的。随着大自然不断给人类制造麻烦，人类的协同性就显得十分重要。视网膜投影一是能记录灾害全过程及解决方案，二是积累收集的经验，当人们遇到未知风险时，能准确及时地引导人们用最便捷有效的方式避难。同时还为路盲症患者与恐慌者提供了安全网。

妮可：是挺好，就是有点依赖，我最近只要关了投影就心神不安……

对话三：脑内波动

我：听说了吗，诺亚大陆要给数码体的躯壳换成木质的了，说和金属过热释放有毒气体有关。

妮可：什么？我们这里怎么没有网站公告？我刚给他买完新头套！

视网膜投影（显示中）：诺亚大陆是一个虚拟世界，许多人都会去这里领养一个数码体。这些数码体可以在虚拟世界完全自主进食成长。在现实中，主人可以通过购买躯壳随时将虚拟信息转移激活到现实躯壳中，与真实的宠物无异。

数码体在现实世界中的躯壳，里面有着一个驱动器，那是由无数个人造微管与柔软的金属片构成的。汽车泡泡中收集的尾气就是他的“驱动能源”，通过微管吹动不同的金属片产生波动，泛起不同的涟漪，从而让他们产生记忆、动作，甚至是情感。

我：哈哈哈，最近我家车泡里的废气用得越来越快，大概是因为他长大了吧。

妮可：看着小家伙儿，感觉什么烦恼都丢下了，就觉得温暖高兴。尽管有时候他搞破坏……

数码体的诞生为处理废气又贡献了一份力，科学家们改善的手段也是不断进步的啊！已经从物质科技，发展到情感陪伴了……

对话四：结束

我：用视频吧，这棱镜内存快用完了。我想看看你的数码体。

视频连线中……“你好，我是妮可。”“你好，我也是妮可。”视网膜投影告诉我，棱镜剩余内存仅支持通话10分钟。

“放心吧，大风暴会被治理好的。大自然不是要给人类添麻烦，大自然只是想把前几天的新花盖上，怕地下工厂排放的近地尘土污染它们。”

“我们是应该与自然和谐共生的，我的视网膜投影有一次向我展示了15年前咱们的生活方式和环境。虽然现在生活改变巨大，但总归让人与自然的关系逐渐变好了……”

视频断了，10分钟到了。那也是我们最后一次对话了。我抱着数码体走出家门，看了看被沙土覆盖的新花，又抬头看了看20年前少见的蓝天。

“你好，自然。我们将用科技与你共生共存。改变就从现在开始。”

指导老师：谭峥，文学硕士，毕业于北京语言大学语言学及应用语言学专业，中学二级教师。

秋 雨

吴晓瑞/高三年级 孙娟娟/指导老师 山东省滨州市惠民县第二中学

自21世纪起，逆全球化势力抬头，以某资本主义大国退出《巴黎气候协定》为标志，只顾经济发展而放任气候变暖的放任主义崛起。公元2040年，由于放任主义国家无节制地开采资源、排放废气，全球气候恶化，北极冰川融化率达84%，海平面上升，物种大量灭绝，上亿人民流离失所，自此，人类进入危机纪元。危机元年，全球洪水泛滥，带走了仅剩的30亿人口的30%。隔年，联合国在仅剩的唯一一座国际化大都市——莫斯科召开会议，在此次会议上，各国共同协商，签订了一份全球环境保护公约——《自然之力公约》。

《自然之力公约》的第一条便是：全球人口迁移到俄罗斯。作为高纬度国家，俄罗斯地广人稀，相比于其他国家，遭受重创最小，是人类避难所的不二之选。就这样，人类自诞生以来规模最大、人口最多的大迁徙，轰轰烈烈地开始了。5年之后，迁徙完成；10年之后，人类采取的遏止全球暖化的措施逐渐奏效，极端气候被有效地遏制，至此危机纪年结束，希望纪年开启。

“报告，检测到巴西热带雨林传来剧烈震动，有人类活动痕迹！”

联合国自然之力联合指挥部部长乔沃·加图索收到这条信息后，便马不停蹄地飞往亚马孙雨林。

张秋雨是个土豪。在危机纪年之初，就早早地来到了俄罗斯。据说，张秋雨出生在中国的一个县城，上完中专就不念了，只身去大城市打拼，后来误入传销组织，张秋雨便被带到了中俄边境。晃荡了几年，大迁徙就来了。张秋雨的家乡在危机元年就被大洪水淹没了，张秋雨的生平，也就永远埋葬在被丘陵包裹的小县城。

“地球上最后一批优质树木，砍咯，托到俄罗斯，我在福布斯排行榜第一的地位就没人能撼动啦。”他笑得很猖狂，手中的雪茄抖啊抖。希望纪年开始的时候，张秋雨想发财，便做起了走私木材的生意。正当他在自己的老板椅上洋洋得意的时候，一个穿着官员制服的光头闯进了他的办公室。

“张先生，我要以违反《自然之力公约》的罪名将你带走。”乔沃说。

张秋雨呆了，他不认识这个光头，他每天的日常就是开游艇、开派对、开员工，从不看新闻。直到旁边的秘书提醒：“联合国自然之力联合指挥部部长，乔沃·加图索。”

张秋雨一听，立马喜笑颜开，握住乔沃的手：“哎哟，加先生呀，有失远迎啊。我是来旅游的呀，怎么就违反公约了？”

其实在一天前，张秋雨就已经接到消息称，上头有人要来，所以施工队早被秘书支走了，张秋雨不怕被查。果然，乔沃让搜查队查了一遍，一无所获。张秋雨笑着送走了乔沃，转眼又开工。

但刹那间，张秋雨的手拿不住雪茄了——地面在震动。警报器闪着红光，那是洪水的警示。张秋雨站在设于莫斯科的公司总部大楼的楼顶，透过玻璃俯视，这一次，他没有看到平日里他常说的凡人，看到的是汹涌的波涛——怒吼着，翻起几十层楼高。10 年前淹没家乡，10 年后又淹没自己。

玻璃上反射出张秋雨惊恐的脸。

“体验结束。”

一束光打在张秋雨脸上，迎接他的是来自联合国的审判。

“张先生，未来探测仪是当今世界上最精密准确的仪器，也是因为它，几十年前的人类才会迷途知返。您也看到了，如果您继续犯罪行为，将会产生怎样的后果。”乔沃扶起惊魂未定的张秋雨。

张秋雨被带进国际监狱时，他想到的不是公司，不是人民币，不是女人，而是一座座山连绵不绝，包裹着广阔的平原。春天是绿色的，有一群爱捉弄他的熊孩子们在放风筝。夏天他会去小河旁，摘一朵小花，猜隔壁班的小美喜不喜欢他。秋天下起细细的小雨，金黄的落叶铺满耕作的大地，铺满张秋雨回乡的小路。冬天下雪，白得如同张秋雨此时的心。

希望 200 年，极端天气消失，张秋雨的故乡，下起了秋雨。

指导老师：孙娟娟，毕业于临沂大学中国汉语言文学专业。中学二级教师，曾获得滨州市优质课评比二等奖。

何处是归途

吴鑫蕊/高三年级　吕舒晴/指导老师　山东省聊城市茌平区第一中学

浅浅的夜，带着氤氲一起，点点星光汇成一条长河，轻轻的风拂面，一抹清浅油然。夏可可坐在门外，望向天空中那颗红色的星球……

“可可，爸爸妈妈就要去火星工厂了，在家一定要听爷爷奶奶的话……”夏可可的耳边仍然回荡着爸爸妈妈昨日的叮嘱，她眯起眼，极力地寻找那颗名叫火星的星球，同时，她也明白这颗与地球的距离以光年计数的星球，不是“遥远”一词便可以形容的，爸爸妈妈这一去，不知何时才能相见，也许相见时，他们已头夹银丝了。夏可可的泪水充满眼眶，仿佛是月夜中那颗最明亮的星。

30年前，急速扩张的城市，遍地大规模的工厂，整个世界看起来是如此的生机勃勃，欣欣向荣，人们总认为“天下大同”的时代就要到来，可他们殊不知，在那快速发展的时代里，温室气体的排放量将要到达地球所能承受的上限，全球气温升高，两极冰盖融化，海平面上升，导致大量生物灭绝，专家预测，人类若不及时控制温室气体的排放，或许在不久的将来，将面临全人类的灭亡。

在那时，气候成为整个世界亟待解决的问题，随后，经联合国商定：自2025年起，所有燃油汽车经国家回收，统一更换为绿色能源汽车，除新能源工厂外，其他工厂移转到火星进行生产运行，就这样，一批一批的领航员前往火星，进行生命系统的再创造和火星工厂的建设，夏可可的父母作为第三批领航员，受命前往火星完成中国驻火星工厂任务的最后一项环节。

夏可可坐在门外石阶上，彻夜未眠……

星星在空中点点消失，夏可可知道，今天就是爸爸妈妈出征火星的日子了，夏可可跟随爸爸妈妈来到酒泉发射中心，妈妈将夏可可紧紧拥入怀中：“可可，想爸爸妈妈的时候，就用磁波通信联系我们，一定要乖乖的。”夏可可极力压抑着自己的情绪，不想让父母在临走前为自己担心，夏可可注视着父母的脸庞：“爸爸妈妈，加油，祝你们早日凯旋。”

夏可可站在火箭指挥塔台里，凝视着爸爸妈妈身着宇航服进入“天问二十”号运载火箭。上百台聚光灯将发射场照得亮如白昼，雷达、光电望远镜、高速摄像机及世界人民的目光，一齐对准了发射架方向代表中国火星工厂将要建成的“天问二十”。

夏可可的父母及其他领航员进入飞船中，“总部，这里是天问二十，舷窗打开正常，领航员身体无异常，请求启动！”指挥大厅中，指挥员手持对讲机：“你们是全人类的英雄，希望你们在这次任务中不辱使命，世界人民等待你们凯旋。”

“5、4、3、2、1，发射！”霎时间，2000米外的移动发射台上，一股橘色火焰从火箭底部喷出，整个戈壁辉映得亮如白昼，巨大的呼啸声骤然而至，似炸雷滚过，如天崩地裂，夏可可凝望着那架乘载着爸爸妈妈的火箭消失在空中……

数天后，天问二十号运载火箭与逃逸塔分离、助推器分离、一二级分离，进入火星轨道，飞船成功着陆火星，离开飞船后，首先映入眼帘的就是奥林匹斯山，夏可可的爸爸妈妈凝望着这座宇宙中目前发现的最高山脉惊叹不已。在领航员培训时，他们见到的奥林匹斯山、盖尔环形山、极盖、水手谷都是通过火星车和其他领航员传输到地球的音频才了解到的。

中国火星工厂就位于奥林匹斯山脚下，有着全火星最大的生命维持系统，在工厂中，领航员不需要时刻身着宇航服，而如同在地球上生活一样。工厂旁的奥林匹斯山就是一座大宝库，里面含有地球上的稀缺金属与能源，火星工厂则是要将稀缺金属及绿色能源进行开采并源源不断地输送至地球，实现地球中的“温室气体零排放”。

建造火星工厂的任务正如火如荼地进行着，夏可可的父母也很快投入到工作状态，经过长达12小时的连轴转，夏可可的父母回到休息室，看到摆放在桌子上的女儿的照片，夏可可的妈妈提出要与夏可可进行磁波通信，可他们不知道，夏可可从塔台回来后，一直守在磁波通信器前，生怕错过同爸爸妈妈的联系。

“嘀——嘀——嘀，”夏可可迅速拿起话筒，戴上耳机：“爸爸妈妈是你们吗？你们在火星生活得怎么样？”夏可可妈妈回答说：“我们在这里生活得很好，就像在地球上一样。”“和在地球一样？可火星上不是只有氢气吗？怎么会一样？”“傻孩子，我们有生命维持系统啊！它可以给我们提供氧气！”“那生命维持系统是用什么建造的呢？水泥？砖块？还是钢筋？”“哈哈哈……”通信器那头传来爸爸妈妈爽朗的笑声，“我们的女儿可真是个小问题库！”“爸爸妈妈，不要笑，快回答我！”“好好好！爸爸来回答你，火星上的生命维持系统还有工厂，都是用我们运输到火星来的3D打印机完成的巨大项目！”“3D打印机？可是上次我在学校使用的打印机只能打印出一支铅笔，您可别骗我了！”“乖女儿，是真的，这里的每一个零件都是使用3D打印机打出的纯钛合金。”

“哇，那真是太神奇了。”夏可可的大眼睛忽闪忽闪地看着自己的房间，想象房间如果都是用纯钛合金建造的会是什么样子呢？“那——你们那儿有小狗小猫吗？哦，对了，还有小鸟。”“没有！”夏可可失望地说：“那可真是太可惜了！等我长大后去火星的时候，一定要把它们也带去！”“真是个好主意，那爸爸妈妈在火星等你来哦！”

结束通话后，夏可可躺在房间里，想象着以后自己如果前往火星，一定要带上小狗、小猫，对了，还有妈妈最爱的水仙花……

此后几年，随着工厂在火星的落成，正式运行起来，地球上没有了原来到处可见的烟囱、工厂、汽车喷出的尾气，雾霾好像也在这个世界上消失了，全球气温回归正常，两极冰盖重新恢复，北极熊和小企鹅也重新回到了家园。地球上一片生机勃勃，到处是繁荣景象。

气候问题被彻底解决，可是这也意味着一批又一批的新领航员需要被送往火星接替上一任领航员的工作，他们面临的是陌生的环境，家人的离别。

2100年，夏可可作为第五批领航员踏上火星征途，在塔台她望见一名像极了自己儿时样子的小女孩也同样凝望着她的父母，夏可可登入飞船舱中，心中自问：“何处是归途……”

指导老师：吕舒晴，中学一级教师，曾获茌平一中优秀教师、学生最喜爱教师等荣誉称号。

新　生

吴旖柔 / 高二年级　张江琴 / 指导老师　福建省晋江市第一中学

秦雨对爷爷最深的记忆似乎永远停留在那个炎热难耐的夏天——那简直是一场噩梦，是全人类的梦魇——2036 年。

全球变暖的速度远远超出科学家们的预料。因为水资源而引发的战争如燎原之火，点燃了凡人类所称霸的陆地；每一次呼吸，肺泡都像燃烧一样刺痛，灼热的气流席卷了平流层，每一寸皮肤，每一个毛孔，尖叫着要清凉的风，但每一个因恐惧而蜷缩的人类，只能压抑着痛苦，无助地望着猩红的天空。那年，秦雨才 5 岁。人与自然的平衡被彻底打破了。

从秦雨有记忆时起，爷爷的眉头就永远是紧锁着的。只有当爷爷讲故事时，他的眉头才会稍稍舒展："就在 19 年前，那时的地球，我们的家，是那样神秘和美丽……"这好像是潘多拉星球上的奇景，秦雨做梦都会梦到与爷爷有着千丝万缕联系的那个黄金时代。

爷爷说，他在为了美好，为了洁净的空气和水源，为了森林和大海，为了自然，适应自然。"碳是生命之元素，水是生命之源泉。人心就像无底洞，再多利益也填不满。但天地是大自然啊，人类不过是地球上的匆匆过客。生命是链，是循环，人所索取的，都应还给它。"秦雨听着爷爷有些混乱的话，紧握着那双苍老的手，爷爷脸上的皱纹如沟壑，浑浊的泪水从昏黄的眼中艰难地流出——他的病加重了，肺部再也承受不了这种末日般的折磨。"要当臣服者，要与自然和谐相处，记住，帮我向自然道歉。"秦雨重重地点点头，因喉咙干渴或内心恐惧而说不出一句话，只是将手攥得越来越紧。"和谐"这个深奥的问号烙印在他心中。

爷爷被埋葬在他生前最爱的柳林坡。小小的秦雨极力思索着爷爷的嘱托。站在墓前，猩红的日光将他单薄的身影渲染得悲怆而柔和，他突然感觉到那个灵魂一生为之奋斗的救赎感，他明白了，自己就是为此而生。

2060 年，全球预防气候极端的守护计划取得重大突破。秦雨记着爷爷用一生守护的诺言，而他现在也是一名守护计划的科学家了。2050年，人类首次采用基因改造计划，将人类DNA链中的某段基因敲除，并使用基因编辑技术，成功地进行人类改造，创造出X代。X代比正常人类身型小得多，大脑却高度发达，他们凭借在DNA中插入的储存基因，拥有特殊的储存蛋白，能够调控体内水平衡，自此对水的需求量大大减少。2052年，小型碳素汽车通过利用大气中多余的二氧化碳和二氧化氮，再转化为能源，并使用超导材料输送信息，使用超轻碳素材料获得更快速度，极大改善了大气环境。基因改造计划使得人类可以通过神经传导获得新生、改头换面，再次在地球上立足。这两项极具创造性和影响性的发明被誉为X时代的新生奠基之作。而人类吸取环境污染时期的教训，谨慎开发资源、绿色出行、植树造林，甚至越来越多X代人投身奉献于环境保护事业，加入守护计划中。

“爷爷，您的努力没有白费。您说得对，生命是一条永无止境的链，这头是人类，那头是自然。这头是新生，那头也是新生。生命是自然给予的，它永远神圣纯洁，我愿以一生守护。”微风吹来夜莺的歌声，秦雨抹了抹眼泪。

“爷爷，我真高兴。您知道吗，原来极乐鸟的歌声这么婉转，原来竹林是这么苍翠清新，原来云朵会千变万化，原来天空真的像宝石一样，仿佛会呼吸！原来，原来我们的子孙后代还有救赎和重获美好的机会……”

“爷爷，您放心吧，”秦雨莫名哽咽，有恸哭一场的冲动，“我们，人类，一定用生命践行承诺……”

2070年，柳林坡上，墓前，一位少年静静地垂着头，远方鱼肚白色的天空渐渐泛起一点红，耀眼的红日从东方一跃而出，远处传来新生自由的欢呼。

指导老师：张江琴，中学一级教师，曾获泉州市优秀团干、晋江市青年五四奖章、优秀教师、学生最喜爱教师等荣誉。

趋光而行

夏翘楚/高三年级　梁国栋/指导老师　山东省淄博市淄川中学

舰船一刻不停地在无尽黑暗的宇宙中航行，就像飘在凝滞的河流中，时间却是一晃就过去了。

林创用磁卡刷开舱门，走到工作台前，注意到顾清带进来一只微缩的地球模型，像一块蓝绿驳杂的宝石，在无声地转动。“顾清，今天有没有什么消息？”林创不急于开始工作，先一步打开了液晶屏，“总部还是被许多人围攻吗？今天地球气温是多少？”

“地球平均气温是35℃。”顾清的声音中有一丝压抑。林创也耷下嘴角，懊恼地叹气。转瞬之间，那个像宝石一样的地球仪变得刺眼了起来。

地球正饱受全球高温的困扰，酷热的气候让人们无法忍受，海平面的上升使陆地越来越少，大量的生物随之灭绝，这一切的罪魁祸首都来自人类本身，因为大批人类目光短浅，以大肆浪费资源的方式来追求所谓更好的生活，为抢夺资源引起无穷尽的战争，欲望让人无法停止。更加可怕的是，恶劣事件的发生频率呈几何级数增长，越来越多的人正加入其中。

全球变暖、环境污染、生物死亡……这一系列事件终于引起了人类政府的恐慌。他们开展“创世计划”，将一批林创一样的科学家送入太空，寻找新的栖息之地，以及改善环境的方法。

林创等人在太空流浪了太久，而寻找之旅却一直很不顺利。留给林创等人唯一的曙光只有女科学家苏月。在多年之前，正是苏月，创造性地制造了今天地球上的地下城。地下城是在高温环境下为人们敞开的地下避难所，它让人类在滚滚热浪中，获得了苟延残喘的一线生机。但苏月在一次向一颗类地行星着陆的时候，不幸遇难，只留给了他们一片碳钢残骸。此后，总部在这个项目上，越来越摇摆不定。但林创他们记得，苏月在飞船爆炸的前一秒叮嘱，不要放弃寻找希望与光明。

“丁零……”液晶屏的画面瞬间变成通话界面。林创明白，这是总部的呼叫。林创按下遥控器，无线电波连接到了地球总部。林创看到自己的脸出现在屏幕上，耳边传来一阵声响："是林创先生吗？我们需要顾清小姐来接受这个任务……""好的，我会转告她。"林创觉得自己的声音冷静得难以置信。

他知道这个命令是让顾清返航，但他不明白总部为什么会变成这个样子。"创世计划"最初被推行得十分积极，甚至不等他们这些科学家完全成长起来，就被送到太空，希望这些人一边学习一边成长。但最近几年来，总部却变得对他们不闻不问，几个月的时间里接不到一个指令。林创与顾清，所有这艘舰船上的人类，都觉得总部是在悄悄谋划什么。林创想到此处，塞紧了耳麦。

"噢，好的。是这样的，林创先生，我们与世界联合国组织刚刚召开了紧急会议，具体内容大致是摒弃当下的'多通道'观念，进行'单路径'发展，简单来说，就是希望召回目前投入宇宙的所有舰船，让参与'创世计划'的人员回归地球参与地下城的开办，您与顾清小姐……"

"啪！"林创将耳麦一把拔下，扔向了摄像头。一直撑起他们信念的东西崩落了。没有人继续支持他们，现在只剩他们自己。

林创的目光停留在地球仪上，那上面块块黄沙格外刺目。苏月说得对啊——他们一旦拥有了地下城，就变得不思进取了。连指挥他们的人也是这样。可是，一旦地下城哪天也失去作用，人类又将何去何从呢？他们终于明白，苏月口中的光明和希望是什么。

顾清走过来，把苏月留给他们的高分子碳钢板碎片塞进林创手中。林创明白了下面他该干什么。在舰船上的多年，他从少年找寻到现在，支撑他的不仅是光明、美好、希望，还有自由和爱。

"我们走吧。"他对顾清说，"地球早就不是原先的模样，我们要永远依靠自己的力量，趋光而行！"顾清朝他点了点头。林创将碎片揣在心口，怀揣着希望飞到了星空之外。

指导老师：梁国栋，教育硕士，毕业于山东师范大学学科教育专业，中学一级教师。曾获优质课全国二等奖、省级一等奖。

重　生

夏韵菲 / 高三年级　杨园林 / 指导老师　上海外国语大学闵行外国语中学

2063 年 12 月 3 日清晨，寒冰从水床上醒来，顺手打开了床头柜上的太阳能收音机：“昨天的民用空调、汽油车停产游行取得胜利，民用空调和汽油车将于 5 个工作日后全面停产。”

寒冰起身喝了一杯经海水净化得到的淡水。随着气候变暖加剧，中低纬度地区淡水资源骤减，海水淡化技术已经高度成熟，可以保障城市用水需求。寒冰早就意识到，再不叫停空调这些使用频率高、碳排放高的“早期科学技术失败品”，人类可真的要被大自然狠狠地惩罚了。

洗漱后，他摇下盖满整个房间的灰色遮光布，一个几乎透明的房子出现在眼前。10 年前寒冰的家中便不用空调了，这个房子的墙壁和屋顶都是三层全透光胶合板，中间流动着从海里抽出的海水，利用水循环降低房子内的温度。

寒冰是一名人造植物专家。15 年前，全球气候变暖突然加剧，绿色植物减少了一半。寒冰所在的科研团队临危受命，成功研发了人工植物，投入生产应用。如今，自然条件已经不适合绿色植物生长。从前立于街道旁的香樟树，已经被人造植物全部代替。与此同时，开花结果的植物和提供粮食的作物，都在农业基地的室内试验田里生长，温度和光照都受到严格掌控。农业专家们聚集在农业基地，昼夜不停地进行着转基因植物的研究，希望通过基因编辑，研制出能够在高温少雨的条件下生长的植物。昨天，市中心的农业种植基地外侧的一棵人造植物忽然停工了。寒冰今天的任务就是修好那棵人造植物。

到达基地，寒冰上岸，在报修人的带领下来到两个两层楼高的连通反应箱旁。第一个反应箱是透明、半遮光的，这是光反应器。寒冰一摸外壳，有些烫手。内部光反应腔的黄绿色液体色泽黯淡，这是由于温度过高，破坏了叶绿素 a 类似物。另一个反应箱是钢制的、全遮光的暗反应器，它的二氧化碳浓度极高，人需要配备手电筒和氧气罐才能入内。寒冰全副武装进入后，发现是氢离子发射器出了问题。大量的氢离子阻塞在光反应器的离子发射器内未能发射到暗反应器中，导致暗反应器的还原性辅酶合成反应被迫中止。重新疏通了氢离子发射器后，寒冰联系了海水淡化厂的大学同学，购买了海水淡化的工业“废料”氧化镁，用作重新合成叶绿素 a 类似物的原料。待新的叶绿素 a 类似物合成并以适宜的浓度重新注入光反应器后，人造植物就可以吸收二氧化碳、排出氧气了。

走出反应箱，寒冰抬头向农业基地周围望去。全都是人造植物。虽然人造植物吸收二氧化碳、排出氧气、合成有机质的速率确实优于活体植物，但光合色素类似物极易被高温破坏，有时光反应器和暗反应器工作不同步还需专人花上一个礼拜检修，终究只能是应急产物，而非长久之计。

沿着人造植物的长廊，寒冰不知不觉走到了基地的废水净化池。在池边，似乎映着一抹奇异的淡绿色。寒冰快步上前查看，竟然真的是一株从未见过的植物幼苗。它的叶片正面是极浅的绿色，背面是墨绿色，叶脉是显眼的白色，一片片竖直生长，像一双向上举起的小手。也许是作为实验室失败品的脱分化组织意外溅出，在自然选择下发生变异，竟成了这个世界上许久未见的第一株野生苗。几十年来科学家们试图用基因编辑，选择可生长于全球变暖恶劣条件下的植物性状，都以失败告终，而这一抹绿色可能就是挽救地球的希望。

多年后，寒冰的屋子周围种着一圈绿色的小芽儿。它们具有进行高强度光合作用的优良性状，让全球气候变暖的危机初步解除。寒冰作为人造植物专家和新芽的发现者，在出版书目的扉页写道：“人类仍然是大自然的一分子。我们最大的资产，是大自然赋予的无穷机会，发展的机会，创造的机会，平衡的机会，重生的机会。”

指导老师：杨园林，教育学硕士，毕业于山东大学，中学二级教师。

天池：理想国

夏洲/高三年级　史涛/指导老师　江苏省宿迁市泗阳中学

“李长梧，你对刚刚课上杨寒提的‘太阳降温’构想怎么看？”李长梧轻笑一声：“他倒是敢想，我记得他是天体物理学专业的，怎么还以为太阳只围着地球转呢？”

又聊了几句，李长梧揩了揩脸上的热汗，和导师告别。步行回宿舍的路上，他给妈妈打了个电话，没人接，应该又在沙坝上种树吧。

李长梧生在西部一个闭塞的荒原上，他从小跟着育林员妈妈一起长大。李长梧小的时候，世界便已没了冬季，他总是被风沙蒙住眼睛，看不清妈妈，看不清家乡。读研后李长梧毅然从材料力学系转到了新开办的环境工程系。一次课上，杨寒提出构想：向太阳发射特殊引力波，使其改变状态参数，令太阳“降温”。这不过是痴人说梦，但起码是一丝希望。

想到这里，李长梧自嘲地笑了笑，自己尚未提出的方案又何尝不是一种空想？

利用材料力学知识研发一种“透明罩”，它可以笼罩整个西北，甚至整个世界。透明罩可以利用“超弦理论”进行多维展开，让升高的温度飞向其他维度，而西北的荒原则会迎来其他世界的雨。李长梧叫它“天池计划”。他没有把这个计划告诉任何人，因为他知道没有人愿意隔着罩子看世界。半年前，有一只蝴蝶从这个世界上消失了，而在李长梧的实验室里，有无数个生命正在诞生。

李长梧想实践自己的方案，他递交了归家申请，理由是帮妈妈种下第一批树种，帮沙坝迎来第一缕春风，第一丝春雨。

刚下车风沙就迷住了李长梧的双眼，播种的直升机盘旋在天空，沿路上都是枯草、枯蝶。十天后，妈妈的树种全部播种完，李长梧与妈妈进行了一场对话。他向妈妈阐明了自己的计划，包括这个计划的风险：一旦出现展开漏洞，沙坝村将以支离破碎的形态消失，而这场消失将带来的连锁反应，谁也无法预料。

妈妈叹了口气，握住李长梧的手："长梧，你知道你的名字是怎么来的吗？""《庄子》逍遥游里的一个智者。"

"我取这个名字，是想让你凡事要踏实，一步一步来。我们沙坝村的村民愿意等。"李长梧听出了母亲的弦外之音，他积攒多年的困惑与矛盾在一瞬间化为了眼泪落下。他哽咽着挣开母亲的手："一辈子靠种树吗？您一辈子都在研发新品种，一辈子在同一条路上摸索，您怎么知道不会有其他的路？您的路真的正确吗？庄周梦蝶，梦醒后他悟到了两个世界的真谛，而'天池'就是两个世界的桥梁！妈妈，让我试试吧，就在那条沙坝，那里将会有西北世界里的第一缕春风。"

妈妈背过身去，片语不发。

一年后，李长梧登上了妈妈的直升机。天空降下一张大网，像一层薄纱在空中迅速展开，片刻工夫便遮盖了整个沙坝，一股凉意袭向周边的村庄，李长梧的妈妈抚摸着沙坝树苗，摇了摇头说："加油干吧，儿子。"

李长梧坐在直升机上，像在完成一场盛大而隐秘的祈雨仪式，一只蝴蝶翩然飞落在李长梧宽厚的臂膀上。国家航空网的工作人员及时上报了这一发生在沙坝村的异常现象。

百年后。

"第四十三组'天池'计划正式启动，组网！"

"报告李蝶组长，展开无误，波段正常，任务圆满完成。""好。"即使如今"天池"计划已普及全球，李蝶作为创始人李长梧教授的女儿已事业有成，但她此刻仍然心事重重。

因为原始的展开材料试用范围仍然较小，虽然这款材料在当时是空前绝后的，但现在它的弊端正在显露，在它的限制下，航空事业也受到了限制。所以她的内心有一个构想。一个空荡的幻想。

一只蝴蝶飞落到李蝶的肩头。

指导老师：史涛，文学学士，毕业于扬州大学汉语言文学（师范类）专业。中学一级教师，曾获江苏省泗阳中学优秀教师等荣誉。

水中花

冼石磊/高三年级　杨贵灵/指导老师　广西壮族自治区柳州市第二中学

“你知道吗，现在这样的‘花’可是越来越多了。”植物学家指着不远处一大片五颜六色，形状像花一样的物体说道。他走到甲板一侧，气象学家跟了过来。只见植物学家将那花轻轻提了起来，露出了它的真容。那是一朵机械花，它的根，是几根导管和一些电子元件，“假花？”气象学家先是一惊，然后冷笑道，“也对，现在这种天气，恐怕也没多少花还能开得这么灿烂。”物理学家把船上的太阳能冰箱拉了出来，拿出了3瓶水，一人给了一瓶。他猛灌了两大口后，马上把它又放回了冰箱。“你们怎么不喝？再不喝就不凉了。”

气象学家喝了一口水，问植物学家：“这不是普通的假花，对吧？”“对，它采用了仿生机械结构，可以吸收空气中的温室气体，再进行回收利用或者降解。也可以吸收太阳光热，对于促进世界太阳能利用真的是一个福音。”植物学家脸上洋溢着自豪的神情。

“可是现在铁和铜这些金属都很罕见，开采金属也因为污染太大被禁止了，什么高强度的材料才能造出这样的‘花’？”环境学家从船舱中醒了过来，喝了口水后问道。

植物学家打开船上的太阳能采集器，走到船舱中说道：“用太空转基因生物。一种代替金属的‘超级植物’。不，准确来说，它具有代替所有金属的能力。现在我们坐的这条船，就使用了相同的材质。这是不久前我和我的团队在火星古老地层中发现的一种原始植物，我们发现了它可以通过根系吸收金属元素而改变自己的某些特质，使其拥有被吸收金属的所有性质。”

“而且它还极易成活。我听说这种植物经过一段时间的培养，生长迅速，市中心那栋大楼，就是它的杰作。”物理学家补充道。气象学家问道：“这么说来，岂不是可以随处种下，既保护了环境，又解决了金属能源危机！”

植物学家摇了摇头：“不，那会导致物种入侵。刚刚已经说过了。它极易成活，又具有金属的特性，假如不慎吸收危险的金属，对人及其他生物体危害太大。因而不适宜大面积种植。”

一个月后，植物学家走到人行道中，想着给自己的太阳能汽车换一块太阳能蓄电池。自从市中心最高的“时之塔”上多了一个温度计后，不可再生能源被限制使用，逐渐退出人们的视线。这时，他收到了全球环境协会发来的信息。会长的虚拟形象通知他，马上前往协会总部，交通工具已经备好，要在24小时之内来到总部。

南极洲，全球环境协会总部。植物学家在收到消息后的第16个小时来到了指定地点。办公室内只有会长与几国元首，他们神情严肃，让植物学家感到有些紧张，毕竟不久前，他才刚在联合国大会上展示了那天的“水中花”。会长看向植物学家，率先打破了沉默：“先生们，我们此行的目的，都还记得吧。”与会各国的元首纷纷点头，让植物学家有些不知所措。会长走到他旁边，拍了拍他说道：“大家都知道，现在地球环境已十分恶劣，我们必须团结起来，携手共进，为了全人类而战！这位先生，他与其团队竟已研制出了一种名为‘水中花’的仿生机械花，从而改善了许多地区的环境。我们想借助您的力量，在其他国家种植‘水中花’，把地球环境变得更好，不知您意下如何？”

他松了一口气，点了点头。

植物学家又一次来到了南极洲，协会会长点开墙上的显示屏，指着由鲜红逐渐变成浅蓝的世界地图，对他说：“5年了，你的‘花’果然拯救了人类。你看，现在所有的‘花’都已经完成了它们的使命，我们已经将灭绝的花的种子重新种下，那些都是在干旱中无法存活的花，幸好当初留下了种子……还有，你将是下一任会长。”

植物学家拒绝了会长职务。他知道，花是不会枯萎的。

指导老师：杨贵灵，文学学士，毕业于华中师范大学汉语言文学专业，柳州市第二中学语文教师。

自然的选择

向佳祺/高二年级　刘峻岭/指导老师　湖北省宜昌市第一中学

公元 2070 年，“冷却”号舰艇。

冉冰打开舱门，吴念正坐在舰长椅上，凝视着舰外那颗遮住了半边天的深褐色行星。看着他那坚毅如削的面庞，她不由得想到了曾经也身为舰长的父亲。

“采集将在明天开始。”冉冰报告，目光落在一旁。吴念微愣，似乎不知道已有人走进，方才把思绪收回来，“冉冰上校，”吴念开口道，“请稍坐一会儿，这时候也应没什么工作了吧？”冉冰点点头，在一旁的座位上落座。吴念顿了顿，说：“你知道母星那边怎么样了吗？”

“情况不容乐观，”冉冰答道，“Wakanda 即将受到国际联盟的制裁，理由是该国违反了人类法且拒不承认罪名。”“你知道他们是怎么违反的吗？”冉冰摇头。

“那就对了，冷室里的人从来无法获得这类信息的背后原因，这点国联一直封锁得很严实，但既然你已经加入了太空部队，现在也不在地球上，也有必要了解一下这件事了。”吴念说道，坐直了身子，眼神又再次凝固起来，仿佛陷入了深深的回忆之中。

“你是生活在冷室里的人，‘冷室’是人类精心改造设计的，它利用地核能与核聚变进行运转，原理嘛，也就是常说的‘烧石头’，属于高度环保型能源，人们利用这些能量将原来早已满目疮痍的 2/3 的地表重新塑造，包括植物的培养，生产者、消费者、分解者的选取和权重分配，以及食物链的重构。其中最重要的手段的基因改造。你所见过的东西几乎都是重改后的。植物的光合作用速率、大气成分的占比都是被我们设计好了的，甚至控制动物繁殖不过是修改 DNA 上的交尾片段。但人类从没有改变过自己的基因，这被认为是道德底线，而这些底线形成了所谓的《人类法》。”

“可是长官，”冉冰回道，“从蝴蝶效应的角度讲，由于混沌因子的存在，对这样庞大而且混沌的生态系统进行模拟，一定会存在漏洞甚至引发巨大的混乱，就像当初洛伦兹证明了气象永远无法测准一样。您讲述的冷室的构建存在逻辑问题。”

吴念一笑，点头道：“正是这样，为了消除这种缺漏以及填补核聚变技术的不成熟，那剩下的1/3的地球就成了被消耗和剥削的对象。”吴念看着她，像在说：你觉得是哪儿？

冉冰一惊，心中闪出两个字：非洲。

吴念继续说道，仿佛已读懂了冉冰心里的话：“只能是非洲这片本就炙热而又多灾多难的大地了。”

“非洲在一点点地被剥削，先是周遭海洋，后是岩层和生物圈，非洲人民也只是敢怒不敢言，因为没有先进的科技，没有冷室的舒适环境，气温长年居高不下的非洲大地，干旱日渐严重，粮食及水源濒临枯竭。而冷室没有一点怜惜的意思——他们要的不过是‘石头’，只要还有一点物质，就继续榨取。

“终于，有‘圣人’出现。来自Wakanda的首席科学家们进行了人类基因改造，对消化系统进行了升级。非洲的热带雨林和草原瞬间成了万亩良田——是的，改造后的人类可以食草。非洲的饥荒问题得以解决。然而，这触动了冷室的利益，补充资源全被人‘吃了’，这世界如何运转？所以，他们集结了所有军事力量，想要把Wakanda抹平。”吴念突然停住了，看向冉冰。

冉冰从惊愕里回过神来，“所以母星才会让我们来木卫二取冰岩，借此来补充水资源吗？”冉冰问。吴念轻轻颔首：“因为Wakanda的独立战争，来自非洲周遭大洋的水源补给被切断了。”

“可是，我们把水带回去，就可以阻止这场战争吗？”冉冰问。

“这正是我在思考的问题。无论是扩大冷室还是消除改造者，在我看来都难以实现的。面对自然，人总是太狂妄了。从世界运转的角度看，这点水真的是杯水车薪。”

“但战争永远不会有胜利者。”冉冰接着道。这时，一个大胆而恐怖的念想突然划破了她混沌的脑海，让她忍不住打了寒战。

这时，地球传来紧急消息：“Wakanda战争打响，但原来胜券在握的冷室军方却有数艘舰艇被敌方的军队击溃并占领，系敌方的士兵被改造出了翅膀和鱼鳍，舰艇的雷达系统不能分辨改造了身体结构的敌军，误以为他们是大鱼和飞禽。”屏幕上显示出立体的影像，战况纠缠。

冉冰转头看向吴念，吴念的眼神似要穿透她的身体，冉冰一下子明白了，他就是这么想的。“你要逃跑！”冉冰喊道，又立即捂住嘴巴。

“是的。”吴念直言，“这艘舰艇上有大量生物基因信息，我们只需要一个类地行星就能重新创造一个人与自然和谐共生的世界，而我们的大部分船员已经进入‘冷冻’模式了，明天开采结束后，我们将去往新家园。”

翌日，开采进行完毕，吴念在舰长室宣布进入深海模式，全速驶向几百光年外的类地小行星。

“警告，航向错误，警告！”舰长室的大屏幕上显示着。

吴念正准备关闭航向设置，但他突然发现，改航权限已被设为舰长以上级别才能使用，而强行僭越会有毁机的危险——闻所未闻。

吴念惨笑一声，深海模式无法撤销，他打开了电子录制设备，“地球人民，你们好。我是舰长吴念。此次执行任务失败，是舰长决策错误，负全部责任。但我仍然想以‘冷却’号的名义告诉各位，倘若放不下猜疑、放不下歧视，人类对自然不尊重，就别指望自然尊重人类。”霎时间，尖锐的爆鸣声掩盖了一切，“冷却”号在舰尾核聚变推进器爆发的蓝光中解体。

冉冰看着屏幕前的舰长消失，她的眼神平静了，她想起了自己的父亲，曾因为参与所谓的非法“援非运动”而被革职获罪，现在这个男人也在做着同样伟大的事业，一项为了多数人的事业。这一切的一切，不过是为了有个更好的未来。

愿今后，能有个蔚蓝的新家园。你会为人类带来它的，吴念。冉冰闭上了双眼。

指导老师：刘峻岭，中学语文高级教师，宜昌市第一中学语文教研组组长，宜昌市明星班主任，宜昌市师德标兵，宜昌市学科带头人。

应 许

熊苗苗/高二年级 刘添喜/指导老师 广东省深圳市实验学校高中部

暖阳，芳甸，清泉，虫吟。李昂享受着比伊甸更伊甸的场景。远处依稀有几点白色跳动，那是其他联机的人。李昂闪烁过去，同他们一起嬉戏。这里便是应许之地。

“您的休眠时间已过，请退出服务器。3 小时后服务器将重新开放。祝您在现实中工作愉快……”

舱口打开，李昂被强制放出。他有些萎靡，却不得不让自己挪到工作桌前。打开显示器，一行行机器人的工作编码弹出，都是代表正常的蓝色。“从没变过。”李昂厌烦地嘟囔，“这 1 小时监督工作有啥意义？它们自己一直干得很好。”

右上角的时间显示不断地跳动着。2068 年，李昂已经 30 岁了。距离可控核聚变的诞生已过了 47 年，随之而来的科技爆炸持续了 10 年。接着便是不可逆的海平面升高、沿海城市群垒筑高墙，内陆城市受惠于季风，在迎来短暂的发展后又因愈发恶劣的气象灾害衰落。而虚拟现实的飞跃式发展使“应许”项目得以在全球实施，再后来的意识上行和环境维护也就顺理成章了。

“外面的世界维护好又有什么用？还不如给我们缩减工时。”李昂呆滞地看着铁灰的墙壁。他所在的城市是因气候变化兴起的，却又因环境恶化带来的沙尘暴衰落，之后被国家划为“应许”项目的重点对象。

所谓“应许”项目，是一个全球性的协同应对环境危机的项目。它分为两部分。第一部分是“应许－伊甸”，将全球人类意识上行至服务器，人类每天仅需 3 个小时在现实中完成进食、健身与工作，通过这样的方式来节约资源，同时，人类也在等待项目的第二部分“应许－天国”的完成。作为项目的主任务，“天国”部分是由机器人治理环境，使全球生态恢复。预计在 2070 年完成。当前人类做的少量工作也是围绕这一部分展开的。

换句话说，“应许”项目是要在现实建立“应许的宗教”。

但李昂对此并不感冒。事实上，若非工作可以提高服务器显示的场景的品质，他是不会主动接受工作的。真实的房间逼仄促狭，仅能容下休眠舱和一个工作桌，没有窗户，也不让出门，说是环境修复未完成。他倒是听说原生态好些的城市的配给房是有窗的，可那也只是听说而已。房间里本应是窗户的地方只有嗡嗡作响的排气扇。

3 小时中最枯燥的 1 小时过去后，时间跳动得也不是那么艰涩了。进食、做操，接着李昂便迫不及待地翻进了休眠舱。

刚进去李昂就吓了一跳。一个奔跑的女孩刚巧撞在他的模型上。还未完全载入的痛觉感受系统和物理系统发生冲突，使他一直滚到河里。

李昂正删除水渍，那女孩闪了过来，关切地问："没事吧？刚刚撞击时你的系统好像出了故障，没有什么问题吧？"

李昂抬起头。女孩给自己的模型捏得很特别，既没有像小女孩一样给自己安几十双翅膀，也没有像那些喜好奇怪的青年人似的给自己加了不可名状的附肢，模型也不像中年人，美化成几乎不真实的样子。女孩的身材比例很像记忆中的现实女人，五官也说不上精巧，看起来就像还没有自我意识的人工婴儿一样。唯一显示了些虚拟韵味的是她的头发，黑中显红，在烈阳下像一团燃烧的火。

"没事，没事，"李昂摆摆手，"只是物理系统的 bug，没什么影响。我叫李昂，你的名字是？"

"星芸。"女孩笑着说，"伊甸真有意思，歌舞升平，碧水蓝天。就是太大、太空旷了，你带我逛逛吧。"

李昂答应了。他们结伴闪过了虚拟的山川原野，李昂还向星芸具现了他偶然见过的最奇妙的幻景，那是一只抱着透明的蛹的蝴蝶，翅膀流转晚霞，蛹里睡着一个人，是星芸。

李昂笑了，突然有些不好意思："本来蛹是空的，但我刚想到，你的发色像霞光，很适合填补它的空洞。"

星芸以笑回应。她也具现出一个连续场景作为回赠。最开始只是一个种子般的小点，接着暴涨成一片茫茫。红色与橘色此消彼长，最后凋零成黑色，有点点余烬闪着各色的光。星芸点了其中一颗，它飞速放大，眨眼间密密麻麻的余烬就摊成了一片原野。原野上站了一群人，仰望着星空。

李昂被这玄妙的场景震撼了。展示完场景后，星芸突然说她没时间了，随后下线。李昂看着她消失时的默认粒子特效，呆站了很久。明明他们还没怎么接触，李昂却有了奇异的感觉。他没有再去找白色的联机人群，在线上时只是沉默地飞过世界各处，同时等待星芸的到来。

女孩没有辜负他的等待，尽管她在线的时间短暂得出奇，但李昂总是期待这一段时光。

一天，他们潜入海底。那里死寂冷黑，星芸却认为有别样的浪漫。李昂打开夜视程序，望着星芸。她似乎也有话要说，在李昂将要开口时，她棕黑的眼眸蕴含着思绪，说：

"李昂，跟我下行吧！"

李昂闭了口，这与他此前推演的所有情况都不太一样。

星芸继续说："我和我的团队可以帮助人类将意识从'伊甸'下行，载入身体。但是，鉴于大部分的同胞无可挽回地迷恋服务器的生活，经过商量，我们只好修改'应许'项目，将'伊甸'设为主任务，'天国'维持不变。新增副任务'信徒'，筛选愿意回到现实的同胞，共赴星辰大海！"

"你的资料显示你主动接受现实工作，所以被筛选为任务的目标，我们就来找你了。"说到这，星芸顿了一下，庄严地伸出了手，"李昂，你愿意下行，和我们一起迈向无限的未知吗？"

李昂呆呆地望着星芸，他突然感觉自己刚刚才认识她，真正的她。他看到女孩的眼睛，在夜视中显示成莹蓝色，闪着狂热而璀璨的光，让他不敢直视。她的头发，黑红的，如爆炸的余烬般，在冷黑中燃烧、聚变。他艰难地开了口……

星芸走了，再也不会回来。

李昂上了岸，闪向白花花的人群。

啊，这应许之地！

指导老师：刘添喜，华南师范大学文学硕士，深圳实验学校高中部语文教师，中学语文二级教师。

天　穹

徐艺桉/原高三年级　周亚云/指导老师　江苏省淮安市洪泽中学

小方庚望着“铁幕”在空际划出一条银色闪光，尾翼的阵列板正上下移动着，反射的余光在夜空中忽明忽暗。

“爷爷，爸爸在那上面吗？”天真的小方庚好奇地问道。爷爷推了推滑到鼻梁的电子眼镜，放下数字报纸，仰起了头。这时，他的电子眼镜的焦距钮开始自动旋转，聚焦铁幕主舱上印着的“天穹”二字。“没错，就是这儿。”

“爸爸为什么要去那么远的地方工作呢？”年幼的小方庚眨巴着大眼睛。

“爷爷给你讲个故事。”

2045 年，联合国召开了全球性的大会，各国元首、科研者都齐聚一堂共同商讨气候变化的问题。因为碳排放量剧增，全球变暖势头正旺，平均气温上升了 3℃，南极冰川消融 40%，海平面上升，美国东海岸被淹没，日本国土面积减少 60%，无数岛国消失得无影无踪……各国不得不修建沿海大堤，一座座大堤虽然阻挡了洪流，但也极大地阻碍了各国的交通、贸易。

荷兰决堤，死者无数。一时间，难民，饥荒，贫困，疾病，这些人类痛恨的顽瘴痼疾在世界蔓延。然而灾难并未结束，全球变暖的危机席卷了全球大部分地区。沙漠化现象空前严重，绿水青山变成了黄沙满天，空气质量变差，淡水资源稀缺，烈日的暴晒使皮肤癌成为人类健康的头号杀手……如果全球暖化继续加剧，人类文明将危在旦夕。

全世界接受了中国“人类命运共同体”的构想，共同参与到地球环境治理中来。人们接受了以色列科学家代表团的方案：环地阵列板。由于太阳是全球变暖的潜在凶手，它源源不断的辐射是地球升温的原因之一，而且太阳黑子极不稳定，周期性的太阳风暴对电离层与高层大气都有着破坏作用。因此，环地阵列板诞生了，它是一条很长的环形轨道，在赤道的正上方与地球同步环绕，轨道上面的阵列板，可以定向反射太阳光，通过控制太阳光直射角、光质、光频、光强等因素来影响地球气候。

得益于各国航天技术的成熟和 space X 等私人航空工具的助力，建设工作的蓝图很快完成。由各个洲负责各个区段的发射工作，最后再由发达国家的航天局负责组装。环地阵列板发射与组装工作很快顺利完成，中国作为亚洲段设计发射工作的核心，获得了亚洲段轨道的命名权。天穹阵列板中被命名为“Sky Line”的亚洲段不久后投入使用。在这项工程中，调控气候的核心——AI 上千万次的数据分析、结果推演使得人类对气候控制的本领逐步提升。

方庚的父亲作为中国航空部队的地理学专家，被派往亚洲段工作，方庚的爷爷是中科院的航空专家，也曾参与了发射工作。

“爷爷，现在沿海的大堤怎么不见了！”

爷爷顿了顿，缓缓说道：“人类的阵列板取得巨大成功的同时，与引力有关的研究也取得了突破性进展。人类通过对月球潮汐引力的研究，掌握了引导海水流向的技术，于是在阵列板上加装了引力设备，引导海水回流两极，同时利用大量大规模制冷举措，帮助南极冰川恢复，让海平面重回原位。裸露的大堤像是手术后留下的黑扣子，赫然警醒着人类不要再破坏人与自然的和谐。”

在经历了这次浩劫之后，人们意识到了保护地球的重要性，各国将火力发电厂全面关停，核裂变、核聚变技术已经完全被人类掌握，通过磁约束装置使反物质湮灭产生巨大能量，一座座核电站在大地上拔地而起。这成为人类科技史上浓墨重彩的一笔。人类在面临重大危机时的团结精神与处理问题的魄力将被永远载入史册。

爷爷饱含深情地结束了他的故事。夜已深，小方庚注视着天上的铁幕，铁幕上的灯在夜空中忽明忽暗地亮着，爷爷的摇椅吱呀吱呀地响着。晚风抚过他的脸，月光落在屋檐上，一点一点地滑下来。

“我也要上那儿去！”他暗忖道。

天穹的阵列板依旧在工作，银色的尾翼划破天际。

白云之上，人间苍穹。

指导老师：周亚云，文学硕士，南京师范大学汉语言专业。中学高级教师，多次获市、县“教学成果奖”，淮安市“教学工作先进个人”表彰。

光破浓雾

徐亦航/高三年级　黄智/指导老师　江苏省南京市燕子矶中学

我坐在空无一人，尽显寂静的办公室中，眯着眼昏昏欲睡，面前闪烁着的巨大电脑屏幕与旁边堆得如山高的资料，挡住了我的视线，挡住了光，仿佛也挡住了希望。

我摇摇摆摆地走出办公室，离开了大楼，向磁悬浮列车走去。我忍不住要回过头再看一次这承载着人类希望的“能源大楼”。

如今的地球可以用“喜怒无常，满目疮痍”来形容，赤道地区温度高得要命，两极冰山在全球变暖的态势之下不断吸热融化，海平面快速上升。我居住在温带，由于太靠近海边，家里经常有海水来做客。

下了磁悬浮列车，不远处便是我家，最近孩子随妻子去娘家了，只有我一人在家。走近房子20米处时，一道蓝光扫向我，须臾之后，一个男声响起：“欢迎主人回家，你今天的气色不好呀！”名叫小光的强人工智能为我自动打开了房门。

2048年，科技飞速发展，各种智能产物如井喷式出现，强人工智能与超人工智能，都被投入了生产与使用。但是唯一没有什么进展的便是新能源及清洁能源的开发。各国政府意识到改善环境的根本还在能源的清洁利用与开发。于是“能源大楼”应运而生。可到目前为止，人类努力了20年都没能找到理想的清洁能源，“能源大楼”将于两个月后被关停。

这时，外面一片墨蓝色涌入家中——幽蓝海的海水又涨潮了，或是海平面又上升了？我来不及多想，按向旁边可阻挡海水的防护屏开关，但还是有很大一部分海水涌入了家中。“完了，又要被老婆骂了。”

我踩着迷你飞行器，极其缓慢地飞向厕所准备清理家中的海水，却突然看见了儿子放在客厅的滑梯模型。“小光，快把它录制下来。”我因过于兴奋而哑着喉咙喊道。凭借我多年的工作经验与职业敏感度，我感到这次，能源大楼不会被关停了。

因为我看见——滑梯上墨蓝色的海水正在，从下向上流！我甚至怀疑自己看错了，因为在没有人类干涉的情况下，水往高处流，违反了宇宙物理第一定律——能量守恒定律。水从高处到低处，重力势能转化为动能，才能流动起来。而水从低处流到高处，是什么能量转化成重力势能与动能的呢？是磁场的作用吗？

那天我去了地下的实验室模拟场景，发现海水仍能向高处流，但是现象没有那么明显，后来又去了能源大楼发现仍然可行。我终于意识到，能量来源于海水本身，磁场影响的是能量转化的多少与速度。于是我立马用身份卡发送消息，把这个重磅的消息告诉了能源大楼的所有人，这次发现了含有能量极高的“新能源”。

我用一个月的时间，把发现的过程，研究的成果，未来的前景全部进行详尽地整理与备份，发送到国家能源负责部门，在生死攸关之际保住了能源大楼。

在能源大楼里，无论是老人还是新同事都显得很兴奋，情绪与干劲异常高昂。我们邀请了有关方面的专家过来讨论与研究，终于神秘物质被研究出来了。

幽蓝海的海水之中蕴藏着一种极为特殊的粒子，它不是原子、中子、电子，它的“似中子”比它的“似质子”要多出百倍。我们还未研究出具体的粒子，只能把它的组成部分叫作“疑中子”与“疑质子”。它在磁场的影响之下，可以释放出远超铀核裂变与氘氚聚变的能量，并且它的放射性完全在人体可接受的安全范围之内。而在后续的实验之中，我们又研究出了可以控制它的磁约束聚能堆，令人拍手称快。有了它，地球可以停止开采、燃烧大量的化石燃料，不再产生温室气体了！我在轰动全世界的新闻发布会上，为这种粒子命名为“幽子”，为这种能量命名为“幽能”。

我坐在热火朝天，人头攒动的办公室中，同事们情绪高涨，在不停地讨论、研究，面前巨大的电脑屏上展示着幽子聚能堆，以及幽蓝海中产生幽子的海峡黑洞的位置。世界的环境，正在慢慢变好。我抬起头，窗外的一束光斜射进来，照在我的脸上，我知道，那是希望。

指导老师：黄智，南京市燕子矶中学高级教师。

在危机中重生

徐泽轩 / 高三年级　魏巍 / 指导老师　江苏省南京市燕子矶中学

现在是公元 2056 年，距离地球环境彻底恶化还有 14 年。此时，气候干旱，全球沙漠范围在 3 年之内增长 147%，巴西亚马孙热带雨林 5 年内缩小 57%，美国密西西比河断流，日本近一年来遭受的大型地震海啸达 20 多次，从珠穆朗玛峰到阿尔卑斯山，大量冰雪融化，洪水肆虐。各国进入战时经济，都在加班加点地研究可控核聚变，企图在太空中寻找新的星球以保证文明的延续。

这里是中国的太空中心“长城站”，廊道中的广播响了起来：“无限高边疆号即将进站，本次将产生较大抖动，请所有人员站稳扶好，谨防摔倒。播报完毕。”过了不久，抖动开始产生，不久又停了下来，我知道，“无限高边疆”号已经进站，我加快了脚步，向中央对接舱走去。

“白泽，这儿。”不远处的一个人影向我挥了挥手，他正是第三批技术人员的领队，东方北辉。我加紧脚步，赶了过去，询问关于技术上的最新进展。

“核聚变技术有什么新消息吗。”我急切地问道。

“地上实验的两个百万吨级的托马斯克环绕器爆炸，产生了不小的伤亡，有人提议，关停地上所有环流器和实验。表决投票正在进行中。”北辉望了望四周，压低了声音，“据可靠消息，这次表决很可能会通过。”

“这不是在胡闹吗，辛辛苦苦建立的百万吨级的环流器，说关停就关停。”我的声音不由得大了几分。

“你先别急，”北辉安慰我道，“有可能是临时关闭，等到理论技术再突破了，可能会再次开启。而且你不该高兴吗，惯性约束方面的实验暂时关停了，可你们军方的磁性约束没有关停啊，我看啊，很有可能把环流器的一部分资金，转到你们磁性约束这里边来。”

我无奈地笑了笑，按了按太阳穴，开口道：“我们这磁性约束本来就比惯性约束的失败率大，地上炸一次，我们这儿早炸七八次了，以前还有惯性约束挡着，这会儿倒好，下次有什么风吹草动，又会被那些反对派说什么前途无望啊什么的。”

话正说着，窗外远处的一点突然亮了起来，五六秒之内亮度超过了太阳，并仍在不断增加，窗户不断提高遮光度，直至全黑，30秒左右，窗户又恢复了正常，仿佛什么都没发生过，走廊上排气管细小的声音清晰可闻。我突然想起来了，对北辉说道：“不对，有问题。这次核聚变爆炸不正常。”

“哪里有问题？”北辉反问道，“我看这次很正常，嗯，姑且算是给我放了个烟花，给我接风洗尘呢。”北辉半开玩笑言道。

“时间，爆炸持续时间不对，这3个月持续反应的都是千万吨级的，理论上反应持续的时间应长达五六分钟。”

“也就是说……”

“对，也就是说，这次有一大部分没有参与到这次核聚变爆炸中，磁性约束，成功了。”

不一会儿，我的推测得到了证实，核聚变爆炸即将开始时，大多数反应物氘被磁性约束成功了，空间站内每个人都露出了喜悦的表情。

北辉捶了捶我的肩，说道：“看来我们这次白来了，才刚到，技术就突破了，科幻小说都不敢这样写。”

我也笑了笑，又严肃了起来：“核聚变技术突破了，现在只有一个问题了。”

北辉想到这儿也感叹了起来：“对啊，还有一个问题，是走，还是留。”

时光飞逝，又10年过去了。

“我现在身处的便是中国的长城站，10年前，就是在这里，核聚变技术取得了重大突破，给人类带来了希望与光明。10年后的今天，依然是在这个地方，又一个伟大的征程即将开始。”不远处的记者正这样介绍着。地球联邦政府第一特遣队，将于今天离开“长城站”，寻找新的家园。而我是特遣队的指挥官。

北辉前来送别。我向他挥手，转身登上了征船。舱门关闭，我在心中默念：“再见了，地球；我来了，新世界。”

指导老师：魏巍，南京市燕子矶中学一级教师。

假如让你说下去

许诺 / 高三年级　俞文莉 / 指导老师　安徽省芜湖市安徽师范大学附属中学

无论光以多快的速度穿行，所及之处，黑暗总是比它抢先一步抵达。2070 年的冬季，似乎比往年还要热。在等待气候学家们研讨出今天纳米生物罩所需施加的强度时，我做了一个梦。

2030 年的冬季，世界各国代表们走进会场，携带着户外凛冽的寒风。作为国际气候公盟会长，我坐于上首，木然地签阅着各国递来的表面为了保护气候，实则为打破科技发展桎梏的文件，只想挨过这年复一年的“表演”。

然后你站了起来，开始讲话：“我们生活在地球 46 亿年历史中最热的时代。2020 年，澳洲大火持续数月，万顷森林毁于一旦；气温急剧升高，非洲遭遇大旱；海平面不断升高，荷兰在十几年内被淹没大半……这些都是地球母亲在向我们发出的求救信号啊！而我们却视若无睹，一心只想着发展科技征服自然。自然造就了我们，没有了自然，无论我们的科技走出多远，我们也只能做 52 赫兹的爱丽斯——孤独的鲸——无人聆听，无岸可栖……”

“荒唐！”各国代表愤而拍桌。一片混乱中，我抬起头，对上你祈求的眼神。但是我没有动。你要我如何对你说，一纸《巴黎协定》名存实亡，各国代表貌合神离，地球列车早已驶向不归路。

这时，梦境分离。假如我抬起手，让你说下去。

你一挥手，展开全息投影仪，先进的 VR++ 技术将我们带进你心中的未来地球——映入眼帘的，是五颜六色的花草树木。深吸一口气，是沁人心脾的馥郁花香。你说，这是科学家结合纳米科技和微生物工程人工培育出的生物固碳植株，既有观赏价值又有生态意义。

忽然头顶传来一阵鸣笛声。只见浮在上空的是一大群小型银色翼状飞行器。你解释道：“它采用仿生学科技，优化了鸟类流线型的身姿以及强壮的双翼，轻便迅捷，材质完全不会遮挡阳光，利用太阳能发电技术，保证零污染零排放！”

接着，你又带我们去参观了现代工厂。一小簇洁白崭新的楼房，和我记忆中冒着滚滚浓烟、漆黑脏乱的工厂大相径庭。“我们采用的是清洁燃料全车间贯通，微型核聚变反应堆高效供能，副产物又通过纳米管道输送到逆熵区间，以实现能源的最大化利用与二次再生。”在车间里，清一色的智能机器人穿梭其间，有条不紊地分工合作。“全智能化工厂里的所有机器人都被植入了即时学习芯片，能够精准迅速地复制我们最优秀的工人的成果。大大提高了工作效率，减少了全国的工厂数量，更减少了能源的消耗与CO_2、CH_4等温室气体的排放。”

下一站是“天空之网”。整个建筑群呈网状散落开来，位于中心的主楼是信息共享中心，延伸出的三翼侧楼分别代表着3个不同科研方向：1号楼主攻碳捕捉与储存，从燃烧尾气中分离出CO_2并将其注入一定深度的地下岩层中封存；2号楼致力于碳的能源化利用，人工模拟植物的光合作用，将CO_2最终固定成碳水化合物，还可进一步生产生物燃料；3号楼则开展碳的资源化利用，把CO_2作为工业生产的原料使用，发展为石油化工的替代品，生产出各种化学品和日用品。

我独自一人站在这个最熟悉又最陌生的土地上。我看见近处万花争艳、万物欣欣向荣；看见远处超铁穿梭在楼宇之间，穿着体感工作服的人们从环境科技楼鱼贯走出……

睁开眼，又回到了塞纳河畔的会议室。啊，看来他们已经决定了今天的生物罩强度，可以出舱了。

我曾有幸拜读过史蒂芬·霍金先生关于多重宇宙与平行宇宙的文稿。我希望40年前的那个冬日，在平行时空里有一个更勇敢的自己。我希望我给了那个年轻人表达自我的机会。我希望他的提议终于被重视。我希望我的子孙后代，能够拥有一个美好的家园。假如我让你说下去。

人类每一次看见自己的无知，都是伟大的进步。我愿以希望为刃，劈开黑暗，还一片大好天光。

指导老师：俞文莉，文学学士，毕业于安徽师范大学，汉语言文学教育专业。中学一级教师，曾获得芜湖市高中语文优质课评比一等奖。

落不下

闫忆雯/高三年级　代伟/指导老师　山东省济宁海达行知学校

太阳不再东升西落，它紧紧地盯着大地，没有一种生物在太阳无情的炙烤下逃出生天，这是地球的北半球；海平面急剧上升，仅剩的几块冰也被融化，海洋与天空之间形成了巨大的蒸笼，海面不断蚕食陆地，温度不断升高，动物们四处躲藏，绝望地迎接死亡，这是地球的南半球。

人类无数次地将节约资源的警示踩在脚下，同时对着克制的劝告嗤之以鼻。被“万物之灵长”的念头冲昏的头脑指挥躯体贪婪地挖掘地球上的一切资源，于是，灾难频繁、高温灼烧、遍地尸骨、民不聊生，破败不堪的地球咿咿呀呀地为自己唱起挽歌。

“我是杰克，是这个残破星球上为数不多的幸存者。这里的太阳不落，我们已经在干旱炎热的大地上跋涉几周了，现在大家都很不安，即将毁灭的世界让大家乱了套——地方性战争频发，无止境的阶级压迫……种种灾难让我们这些幸存者不断迁徙，我们急切地需要容身之所。我，我不知道我将来会怎样，我真的很想念以前的世界。”这是我第一次提到以前的世界，突然有些局促不安，“以前的世界，鸟语花香、和平美好，它……”

“杰克，别录你那视频了！快往前跑，前面发现了一块绿洲，有水！”一声呼喊打断了我的回忆，回过神来的我只看见一群人急切又慌乱的背影。我不得不收起相机随着人群奔跑，跑向那微小又短暂的希望。

正当大家纷纷放下携带的物品，准备让疲惫的身体享受来之不易的幸福时，突然被一群人围住，那是比我们更为上等的一群人，“这是我们先找到的，”冷漠的声音在我头顶响起，“先来后到的道理不懂？”我侧头看见了同伴垂在我身边的干裂的手，感受到咽喉深处无法忽略的疼痛，我抬起头，艰难地从喉咙里挤出恳切的字眼：“我们已经没日没夜地逃亡了几周，我们大家一起……”“砰”的一声，话还没有说完的我突然受到了撞击，陷入了无意识的黑暗。

当我再度恢复意识时，和煦的阳光正铺洒在我身上。

我举起手，愣神地看着指缝中细碎柔和的阳光，温柔的风吹动了窗边的绿萝，我在陌生又熟悉的房间里泪流满面。

我重生了。回到了那个美好温和的，以前的世界。

我穿上衣服，打开家门。街道上热热闹闹说说笑笑的行人从我身边走过，一切安好。

“对了，齐铭！齐铭应该也在吧。”我跑向拐角处的房子，那是齐铭的家。他是我最好的朋友，但在那个末日里，被落不下的太阳带走了。我怀揣着紧张又激动的心情，敲门的手不停颤抖。“杰克？”齐铭打开门疑惑地看着我，我的眼睛突然湿润，我不由自主地拥抱齐铭：“你终于回来了！见到你太好了！”齐铭推开我，满脸疑惑。

“不能让历史重演！我一定要让人们不再重复那场悲剧！”我急切地看着齐铭，“我们一起想办法。”齐铭瞄了我一眼，慢悠悠地说：“杰克，你已经絮叨了一下午落不下的太阳炙烤着大地，南北极冰川融化又蒸发，动物无处躲藏，人们互相伤害。可是人类现在的生活方式很健康，我们也很节约克制，这些小说里的情节是不会有的。杞人忧天的你可以回家了吗？”

和齐铭告别后，我独自走在街上，鸟鸣啾啾，空气芬芳，我望着湛蓝天空，坚定了心中所想——我要保护地球！我需要让现在的人们知晓地球的未来掌握在我们手中！我需要让达摩克利斯之剑在人们头顶高悬！

我飞奔回家，进入我的小实验室，根据末日中的经历和当前头脑中的构思，选择了制作“光脑”——一个能够根据人类目前的行为，推算并呈现出被毁灭世界的仪器。我废寝忘食地在实验室中推演、试验，在狭小的实验室里，我不断回忆那个末日般的世界。满地的手稿与废纸承载着我渴求的绿洲。

功夫不负有心人，“光脑”成功问世。我小心翼翼摁下开关。

“您好，请问需要什么帮助？”承载着希望的声音响起。

“打开模拟的毁灭世界。”我紧张地咽了咽口水。

“好的。”

紧接着眼前就出现了熟悉的场景，落不下的太阳狠狠炙烤着大地，幸存的人们无处安放自己的身躯。我跌坐在地上，迅速关上“光脑”，拿袖子擦了擦冷汗：“一定不能重蹈覆辙！”

我联系了科技馆的人员，希望将“光脑”展出，技术人员看过我的作品后，将其放入展箱。一周后，我按约定的时间到达展览现场。

“这是一款智能管家，能够根据人们目前的行为和对地球资源的获取方式，分析出地球的未来。”当打开“光脑”，我从人们倒映着破败地球的眼睛里看到了惊恐。

“不用担心，”我适时出声，“这只是一个预推算的结果，人类和地球真正的未来掌握在我们手中。而我们只要改变一些生活习惯便能避免这个不幸的未来。”

“分析我今天的出行情况。”我向“光脑”发出指令。

“您今天排放了 20 千克的二氧化碳，今天还可排 30 千克，建议您使用自行车回家。”“光脑”温和的声音响起。

人群中发出几声惊叹，有人问：“那如果不按它说的做呢？”

“会有惩罚性措施，比如挠痒痒什么的。”后来，随着人们对“光脑”新鲜感的消失，人群向四周散去。望着空空的前方，我的心冷了几度。

突然，有人拍了拍我的肩膀，抬头一看是齐铭！“虽然还是感觉未来不会如此，但以防万一嘛。”我起身拥抱齐铭，感谢他的理解和支持。

自那以后，我们联手改造“光脑”，终于，在不懈地努力下，它进入了大众的视野，有越来越多的人开始购买。几十年后，世上的人们几乎人手一个“光脑”。在大街上，随时都能听到人机之间的对话。人类的生活方式也变了许多：自行车出行、无碳排放的电车……此外，人们的工作、学习已不再需要砍树造纸了，“光脑”实现了记录的功能。同时，各个国家开始推行“人机绿色和谐”相关政策。看着山河无恙、生活安定的四周，我的心情放松了许多。

现在到了 2070 年，这时的世界，没有悲惨，没有落不下的太阳，只有这绿色的一片。喝醉了似的夕阳一点一点下移，人类的希望正在慢慢升起……

指导老师：代伟，毕业于青岛理工大学汉语言文学专业。曾获济宁海达行知学校优秀教师。

环无终点

严国文/高二年级　梁诗咏/指导老师　广东实验中学

昏暗的灯光下，在一个个粒子模型和厚厚的文献堆里，陶宁找到了张航——他疲惫的面容被他手里的某样东西照亮，他清澈的眼睛里跳动着一红一蓝两种光芒，旋转交织。全球变暖以来，所有人都得穿上隔热服，取的名字也忌讳火、热等字，唯有张航，有一个特立独行的外号——普罗米修斯。

“您好，我是环境与气候系的陶宁，听说您对于全球变暖有一个解决方案，我想……”陶宁正要说自己此次前来的目的。

“无所谓你是谁，我只想找一个人分享改变世界的喜悦。”张航拍了拍陶宁的隔热夹克，“要说解决环境变暖的问题，没有什么比它们更适合了。”两个充斥着紫色气体的立方体盒子出现在张航手中。“看好了！”说话间张航竟脱下了他的隔热工作服，并把其中一个盒子扔向角落的冷冻室。

随后陶宁看到，冷冻室中紫色的盒子正渗出蓝色，张航脱下的那件隔热服正包裹着另一个盒子，而它正在噗嗤噗嗤地冒烟！

“一个升温另一个就降温，这其中的原理奇妙至极。2030年有篇论文发表，文章解释了水在0—4℃的密度，违背热胀冷缩变化的原因——氢键有两个键面。在温度达到0—4℃时，能量低至仅能让水分子之间的对称轴自旋。而贾尼别科夫现象让它产生了y轴上的巨大力矩，所以使氢键反转，出现密度异常变化的现象。而我将氢键自旋，y轴上的力矩使氢键反转相接，形成了……”“莫比乌斯环，所以氢键传送能量时，能量顺着氢键面一直传递……”

“是的，是的。”张航全身因兴奋而颤抖，“而且这样的氢键由于连续不断，可以分离至无穷远——比如地球到太阳的距离。”

“您是说，用太阳来冷却地球？”陶宁眼中闪烁着光芒。

“哈哈哈！更厉害的还在后面。”张航说，“它们还可以超越空间的限制导电……改变其中一个就会改变另一个……这意味着，我们再也用不上输电线了，我们要用这些粒子——就叫天火粒子吧，征服全宇宙！”张航起身，望着研究所窗外的无垠星空，“这才叫可持续发展，环无终点，环无终点！”

“啊，是普罗米修斯带来的天火，它生生不息。”

“是人类的杰作，是自然的结晶。”

“厚重的防护服从衣柜搬进博物馆馆，沉重的空调被压扁塞进史书。”

“一件单衣可应付四季冷暖，一间单房可体验八方气候。”

“啊，是普罗米修斯带来的天火，它拼搏进取。”

“是……”

一个身影冲上舞台，打破了美好的《天火颂》的表演。“是你吗，本杰明·芮奇，猎户座星区的刺头科学家？”正对台下坐着的星区行政官皱皱眉头，说，“你可知道，首长只给你发了研究所的出入证？这里可是我行政官的歌剧院！”“不，我用我70年的寿命保证，这张草纸不仅能让我来到这儿——如果我想的话，我甚至能把它拍在联邦议会的桌上，可惜去议会的天火专车只有您有……”本杰明挠了挠光溜溜的后脑勺，竭尽全力不让自己结巴。

“你说的该不会是双星计划吧？没用的，上面心意已决，况且他们会在银河系另一头做这个实验，失败又有什么关系呢？”

“我要说的，正是失败的严重后果。几千年前，就有人提出了熵的概念，虽然莫比乌斯氢键坚不可摧，但熵可以做到。这几百年来新形成的几千枚黑洞，无不是因为熵增而使莫比乌斯氢键断裂，能量的巨大变化导致质量亏损，而质量亏损会导致……”

“坍缩。而威力越大的莫比乌斯氢键形成的黑洞越强。”说话间，行政官已经迅速起身，拉上帽子，飞快向门口走去，“您也许拯救了人类。”

两颗红色的恒星融合后，显示出如天火粒子放热后的淡蓝色。而遥远的奇点，正从紫色变为赤红。实验成功了，行政官高呼：“环无终点！环无终点！”

指导老师：梁诗咏，北京师范大学学科教学（语文）硕士，中学一级教师。曾担任“中学语文素养植根工程”培训专家，讲授《科幻作品的课堂实施与推进——以〈三体〉为例》。

复制地球

杨璐佳 / 高二年级　李倩 / 指导老师　四川省成都市天府第七中学

2070 年，小男孩小马正在做着历史功课，他觉得历史书上有许多疑点。比如，书上说，在 2020 年，人类还四处张贴标语说：只有一个地球。而自 2050 年起，人类就已经给地球编上了号——壹号、贰号、叁号；还有，专家早在 2020 年推测，“到了 2070 年，地球人口过载，两极冰川融化，大量物种将灭绝，许多沿海城市将被海水淹没。”但到了 2070 年，人类挺过了这场气候危机。那么，人类是如何挺过来的呢？为什么迄今为止，两极依旧布满冰山，北极熊依旧自在地捕鱼，春夏秋冬仍然更替，气温依旧适宜人类生存……

小马跑上楼去找他的爸爸马恒将军，在小马眼里他是无所不能、无所不知的。“爸爸一定知道，我要去问个清楚。”

小马来到这座大厦的顶楼，那是马恒将军办公的地方。“爸爸。”小马轻声说。“什么事？”马恒将军的语调永远都是那样低沉。“爸爸，我觉得历史书没有讲清楚我出生前的那段历史。”小马等待着爸爸的回答。马恒将军的目光看向远方，淡淡地说：“这是一个很长的故事。”

“2020 年，人们发现环境问题日益严重，气候危机近在咫尺。化学家试图合成新元素，改变人类的能源使用方式。几十年过去了，化学家开发了新能源的同时，也带来了许多新问题。比如，新能源汽车靠电池发电续航，但是，一个电池的使用寿命只有 10 年，后来，每天都有许许多多的报废电池产生，严重破坏了地球环境。

“2045 年，数学家成功破解了‘1+1=1’的世纪命题。这个命题的具体内容是，假设我们对一个球面上的每个点都进行编号，再进行一定的平移旋转变换，就能得到另一个一模一样的球面。这一次我们为这一理论找到了现实意义和实践途径。人们找来当时世界上顶级的化学家和物理学家，成立了项目组。那时我二十出头，是这个项目组的核心成员之一。

“我们用 3D 技术打印出一个球面，放进量子控制器中，对其中的每一个质子、中子、电子进行编号，随后对它们进行平移翻转变换，最终成功地得到了两个一模一样的球面。这一数学命题的证实给物理学的量子变换提供了全新途径。

“由此，项目组提出了复制地球的大胆想法，这一提案得到了联合国的批准。随后，我们集全球的人力、物力、财力开展这一项目。所有人都知道，如果成功，我们就将在短时间内拥有足够我们再生存几千年的资源；如果失败，我们将永远地失去地球，从此只能在飞行器上漂泊。事实上，一切都进行得十分顺利，我们在2050年就一次性成功复制了三个地球，所以有了你今天看到的编号。我们还提取出原始地球上的所有资源，进行了多次复制，都存储在一颗被叫作‘能源地球’的地球副本上。

“在复制地球的过程中，我们还意外捕获了一种新粒子，我们把它称之为黑子——因为它能够有指向性地捕获和释放光子，并具有超光速的运行速度，这使宇宙通信成为可能。最后，我们用飞船将人类分批次地送到地球壹号。当地球壹号无法满足我们的生存需求时，人类将继续前往地球贰号。”

“所以我们并没有解决气候危机，只是换了个地球。”小马问，“并在一定程度上重组了量子排序？”

“对。”

“如果有一天太阳走进生命的末期，人类怎么办呢？”小马严肃起来。

“复制太阳。”

“如果有一天连宇宙都无法再满足人类的生存需求，人类该怎么办？”

“那就复制宇宙。”

“您会同意他们这么做吗？”

“他们一定会这么做，除非有了更好的满足他们生存需求的方法。”

“人类会有能力成功复制宇宙吗？”

“宇宙不会因人类而改变自身的法则，也不会因人类而湮灭。不管人类到时是否会有这个能力，他们都相信自己可以。人类总是毫无理由地充分相信自己。”

夕阳的光染黄了这座大厦的顶楼。

指导老师：李倩，北京师范大学文学院学士，语文课程与教学论专业教育学硕士。荣获区教坛新秀、区年度高中优秀学科教师等荣誉称号。

最美回眸地球时

杨明远 / 高二年级　陈晨 / 指导老师　安徽省芜湖市安徽师范大学附属中学

结束了为期两个月的漫长飞行，我终于来到了“斯洛”星球！第一次探望我的好友陈飞。

光速宇宙飞船悬空而停，气浪扶梯直冲地面，我顺梯而下。陈飞早已等候多时，坐在一个水球里向我招手！

“嗨！别来无恙！”我分明看到一层挂在空气中的水凝膜，手不禁碰了一下那个透亮圆滚的水球，它似乎也饶有兴趣地前后伸缩。

“嘿嘿！坐上来，今天让你开开眼界！”陈飞道。

我一屁股坐进水滴，身体突然下沉！想急忙站起来，座椅又将我舒适地托起，柔软得像海绵，暗忖：原来这个悬浮水滴会根据乘客意识自主行动。我还没回过神来，水滴汽车已经悬空飞行了。

“想了解水滴汽车吗？”陈飞口若悬河，“那是用海水制造的，采用海王星的冻土和金星含活氧颗粒的凝胶，加上斯洛星球独有的强磁性土壤混制而成。你试着抓一把座椅。”

我探手一抓，不黏不滑。水伸缩自如，我捧在手心仔细观察，里面有大小不一的颗粒，晶莹剔透，这便是金星活氧颗粒。“水滴车依靠特殊材料和独特做法，兼具了多种材料的优良特性。比如来自海王星的冻土颗粒能让水分子之间结构稳定，斯洛星球的土粒能牵引海水分子，地壳中的坚硬夹层与海水中的重金属离子结合，将原本无形状四处流动的海水刚化，使其有形可塑、软硬适中。若两辆水滴车意外相撞，就像两滴水相遇，斯洛星球的土粒之间的作用力能让它恢复原状，不过……”陈飞坏笑了一下，“你会与车上的人撞个满怀，互相致歉，再抢着去交罚单（因为 10 年也碰不上一次）。水滴汽车能源来自金星活氧颗粒，1 粒的能量相当于 20 升油气当量，能量颗粒互相吸引、挤压，自身并不消耗，也不会产生废料，真正零排放。”

“哇！”我好羡慕。望向窗外，如蓝色银幕的车门中间，缓缓降下了一个窗口。“咦！那树怎么那么像游戏《我的世界》里的树木？”

“那是数码植被，每每看到它，既让人心中踏实，又让人怀古惜今。说来话长。现今工业越来越发达，发达到近乎猖狂。原本的植物早已不能为我们改善空气了，空气危机步步紧逼。幸运的是，数码植被拯救了我们。这植被其实是数码光束。人类从土星攫取绿色光环（由有毒气体构成），在高压环境下用高温岩浆去毒后投射到大街小巷，变成了你现在看到的一棵棵‘杨树’，有了它们，各种大气污染物和温室气体就会被转变成生命之源——氧气。”陈飞滔滔不绝，而我已经听呆了，“虽然是个好东西，但它仍然是能源危机的产物，时刻警醒我们。”

“还能这样！”我将目光移向陈飞，我的天！他明明在慢条斯理地喝饮料，那刚才跟我讲话的是谁？看到我一脸疑惑，陈飞放下手中饮料，笑着说：“看到水滴汽车内饰了吗？这是‘达文’车载智能系统的‘眼睛’，能够随时监控乘车人的生理、心理特征。上车时它就对你做了全身体检，获悉你不想喝饮料。你望向窗外时，它响应你的心讯信息，摇下窗户，”陈飞边讲边朝我笑，“刚刚给你讲解的是‘达文’仿真语音系统——AI 陈飞！你觉得它模仿我的声音，可否以假乱真呢？”

我听得一头雾水。

一眨眼，陈飞手上出现了一个悬浮的黑色透明平板。“这是云台，高端智能手机的升级产品，不用充电。”

“难道你们发明了永动机？”

“哈哈，世界上没有永动机。由于能源枯竭，迫使我们向内开发技术与资源，向外寻找替代能源，而生物能是一种广泛存在且不容小觑的能源。人们通过触摸，便可源源不断地给云台充电，人体蕴含的生物能就是云台永不枯竭的能源，这些能源通过转化并消耗身体多余的脂肪而产生。你试试把它关上。”我好奇地伸手去抓云台，却捞了个空，就像水中捞月。“别费力了，你看到的是数码投影，我送你一个感念器吧！”陈飞拿出一个手环，“带上它，你想什么就会有什么效果出现，比如你现在想收起云台。”

我瞪着它，但没有反应，云台依旧悬浮。“要附加一定的动作指示哦！”陈飞补充说道。我手掌一握，云台应声收起。

“多方便啊！”我感叹。

“是啊，这是感念与动作联动技术。”车载AI陈飞补充道，“这个感念器已经涉及我们生活的方方面面，结合增强现实技术，人类实现了超越时空的梦想，可以自由穿越古今和宇宙。”

“多好！这不正是庄子追求的逍遥吗？我真想生活在斯洛星球！”

“您还在地球啊。”一句“您”的称呼，让我判断出AI陈飞在和我对话。

“怎么可能？”我望着窗外自动化街道、繁盛无比的绿植和湛蓝的天空，“现在的地球，资源枯竭与环境污染日益加重，怎么会是眼前这番景象？”

“您乘坐的是时光飞船，现在是2649年的地球，您已穿越628年。”AI陈飞通过云台调阅了我的光船票，上面赫然写着：“东方时光飞船，中国安徽—冰岛往返。到站时间：2649年。温馨提示：飞船在目的地停留1天，请及时返舱。”

“No，只有1天时间？”我恋恋不舍地看向窗外鳞次栉比的高楼和如音符般跳动的数码植被、游梭在天空的水滴汽车、手上似悬非悬的云台，还有那么多震撼我心灵的新鲜玩意……

“人类经过几百年探索，努力化解资源、环境等危机，还好，人类挽救了地球，地球包容着人类。”陈飞似乎看出了我的遗憾，“为了缓解日益加剧的气候变暖，除了各方面的不懈努力，还有那巨大工程——地球改道的功劳！”“不是有位大物理学家曾说过——给我一个支点……”“我能撬动地球！”我抢答。“对！我们于‘火星冲日’的时候以火星为支点、地球南极坚硬冰盖为着落点，将地球‘撬离’太阳十万分之一光年！气候得到了极大的改善，但随之加剧了生物性状的趋同进化，如何保持生物多样性便成了棘手问题。”“难怪我感觉天气宜人呢！”我赞叹道。“是啊，尽管如今人类上天入地无所不能，尽管这么多年人类的脚步遍及宇宙，但遗憾的是至今还没有发现第二个有生命的星球——亲爱的朋友，地球才是我们唯一的家园！”

一缕阳光闪进我的眼帘。“起床！上学要迟到了！”妈妈推开房门。我猛地坐起来，擦擦额头的汗。望着清新的绿植、破晓的太阳，听着小鸟欢快的歌声，心潮澎湃。

回眸地球时，唯有它最美！

指导老师：陈晨，教育学硕士，毕业于安徽师范大学。中学高级教师，曾获教育部首届“一师一优课”部级优课。

光　合

杨玉廷 / 高三年级　顾亚丽 / 指导老师　江苏省南通市如皋中学

“又限电了！这帮 IEO（国际环境组织，International Environment Organize）的人真绝！”凌晨 5 点，满头大汗的江文看向屋角停止制冷的空调，无奈地摇了摇头，缓身下床。

闹钟检测到他的活动：“江先生，早上好！今天是大年初一，祝您新年快乐！今日气温 32.3℃，较昨日上升 0.3℃。”江文推开房门，离开了家，他要去参加“叶绿体”工程的正式运行。

“叶绿体”工程是 2071 年人类发明的一项使用模拟植物叶绿体进行高效缓解温室效应的大型工程，这次是继 29 次实验后的第一次正式运行，将采用极轻型可控核聚变发动机驱动。江文是主导这项工程的重要工程师。

踏上 ST1902 号胶囊高速列车后，耳边传来大爷大妈们无休止的牢骚。“都快 2072 年了，这 IEO 到底什么时候才能把这气温降下去？”大妈一边说，一边把空调衣的功率开到最大。“都怪 2050 年时候的那些人，非要搞什么‘全球电网’，污染太严重了，现在好了吧！整出来个‘碳恐慌’，IEO 现在连电都限制使用！”大爷说完，又半眯着眼试图看清手机上的文字。“前方到站，IEO 站。”江文连忙逃出列车。

IEO 的大楼巍然伫立，有不少人听闻叶绿体在今天正式运行，围在大楼下讨论着这一次能否成功。江文挤出人群，进入了大楼。“叶绿体”是江父毕生研究之心血，可在一次实验中，江父被核聚变系统重创，倒在了成功的前夜。江文也将自己的青春献给了“叶绿体”，奉献给了没有温室效应的美好未来。

“江文，你来了！”杨振教授拿起对讲机，“江文到场，准备启动！开始倒计时！各模块人员情况报备！”说完，和江文一起坐在了保护室中。

“第一组，聚变发动机运行正常！”“10！”对讲机中喊道。杨教授紧张地注视着叶绿体的启动。

“第二组，光合泵动力组启动成功！”“9！”

“小江啊，你可知道你这名字的来历吗？”杨教授看向江文，江文摇摇头。

“第三组，化学合成剂注入成功！”“8！”

“你的父亲，深知现代人所受的温室效应之苦，给你起名江文，谐音降温，就是希望你可以为‘降温’计划贡献你的青春！”杨教授握紧了江文的手。

一时间，与父亲在一起学习、研究的快乐时光浮现在江文心头，他仿佛又望见了父亲那忙碌的身影，一身雪白研究服，对他微笑着：“文儿，我希望你能成为一个对社会有用的人！”

“第五组，动力与电力系统……无响应！”对讲机中的声音惊叫道。“立即查找故障原因！”杨教授站起了身，双手握拳，灰白的胡须不断颤抖着。江文死死盯着仪表盘上的各项参数。

“找到了！动力液管道接口在输液时被反作用力冲松！导致电力系统连接失败！”对讲机中喊道。“赶快抢修啊！”杨教授大喊。“来不及了！聚变发动机已启动！啊！叶绿体要被摧毁了！！！”对讲机中传来绝望的喊叫……

“不，我不能让父亲的研究被摧毁！”江文冲出了保护室，直冲向“叶绿体”。“别做傻事！回来，回来啊！……”杨教授绝望地跺着地板，却无计可施。

“4！”江文已奔到“叶绿体”旁，伸手触碰到了那根松动的管道。

“3！”“呀啊！”江文嘶吼着，拼尽全身力气拖拽着它插入原有的接口。“咔嗒”一声，用尽力气的他扶着支架，大口地喘着气。

“电力系统恢复了！‘叶绿体’继续启动！”“2！”对讲机中，传来人们的欢呼声。江文在核聚变发动机产生的光芒中看见了父亲。

“1！”

“孩子，你做到了！”江文父亲微笑着抱住他。江文开心地笑了。

核聚变的光芒吞噬了整个实验室，夺目、璀璨，似要将中国的未来万世照亮。光芒过后，“叶绿体”安静地光合着，在聚变中不断吸收二氧化碳，释放氧气。不久后，喧嚣的街道中、百米的高楼上、幽深的小巷里……到处都安装上了叶绿体，气温下降，空气质量提升，呼吸疾病骤减，人们脸上的阴霾随风消逝，洋溢着笑容与喜悦……

指导老师：顾亚丽，中学高级教师，如皋市学科带头人。获得优秀备课组长等荣誉称号。

春　色

姚梃轩 / 高二年级　姚建英 / 指导老师　辽宁省大连市一〇三中学

“本台为您直播尤加特拉希生命树的内部情况。”记者激动地说道，“这是生命树第一次对外开放，下面让我们跟随参与这一项目的科研人员杨光博士一起去看看吧。”

21 世纪，全球温室效应加剧，气温迅速升高，两极冰川的融化速度超出了人们的预期。联合国于 2030 年召开紧急会议，商讨拯救地球的对策。作为特邀科学家，杨光在会上提出了一个计划——春色计划，号召人类共同抵御温室效应。2035 年，杨光发现了组合粒子团以及基因逆生原理，为尤加特拉希生命树的出现提供了先决条件。

记者跟随在杨光的后面，向实验室外走去。一出门，二人的脚便踩在一片嫩绿的叶子上。“这便是尤加特拉希的叶子。”杨光将手放在叶片上，叶子活动起来，向生命树的主干飞速移去。

在春色计划提出以后，杨光开始着手培育生命树，为了加强植物的光合作用，杨光运用组合粒子团的方法，使两个由磷原子组成的巨型磷酸集团连接在 ATP 的后面，使化学键更易断裂，释放更多的能量，从而吸收更多的气体。杨光同时将植物的植株逆生回种子，在种子萌芽时改变种子的基因序列排布，并将改造好的 ATP 植入植物体内，从而使植物一生都可以合成改良 ATP 了。

叶子抵达主干，映入记者眼帘的是一棵巨大的梣树，直通天空。事实上这棵梣树的枝干已经到达大气的对流层。记者问杨光：“您的成果真是太震撼了！帮助您创造出这棵生命之树的关键是什么？”杨光微微一笑，说：“是坚持和信念。”

理论的基础已经打好，杨光同全球的科学家一起研究，他们找来各科属的植物，一次次地试验。可不是植株无法正常合成改良 ATP，就是植株无法正常发育。黑色的实验数据变成了漫漫无边的盐碱地，让杨光和伙伴们苦不堪言。

但他们依然努力地坚持。一遍遍地计算研究，只为再见盎然的春色。直到 2050 年，次夸克级粒子被发现。次夸克级粒子可以使基因按一定规则打乱，源源不断地生成改良 ATP 后固定基因，这个发现给春色计划带来了曙光。2053 年的一次实验中，梣树表现出了完美的功能性，它不仅比普通植株吸收二氧化碳等温室气体的效果强万倍，而且生长迅速，植株高大。杨光在 2054 年将这棵梣树的生长基因再次改变，使这棵梣树生长在了太平洋的中部，根系遍布全球。

记者听完杨光的回忆后，接着问道："杨博士，它现在是怎样给全球提供电能以及便捷的交通呢？"杨光指着建在树冠中下部的实验室说："我们去那里看看吧！"杨光又将手放在叶片上，叶片又飞快地向树冠中的实验室移去。

到了实验室，记者满眼浮现跳动的图像和不断涌出的数字，有七块大屏幕对应 7 个大洲，其中黄色的数字代表生命树的输送电能量，绿色的代表温室气体吸收总体积，蓝色的代表正在用生命树的叶片出行的人数。"这也太壮观了！"记者定睛一看，一个矗立在实验室中央的大型玻璃柱中有数以亿计的芯片。这是将生命树的部分枝干转变成"电线"和"公路"的原因所在。

生命树的覆盖面积已达全球面积的 70%。杨光将生命树的主干接在变形虫芯片。使其根部吸收海洋中的重水以及氕、氘、氚，核聚变产生的能量被输送至各国的发电厂。同时变形虫芯片还使生命树的枝干表皮细胞具有拉扯和伸缩能力，使枝干成为高速路。

在春色计划完成后，杨光和同事们获得了联合国极大的褒奖。在给这棵巨树起名字时，来自欧洲的一位同事对杨光说："北欧神话中有一棵叫尤加特拉希的梣树，它主管全人类的生命。不如就叫它为尤加特拉希生命树吧！"这棵巨树于 2060 年正式为全人类服务，彻底防止了 2070 年极端气候的发生。

这一次的全球直播，让全人类看到了杨光和科学家的努力。绿意盎然的研究服上书写着杨光一生的理想。"我最爱的颜色，就是春色。"他实现了。

指导老师：姚建英，中学高级教师，2001 年毕业于辽宁师范大学中文系，文学学士学位。大连市十二五、十三五骨干教师，辽宁省古代文学学会会员、理事。

天涯共此志

叶维桢 / 高三年级　许珊珊 / 指导老师　北京市清华大学附属中学

“热带气旋西蒙娜近日已升级为超强台风，据风暴墙处传感器显示，其中心附近最大风速已超过德拉娜，成为有记载以来的最强台风，不日将于吉大港登陆……”

雨桐叹了口气，手划一个三角，关闭了智能手表。扇翼机缓缓降落在一片林间空地，气流压低了周遭的长草，迎面有四五个人从树荫下走了过来。

“阿里！好久不见！”雨桐一边走下飞机，一边打着招呼。

“是啊，自从在清华大学同窗 3 年后就没共事过了，不过命运又令我们重逢。三洲集团负责的核聚变电站一期工程已经完工，如果核心组件在 3 个月内运来，工程应该可按期交付。”其中的一人回应道。

“我们已经攻破了技术瓶颈，虽然效率仍较低，但额定供电量足够了。”雨桐说道，“一种新的、清洁的激光诱导磁约束核聚变，定能从根本上结束这场化石燃料带来的浩劫。”

“开源固然重要，节流又何尝不是呢？”阿里耐人寻味地补充道，“带上技术人员和行政人员，我们快动身去会议中心吧。”

氢能源汽车穿梭在林地田野间，在路面上留下一串水珠。远处是藻类农场，一袋袋的藻类在最适条件下进行光合作用。这之后它们便可被加工成食品或运去做工业原料。

“你们没有考虑过应急储存吗？比如把水溶二氧化碳注射进岩石圈并碳酸盐化？”雨桐联想到了 5 年前的一个项目。

“既然是‘应急’，二氧化碳大半还是会回归大气，我们又何必浪费这有限的经费呢？而且其变数也很大，把二氧化碳注入深层海洋的项目不是数年内就以海水酸化而告终吗？”前排的环境部长说。

前方，在果树与蔬菜的间种田间，参差的楼房若隐若现，这便是城区。房顶和楼间空地，密密麻麻地被绿色葱翠的小块田地占据，时不时在其间架着一两个小箱，待驶近时一看，鱼儿在其中悠闲地游弋。

“你们的都市农场这么普及！”雨桐惊讶地叹道。

“看！特里凡得琅医院！”甘帕菲指向了一座白色方楼，“那些通风孔让空气对流，再辅以白色幕墙和绿植楼顶，免去了空调的使用。这还得感谢雨桐您，7年前的老项目了啊！去年我们已经全面普及了人工子宫，计划生育的同时解放了千万母亲。医院的塑料废料也多亏了三洲集团的生物塑料和武汉研发的塑料分解菌，无害处理率高达99.7%。”

雨桐着实感到一阵惊喜，她在北京经常见到的核电站、磁轻轨、繁密的电力空中交通和昂贵的稀有金属催化固碳设备，都是那样先进前沿，而在喀拉拉这样较为偏远的地区，人们竟也摸索出了一条绿色道路。

会议厅到了。在会上，专家学者们畅所欲言，从加强对月球氦-3开采的投资，到论证将二氧化碳注入岩石圈的可能危害；从保障各洲人民生活的质量，到科技中的人文关怀；从“负排放”的北京模式，到“经济易模仿”的喀拉拉模式，众人集思广益。

最终，雨桐进行总结发言。她走到台前，调整了一下麦克风，环视全场。

“今天，我们齐聚这里，共同探讨我们的未来。为了阻止全球气候的进一步恶化，我们做了诸多尝试，如今以现有的尖端核聚变技术，再辅以世界4年左右的生产力，足以中和碳排放，并开始碳净收集与固定，清除环境污染物。要实现这一目标，人类必须团结、信任与互助，如果三洲人民齐心协力，就可以实现温室气体的零排放。”顿时台下掌声如雷。

“今天是2070年1月1日，全世界都在欢庆‘2070生态目标’的达成，根据气象记录，全球年气温均值已连续3年呈下降趋势，今天，绿色国际秘书长正式在记者会上宣布，气候变化危机解除。”

寂静的太空中，远方那个淡蓝色的、不起眼的小斑点仍像亿万年前一样，环绕着一颗恒星公转。一切改变放在宏大的宇宙中，似乎无法察觉，但对这颗星球上的90亿人而言，这改变翻天覆地。

指导老师：许珊珊，文学硕士，毕业于北京师范大学中国现当代文学专业。中学一级教师。参与多个国家级、省部级课题，曾获北京市教学课例一等奖。

海下那一代人

叶雨晴／高二年级　王鹤潼／指导老师　辽宁省辽阳市集美中学

又涨潮了。海面上水汽升腾，烫化了流淌着罪恶的二氧化碳，连那几片云都被刺痛得来回蜷曲，像是无声的呐喊。天地再没什么分明的界限，因为天和海都是雾气茫茫的灰色。全球变暖，两极雪融，海面上升，吞噬大地。

“博士。”距海面最近的一处生态研究所里，江万福叩响森博士办公室的门。“种子计划三区负责人江万福报告！”

随着森博士的一声“请进！”，高大的男人迈着坚定的步伐出现在森博士眼前。他穿着深蓝色的防水服，短而坚硬的发茬根根朝天竖着，湿漉漉的。他裸露在外的——无论是脸，手指还是脖子的皮肤，都被泡得发白发皱，像干瘪的死鱼肚子，又像是浸在水里后又被阳光暴晒的手纸，实在称不上是赏心悦目。

森博士却欣慰地看着他，经历了岁月风霜的手掌重重拍在江万福宽阔的肩膀上。“干得漂亮！”森博士眸中含着笑意，带着几处深纹皱起。

男人掩不住自豪地笑笑，挺起腰板立正，庄严地敬了个军礼，厚声喊道：“报告！三区圆满完成第一阶段任务！”森博士看着他，也笑。但心中禁不住苍凉。他懂得这些孩子们心中那茂盛的热血和希望。他们是“种子计划”最后的光。

然而，他们努力这么久，中间死伤不计其数，海生种子的成活率却依旧达不到百分之三十。他们真的能抵御二氧化碳所带来的巨大风暴吗？

他闭眼，又艰难地开口道：“……这次，你们又牺牲了多少人？”

“总牺牲人口二百一十九人！其中一百人有妻儿，九十四人尚未婚娶，剩余二十五人已签订无偿协议，自愿为国牺牲！”江万福的声音很大，却藏不住哽咽。他知道，他们无一不是祖国的英雄！种子计划是国家应对全球变暖的最新政策，它采用联合国新研究的海生种子，希望能拯救日益减少的土地。

“种植是我们能够想到的最好的办法。以自然对抗自然，来弥补那些愚蠢的过错。海生种子的根系蓄水效果极好，且能保护贫瘠的土壤，但却太过脆弱，根本无法用机器大面积播种进强压的深海。所以国家决定成立你们——种子计划战区。这是一次尤其危险的尝试，也有可能是陆地彻底被淹没前，人类最后的挣扎。所以，谁也不能退缩！”他曾亲口这样对他们说。但如今，他却犹豫了。

森博士颤抖地指着那片海，失控地大吼道：“你看看这片海，他多金贵！他的养分是战士们的生命！都说水是生命之源，但为什么不能给我的孩子们一个活着的机会！”年迈的老者失声痛哭。

江万福扶住博士，一字一句地回应道：“博士，三区还剩四万三千二十七人，其他各区总数还剩十四万人。这是中国的人墙，他们想抵抗的是人类曾摒弃的自然，他们要开拓的是下一代人的未来！”他握紧拳头，扬声道，“我江万福这辈子还没娶着个漂亮老婆，战士们很多也还没成家立业。我们都还年轻！”

他坚定地望向那片海，海上是滚烫的热气，海下是还在劳作的战士们，每一株绿意冒出深海，都仿佛是一个已逝战士欣慰的笑颜。眼见葱翠林立，宴万千战士亡魂。

“我们的战士们所希望的，不仅是在有生之年能够看到再次生活在陆地上的人们。”江万福声音很轻，眸中尽是渴望，“还有在我们牺牲后，撒向大海的骨灰上，能永远地，永远地矗立着一面光荣的五星红旗。”为此，值得穷尽一生的荣耀。他想。

森博士攥紧拳头，心中信念燃起。他该相信这群孩子，会替上一代人，还中国一个生机勃勃的未来。

若干年后。

“奶奶。”孩子窝在奶奶的怀里，指着窗外，“你看——”

窗外，在太阳升起的地方，在那最为“贫瘠”的海平面上，新生的绿意拔地而起，冲破几百米的海面桎梏，载着一代人的生命，肆意狂攀，恣意生长。

奶奶浑浊的眼睛亮起来，她摸摸孩子的头，笑着。

“那是海下的一代人啊。”

指导老师：王鹤潼，毕业于鞍山师范学院，汉语言文学专业本科学历，中教二级教师。

头盔人的谎言

尤文宇 / 高三年级　李文 / 指导老师　江苏省宿迁市泗阳中学

“5、4、3、2、1！”2070年到来了。人们欢呼着，拥抱着，每个人的头上都带着一个头盔。几天前，全世界的人们都收到了一份来自世界政府的礼物——一个头盔，紧随其后的是一则命令：“请所有的人戴好头盔，迎接我们的新生活。”张森一家也收到了。张森戴上了头盔，熟悉的声音几乎让他落泪：“老伴，你要什么样的口味？”

“不，这是假的。”张森的心里，充满了复杂的感情。他想笑也想哭。“恢复原声。”“好的，收到指令。”冰冷的女声传来，张森的心也渐渐冷却下来。

两年前，张森的老伴因为一场大病走了。70岁的张森意识到这一天早晚会到来，他觉得自己生活的一部分被抽走了。更令人愤怒的是，他眼睁睁地看着自己的老伴被推进了“世界”——一个能源供给站。10年前，世界政府推出“世界”计划，鼓励人们将已逝的人的尸体送往“世界”，造福全体人类。张森不愿意这样……

“爷爷，是奶奶的声音！我选了四川火锅味，因为奶奶之前做的辣椒真的好香！”小孙女的话将张森拉回了现实。他也确认了四川火锅味。随后，他拿出一板药片，女声再次出现：“建议一片维生素，一片葡萄糖，一片蛋白质。”张森机械地取出三片药，头一扬便咽了下去。是火锅的味道！自己有多长时间没吃过火锅了？张森心想，可随后一股巨大的悲哀感袭来，这些都是假的。

“爷爷，我知道，这个头盔肯定能向我们人脑发射无线波，干扰改变我们大脑中的味觉中枢，从而达到有特殊口味的目的。我说得对吧，爷爷？”

看着刚上一年级的孙女露出的骄傲的表情，张森不禁疑惑：“这都是世界政府派来的老师教的吗？”“对啊！那个老师还说，人工合成营养物质，是人类历史上最伟大的发明之一哦！”张森无奈地笑了。

“提示，上班时间到，已为您切换场景。”张森的眼前立刻出现了他工作了近30年的研究院。张森的机器人一踏入研究院的大门，王禾的声音就传来了："老张，这头盔还能联机呢！真方便，哈哈！"王禾是和张森一起进入研究院的。12年前，人工智能技术大幅提升，各类传感器制作工艺成熟，于是，机器人在外奔波，而人只需在家中远程操控便可工作。十几年来，从未出现过机器人失控的现象。这也被誉为最伟大的发明之一。

"老张，你说这世界政府可真行。听说最近又要去探索外星文明，还要飞出太阳系。要是这次能在新的星球发现能源，人类的未来一片光明啊！"

前不久，人类掌握了能将土壤矿物资源转化成可用能源的技术，所以世界政府把目光放到了外星。他们高喊"未雨绸缪的世界更加美丽"。只是，在宇宙中又多了一抹黑暗。张森没有跟王禾一起笑，他想起了那张藏在机密室里枯竭的海王星照片。

2070年到了，人们没有迎来想象中的极端天气，反而在科技的进步中活得越来越滋润，像一群雏鸟般被保护在世界政府的羽翼之下。头盔的出现，也让人们的生活更加便利。可张森的泪却涌了出来，自己有多长时间，没有触摸到人的面颊；有多长时间，没闻到一朵花的芳香。他甚至羡慕那些机器人，至少还能触摸彼此，而他，虽有家庭，却孑然一身。

"爷爷，你去哪儿？""我出去转转。"张森摘掉头盔，走出自己的家门。城市之外，一片荒芜，龟裂随处可见。温润的头盔下，是羽翼亦是谎言。30年前，地球能源面临枯竭，各国代表聚集在一起讨论对策。3天的商议过后，占据解决对策榜首的是赫然醒目的两个大字"谎言"。

张森缓缓地走入了"世界"：老伴，我来找你了！几天后，一块牌匾寄到了张森家中，上面写着：致为人类能源做出贡献的人。

指导老师：李文，文学学士，毕业于江苏师范大学汉语言文学专业。中学高级教师，县高中语文骨干教师。

蜂　鸟

于林生 / 高三年级　郭丽颖 / 指导老师　山东省威海紫光实验学校

公元 2070 年，全球平均气温上升。鉴于当前形势，各国首相不得不又一次在空中召开会议，因为气温的升高导致在会议室中的各位都很烦躁。“安静！”一位老者推门而入，随他一起进来的还有他手上的那个闪闪发光的晶体。还未等老人介绍其功能，一个青年冲了进来喊道：“老师，这个产品可能有一点漏洞，暂时还不能推广应用。”这个青年名叫欧修，24 岁，已经获得两次诺贝尔科学奖。他口中的老师名叫斯夫提斯，俄罗斯人，21 岁获得科学与文学双博士学位，49 岁成为最年轻的科学院院长，现今 61 岁。他身边那位黄头发、蓝眼睛、身材细长的让人无法专注的女子名叫胡仪，是中欧混血人，美国国籍，曾是世界著名模特、文学家，现任斯夫提斯的秘书。斯夫提斯不解地向欧修问道：“你今天是怎么了，这可是你我一生的心血啊！你是不是没有睡好？不好意思，各位首相，一点小插曲，我的学生有可能太激动了，不太清醒，咱们继续……”同时用眼神示意胡仪把他带走。欧修怒气冲冲地被带走了。

“现在请看我手中的这个纳米晶体，它可以吸收空气中的二氧化碳，不仅会减缓冰川融化速度，而且还会让融化的冰川逐渐恢复，我为它起名‘蜂鸟’，是类似蜂鸟形状的纳米机器，当它有思想的时候，人类就危险了。你看它体积虽然小，但只要不停地吸收，那么全球气候变暖问题便可以解决了。”一位首相问道：“那么吸收的二氧化碳会去哪儿呢？”斯夫提斯笑着说：“我正要说这个，蜂鸟吸收的二氧化碳会转换成氧气，其中一部分氧气被返还给地球，而另一部分氧气则通过黑洞转移到宇宙之中。这些气体在宇宙中流动，可能在几亿年后形成第二个地球，这不是概率问题，而是时间问题。”各国首相有一些仰慕他，于是开始窃窃私语，最后派出一位代表：“明天，便开始全球推广，斯夫提斯，你是人类的英雄。”各国首相纷纷赞许他。

从那天起，人们在世界中央广场建立起斯夫提斯的雕像，欧修便回到一个村庄中，再无音讯，而胡仪仍然是斯夫提斯的私书。

蜂鸟的推广，逐步让地球恢复了原样。可过了几年，随着蜂鸟在全球的扩散，慢慢地，地球上的树木不再高大，热带雨林的树林逐渐变成了灌木丛，夏天的时间越来越短，冬天的时间越来越长。直到 10 年后的夏天，热带沙漠气候地区下起了大雪，彻底打破了这份表面上的平静，大雪几乎弥漫了整个地球，蜂鸟的数量也早已翻了几十倍甚至上百倍，抬头看去，空中皆是一片“黄云”。可是，蜂鸟的创造者斯夫提斯，这个时候也消失了。各国逐渐开始有干尸事件，各国人民都不敢出门。终于，各国首相又一次相聚在一个玻璃罩中，迫不及待地开始了会议。“斯夫提斯人跑哪儿去了，现在天天下雪，感觉快到冰河时代了。”“你们记得 10 年前那个冲进会议室的人吗？”“他……我有点印象，好像叫欧修。”于是大屏幕上出现了他的简介：中国人，现居“北极村”。

得到确切消息后，各国派军队向北极村出发。北极的雪已经没过了腰部，让人无法行走。反而北极村的雪没有很厚，大家还在街上卖东西、放鞭炮，军队的人好久没有见到这样的景色了，全部都忘了任务。军队的长官抬头看到了一样的蜂鸟，正准备用枪打下来，这时，一个人将他的枪口压低。是的，这个人就是欧修，虽然他已经变得苍老，但眼神依旧是那么深邃、坚定，旁边一个仙气飘飘的女子过来挽住欧修的胳膊，一副小鸟依人的样子，这个人就是胡仪。胡仪早已和欧修结婚，并定居北极村。欧修早在 10 年前就已经发现了蜂鸟的漏洞，但因老师的威胁和恐吓他不敢说出来，便来到了北极村。

“几年前胡仪过来找我说老师快不行了，于是，我便把老师接了过来，老师看见这繁华的街道，心里不知是何滋味，每当他看到村里和村外的气氛，眼泪便会不由自主地滴下来。

“老师在这里安详地度过了最后几年，其间也为我和胡仪做了证婚人。2088 年 3 月 21 日 10 点 46 分，老师离开了人世。他的遗嘱是让我担任全国高级气候院院长，守护好我们共同的家园。

“我知道你们会来，我们明天再启程，今天晚上好好快乐一下，享受这久违的安详。”晚上，所有的人围着篝火唱歌、跳舞、喝酒……大家都很快乐地度过了一个晚上。

清晨第一缕阳光，照在欧修的脚步上，他们便开始了远征。经过几天的努力，终于到达了气候站。气候站海拔 7361 米，是为了让欧修更好地观察天气。此时各国首相早已经在会议室等着欧修，欧修坐了下来，胡仪站在他的身边。欧修看到玻璃窗外，老师的雕像上堆了一层厚厚的积雪……

“各国首相，上午好，我是欧修，这是我的妻子胡仪，也曾是我老师的秘书，我的老师已经去世了，他在晚年叮嘱我，让我接替他的职位，还大家一个美好的家园，我不会让大家失望的。首先，我说一下初代蜂鸟，也就是我和老师一起创造的类似蜂鸟形状的纳米机器，它的漏洞是无限吸收二氧化碳，没有止境，正是这个漏洞，让地球倒退了几万年，进入了冰河时代。这 10 年间我一直研究新一代蜂鸟，在我第 9999 次失败后，我成功发明了反黑洞蜂鸟，原理就是回收二氧化碳，但不是完全吸收，各国的干尸事件也是由于初代蜂鸟无法满足自身二氧化碳的用量，吸收人体的二氧化碳导致的。

“现在我想让各位在这份合同上签名，让我全权负责这个事件！”各国首相毫不犹豫地在面前的文件上签下了自己名字。“好，十分感谢首相们信任我，从现在开始，让我们一起将冰河时代推倒吧！”

“我希望各国首相，在这件事情后，治理好各国。高棉人和玛雅人给我们的教训是：我们越想掌握自然世界，离生存就会越远，甚至会走向毁灭，我们应接受事实，坦然迎接我们不是万物之主的未来，而不应再以万物之主自居。我们要与环境共同生存，与地球同存。”

清晨的第一缕阳光，照在房间的蜂鸟上，同时也照在老师的雕像上，欧修看着窗外冰天雪地的世界，在这样的天气中，很难出现阳光。这时，欧修向窗外笑了一下，转身向外走去……

指导老师：郭丽颖，毕业于临沂大学。曾获得“最美紫光人——先进班主任”的称号。

幻想乌托邦

俞希明/高二年级　周萍/指导老师　广东省广州市执信中学

“嘀——”安格尔刷了一下自己的ID卡，显示器上出现一行小字：“今日饮用水配给已用完，请明日再取。”他无奈地对妹妹道：“我的配给也用完了，明天再给你泡茶喝吧。”安娜嘟起嘴，不满地道：“这系统好抠门啊。哥，要是你或我是科学家就好了，这样‘乌托邦’给的配额也会高一些。”“得了吧，”安格尔笑道，“‘乌托邦’上认证的科学家哪有那么好做。”

“乌托邦”是目前全球统一的资源调配系统。它将地球上的可获资源集中管理，根据每个人的年龄、体重、身高、健康程度等指标分配水、电、煤气等生活必需资源，但同时又为科学家等特殊职业开了特例，科学家、军人普遍可以获得更高的资源上限。“乌托邦”系统的开发者因怀尔曼解释说，出于对人类整体利益的考虑，我们要首先确保科技人员和作战人员的资源供给。

然而第二天安格尔仍旧没有泡上茶。

“安娜，你觉不觉得今日的配给水少了一点？”他问。安娜从厨房中走来：“好像是。今天我做饭也觉得燃气减量了，最后的这道菜可能夹了点生，你……将就吃？”安格尔看向夹带一点血丝的炒肉，抽了抽嘴角。

在乌托邦总部，因怀尔曼看着显示屏上的数字显黄色，表示有资源短缺的风险。他下了指令：“再把人均资源配给下限降一点。”

科学家们正在研发可以吸收温室气体的转换装置、新型饮用水的净化装置等，不幸的是，研究的中途发生了意外：“乌托邦”的一条重要主干水管发生了生化污染，直接损失了近乎一半的可用水量，周边环境也不幸被波及，当地气候急剧恶化。

“乌托邦”总部显示屏上的黄色的数字变为了赤色。因怀尔曼来回踱步，踌躇、犹豫、纠结，他思索着怎样才能保证那些重要的科研计划可以如期进行。最终他咬咬牙，对助理说：“将平民的生活资源下调到最低限度。”最低限度，是仅能保证个人不会被渴死、饿死的配给量。

因怀尔曼焦头烂额地计算着“乌托邦”的资源分配，却突然发现自己的特殊操控权限被锁上了。“怎么会？我明明是这个系统的最高管理员……”另一边，科研单位传简讯过来，说他们的研发配给资源被大幅降额，工程被迫中止了，问“乌托邦”出了什么事？

因怀尔曼闻言，顿时冷静下来，他想起了什么，找到了他老师的旧电脑，开始翻找里面的资料。其实因怀尔曼只是开发“乌托邦”系统的执行者，他的老师季博士才是这一项目的设计者和总规划师。

“季博士……”他喃喃道，点开那个名为“乌托邦”的文件。画面上显示出一个女人安静而肃穆的面庞。“因怀尔曼，当你看到这条视频时，就说明你发现自己的权限被锁了。我想，在我给你的遗嘱里，应该已经提醒你‘乌托邦’的初衷是什么，它不是一个为了将最优资源供给于科技与军队的筛子，而是单纯的一个‘节约器’。它尽可能让人类既活得舒适，又消耗最少的资源，消灭浪费。我留下‘乌托邦’系统，本来是希望你能坚定最初的宗旨，让人类在与环境和谐共处的前提下继续发展……现在，你压了红线，让大多数人们享受不到应得的资源，违背了宗旨的前半句；同时，你只看人类的发展，榨干了地球的资源，也违背了宗旨的后半句。你的权限被锁……你违背了我的遗嘱。”时间显示，视频录制于季博士生前一个月。

“遗嘱……”因怀尔曼疯狂地翻找记忆中那张字迹冷硬的纸。“乌托邦”宗旨的前半句他记得，“人类利益至上……”后半句是什么来着？

他回想起季博士说过的话，科技的最高境界并非改造自然，而是找到自然赐予人类的平衡点加以利用。

“人类利益至上，自然利益高于一切。”纸上赫然书写着。

指导老师：周萍，广州市执信中学语文科副科组长，中学语文高级教师，四次获市“高考语文突出贡献奖”。

科技日新月异，自然与我同行

宇奕霖/高三年级　孙维清/指导老师　山东省烟台第一中学

清晨的阳光慢悠悠地爬到我的床前，清脆的闹铃声打破了宁静，我懒洋洋地揉着惺忪的睡眼，起身打开卧室的窗户。清新的空气伴随着鸟语花香，新的一天开始了。

我踱到床头前，这里安装着一个最新版的空气净化器。它的主要原理是用过氧化钠将二氧化碳转化为氧气，其中凝铸了无数科研者的心血。接着，戴上绿色监控手表，监测个人每日的用碳量，防止人类产生过量的碳排放引起温室效应。

享用过绿色早餐之后，准备出门。我踏上了小型飞艇。这飞艇使用的是清洁的氢能源，这种供能方式唯一的产物是水，并不会产生二氧化碳，也就不会造成全球气候变暖。氢能源的发展前景十分广阔，人们再也不会单一地依靠石油了。

小型飞艇迅捷如风，很快就把我安全送到了绿色处理工厂，如今，几乎每一座城市都会有这样的工厂。它负责处理整个城市的废气、污水、灰尘、垃圾……整个城市的工业工厂会通过四通八达的管道网络把有害物质运输到这里。进入绿色处理工厂，最先映入眼帘的是巨大的氮氧化物处理室，往后还有对二氧化碳、一氧化碳、臭氧、污水的处理。对污水和垃圾的处理方式大同小异，首先都要进行严格的分类，然后再放入中央处理选择器中，将污水与垃圾输入对应的处理罐，最后再进行一系列复杂的化学处理，得到洁净、卫生、健康的产物。变废为宝，不再危害环境，反而有益于人们的生活。科学家也掌握了光合作用的技术原理，在绿色工厂中将空气中的二氧化碳转变为氧气。

与小型飞艇供能方式不同，绿色处理工厂和其他大型的工厂所使用的能源完全来自太阳能。人类在金星与地球之间发射了四个大型的太阳能吸收装置。现在，人们验证了“稳定岛假说”，可以成功批量制造第126号元素的金属单质，再与钛元素制成合金。新装置具有十分优良的性能，可以吸收太阳的能量。同时，科学家再利用互感现象及其衍生出的一系列技术将太阳能传输到地球上去。这些都是利用了一部分“戴森球”的伟大设想。科学技术的发展日新月异，将很多在人们看来遥不可及的梦想甚至幻想正在一步步变成现实，让人与自然和谐共处，更加融洽。

看着眼前的这一切，我欣慰至极。

结束了一个星期的辛勤工作，周末，我逃离了钢筋水泥的城市，到远在非洲的毛里求斯给自己放一个假。谈及毛里求斯，人们就会不约而同地想到渡渡鸟这种可爱却早已绝迹的生物。几百年前，由于人们无节制地捕杀，渡渡鸟这种珍稀动物销声匿迹；而几年前，中国科学家利用 DNA 编辑技术、动物细胞融合和组织培养技术让渡渡鸟“复活”。

如今的毛里求斯，水草丰美，风景如画，俨然恢复到了它最美的模样。听着阵阵的海涛之声中不时夹杂着渡渡鸟的鸣叫声，怎一个惬意了得？徜徉于优美的林间，我的耳边仿佛回响起一千年前孟子告诉梁惠王的一段话：“不违农时，谷不可胜食也；数罟不入洿池，鱼鳖不可胜食也；斧斤以时入山林，材木不可胜用也。”人和自然之间，该是多么和谐美好的关系啊……

我轻轻地抱起眼前的一只渡渡鸟，看着它窝在我的臂弯里，亲昵温柔地蹭着我，内心又泛起一阵阵幸福的涟漪。人啊，从来都不是自然世界的主宰者，而应是大自然的馈赠者。夕阳西下，红霞满天，落日余晖中毛里求斯岛上的人与自然构成了一幅温馨和美的画卷，我静静地欣赏着这一切，生怕打破了完美的宁静。

科技日新月异，自然与我同行。数千年来，人类的历史证明：顺自然者昌，逆自然者亡。只有将科技与自然有机地结合起来，才有人类更璀璨、更辉煌的未来！

指导老师：孙维清，山东省烟台一中高级语文教师。

活水来

袁怡丽/高三年级　白香莲/指导老师　山西省太原市尖草坪区第一中学校

"铃——"早上六点，天空泛起微微亮光。在一间不大的老式公寓里，李淼莱被铃声惊醒，利落地起身，收拾好准备出门，她要去单位开一个紧急会议。李淼莱，二十五岁，职业建筑师，曾为许多干旱地区建立了因地制宜的大型化水基础设施，她最近可能要出趟远门了。

地球上的天气每天都在变热，但由于气候问题严峻，空调类的制冷用品被严格禁用，换成了一个个装满液氮的钢罐。因为液氮罐制冷效果好，零污染且低碳环保，近几年来受到各国的推崇。会议室里，巨大的钢瓶小声地哼哼着，不去打扰台上人的讲话："前几天我们收到一个紧急的要密，在非洲南部，大部分国家已经面临水源红线了，我们十年前在那里建立的化水站出了问题，所以上级要求我立即组建援非小队，去那儿把化水站修好。"说完，李淼莱擦擦头上的汗。

大家心里都明白这次任务的艰巨，那儿可是非洲，有走不出的沙漠与酷热。但大家也明白，在全球变暖日益严重的今天，极端的天气不知会在哪一天就降临到自己头上。只有全人类团结起来，共同抵御才可能阻止悲剧的到来。身为地球物种的一员，没有理由推卸伸出援手的责任。

很快，一支援非队伍组织好了。李淼莱带着这支被寄予厚望的小队，登上了直升机。不久后，李淼莱便感受到热气袭来。往窗外看，在特质望远镜的帮助下，她透过云层看到了一上一望无际的荒漠。

飞机还在开着，李淼莱的视野正中被乌泱乌泱的一大片大型化水站占据了。从上面看，一个个黑色的圆圆的大脑袋嵌在沙漠中，闪着冷峻黝黑的光。化水站实际上是一个运用了最基础的物质两态转化原理——气液转化的转换器。先将被太阳烧灼到炎热的空气收集起来，储存在特质合金做成的巨大储水器中，因为储水器内部镀着特殊材质的金属，能够时刻保持内部温度处于零摄氏度以下，所以炎热的空气遇到冰冷的内壁液化形成小水珠，就保存在这个黝黑的“大脑袋”中。为了实现气、液之间更高的转化率，化水站与阳光的接触面积要尽可能的大一些，所以化水站体型巨大也是不可避免的了。

下飞机后，李淼莱的这支小队经过短暂整顿，立即与当地基建队伍和专家去实地考察，根据实情商讨方案。

虽然说化水站的基本原理就是普通的物质两态转化，但往往原理越简单，所需要的技术就越复杂。化水站之所以能够在全球设立，和人类飞速发展的尖端科技有着密不可分的联系。据非洲沙漠这样人口分散、阳光普照面积大的条件，化水站往往比在城市中设立的还要更大。但由于沙子的比热容小，导致沙漠地区昼夜温差大，化水站埋在地下的基石面临着冰火两重天的考验，这无疑加速了化水站的老化，也给施工小队带来考验。

他们要修的这个化水站正是因为基石老化而导致底部破裂。在当初建设化水站时，施工团队因非洲地区交通条件差，大型设备无法到达，相比其他化水站使用一整块巨型钢板作为基石，非洲化水站的基石是由小型钢板焊接而成的，连接处采用新型焊接技术。

李淼莱用5G机器人深入裂缝勘测情况，队员们展开信息连接设备修补着藏于钢板中央被保护的信息网，查序，侦破，重组，联合……每一步都在有条不紊地进行着。这看上去似乎只是动动手指的功夫，但背后却是无数脑力劳动者的呕心沥血。

李淼莱的小队明白，横亘在他们眼前的难题从来不是技术上的困难，而是每分每秒都有人因缺水而失去生命。他们全神贯注，争分夺秒只为化水站尽快修好，投入运作，造福一方百姓。

三个月后。

“铃——”李淼莱被闹钟吵醒，她哼着歌，跳下床去，拉开窗帘，清晨的一缕阳光照在她的脸上，窗外是车水马龙。李淼莱只觉得，浑身充满了力量……

指导老师：白香莲，中学语文高级教师。

蓝星降温，净土守护

袁雨昕/高三年级　刘月霞/指导老师　江苏省盐城中学

2030·火情将至

不知何时，艺田发现自己身处一个白茫茫的世界：空中飘浮的是一碰就消失的柳絮，草木上覆盖着厚厚的丝绵。突然，艺田听到脚下发出了一声巨响，接着，整个人掉下了深渊……

一睁眼，眼前没有别的，有的是熟悉的天花板，有的是奶奶慈爱的笑脸。

奶奶说，梦里的场景，叫“下雪”。下雪的季节，叫“冬天”。

环境日益恶化的2030年，全球气候状况不容乐观。自艺田记事以来，她就没有看过雪，只能通过早期纪录片和梦里的场景来一享清凉。

“主人，早上好！有什么需要吗？”智能小管家贴心询问。“那就播报新闻吧。”艺田边喝牛奶边回答说。

“著名冬装公司××已于昨日宣布破产。10多年前，科学家已提出‘2070猜想’，即至2070年，地球将会出现极端化天气，19亿人口将生活在高温地区。据相关人士透露，政府已加大科研投入，考虑移民外星……”

艺田放下牛奶，眉头微皱，2070猜想？移民外星？

2050·希冀浮现

实验室中心的会议桌旁，年轻的研究员艺田正在提出关于“蓝星降温行动”的方案。“可燃冰已在过半数的国家得到使用，电子或太阳能汽车也已取代了传统以汽油、柴油为动能的汽车。但我们还有很多事可以做，目前生物学家已培育出光合作用强度超自然植株两倍的转基因植株，我建议大量种植这类植物；许多工厂排放的废气破坏了臭氧层，需要对这些工厂进行对点排查和修整……”

同为研究员的颜佳打断了艺田的陈述：“那你有没有想过，你的方案消耗的人力、物力都是巨大的。修整一个老旧工厂和新建一个工厂难度差不多，转基因植物的种植也需要对植物特性的精准把控。这些问题怎么解决？”

面对颜佳的咄咄逼人，艺田深吸了一口气，用平缓的语气说道：“各位，这些问题我不是没想过。但从对地球和人类文明的保护角度来看，再大的人力物力的付出都是有意义的，都是值得的。试想一下，如果‘2070猜想’真的到来且更为严重，地球不再适合人类居住，移民外星成了必然选择，我们才是真的失败了。那时，金字塔、长城、希腊神殿、罗马竞技场，这些标志着人类早期文明的遗址我们带不走，也不会再看到了。守护地球，就是守护人类文明，就是守护我们的根……”

气象协会的杨主席站了起来：“我支持艺田的方案。”越来越多的手相继举起。艺田笑了，她相信很快就能看到雪了。

2070·大同大美

“主席，去往X国的飞机将于3个小时后起飞，现在可以出发了。”“好的，知道了。”45岁的艺田接替了杨主席，成了气象协会首任女主席。这次要去的X国处于中纬度，曾因连年高温被列入不适宜居住的国家行列。自从艺田等科学家在X国开展“蓝星降温行动”后，X国所用能源皆为对臭氧层无害的清洁能源；所有的工厂都进行了整改，不再随意排放污染物；每家每户都种上了光合作用强度大的转基因植物；人们出行时也会选择公共交通工具或是不排放污染物的私家交通工具。X国的环境日益美化，年均温已降至17℃，且有了四季变化。

艺田心中满是骄傲和欣慰。她不敢相信，原来自己和同行们，可以改变这么多，可以让世界变得这么美。

刚下飞机，她收到了留在北京的助手给她发来的一条信息和一段视频。北京下雪了！视频里的画面正是艺田小时候的梦境，但比梦境更加晶莹，更加迷人，更加空灵。

蓝星降温，净土守护；家园不弃，文明赓续。

指导老师：刘月霞，毕业于南京师范大学。中学高级教师，盐城市教学能手。获省优质课竞赛一等奖、省三八红旗手等荣誉。

重返陆地

张爱林 / 高三年级　彭震云 / 指导老师　山东省东营市胜利第二中学

“我真是吃够那种咸乎乎的小鱼了。”助手半躺在驾驶椅上，翻着补给单，看着今天的餐点。“忍着点，克鲁斯，听长官说这次回去有陆禽大餐，千年难遇啊。”我开玩笑地应了几句，又将注意力转到控制面板上。点开监控，满库的晶石便在黑暗中映出一片幽幽蓝光，这是 HM-581 号此次星际探索的成果——从 700 光年外发掘的能源石，被初步鉴定为一级能源，与地球磁场的匹配度也很高。

“辛苦了，上校！”飞船缓缓降落在停机坪上，我步出船舱，好友大喊着跑过来揽住我的肩，“我看到你发过来的鉴定结果了，非常完美，我敢肯定这次一定可以……”“威廉，”我打断他的话，“这只是初步鉴定，还要看星科院的深入分析，毕竟……这种情况不是一次两次了。”

如今，大部分化石能源都已无法提炼使用，人类将目光转向太空，只是并非所有探索到的太空能源都可以使用，或能量微弱，或与地球磁场不合。当蕴藏的能量无法在地球上发散，就把它当作星际探索飞船的补给能源，继续向宇宙深处探寻。太空能源是否可以使用，必须在地球上试过才知道，也曾有过初步鉴定优异，最终却是空欢喜一场的例子。

威廉皱眉看我：“现在我们需要希望，别那么压抑自己，上级安排了陆禽大餐，好东西啊！快去换衣服吧，我在餐厅等你。”“我不去了，让克鲁斯好好吃一顿吧。”没去看威廉的表情，但我猜那一定很精彩。陆禽啊，多珍贵，在这个 95% 都是海洋的地球上，用于种植庄稼和饲养陆禽的土地十分狭小，陆禽更是稀世珍宝，能抓几只来犒劳我们，看来上级对这次收获十分欣喜。

何必呢？若是不能使用，岂不是更加难过？我摁下了通往海底的直梯按钮，逐渐向海底沉去，机器的声音喧嚣着一个可怕的事实：若找不到可以利用的新能源，人类的血脉将被海水吞噬殆尽，我们要为曾经的狂妄自大付出代价。

海底的昏黑让我看不到前路。“上校，您在这里做什么？”一个青年带着一束明亮的光，走到我身边。“你认识我？”面对一个陌生的青年，我不免有些诧异。“当然！您是我们海居一代的英雄！”青年似乎很激动，“你为我们不断地带来希望，是你，上校，给予我们重返陆地的勇气，让我们知道，还有人在为了地球的未来而奔忙，人类没有放弃！”青年抛开对我的敬称，这些话语便直接砸入我的心里。

“可是，那些能源根本无法使用……”我的声音艰涩。

“那又如何！只要有您这样不懈探寻的人，总有一天新能源将出现在我们眼前！”隧道尽了，我们面前是一眼望不到边的居民楼，高分子玻璃舱外，海底生物自在地遨游，一如百万年以前。多出的，是人类。

“上校，我们这一代从没有上过陆地，但我们知道那里有多么美好，有明媚的太阳，有璀璨的星空，有在海底没有的一切。我们想回去，回家。”人造阳光洒下，我看到青年透亮的眸子里闪着泪光。可就算找到新能源，等地球生态恢复，海水退去，也需要百万年的时间，我与他，是没这个福分的。

但“让人类重返陆地”不正是人类这几百年来一直坚持的目标吗？我们会拼尽一切去实现它，哪怕未来奔跑在土地上的不是自己。“谢谢你。”我不由得嘴角上扬。

铃声打破寂静，我掏出通讯机，屏幕上威廉的脸涨得通红，他挥舞着双手大吼：“成功了！我们成功了！你快上来！”

星科院的博士告诉我，这个能源石能量极大，且匹配度高，至少能开发到90%，这一舱能源石，可使用百年之久，无排放，零污染，生态恢复指日可待。上级即刻下令，HM-581 号 10 分钟后再度起航，最大限度地搬运能源石。

我快步踏入驾驶室，点开控制屏，目视那一望无际的星河，承载着人类百年的希望缓缓启航。未来定会是一个新的纪元。

指导老师：彭震云，文学学士。毕业于长沙电力学院汉语言文学教育专业。中学一级教师。

沉没岛屿的转机

张凤羽/高二年级　逯建芳/指导老师　山东省济南市济阳区第一中学

当天刚刚破晓时，我便被争吵声、哭泣声吵醒。打开窗户一看，成千上万的人向收容处涌去。我赶忙穿好衣服，冲出门，拦住一个行人问道："这怎么回事儿？怎么这么多人？"那人"啧啧"两声："炎岛的，来避难。"

我心中疑惑：炎岛是南半球的一个岛，经济排名和工业发展必夺头筹，从来都是他们去支援别人，怎么还要来湖岛这个小穷岛避难？忽然，口袋里的电话响了，是援助组的博士。"马上来援助组会议室！"看来事情有点紧急，我边想边奔向援助大楼。

会议室的气氛凝重，一个西装革履的男人坐在椅子上扶额叹气。我认识那个男人——炎岛岛主，前几年湖岛饥荒时曾来这里实施救助。经询问才知道，虽然炎岛近几年工业发展迅速，但这一片繁华背后，却是慢慢恶劣的气候。前几日，有岛民反映边隅地区有塌陷的危险，炎岛主不以为然。三天后，炎岛有一块陆地突然塌陷，上百人被埋没在深海。炎岛主这才意识到问题的严重性，将边隅地区的人迁到湖岛。

"这可怎么办啊？"炎岛主愁眉苦脸道，"总不能为了防止气候变暖就停止发展吧？这不切合实际！"博士若有所思道："可以控制尾气排放和工厂的烟尘。"

"总不能不让人开车？工厂总不能不运营吧？我们是自然的主宰者，总会有办法控制自然吧？"闻言，我倒吸一口凉气，援助组的成员也露出无奈的表情。

"想控制自然确实没什么办法，"博士说，"但可以通过科技去缓解气候问题，听说您带来了炎岛的科研队，我们可以一起研究。"

新能源的开发是我们首要考虑的问题。经调查发现，炎岛的燃煤量巨大，烟囱里总会冒出滚滚浓烟，好似包裹着毒药的重重迷雾，若有新的清洁能源替代，也许会改善环境。有研究人员想到，导致气候如此恶劣的始作俑者是二氧化碳，那能否通过控制二氧化碳在空气中的含量解决问题呢？

就像家中的吸尘器，可以吸走细小的灰尘，数名化学家和环境保护者经过探讨，研发出了与之相似的环境保护器，能够吸收空气中的烟尘颗粒和二氧化碳。博士拿出一个直径约一米的器件，向炎岛主解释道：“这是我们新研发的环境保护器，它可以吸收一些空气中的烟尘，这里面会有一层膜，因为氧气、氮气等气体分子中都携带非极性的共价键，而二氧化碳只携带极性共价键，通过识别共价键类型，便可准确吸收适量的二氧化碳，进而起到保护环境的作用。这种环境保护器的膜是核心，我们会连夜生产、制作更多的环境保护器，你命人把它们安装到工厂、汽车的排烟管上，这样会更有效果。”

炎岛主赶忙道谢，博士又说：“我还想提醒你，人是无法控制自然的，控制自然这种想法是一种臆想，妄想控制自然的人，大都不会有什么好的结局。”

炎岛应用了这种环境处理器后，效果显著。人们也开始注意环境保护。科技与人力的结合，让炎岛的气候开始一点点恢复正常。炎岛再也没有出现岛屿塌陷的状况。人们的环境保护意识让这座即将沉没的岛屿出现了转机。

看着炎岛一点点地从危险中抽身而出，我有些许的感慨：人类只能去适应环境，却无法去改变环境。人类从来不是大自然的主宰，我们只能与之一起共生共存，正是炎岛主的错误理念才导致了这次的灾难。善用眼前机会，适应新环境，是我们的重要财富。只有人、科技与自然和谐共处，互助互利，这世界，才可以万古长青。

指导老师：逯建芳，中教一级教师，多次获得区优秀教师荣誉。

走进未来

张家烁 / 高三年级　续润卿 / 指导老师　山东省临沂市费县实验中学

“嗡嗡嗡……”一阵由弱到强的振动将小冰拉出了梦乡。温柔的阳光从显示着时间的窗户上射进来，他意识到，该去上班了。

这是2050年的一天，在这过去的30年里，人类已经认识到温室气体排放以及气候变暖的危害，并做出了许多改变。致力于研究植物光合作用原理的科学家们已经成功克服了种种困难，实现了体外持续高效的光合作用。在一个个绿色的反应球内，光反应正高效地进行着。与此同时，暗反应也正积极地吸收着大气中的二氧化碳，并且合成人类需要的各种有机物。

随着科技在新能源开发的路上踏出一个又一个坚实的脚印，传统的化石燃料在2050年早已没了踪影，取而代之的是太阳能、风能、核能。人类成功地建出了连接绕地轨道与地球表面的通路，许许多多穿梭机往来其中，不仅解决了传统的用化学火箭送人们上太空能耗巨大的问题，同时也减少了让人触目惊心的安全事故。连接着天梯另一头的是配备有大推力的离子电推引擎的空间站。现在的离子发动机，其几百乃至几千牛顿的持续推力比其30多年前提升了不止一个数量级，完全能满足维持轨道半径的需要。

除此之外，人类还在太空中建起了许多科学实验室。太空中特殊的零重力环境使得许多实验能够完美地进行下去，而小冰就是太空07号实验室A区的一名操作员。

简单地洗漱过后，小冰出发前往附近的穿梭机。小冰登上了穿梭机，耳边传来了个性化定制的轻音乐。通过面部识别认出了小冰的穿梭机按照预设的目标路线，载着小冰升向目的地。

现在的人类，认识到了教育的重要性，培养了一大批受过高等教育的科研工作者。在他们的努力下，越来越多的对环境有益的科学技术出现在人们面前。世界各国的隔阂和分歧也不复存在了，战争渐渐成了一个陌生的词汇。在新技术的帮助下，人们能够安全地提取出存于核弹头里高纯度的燃料，并用于核聚变可控反应，为核聚变引擎提供动力，或是成为新式发电站的原料。小冰今天的任务，就是处理一枚废弃的核弹头。

得益于太空中独特的条件，放射性核原料远没有之前的那么可怕。随着按钮按下，3 米厚的水墙将整个实验区牢牢裹住，挡住了几乎全部有害射线的辐射。在太空实验站的中心，是机械手操作区。这里绝对零度的低温减缓了触发核反应的中子的运动速度，大大增加了操作的安全性。小冰轻轻移动着手柄，机械手上的传感器将当前画面连同各种物理参数一起采集起来，并且通过显示屏显示在小冰面前的液晶显示器和他的全息显示器上。拆解工作很快就完成了，核燃料也被放入燃料池储存起来。小冰伸了个懒腰，继续检查空间站的各种参数指标。没有地球大气的阻挡，包裹着空间站的太阳能电池板的发电效率非常高，这些电能，通过超导输电线几乎以零损耗高效地输送回地面。

结束了研究任务，小冰从实验中心飘出来，来到旁边的休闲舱室稍作休息。这里有利用自转向心力而产生的 1G 人造重力，能防止因长期失重造成的骨质疏松等身体问题。小冰很喜欢看书，因此他每天必做的事情就是读几页科学杂志。现在的阅读方式，已经不再是阅读耗能严重的纸质书籍，取而代之的是柔和的视网膜屏。这种屏幕采取了更温和的光源，不仅能有与纸质书籍类似的阅读效果，还能防止阅读者的视觉疲劳。

小冰长呼一口气，轻松的一天结束了。透过舷窗看去，在人们良好保护下的地球显得格外晶莹剔透。设定好二氧化碳调节器及水循环调节器的各项参数，小冰踏上了电磁驱动的穿梭机，在晚间新闻的陪伴下踏上了回家的路。

指导老师：续润卿，高级教师，县优秀教师，优秀班主任。曾获市成果奖、市课赛一等奖。

“GCCA”协定

张家怡/高三年级　李琳/指导老师　江苏省常州市前黄高级中学

“您好，江先生。作为您贴心的索罗，我不得不提醒您，如果您再不起身将电磁炉关上，由它引起的火灾所带来的碳排量，将是您一辈子支付不起的。”

这位在沙发上假寐的青年人迅速从沙发上爬起，快步走向厨房。

公元2035年，通信时代的第6次变革接近尾声。通信设备智能终端的形式多种多样，功能完备，且价格亲民。就在下一年，联合国政府发起一项协定：凡是拥有中等收入及以上国家国籍的公民，从出生起便必须拥有一台智能终端设备，用于联合国政府环监部门对公民基本生命活动的监控，以方便执行《全球公民碳排协定》(Global Citizen Carbon Agreement)，简称“GCCA”。该协定规定了公民终生被允许产生的碳排放量。如果违反规定，那么等待他们的将是巨额的罚款。若无力支付，便会被剥夺人身自由权，并被送入新能源开采地，义务劳动终身。

这项协定发布不久后，群众爆发了空前绝后的游行示威活动。他们大呼着“自由与主宰”，高举着“人权与正义”，浩浩荡荡地将怒火烧到了联合国的大门口。于是在2038年，时任联合国环监部长、新能源开发部的监督人江百景，在联合国总部发表了一次可以被载入史册的重要讲话。

“各位，稍安勿躁。我是‘GCCA’协定的起草人江百景。我知道协定的实施与执行让大家的生活模式、质量都发生了天翻地覆的改变。”

这位年轻部长的目光扫过台下的每一张面孔。这些人，有的愤懑不平地瞪大双眼，有的双手叉腰眯眼瞧他，有的神色冷峻、没有一点温度。

“但是，由于过度排碳导致的全球变暖，海平面上升，在过去一年里就夺去了近两千万人的生命；非洲大陆也遭受了有史以来最严重的蝗灾。占地几百万公顷的庄稼被满天飞虫侵食而空，颗粒无收。一时间饿殍千里，哀鸿遍野。所以我们要执行这一协定，帮助地球恢复生态。”

“那是他们的命不好！”“就是啊！凭什么让我们为他们的灾难买单！”

江百景仰头失笑。他从来没有听过如此可悲的笑话。

"究竟是谁在为谁买单？你们生活在发达地区，享受着远高于平均水平的教育、医疗、公共基础设施。你们消耗着最多的资源，制造着最多的污染，却还想不负责任。当你们在家中享受生活时，那些无辜的人民却被禁锢在那片残破的土地上，为人类的过度活动付出着惨痛的代价。你们成群结队地在这示威，可是又有谁为他们来鸣不平！"

江百景奋力举起手上的死难者名单，厚厚的一整本。"数据化的事实抽象了你们对生命逝去的概念，让你们忽视了这一个个冰冷的数据、陌生的名字背后，也曾是一个心脏有力跳动着的活生生的人啊！这些灵魂的声音是这个世界所不能承受的悲鸣啊。"

他目光锐利地再次看向群众。终于，人群颤动了起来。江百景看见了他们脸上的惊愕、慌张、动容。

"人有私欲，但这并不是我们不包容、不仁慈的理由。这一次，我们在黄昏里抓住了密涅瓦的猫头鹰，我们需要自省，更需要携手。否则，我们将共同走向绝境、毁灭。我们是一个命运共同体。这不是说说而已。"最后，江百景鞠躬，转身走回总部。人群沉默着。

江百景像一把利刃，血淋淋地剖开了这个世界深入骨髓的"隐"毒。同样，他也是一场甘霖，点醒了为物质生活有些发狂的人们。

2045 年，江百景在家中嗦着差点被烧干的粉皮儿，很"奢侈"地淋上一大匙猪油。如今日常的生活饮食也被计入个人的碳排放量之中。江百景吞下最后一口汤汁儿，转身走进卧室。换好衬衫，披上白大衣，准备外出。

上午 10 点，江百景来到国科院。10 点 30 分，世界最后一台碳排车销毁仪式暨可燃冰最新开采研讨大会正式开始。

伴着机器最后的轰鸣声消失，江百景松了一口气。他踩着昨日雨后留下的水洼，看见了人类明天的"金蔷薇"。

指导老师：李琳，教育硕士，毕业于南京师范大学。中学一级教师，曾获得江苏省高中语文优秀课评比二等奖、常州市高中语文评优课一等奖。

何须悲哀，梨花落哉

张嘉语/高二年级　叶其卿/指导老师　浙江省诸暨市海亮实验中学

“气象局最新报道显示，今年平均气温较25年前已上升1.8℃，预计此后气候变暖趋势将不断加快。”

“又是一年，真怀念几年前的那场雪，妈妈，你说，我们什么时候才能再看到雪？”

“怕是暂时还不行，这不，你爸爸刚接到通知，要去参与设计新一代的空中列车。”

新型汽车的普及率已达75%，它们多“行驶”在距离地面8米的高空，车身采用新型的耐高压、高硬度材质，人在其中不会感到不适。再往上，便是可载4人的无人机的地带了。全自动驾驶可避免由于个人主观判断偏差带来的危害，在气候稳定的时段里，被认为是最佳的出行方式。

“××路段发生一起空中列车偏离轨道事故，列车坠落后，对下方行驶的汽车造成了不同程度的伤害，伤亡人数尚待确认。”有专家推断此次事故是由于空气异常对流引起的，随着全球变暖加剧，空中列车和汽车都将受到影响，材料的承载力以及对突发情况的处理能力都已经无法适应新的气候环境。随后交通局发布指令：在新一代交通工具正式研制成功以前，所有私人汽车、无人机都须暂停使用，已进入市场的都须禁止销售，避免带来严重后果。

交通工具的停用并不会对人们的生产生活造成太大的影响，网络授课、在线办公早已实现，生活物资的供给都交由定点送货的机器人处理。大部分人出行，多是因为他们想见见“真实”的人，“真实”的世界罢了。

伴随着世界人口暴涨的，由旧型工业衍生而来的新型工业，它们的排放问题亟待解决。为了弥补研究人员稀缺的问题，“环境与工业”已成为许多高中的必修课程。几百亩的大农场，零零星星的人倒成了稀缺的风景。与其说是人在管理农场，倒不如说是植株在“赏”人。

城市像一口大锅，蒸煮万物。少有人的街道上，草木似是站在万仞高山之上，战战兢兢。工厂正在大批量回收上一代交通工具，它们有序地排列在广袤无垠的土地上，寂静又悲壮。“××市多家工业违规排放”“有机蔬菜疑携带病菌”“在交通工具暂停使用的6个月内，数百个家庭中出现有抑郁倾向的家庭成员”“三十几位工程设计师在高压工作下不堪重负，竟集体跳楼”“高纬地区物种数量锐减”……新闻报道让人们陷入恐慌。

在与气候变暖斗争的那5年里，这样的事件不断发生。所幸，各领域的技术相继突破，笼罩整个社会的阴霾逐渐散去。大量的工厂被合并或强制关闭，净化系统被研发后，污染指数已降低。沙漠里的防护林，城市中的绿叶带以极快的速度覆盖在这个饱经风霜的地球上。电视上滚动播放各国签署友好环境协议的场景。

“研究了5年的空中列车正式运行了。”

“爸爸、妈妈，快看！下雪了！”

“据气象局最新报道，地球今年的平均气温较5年前有所下降，预计未来10年，气温不会有明显上升。新一代交通工具正式进入市场。”

空中列车的车身换上了“新年红”，首辆列车试运行时，一票难求。空中列车投入运行的一个月内，我国居民消费超过了过去一年的消费总额。

草木像是憋疯了，止不住地乱颤。暮色四合，人间烟火，热气腾腾，此起彼伏的“新年快乐”宣告着这场长达5年的斗争的结束。

那些人类即将走向毁灭的魔咒被打破。天总会亮的。

指导老师：叶其卿，中学高级教师。浙江省教坛新秀、浙江省教学论文评比一等奖、丽水市明星教师、丽水市优质课程评比二等奖获得者。

第 101 滴水

张金优 / 高三年级　李金霞 / 指导老师　山东省临沂市兰陵县第四中学

“嘀——嘀——”手环不断发出红色警报声，每一声都犹如重拳击中顾客行的心脏，最后心脏猛地收缩——一阵急促的警报声停止，一抹瘦小的身影倒入沙坑，微微击起一阵尘沙。同行之人没有停下沉重的脚步，满面尘土的顾客行强忍着泪水，干裂的嘴唇渗出一丝丝红血，他握紧手中已经看不出颜色的水瓶，艰难地挪着僵硬的肉身，终究是忍住没有回头。

这一行队伍已经在沙漠中耗了 2 天时间，探测仪发出警告后，炎城的所有居民开始向安全区迁移。全国各地都遭受着极端天气的摧残。21 世纪的先进文明下，人类却犹如原始动物般进行着大迁徙，在强大的自然面前，我们犹如手无缚鸡之力的蝼蚁，连发出声响的资格都没有。

共 13 人的队伍，到头来只有 5 人坚持了下来，暂时被安顿在难民所。天窗作为全国重点开发的经济中心，早已为应对气候变化制定了相应对策，在气温持续上升的这几年，它一直致力于研发新能源，拯救如今的地球，这是所有人的希望，也是唯一的选择。

天窗的人早已过上了零碳生活，这种有些陌生的生活方式让自小生活在边境的顾客行感叹。“兄弟，我是这里的管理员，也是从其他地区迁移过来的，我给你介绍下在天窗的生活方式，可能与你们那儿有些不同，但不用担心，你会很快适应的。”眼前憨厚的青年用略显拗口的方言朝顾客行打招呼。

天窗已实现全自动化管理，强大电功率的使用得益于科技的发展与进步，而电力主要来源于沙尘暴。没错，人们在遭受沙尘暴侵袭的同时，也在利用它的益处。天窗还在城市边缘设立了一道天然屏障，防止外来灾害的侵袭。清洁能源 SYR 的试用就在今天，这将会是关乎全人类性命的一个转折点，只要新能源试用成功，地表生态将会在最短时间内恢复到原始阶段，再利用其辐射能力对天气的转变进行合理控制，我们会在不久的将来实现环境的可持续发展。

所有人都早早守在屏幕前观看现场直播，工作人员开始启动程序，仪器显示屏上的量子开始叠加，接下来只需静心等待结果。

“砰——”，整个难民所顷刻之间化作一片废墟，沙尘暴再一次袭击了城市，位于城市边缘的难民所自然逃不过沙尘暴的突袭，屏障也意外地没有承受住沙尘暴的袭击。

眼泪无法抑制地喷涌而出，那种长时间积压在内心深处无法言说的委屈与怨恨，在这一刻终于爆发。可顾客行无法发出内心的嘶吼声，此时他被压在一块重石之下，他能感受到自己腿下湿热黏腻的液体，他分不清脸上的是泪水还是血。他不再像当初一样吝惜眼泪，连着顾湘死去时的泪一起喷涌而出，那时为了生存，他一滴眼泪也不能流！他记得妹妹说的最后一句话：“哥哥，答应我，替我活下去！”

“1，2，3，4，5，6……90，91……”，不知从哪儿流出来的水沿着上方的石壁开始滴落，砸在顾客行干枯的脸上，他安静地闭着眼，数着水滴落下的次数，光屏上倒计时的数字还在继续。

“97，98，99，100……”在第101滴水落下的时候，他张开了干涸的嘴，水滴掉入他口中，他感受到水的甘甜，那微不足道的一滴水，跟妹妹递给他的草莓味硬糖一样甜……

一阵静默过后，光屏那边传出欢呼声：“恭喜新能源试用成功！”

“嘀——嘀——”生命手环发出一阵响声，绿色体征迹象显示，他活下来了。顾客行睁开干涩的双眼，盯着头顶明晃晃的灯光，恍惚间，他看见顾湘穿着粉红色的小裙子在朝他微笑，两颊的梨涡若隐若现。可是画面突然只剩下黑白一片，他伸出手想要抓住，抓住她身上的那一道光，可是眼前却变成了荒凉的沙漠之地。

他回过神后，嘴角扯出一抹笑，笑意却不达眼底，嗫嚅道：“终究是，客行悲故乡。”

指导老师：李金霞，文学硕士，毕业于青岛大学比较文学与现代文学专业。中学二级教师，曾获兰陵县优秀教学质量奖。

重 生

张凌爽/高二年级 杨思/指导老师 四川省成都市实验外国语学校（西区）

2060年，中央森林咖啡馆。一辆氢能胶囊车停靠在了门前，车内走下一名男子。“虹膜认证成功，欢迎您，林元先生。”林元踏上传送带，在保护气体撤下的同时进了咖啡馆，有一位老者在里面等他。

“中午好，林教授，今天天气不错。”林元勉强扯了扯嘴角道：“是啊，平均气温35℃，还是在中央森林。伍尔元帅今天约我来，还是为了那个……”

“大禹计划。”伍尔元帅正色道，“这个只有你能办到不是吗？如今能真正把自己暴露在空气中的只有人工智能了，我们只能龟缩在建筑和氢能胶囊车里，人类无法长期在这样的环境中生活。”

林元望向咖啡馆外，空中是盘虬卧龙般的氢能车轨道，地面上栽种着无数的热带植物，街道上有行色匆匆的人工智能。“我不太明白，元帅。”林元收回目光，“难道就无法保持现状吗？这几十年间，新秩序进行得井井有条。”

“林教授，你就不要和我揣着明白装糊涂了。自打联盟政府建立以来，看上去有了新的秩序，可危机重重啊。2018年，地球上存在近76亿人，而在这短短几十年间，人口数量已锐减至1/10。如今能够拥有正常生活秩序的人不超过5000万，剩余的人在炎热、窒息、饥饿中苟延残喘。在死亡的威胁下，暴乱时刻有可能发生。人类随时可能覆灭。”

林元沉默了良久，缓缓开口道：“你们给我的方案是将软流层的岩浆引入太平洋的马里亚纳海沟最深处，在阻止海平面持续上升的同时增加大量降雨。设想很美好，可成功的概率不足5%。一旦控制不住岩浆的量或是引入的地深度不够，炽热的岩浆足以让所有事物全部升华，连渣子都不剩。”

伍尔元帅说：“只能这样了。我们的技术改造将完全跟不上环境的恶化速度。几十年前一位中国作家曾写过一句话，人们生于信仰而毁于信仰。如果失败，我们只能带着信仰一同毁灭了。”

中央实验室。

“运转机能 100% 正常。思维机能 100% 正常。记忆机能 100% 正常。”

“报告教授，改造人伊昉例行检查完毕，一切正常。”

伊昉坐在检查椅上，一根根拔下身上的连接线说：“教授，我已查阅了您传给我的计划资料。通过推演模拟后，结论为成功率不足 5%，不建议您启用。”

林元沉默了须臾，忽然说：“你还记得那场战役吗？反联盟军包围中央指挥处的那场。”“那时候真是昏天黑地。”伊昉说，“在那之后，您将我全身的循环和机能系统都换成了可变形材料。但那场战役后，可变形材料的制作原料配比丢失，所以我成为唯一一个改造人。”

林元看向他灰色的眼睛：“我事后研究了你的生理状况和安戒所环境，反联盟军进入中央指挥处的第一件事就是毁掉通往紧急处理站的全部通道。以你那时的身体，绝对不可能拉下最高处理站自动化的闸门。你是怎么做到的？”

“我只想着必须要拉下闸门，无论如何！这就是我们仿生人与现在满大街乱跑的破铜烂铁的区别，我们有‘明知山有虎，偏向虎山行’的孤勇，有即使了无希望也想创造奇迹的妄念，这才能一次又一次地绝处逢生。信仰或许虚无，但是强大！”

昉，取古汉语“天明”之意。伊昉，能承受住深海的压力、拥有计算机的精准和人类的思维与变通能力，他或许能从暗无天日的海沟里带来曙光吧。

大禹计划正式启动。

林元和伍尔静静地站在联盟气象观测中心里，盯着满屏不断刷过的数值。因为潜入地心太深，林元早已与伊昉断开了联系，通讯界面卡在几十个小时以前。所有的心慌都来自无助和听天由命。

屏幕上的数字忽然跳动起来，天上忽然堆积了乌云。指示全年气温平均值的指针晃动起来，最终稳稳地停在了 18℃。甘霖已至！

林元僵立了许久，才感到浑身血液一点点地流回四肢。他取下架在鼻梁上的护目镜，低喃道：“那位作者还有一句话：人类在信仰的灰烬里重生。”

指导老师：杨思，成都市实验外国语学校（西区）高中语文教师。

黄河之水天上来

张沐瑶/高二年级 吴锐/指导老师 江苏省南京市宁海中学

2062年,“下雨了!”人们在雨里奔跑,欢呼。董叙阳看着滴落在恒温服上的水珠,小小的水珠里映着男人欣慰的笑脸,折射着他眼里的光。

2050年,地下72层。

这时,地球表面的温度最高可达60℃,人类移居地下,并将地球上大部分动植物基因保存,以等待新生。

董叙阳擦了擦额头上的汗珠,捡起地上散落的文件,作为研究院的实习生,少年有着改变现状的热情和束手无策的无奈。此时最珍贵的资源,是水。地表阳光的烘烤,地下炽热的熔岩,让水不断蒸发,可水,是生命的源泉啊!董叙阳思索:“那地球上的第一滴水从哪里来呢?”

“雷电,氮气,蓝藻呼吸出的氧气、甲烷,多种因素达到一个最适值,一切才会诞生。”陈博士答道。这时,中子波传来通信:“地下城最后的柳树枯死,又有一种植物灭绝。”听到这,董叙阳叹了口气,走到电脑旁。

“奇怪,怎么会这样?”根据电脑的追溯显示,太阳在一千多年前的一天内出现10多颗黑子,“或许是电脑出错了,一千多年前,人们连整个地球大陆还没探索完。”陈博士并不在意。

“不可能,现代的电脑怎么可能犯这样的错误?只能说当时的科技不发达,没有对人类生活造成太大影响!”董叙阳反驳。

中子波又传来了通信:“水资源锐减,停水2个小时。”水?黑子?董叙阳的思路被打开了:之前的黑子暴动,不是引发了海啸吗?

电脑又显示着太阳风的传播路径,陈博士看着显示屏:“怎么有一道没有飞向两极,而是落到了中纬度地区?”“在哪儿,在哪儿?”董叙阳激动地凑上去看,又拿老地图比对,“喜马拉雅山脉?”黑子,地球磁场,大雪山脉……雪?水?“马上向上级汇报!”陈博士向研究院申请。

两年后,他们进入研究院的高量子研究室,继续研究这个偶然的发现。

"陈博士，有结果了！"博士看着激动的年轻人，电脑上呈现了一份喜马拉雅山脉的地质报告。"博士您看，山脉太高了，而其中蕴含了大量碳铁矿石，大量黑子激发了它们的磁性，因而地球磁场乱了，太阳风才会偏移，但地球迅速调整过来，所以，会有一束落到中纬度地区，而没有飞向两极。"少年的眼里有光。

3 年后，城下 96 层。董叙阳告别了陈博士，从天文转向地质，继续研究那个偶然的发现，而陈博士，送给他一本书，一本泛黄的书。

2055 年 6 月 15 日，董叙阳正式向地下联邦提交论文。"喜马拉雅山的高度，加上太阳黑子的暴动，磁性加强，使地球磁场被拉伸，但在此之后又'回弹'恢复原貌，这个过程产生了巨大的能量。如何使正方形左上角的蚂蚁最快到达右下角呢？答案不是直线，而是对折，左上即右下，空间折叠后，不论多远的距离，只要一瞬。磁场变动，使地球的时间发生扭曲，高山上的空间被压缩，因而，21 世纪前期平行宇宙得到证实，几千年前的一刻，平行时空的通道被打开，空间发生了转移。但这转移并没有引发太大的变故，高山依旧如此，但还是有人看到了。"说到这，董叙阳拿出了陈博士送给他的《唐朝诗词选》在众人的目光和聚光灯下，董叙阳吟出了那句："黄河之水天上来。"

2062 年，几百名人员穿着厚重的恒温服，从地下重返地球荒漠的表面，超强的磁力电机在做最后一项检查，董叙阳通过量子望远镜看着太阳上 9 颗黑子："这足够了。"

"预备，3、2、1，启动！"几百人连同地下城的所有人，屏住呼吸，不敢眨一下眼睛。

嘀嗒，下雨了。人们欢呼着，拥抱着。董叙阳看着恒温服上的水珠。黄河之水，真的，从天上来。

指导老师：吴锐，文学硕士，毕业于河海大学汉语言文学文艺学专业。中学高级教师，江苏省"333 高层次人才培养工程"第三层次培养对象，南京市优秀青年教师，鼓楼区学科带头人。

涓涓不壅，气流涌动

张彭蕊/高三年级 杨雅芝/指导老师 云南省昆明市安宁市昆钢第一中学

世界灿烂盛大，地转偏向力成风流，电子不经意地回首成电流，股股清溪成碧江水流，气流涌动，星云变幻，自然已沉不住粗犷的气息。

晴空朗朗，气候炎热，今日风力颇大，于是驾着风动车前往航站楼的人甚多，小女娃手中紧握的风车“呼噜呼噜”转，特殊的装饰材料反射出一片锦瑟美好。石油挖尽，如今早已无加油的汽车，街上的车都以风能为动力。我抬头看看载在人造云上的风力发电设备，设备外表上是“凤皇”的图腾，仔细看其羽毛纹路，可辨“仁义德信”四字，是鸟也，自歌自舞，见则天下安宁。我驾着风力动车，赶去航站楼取我的登舱票。人类为寻找、抢占宇宙资源，早已向太空伸出无赖索取的手。

人声鼎沸，人流涌动，今日的航站楼挤满了人，或许人们都想去看看自己以后将要居住的行星。朱砂红大门隔离了人们与发射场地，门上有“鸾鸟”图腾，自古便有悲伤之意，不知是否暗示了人类即将不能拥有地球，离开家园。我带上特制行李箱，登上了舱房，隔离门板一合，MZX1125 号飞船缓缓启动，当周围变轻时，我就离进入太空不远了。路过土星时，身旁的朋友神秘地说：“哥们儿，你快用望远镜看看，土星上有流水痕迹，虽已干涸，但那可能有风啊，这儿挺美的，能来这住，我也愿意。”当风吹过干涸的河床，卷起尘土，带来人类寻求出路的渴望，而人类源源不断的欲望野心，又怎会轻易得到满足。

电流窜动，激起千万花火。身旁那朋友说不停：“看看看！天王星！它内部的情况极其恐怖复杂，深入内层可看到静电产生的闪电电弧和钻石雨，温度极低。再看那边，黑黑得看不见，重力使各星系碰撞，一颗大小是太阳 15 倍的星球爆炸成碎片，形成有巨大引力的黑洞，光线也无法逃脱，科学家们尝试着借助电流解读出微弱的霍金辐射。”在宇宙中，电流探索未知，摩擦万般可能。日日闪电，终将晴天。

地球上，水力发电，太阳能发电，缕缕电流织起地球的大动脉。5亿年后太阳生命走到尽头，意味着电能消失，人类自诩万物主人，越想掌控自然世界，离永续生存就可能越远，各类资源的枯竭，早已暗示悲惨的结局，而开发新能源，也许还有一线生机。

清流涌动，延续万物生命，亦载舟亦覆舟。气温不断升高，南北两极冰川融化，海平面上升，陆地已容不下所有生物，人类开拓了天空生活区。天空明亮，只是离太阳更近了一步，也更热了，脚下是潮水翻涌，政府不断降低废气排放量，依然无济于事，我们在天空中生活了许久，脚下好似回到了地球早期时代，汪洋大海，仅剩下的陆地上人口暴涨，他们也在为回到家园努力。

天空与陆地有隔板隔开，其图腾是“蛮蛮”，见则大旱。新闻上说：“现今将地球的海水排到水星，使其不受重力影响的问题已解决。”人类为实现环境的可持续发展，可谓付出心血，代价与痛苦不少。电视机旁的弟弟托着腮说：“那这样别的行星上也有源源不断的水了，会有其他文明出现吗？我们一定能好好相处吧！”为了可持续发展，各国在宇宙中发起了星际战争，如果源源不断的水流，滋润着另一文明的出现，我们能在和其他文明的战争中胜利吗？

不违农时，谷不可胜食也；数罟不入洿池，鱼鳖不可胜食也；斧斤以时入山林，材木不可胜用也。善用机会，抓住突破点，不断适应变化，不断探索，寻求机会。自然与科技和谐相处。

世界锦绣繁华，鱼游春水，生机勃勃，生气耀眼于整个宇宙，涓涓不壅，行星相撞，星云混融，气流不断，自然终将平息怒气，人类、科技与自然定将和谐共处，惊艳整个宇宙。

指导老师：杨雅芝，毕业于西南大学，汉语言文学、历史学双学位，二级教师，曾获全国中学生科普科幻作文大赛优秀辅导老师等荣誉称号。

最美的地球

张蕊蝶/高三年级　颜曾/指导老师　四川省成都市金堂中学校

“新增3个S区域，2个T区域持续恶化，未来一周有可能转为R区域。”冰冷无情的机械声在地球联合署的大楼里响起。自21世纪以来，经济、科技迅速发展，而温室气体排放量急增，两极冰川融化，海平面上升，北极熊、企鹅的身影从地球消失，全球平均气温上升7℃，地球上超过1/3的人全年饱受高温折磨。从此，地球再无五大洲，有的只是一个个被烙上“S、T、R”标签的，用以区别不同温度的区域。世界各国于2069年紧急成立地球联合署，共同管理这个正在升温的星球。我叫程明，任地球联合署气候部秘书长。

“长官，过去24小时新增3个S区域，预计明天还会有2个区域达到S区域温度线。”“长官，第一小组所管理的2个T区域持续40日突破高温线，且已有4个月未降水，请求使用人工降雨。”“长官，东部地区本月死亡人数达11人。”

我挨个接过他们手中的文件，回到办公室，力不从心地靠在椅背上。自温度持续升高以来，短短一年内，淡水河流悉数干涸，人们只能花高价购买海洋净化水。一些买不起水的家庭只能等待死亡……残酷的现实！再看向那张申请人工降雨的报表，我拿起了笔，犹豫不决。如今人工降雨的成本太高了，为能经受住室外的高温，人工降雨所用的飞机必须经特殊人工合成金属镀层。且T区域的高温，还可能会使雨水尚未落地便汽化消失。

我正犹豫，部长的声音从身后传来：“小程，随我来。”

部长带我进入电梯，按下了12层的按钮。12层，那是我们从未被允许进入的区域。“叮——”电梯门打开，映入我眼帘的是一面巨大的玻璃墙，里面有坚实的土壤，有碧蓝的晴空，一树一树的花，一蓬一蓬的草，我看见鸟兽追逐，听见溪水潺潺……

“你看到了什么？”部门长突然开口问。“一个巨大的生态缸。”我如实答。“错！你看到的是生命……你看过星星吗？”我愣住了。从记事以来，人们出行都在地下，地上的建筑都有特殊玻璃罩保护，人们惧怕太阳。星星更是我从未想的东西。

“我见过。”部长说道，“我见过春天放风筝的稚童，夏日卖冰棍的小摊，秋天飘香的桂花和满山的枫叶，冬天打雪仗的男女老少，我见过北极神秘的极光，见过南极的企鹅……我见过这个地球最美的样子，那才是她该有的模样。我常常在想，现在的世间真是我们希望的样子吗？为了科技的发展，我们牺牲得太多了。如今，我见到了干裂的河床，枯萎的树木，还有身处水深火热中的人们。”

我望向部长，老人的鬓角已花白，单薄的身形却似乎蕴藏着巨大的力量。“所有的表象都不是独立自存的，那么改变表象的最好方法，便是从内里改变。小程，你愿意回到过去，改变这一切吗？”说罢，部长拉开了右方的帘子。“时光机——”

“不是不能改变时间吗？”我错愕道。“万物皆为物质，只不过换了个出场顺序。再说，牺牲了这么多换来的先进科技也就这么点儿了。”他苦涩地笑。我看向部长的眼睛，那里似乎有星辰大海，有春夏秋冬，有他口中地球最美的样子。

“我愿意。”时光机的门打开，我缓缓地走进。“程明，你还年轻，还有能力，尽你所能阻止人类再陷入苦难之中，世界是巨浪中的一艘船，现在该由你掌舵了！”

公元2070年。我叫程明，是地球联合署环境部部长。

“程叔，早啊！”一进办公楼小刘便热情地跟我打招呼，“您真是越活越年轻了！”“就你小子会说话。前天我陪孙子放风筝还快追不上他哩！”我笑道。

“程叔，周末一起骑车去爬山露营啊，听说晚上在山顶可以看到好多星星呢。”“好嘞！”

我叫程明，我见过最美的地球。

指导老师：颜曾，中学高级语文教师。曾获得成都市优秀教师、成都市骨干教师、金堂县十佳高中把关教师、县优秀教师、县德育先进个人等荣誉。

莫比乌斯环

张雯惠/高二年级　侯志霆/指导老师　山东省临沂第三中学

“嘀！嘀！警告！警告！前方检测到有时空乱流，请注意规避……规避失败，警告！飞船解体！警……”

“呃。怎么回事？我在哪儿？”一名年轻的男性在草地上醒了过来。“我，我还活着！怎么回事，飞船不是解体了吗？我的同伴去哪儿了？”男子正在自言自语，忽然看到前方有个人影正向自己跑来，同时传来一阵声音：“林！林！是你吗？”被称作林的男子站起身来。向来人的方向看去，大喊道：“金！是我，我在这儿！”金听完，两三步跑到了林的跟前，问道：“怎么回事？就你一个人吗？其他人去哪儿了？”林答道：“不知道，你先安静一会儿，我理理现在的情况。”“唉，早知道就不接这个任务了。”

公元 2189 年，地球已经变成了一座火炉，过量的二氧化碳紧紧包围着这个脆弱的星球，有近 20 亿的人生活在高温地区，联合国为了寻找解决方法，专门成立了专家组，而这些专家们分成了两派——移民派和治理派，两派别每天吵得不可开交，各自赶各自的进度，于是，双方的进度都很慢。林和金是治理派中的探索先锋队，因为听说有人研发出了人造虫洞，于是就想试试能不能利用虫洞穿越回去看看古人是怎么解决环境问题的——历史上曾有过一次如现在一般的灾难。于是便有了林他们这次的行动。

他们本来是有 6 个人，打算一起穿越虫洞寻找解决方法，没想到在人造虫洞里居然碰上了真的虫洞，并被卷了进去，于是便有了开头的一幕。

林站在原地想了一会，又看了看周围，对金说道：“我们应该是在穿越途中碰上了真正的虫洞，并且遇上了时空乱流，而人造虫洞非常尽职尽责地把已经被乱流撕了大半的飞船传送到了目的地，不过受到虫洞的影响可能有些偏差，所以我们才会分开。”“那其他人呢？”林看了金一眼说：“飞船被撕裂时，我们俩站在一边，他们站在另一边，而你又只找到了我，所以他们很有可能……”林没有说完，但金已经听明白了。过了一会儿，金问道：“那接下来怎么办？”林看他已经调整好了情绪，开口说道：“我们先去找城市，看到城市才能知道这是哪里。”

林和金用了 3 个月的时间搞明白了这是哪儿，并各自找到了一套身份。又花了 4 个月的时间，利用未来人的知识成为国家研究院的一员。还用了近半年的时间一层层地向上爬，见到了研究院的院长。

“所以，这就是你们这一年来的经历？”一名头发斑白，面容略带严厉的中年男子正在看着林和金。“是的，院长。”“那你们来找我干什么？”“院长我们已经说过来到这个时代的任务，所以就想向您了解一下你们是如何度过这次难关的。”院长思索了一会儿，对二人说道：“跟我来。”院长将二人带到了一间像是会谈室的地方。“这里没有监控。可以把你们那个时代的状况和我讲讲吗？”两人惊讶地对视了一眼，他们之前并没有将任务和真实情况全盘托出，就是怕有别人听见、消息外露，没想到院长竟然看出来了这一点。

两人点点头，将 2189 年的状况以及他们的计划全部告诉了院长，院长听后沉思片刻，对他们说：“真是岁月不饶人啊，你们应该知道，今年是 2070 年，而你们那个时代的状况，和前人预测的几乎一模一样。唯一不同的是，他预测这些状况发生的时间应该是 2070 年，而非 2189 年。果真是‘生于忧患，死于安乐’啊！”院长唏嘘片刻后，严肃起来对他们说，“听你们说，当时分成了两个派别？这两个派别只能留一个，你们看看现在的地球就应该知道要保留哪一个了。我们之所以没有记录这次灾难就是因为我们压根没有经历这次灾难！当初有人预测到这个结果后，几乎同一时间，各个国家都颁布了法令：减少二氧化碳排放量，绿色出行，经检测不合格的工厂直接拆除，严禁使用木制品，大力推行种树活动等等。各种保护环境的条约一一形成，几乎所有国家都签署了环保条约，在各国政府的领导下，各行业、民众纷纷配合，终于人们在 20 年前，也就是 2050 年的时候完成了治理，将地球从原先的濒危状态变成了一个合格的绿色地球。可人们终究是好了伤疤忘了疼，居然到你们那时候又变成了这样。真是莫比乌斯环啊，兜兜转转又回到了起点。”

林和金听完后感觉有些不对劲，问道：“那个预测的人是谁？为什么他一发声明，各个国家全都相信了呢？”院长说：“我也不知道，官方解释是他用了一个早年发布过的公式推算出来的，你们看。”院长抬手写下了一个公式，林和金看过后，心中掀起了巨大的波浪，这不是他们那个年代才有的公式吗？为什么会出现在这里，时间不对，太早了啊！二人收起眼中的惊讶，抬头对院长说道：“谢谢您的解答，我们代表未来感谢你。”说罢，二人便出了研究院，找到一个没人的角落，确定没有监控后，金说道：“这个人绝对有问题。我们得去找他。”林说道：“同意，他很有可能是来自未来的人。”

半年后，他们来到一间隐藏在森林里的木屋前，敲了敲门：“请问有人在吗？”“吱呀”，门开了，里面坐着一位老人，老人转向他们说：“你们来了。”林和金在看清老人的面庞后惊讶地说道：“布莱顿教授？”“是我。你们先进来，我慢慢跟你们说。”二人走进屋里，坐在沙发上，老人坐到了他们对面，开口道：“你们手上的虫洞是我发明的，我能发明它是因为我家中有一本古籍，上面详细记载了这个时代所发生的事情，其中预测灾难的人附带了一张照片，就是我。我当时看到后也很惊讶。但又看到了他手写在照片上的公式，公式是未来的公式，字迹是我的字迹，所以这个人就是我。于是我就开始着力研发虫洞，因为我知道我必须穿越，必须去补上这个空缺，否则我们的时代将会毁灭。于是我来了，我一直在等你们。现在，我需要将你们送回去。”“教授您不和我们一起走吗？”“我要留在这里，将那本古籍传下去，否则就会引发祖父悖论。”

布莱顿教授将他们带到一个房间，里面是早已准备好的人造虫洞：“把你们带来的东西安上去，那是核心。”将核心放好，虫洞打开，林和金踏入虫洞，对着布莱顿行了个礼：“感谢您，布莱顿教授，人类会记得您的牺牲。”布莱顿笑着送走了他们，然后才自言自语道：“无所谓牺牲不牺牲，这只是必须要做的事罢了，时间的莫比乌斯环啊。”

指导老师：侯志霆，文学硕士，中学初级教师。

仲夏夜之梦

张小亿/高三年级　胡伟丽/指导老师　辽宁省大连一〇三中学

2037年，全球各国的经济、科技发展极快，与此同时二氧化碳等物质所带来的温室效应也随之加强，海平面上升，两极冰川大量融化，自然灾害频发，位于热带的人们开始移民。联合国终于下达强硬命令，阻止温室效应的加剧，并召集了一批全球顶尖的科学家开始着手研究解决方案，李玉便是其中的一员。

工厂被限制使用产生温室气体的燃料，车辆被限制出行，各国加大了对开采可燃冰等新能源的技术研发投入。新能源的研究顺风顺水，而温室效应却几乎没有得到缓解。包括李玉在内的所有研究人员几乎每时每刻都在实验、计算，然后愤怒地撕掉手中的执行方案，在对应项目的表格上打一个大大的红叉。

一个仲夏夜，李玉在医院闷热的产房中见证了儿子的诞生与妻子的逝去，李玉为儿子起名——李思冬。李玉用长期做实验导致的疤痕累累且无比粗糙的双手摩挲着儿子的脸庞，他看着妻子哭，望着儿子笑。他将这个日子永远地记在了心里。

李玉将儿子带在身边言传身教。李思冬很聪慧，在8岁时，用他那稚嫩的小手指着一本科幻小说对李玉说："父亲，您说如果将来我也能像那个男主人公一样成为拯救世界的大英雄多好！"李玉看着满脸笑容与幸福的儿子，用一种慈爱的语气说道："儿子，我等着看你成为拯救世界的大英雄。"他将儿子紧紧抱在怀里。

在实验室中，李玉感觉到自己寿命无多，他知道这是由实验室的有毒物质与自己日常的劳累所导致的。望着面前的仪器，它如诺亚方舟般给人以希望。它的原理很简单，只是一个单纯的量子级的高强度容器，加上一个功率极大的压缩机，将温室气体有选择地吸入，装入容器，再带到外太空释放。这看似简单，但仅仅是选择性过滤就让李玉焚膏继晷地研究了十几年。他想拯救全世界的人民，更想让儿子好好地活着。

这个装置有个缺点，就是在外太空释放气体时，只能人为地手动打开装置，而这会让载物火箭顷刻间被气体充满，极速膨胀并爆炸，然后消逝在漫漫宇宙中。由于担心会有大量的气体被吸回到地球，所以容器一定要被送到距离地球极远的地方，并需要一个高水平的宇航员去执行后半程的手动操作。

李玉看着身旁的日历，上面赫然显示2049四个数字，他的儿子已经20岁了，不久前他成为“天阙”号火箭的领航员。李玉的牙齿咬得咯咯作响，手心的汗水浸湿了牛皮笔记本，手忽上忽下，一个红色按钮就在身旁，那是开启跃迁网用的，这种技术可以毁灭掉实验室中的所有物体，包括那个在李玉看来十分恶毒的仪器。李玉的手迟缓地从按钮旁放下，手中的皮制笔记本滑落，李玉双眼紧闭……

李思冬将父亲葬到了母亲的旁边，他手中拿着那本皮制笔记本，里面记录的是仪器的使用方法，还有父亲写的一句话：“活着，你是我李玉的英雄；死了，你是你自己的英雄。”

几个月后，李思冬独自一人乘上了一架特殊的飞船，目的地是太阳系外，船长是他自己，乘客是数不尽的温室气体。

“2037号，一切正常。”李思冬回了消息，在还能与地球联系的地方，他打开了视频，另一边是全世界人民。联合国理事回复道：“你是全世界的英雄。”在众人的注视下，他打开了仪器，视频断线了。

李思冬在生命终结的前一刻看到了雪，大雪中有一位老人，背部略微佝偻，头发稀疏，身旁有一枚红色按钮。那是一个和今天一样的日子——仲夏夜，那时却有着如今没有的冬与雪。李思冬相信，父亲能够看见他成为拯救世界的大英雄，在一个做着梦的仲夏之夜。

指导老师：胡伟丽，毕业于渤海大学汉语言文学教育专业。中学高级教师，金普新区优秀教师，金普新区骨干教师，东北师范大学全日制教育硕士实践教学指导教师。

跨越时空的赎罪

张晓涵 / 高二年级　李静鹤 / 指导老师　山东省聊城市阳谷县第一中学

公元 2069 年初，一声巨响，最后两个粒子结合完成。实验室里出现一个庞然大物——时空门。实验室外是 40℃的高温，迅速上升的海平面淹没了一座又一座城市。刘教授擦了擦汗，抿了抿干裂的嘴唇，一咬牙，走进了时空门。

时空门没有异常。刘教授松了一口气，小心翼翼地输入指令，调好曲率后，他紧张地闭上了眼睛。这次出奇地顺利。再次睁开双眼时，他感觉身边凉快了许多，环境也安静了；果然，他回到了 20 年前，那时实验室刚刚建成，还是那样干净整洁，窗外长着两株挺拔的小树。他记得再过 15 年，这种树就灭绝了。

就在刘教授静静地享受这难得的安静时，助手小王突然通过全息影像站在了他面前："教授，您研究的新型粒子武器的零件已完成准备，现在请您亲自组装并试验。"刘教授知道，过不了多长时间，小王的母亲就要因全球干旱缺水而病倒了。这个年轻的小伙子将要离开实验室，去照顾他病倒的母亲。

刘教授到了备用实验室，看到小王准备好的零件，知道这将是威力极强的武器，几发就足以毁灭一座城市。

"把它们全都还原吧，还原成它们最初的单质状态。"

"什么？"小王简直不敢相信自己的耳朵，这些器材他精心搜集了很长时间，刘教授也费力研究了好几年，现在只差最后一步试验就成功了。

"对，都还原吧，制造这么多武器只能引发事端，把所有的零件都恢复到最初状态，进行新的研究。"刘教授坚决地说。

在下午的发布会上，刘教授突然抢过话筒，在众多科学家与记者的注视下，他义正辞严地说了一番令全球人民震惊的话："我宣布，我退出核武器研究，脱离武器研究会，从今日起一心致力气候改善与新能源利用，希望有意者可以跟从我，地球需要我们拯救！"现场鸦雀无声。

终于有一个人站起来说："刘教授，我同意您的看法，现在全球变暖日趋严峻，哪里还能再研究那些破坏环境、毁灭地球的武器呢？"紧接着，又有很多人接二连三地表示赞同。刘教授叹了一口气：如果我早这样做，或许就不会造成20年后的恶果了吧。

很快，武器研究会经过了更名和分组，成立了环境保护、新能源搜集、新能源开发等各式小组，刘教授依然担任领头人。他再次发表声明，将集结全部科技力量致力于环境与气候改善，定要还人类一个山清水秀、生机盎然的地球，让人类的未来充满希望。

功夫不负有心人，没过多久，刘教授便和众多科学工作者一起研究出了光解水的有效催化剂。这种催化剂在2067年他便已经发现，只是当时干旱严重，水资源连饮用需求都不能满足，更没有多余水源用于能量供应。刘教授还将太阳能电池、太阳能集热板进行改造，使太阳能与氢能成为人们日常生活的主要能源。这样，二氧化碳的排放量大大减少，空气质量得到了显著改善。

在闲暇时光，刘教授常常会望向窗外的那两株小树，只要它们还在，就说明他的工作做得足够好，气候改善有了显著成效。

一次，正当刘教授休息之际，朦胧中他看到窗外的小树叶迅速枯萎，很快只剩下枯枝，小王愁容满面地离开了实验室。刘教授心里一慌，忽地从床上坐了起来。

"教授，您没事吧？"助理小张问，"您一直昏迷，现在才醒过来，您脸色有些发白，是做噩梦了吗？"

刘教授猛地一惊，连忙从床上起来。他来到屋外，空气清新，天空蔚蓝，实验室旁生长着两棵枝繁叶茂的大树。刘教授松了一口气，轻轻擦去额头上的汗珠，忽然发现左手心握着一小块非金属物质，盯着它看了好一会儿——这是新型粒子武器的零件被还原后的材料。

我们所追求的，不正是地球正好，山河无恙吗？

指导老师：李静鹤，文学学士，毕业于山东师范大学汉语言文学教育专业。中学一级教师。曾获市级高中教学改革优秀教师、市级"教学成果奖"、县级"教学工作先进个人"等荣誉。

弋泠的歌声

张心悦 / 高三年级　吕李永 / 指导老师　安徽省芜湖市安徽师范大学附属中学

“我潜入了未来，但我的双眼被曝光灼伤，我每时每刻都在重生，日光将变柔和，双眼将被治愈，没有谁知道我会变成什么模样……”

自从祁连山的冰雪消逝以来，河西走廊水源短缺，曾经枕着沃土睡眠的人们不得不迁居，科学家们日日夜夜地忙碌，对抗全球气候变暖带来的危害。而我，弋泠，就是微小机器人团队的一员，由林博士和她的伙伴共同创造。

至今，我还记得出生时的这首歌，它所暗示的未来的危险让我担忧，但它传达的未来的机遇让我产生渴望。当我走出实验室，第一次远望碧空之下的长野时，满眼的秋葵无力地低着头，我原本期待的青绿田野像被一阵狂风掠过一样，只留下一两片尚在喘息的孤叶。我不禁疑惑地回头，林博士似乎读取了我的内心，尽力压制忧伤，对我说：“曾经染绿江岸的和风即将消失，取而代之的是裹挟病毒的厉风。随着全球气候变暖，冰封在极地的远古病毒已苏醒，伴着极地寒流登上大陆。其中，泛性叶绿体病毒发起强势攻击，世界上 75% 的作物都已然因此失去光合作用的能力。至今人们尝试过各种化学分析方法和生物学建模机制，都无法探清这种病毒的结构。病毒肆虐之下，我们束手无策。”

但我，弋泠，和我的同伴，是人类尝试用物理方法剖析叶绿体病毒的第一步。他们赋予我极小的躯壳，让我能轻松地潜入植物细胞，直接探寻病毒的踪迹；他们给予我极强的计算能力和极快的信息传输速度，让我能第一时间处理和反馈所有发现；最重要的是，他们为我留下了在四维时空改变体形的开关，让我随时可以躲避其他病毒的侵袭。

地球超新纪元 6242 年 7 月 11 日，我和其他微型机器人一起出发，深入一株刚刚被感染的秋葵。我们沿茎向上攀爬，分成四队进入四片即将枯萎的叶片。

叶的脉络纵横交错，像无尽的迷宫，通向不同地方。随着叶绿体被病毒侵蚀，透进叶片的光线发生异常改变，刺痛我的双眼。叶脉伸展到叶缘的细胞时，我转身进入岔路，悄悄穿过胞间连丝，游进细胞内部。映入眼帘的景象让我怔在原地：叶绿体外膜上吸附有无数球形侵略者，反射恶心的姜黄色，着魔似的涌入叶绿体内，吮吸光合色素，瓦解类囊体膜，并以惊人的速度增长。当我想再次回头寻求帮助时，我猛然发现，身后的队员在叶脉迷宫里失去了方向，没有谁能与我一同面对肆虐的病毒大军。

尽管如此，我仍没有忘记启程时的那首歌，没有忘记第一次走出实验室时看到的景象，没有忘记身后人类真诚的祝福和迫切的渴望，更没有忘记，压在我肩上的重任，铸在我手心的使命。

我不再回头，以最快的速度奔向病毒的 RNA 后方，用我能发射远紫外光的刀刃在球形结构划出一个缝隙，侧身挤入这个姜黄色圆球，内部一片昏暗，我尝试打开夜视功能，却因病毒严实的外层包裹而无法奏效。情急之间，手中的远紫外光刃激起我的灵感。我迅速将双眼的感知范围调整至能接收更高频率光的模式，随即打开我的远紫外光灯，眼前的景象瞬间变得清晰。

然而，病毒的 RNA 卷曲盘绕，干扰型微粒如扬起的灰尘向我扑来，让我无法解析 RNA 内部序列和盘曲形式。我的心在此刻似被烈火包围，难以完成使命的恐惧像潮水一样击打着独自走在沙滩边缘的我，孤立无援的内心在瑟瑟发抖。但是，作为先行者，我决不能因此畏缩进入海洋的脚步，决不能因此迷失在没有硝烟的战争中。

这时，一丝记忆闪过我的脑海，让我记起我的终极策略——缩小到原子的尺寸，冲进密密匝匝的 RNA 链，记录所有序列与折叠角度。时间不允许我犹豫了，叶片外面的世界正在一天天失去夏日田野的颜色，而我行走在拯救这绿意的战线最前方。

即使我知道缩小为原子大小会让我永远无法回归正常的模样，即使我知道自己可能被病毒内部微粒压垮，但当我记起被病毒攻击的秋葵，记起林博士目送我们远征的微笑时，我毅然走近那段 RNA，启动极端缩小的进程。

仿佛从无尽的混沌中苏醒。

我睁开双眼，看见无数原子规则排列的方阵，方阵间隙荡漾着粒子扰动引发的涟漪。无限记忆涌入被我缩小的大脑，我找回了最初的使命，打开我的加速器，开启记录与分析模式，从遗传物质的链端碱基开始，顺着延展的分子链，解出病毒 RNA 的密码。我的资料库渐渐充盈，而我的能量正缓缓减少。终于，我抵达链的末端，带着我充实的数据包。

当我低头查看能源表时，发现剩余能量已不足以亲自为研究中心发送数据，但有足够力量将信息单独发射到中心接收站。我不得不与外面的世界告别，并为他们送上我最后的礼物——已解析的病毒遗传密码，和我最后的祝福。

百里之外，科研中心里迸发出一阵欢呼声，人们为一段承载叶绿体病毒 RNA 密码的电磁信号激动不已，人类掌握了击败这致命敌人最强武器的建构依据。然而，信号末尾，一段细细的歌声，止息了所有喧哗——他们纷纷沉默下来，在这首诗歌中肃立深思——

一叶扁舟，薄暮清溪上漂荡，
四个孩子，双手紧紧相扣，
眼神专注，一个简单童话的模样。
天真的想象，随小舟飘摇，缓缓褪色，
童话的回声，携夕空别离，渐渐远去，
往昔的记忆，与岁月消逝，一片流光。
而那个执念仍然像曲终余韵般萦绕着我，
虽然我从未发现，
自己仍独自迷失在原子振荡的海洋。
但，我相信自己从不迷失，
因为我有最初全人类寄予我的歌谣，
因为我有最初关于夏季枝繁叶茂的梦想，
愿那四个孩子仍旧能在这个真实的童话里徜徉，
也接过我送来的火炬，
替已然在原子海洋中消逝的我，执从未消逝的希望，
让七月的晴空微笑，永远向新叶吟唱的地方……

指导老师：吕李永，毕业于安徽师范大学汉语言文学教育专业。中学一级教师。

漂浮人间

张歆岳/高二年级　王强/指导老师　内蒙古自治区鄂尔多斯衡水实验中学

欧洲大陆沉没后的第三年，浮岛计划正式启动。大部分人口移居至西伯利亚和俄罗斯等地，在太平洋上漂浮的一所研究室中传来了谈话声：

“然后呢？他们会用自己的氢气灶来做美食吗？”安吉睁着大眼睛，兴奋地拉着韦恩喋喋不休。“是啊，氢气安全燃烧的实验还是我老师做成的呢。”韦恩拿着正在反应的锥形瓶，耐心地答道，然后瓶中冒出了一股小小的白烟。

“你的二氧化碳混合溶液已经变成奇怪的颜色了！”安吉惊喜地说道。韦恩低头，看到手中的瓶子微微发凉，一些浅色的晶体正结在内壁上——“第三次，实验成功了。”韦恩几乎已经认定自己接手的二氧化碳转化项目已经可以上市了，可变故却在刹那夺走了即将到来的成功——实验室的地面突然下陷，警报声疯狂地响起，安吉躲在韦恩身后尖叫着问：“怎么了？韦恩！快想想办法！”韦恩在慌忙中稳住脚步，先扑向分室启动了实验资料保护装置，才拉起安吉向外冲去……

不可能的，韦恩想，内置漂浮网怎么可能断裂呢？

用六边形的纳米材料外塑隔离水分子，用昼夜温差充能的漂浮网，以及底层核能制动装置和发动机，就是韦恩所在的这片大陆的全部。上世纪人们集中科技力量造就的这块漂浮大陆，挽救了后来的生存环境，这片陆地配置了最完备的过滤系统，专门为全球新能源的研发实验提供场所，它永远不会被淹没，漂浮在海上的各个角落，从沉没的陆地中采集资源，自己消化所有的实验污染。人们要将它产生的实验成果应用到未来城市之中。所以，浮岛计划，就是用一座岛的孤独，换得地球的新生。

现在，浮岛上被侵蚀的板面终于在这一刻轰然错位，尽管还有钢制底架死死支撑，但六边形的隔水组块却开始拆分，游离开去。韦恩拉着安吉奔跑，突然感到身后一沉，安吉不动了。韦恩猛然停住，他转头注意到安吉的外接线路在奔跑过程中，被地表断开的硬质材料划坏了，尽管修好不是什么麻烦事，但现在的时间已经不允许了——浮岛的内置漂浮网是由一种高密度材料制成的，上世纪的技术已经不能让它再撑下去了，一环的断裂将意味着整个岛即将解体，而安吉的环岛数据监测系统更是在此时提醒了韦恩："四乘十七号浮块制动系统故障，七级防护过滤系统即将破裂……"韦恩身体一僵，七级过滤系统正是化学实验废气的存放地点，如果浮板在那里断开，大量污染物将随信风吹到居民区，里面的含硫物质甚至有爆炸的可能——韦恩不敢再往下想了。

韦恩放弃了逃生计划，迅速调出了全岛的三维地图，向四乘二十三号浮块的方向冲去。"如果赶在自然断裂之前冲破七级过滤系统前方的制动，应该能阻止过滤系统的破裂，让它随着第四列板块向南漂去……"韦恩心理异常冷静。

国际防护队已经出动，地图上十七号浮块的连接处已经越来越脆弱、过滤系统的接口材料扭曲成一团……美洲科技总部的显示屏上，浮岛的状况已经变成了危险的深红。韦恩喘息着，握着核聚变电池向前跑着，看到二十三号浮块时，他扬起了微笑——然后，踏上了二十三号浮块，按下了电池的催化键。

科技总部的显示屏上，闪过一秒爆破危险的警示，随即十七号浮块接口的状况变成了淡绿色，所有人都松了一口气。

一年后，二氧化碳转化装置在各大陆上市，温室气体问题得到解决，浮岛计划结束了，人类获得了新生。那块载着过滤系统的浮块顺着洋流飘向美洲，污染物没有一丝泄漏，沉寂在了大洋之上。

发布会上，安吉作为英雄韦恩的人工智能，被邀请发言："生命是气候最华丽的节拍，所以，为了世界，我们努力千年——漂浮人间。"

指导老师：王强，文学学士，毕业于山西师范大学汉语言文学专业，鄂尔多斯衡水实验中学语文教师，中学一级教师，衡实首届高考功勋教师。曾先后荣获市级教学能手、东胜区优秀班主任称号。

空想与现实

张奕/高三年级　王宇鹏/指导老师　北京市清华大学附属中学朝阳学校

“不违农时，谷不可胜食也；数罟不入洿池，鱼鳖不可胜食也……”苏佳停步于教室的窗前，陶醉地听着琅琅的读书声，看到学校新请来的气候保护学老师在黑板上写下课程标题，满意地离开了教室。

苏佳曾经是一名气候保护学家，几年前，他被调到了星帆中学当校长。出于自己曾经的职业本能，他刚到学校就向上级申请，开了一门新学科：气候保护学。由于他曾经的威望，上级领导和学校的职工虽心中不满，表面上却都大力支持，又请老师又编课本，整个学校都沸沸扬扬。

苏佳在校园中散步，常能听到有人在一旁小声议论他。“那个就是新来的校长吧！”“对对对，就是他，听说了吗？就是他要给咱们增设一门新学科，叫什么……气候保护学？”“气候保护？那不是地理课的内容吗？这新学科也加入高考？”“这种学科，也就他这种人能想得出来，除了咱们学校，肯定没有别的学校再学了！更不会加入高考。现在学习这么紧，校长不好好想怎么提升教学质量，竟然编出这么一个没用的学科，真不知道他是不是脑子进水了！”……

每每听到这种议论，苏佳总是装作听不见，快步走回办公室，望着窗外发呆……

“科学家预计，2070 年，全球平均气温将升高 7℃，将有 19 亿人口生活在高温地区，占据地球人口的 35%……”当时还在上小学的苏佳被这条消息震住了，那是他第一次萌生出了学习气候保护的想法。可他的想法却被讽刺为“幼儿空想”。长大后，苏佳进入气候保护学会，不停地将气候保护意见书一份份地交给上级，然后不断询问领导的看法。他的领导也渐渐在与他反复的斗争中摸索出了经验：先口头答应，再做一些表面措施以搪塞。于是，“盐水动力车全市施行方案”“绿色建筑建设意见”“全面取消汽油动力车”等等，这些令苏佳视如珍宝的“宝贵”意见，全都变成了只在苏佳的小区实施的“试验”。这让小区的居民可是恨他入骨了。

由 GO 公司设计的盐水动力车，不仅材料廉价易坏，行驶起来也慢如蜗牛，许多居民只好天天骑自行车出行。绿色建筑就更恼人了，提供花卉的公司考虑到在墙壁上种植绿色植物环保又美观，可没想植物会吸引昆虫，对居民造成影响。居民不仅没获得“花园之家”的美景，反而使家成了昆虫聚集地，还练就了一身迅速拍死小型昆虫的“好本领”。

诸如此类，数不胜数。上级领导碍于他的学术才能，不想给他撤职，就把这个人送到了学校。没想到，苏佳竟然能想出增设新学科的法子！

苏佳回想自己做过的一切，真的错了吗？

苏佳的这些看似新奇的想法其实都是他在报纸、书刊上看过的真实事例。他信心满满地提出意见，才发现不是所有人都像他一样一心为地球气候保护着想，人人都有自己的事业、家庭，私事缠身，每个人都匆忙地在人生路上低头前行，未来的渺茫，人生的有限，让好多人来不及思考自己为社会做了什么，为环境保护做了什么。以致到了全球变暖越来越严重之时，即使出台了环境保护措施，也无法让人们落实到实际行动中。

“1. 气候保护学学习目标：引导学生思考关于气候保护的新方法，指导学生草拟关于气候保护的意见书。2. 实地考察，探究如何真正地让气候保护的方法发挥实效。”苏佳在便签纸上写下了这几行字。刚把它贴到桌子上，抬头看见学生昨天交上来的周刊封面设计稿，他便抬起笔，在补充框内写下如下文字：

距 2070 年只剩 20 年，高考失误会影响人生，但如若在这 20 年还不让气候保护深入生活，毁掉的就是人类。不要等待别人帮你做出改变，无尽的等待换来的只有悔恨的深渊。只有尽自己所能将空想转化为实践，预言中 2070 年的悲剧才不会上演。

指导老师：王宇鹏，中学一级教师，毕业于首都师范大学汉语言文学专业。荣获朝阳区教育系统优秀班主任、“阳光杯”优秀班主任等称号。

楼兰一梦

张逸飞/高三年级　苏晶/指导老师　云南省保山第一中学

那是一个繁荣的世界，一场缤纷的幻境。她的存在，确如幻梦。她兴起于丝路，驼队昌盛，却又衰败于喜怒无常的自然，如今人们只能从漫天黄沙的边远一角，窥视她的芳容。她被人们赋予了一个美幻的名字——楼兰。

1000年前，世界生机勃勃，原本独立的国家、文明，在季风、河流、环境的影响下渐渐开始沟通；驼队将亚欧文明的隔膜冲破，架构起一条文化、经济交往的“公路”。而楼兰，便位于公路的重要补给点，路过的商队，会在这里补充需要的物品、水、食物。楼兰宏大的史诗也由此开始。

起初，楼兰只是戈壁滩上的一片绿洲，那里的人们，依靠一条河，过着自给自足的生活。直到有一天，来自东、西两个不同方向的人们打破了楼兰人平静的生活。外来人服饰各异，语言不通，但在肢体动作的帮助下，他们明白了，原来外来人想要用各种物品来交换食物、水以及各类生活物资；他们被来自远方的器物震惊了：宝石的光彩夺目，丝绸的柔软顺滑，无不在刺激着他们的心灵。随着商队的增多，不少楼兰人选择跟随东西方的人们一同离开，也有东西方的商人选择留下。久而久之，楼兰的城池壮大昌盛，他们也有了自己的商队。外界的人们将他们命名为楼兰。于是，楼兰的统治者将自己称为楼兰王。根据考古发现，楼兰鼎盛时期的规模，比之东方鼎盛时期唐朝的首都，也相差无几。可是，楼兰的鼎盛来得快，去得也快。不到百年，楼兰消失得干干净净，了无踪影。正当后人为楼兰之谜争论不一时，科学的观察证实，楼兰的消失，是因为气候环境的改变。当时，楼兰的人们享乐于丝路带来的繁荣之中，却忘却了生存之本，随着气候的升温，给予楼兰水源的河流先后发生了几次断流。此时的楼兰王不以为然。随着气温再次升高，河流完全断流。这时，楼兰王方觉为时已晚。商路中断，楼兰带着她的财富、人民，彻底沉睡于黄沙之下。

今天，我们能从考古观察与科学推测推断出楼兰消失的真正原因，是气候的变化导致了生活环境发生致命改变。对于当时的人们，虽然种种现象都已经表明了危机，可人们仍不加以改变和保护，换来的是一个文明的消失。

看今朝，我们又何尝不是“楼兰人”呢？人人皆叹息楼兰的可惜，人人又都是楼兰人。如果现代气候环境仍继续升温的话，人类将面临的，同样是生存的根本问题。越来越多的数据显示，干旱与气候变暖是默不作声的杀手。2010 年时，撒哈拉沙漠以南的非洲地区约有 1/3 的非洲人口——多达 3 亿人，因日益严重的干旱而营养不良。2012 年开始，非洲东北部遭遇严重的干旱，让肯尼亚、索马里、埃塞俄比亚、厄立特里亚等国，约 1100 万人陷入饥荒。到 2025 年，将有 6 亿—8 亿人生活在缺水地区。即使现在，也有 25% 的人无法享用到干净的饮用水。

现如今人们已经意识到了危机的存在，便开始着手做出改变。我国为了降低二氧化碳排放量，采取了许多手段，如车辆限号行驶，公用车辆电动化，工厂改革升级等，经过努力，已经初见成效。目前气温仍在上升，可人类只要坚持保护环境，发展改革，楼兰幻梦便不会重现。

历史始终在我们身边，鼓励我们，同时也威胁我们，给予我们前车之鉴。楼兰一梦，延续了千年。那一梦告诉我们，人不是自然世界的主宰，我们只能适应变化不断的自然世界以图生存。只有顺应、接受自然，与之和谐共生，人类才能走得更远。

指导老师：苏晶，毕业于西南大学对外汉语专业，获文学学士学位，中学一级教师。保山语文名师工作室成员。

炎尽凉归

张宇/高二年级　王强/指导老师　内蒙古自治区鄂尔多斯衡水实验中学

“报告，据统计，到 2069 年 7 月气温将再次上升 0.9℃，届时年均气温为 29℃。”

“报告，南北极冰川已融化 2390 立方米，海平面上升了接近 3 厘米，预计到明年将有 9 个沿海城市受到危害。”

“报告，全球累计已有一亿多人死于高温气候和干旱。”

“报告，全球 12 种海洋动物因受不了高温相继灭绝。”

“报……”

“停！”陆炎生气地叫了停止，“夏凉，还有多少份全息投影报告？”

“报告首长，还有 18 份。”夏凉知道他为什么生气，作为联合国气候报告军区首长，陆炎承担着巨大的责任，他恼怒于自己的无能，他知道即便自己凭借着高学历坐上了首长的位置，可面对这极端的气候变化也无能为力。他站了起来，打算下楼。

联合国气候军区楼下，站满了光头露肩的记者，为了减少阳光对人体的辐射，人们只得将头发剃去，套上特制的冰头套，穿上特制的凉背心，皮肤上涂上一层厚厚的冰霜油。

“首长，面对气温的持续升高您有什么看法？”“陆首长，您打算怎么面对死于高温干旱的人们。”“联合国将做什么去阻止极端气候。”……看到陆炎出来，记者们蜂拥而上，都希望联合国能给民众一个交代。

“大家安静，听我说！”陆炎清了清嗓子，顺手接过一个记者手中的话筒，“大家镇静一下，联合国正在想对策，而且马上就能提出合理的方案，给大家一个交代，请大家放心！”夏凉扯了一下陆炎衣角，她知道他只是为了给民众一个定心丸，实则并没有想出什么切实可行的方法。陆炎说完，转身走回大楼，回到办公室。

“首长，怎么办？”夏凉急躁地说。但此时的陆炎显得格外冷静，他静静地躺在椅子上盯着天花板，沉默不语，办公室里安静极了，只有制冷地板发出呼呼的响声。这样安静了几分钟，陆炎突然从椅子上坐起，用力一拍桌子，“只能这样了！”

远处是一片废墟，周围寸草不生，中间有一个半圆形突起的房子，夏凉跟着陆炎走了进去，房子里格外整洁，里面的机器盖着红布，中间只有一张床，上面躺着一个人。夏凉环视周围时，那人突然开口了：“没礼貌，门都不敲就进来了。”“啊，对不……”夏凉话还没说完就被陆炎打断。“空博士，打扰了，我们需要你的帮助。”陆炎接着说道，“我们需要时空穿梭机。”夏凉的眼睛瞪得像铜铃一样大，她不敢相信传说中的空博士居然是这样一个衣衫褴褛的怪人。

“你不怕改变民众生活了吗？你不怕引发世界大战了吗？你不怕时空出现问题了吗……”

“现在已经没关系了，世界快要被人类毁灭了。”

夏凉听着俩人的对话十分不解。原来空博士的时空计划是被陆炎阻止的，陆炎害怕时空穿梭机一旦出世，将有更多人去抢夺，引发战争。即使各国和平相处，而时空穿梭机也会因蝴蝶效应改变许多人的生活。

“重启时光穿梭机需要大量资源……”“我有！”陆炎斩钉截铁地说。空博士站了起来，沧桑的脸上露着喜色：“好，可你要做好准备，时光穿梭机可能有缺陷，有一定的危险，不过问题不大，你应该不会害怕，哈哈。”他扯下一块块红布，一台崭新的机器出现，陆炎站到圆台中央。“我也去！”夏凉跟了上去。“这是能量球，提供你们回来的能量，1700 年，准备！”机器随着空博士的操纵转了起来，紫色的辐射肉眼可见。

他们来到了英国，出现在大本钟上，看见远处升起的浓浓黑烟，发出了叹息：“这对地球将会造成多大的伤害呀！”

陆炎带着夏凉下了钟楼。多次询问后找到了去工厂的路线。沿途，夏凉看到开着汽艇在污水中戏耍的富人们，看到了呼呼吐着黑烟的煤汽机车，看着含硫煤被一次又一次地运去工厂。他们很快找到了这家大工厂的厂长，告诉他这样的污染对世界的危害，并要求他关掉工厂，减少煤的利用，减少污水排放。工厂老板也十分无奈，他告诉陆炎，即便关掉这一家工厂，还有千千万万个工厂在烧煤，无法阻止。陆炎和夏凉继续游说其他工厂，但都遭到了拒绝，甚至是打骂。

最后，他们去了白金汉宫，去找英国的总统，要求改变这一状况。“尊敬的总统，您应该知道环境正在被污染，希望您能对工厂的排放进行限制，让污染减少。”陆炎跟总统说了很多，总统似乎也被打动了。“谢谢这位先生的建议，不过任何政策的制定与实施都需要号召议会的议员们共同商议，”总统无奈地说，“可能要等几天。”陆炎失望了，因为时光机的效果离结束还有几个小时，根本无法等那么长时间。

“报告，有一个叫斯特拉的求见。”只见一个年轻人手里提着箱子，大叫道：“尊敬的总统，我发现新技术了。”陆炎心口一振，仿佛心中又出现一道光。他和夏凉拉着斯特拉走出宫殿，去了实验室，陆炎决定将新能源、新技术传授于他，从根本上治理污染。“陆炎！这样你就回不去了！”夏凉竟连首长都不叫，直呼其名。陆炎长叹一口气：“对不起，夏凉。”他将徽章摘下，交给夏凉。

能量球已被拆掉，陆炎无法回去了。他目送着夏凉走到指定地位，夏凉紧紧地握着那个军区首长专有徽章，转身走入传送阵，眼中打转的泪水终于流了出来，“陆炎，再见！”陆炎向她挥挥手，脸上那自气温升高就皱起的眉毛也放松下来，他笑了，心中想着：“再见了，我一定会改变现状的！”

5 年过去了，那个徽章夏凉一直戴着，她站在陆炎曾经的办公室里，望着远方莽莽草原，透露着生机的树，脸上洋溢着笑容。

风吹拂着，清凉又轻松……

指导老师：王强，文学学士，毕业于山西师范大学汉语言文学专业，鄂尔多斯衡水实验中学语文教师，中学一级教师，衡实首届高考功勋教师。曾获市级教学能手、东胜区优秀班主任称号。

不可导星球

张耘菲 / 高二年级　皮旭玖 / 指导老师　四川外国语大学附属外国语学校

公元 2021 年，离气候极端化还剩 49 年。

春日最好的太阳照在联盟的象牙白大理石台阶上，厚重的大门从里面推开，为首的是个年轻人。仿佛是不适应正午刺眼的光线，他伸手挡了挡眼睛，顺着冰凉的台阶往下走。当走到最后一级时，身后却不合时宜地响起一个气急败坏的声音："联盟高层都是些混球！连专家的话都不听，还跟我兜圈子！反正老头子我也活不长了，到时候遭殃的还不是你们这群年轻人！"莫宁转身想扶住老头，却被老头一张纸拍到了胸口上，正是会上那张莫宁看过了无数遍的《2070 年气候极端化的预警》。莫宁将它叠好，放进了衣兜里。"莱希部长，你听过中国的一句古话吗？"沉浸在愤怒之中的老头愣了下，耳朵里被莫宁塞了一只翻译器，面前的年轻人揉了揉手腕，仿佛漫不经心地说："不撞南墙不回头。"

公元 2035 年，离气候极端化还剩 35 年。

偌大的藏书室鸦雀无声，莫宁修长的手指翻到扉页时，顿了顿——"永夜降临，堕入无间地狱……"他抬起头，空气中飘浮的灰尘在暖色的阳光下浮动。倒是永昼才对，莫宁想着。联盟几乎每隔一个月不到就要播报这颗星球的哪个地方又出现了面积不等的干旱、哪里又出现了飓风、哪里又出现了洪涝。不过倒也不是无人应对危机，只是蚍蜉撼树，微不足道而已，再多的事后补救，也只体现了亡羊补牢的仓促。没有人意识到这真的是一场史无前例的全球性危机。莫宁复又抽出一本书，是日本作家三岛由纪夫的，"人类容易毁灭的形象反而浮现永生的幻想，而金阁坚固的美反而露出毁灭的可能性。"是了，人类总以万物之主自居，叫嚣着人定胜天，却不曾想过自然的报复有多可怕。

公元 2050 年，离气候极端化还剩 20 年。

莫宁在防高温紫外线玻璃旁靠着，窗外烈风炙烤，却似乎落不到屋内冷峻的人身上。池况嚷着"热死了"，像一团火一样刮进来时，看到的就是这幅场景。办公室里一盏灯都没开，窗外分明是有光的，屋里却一片漆黑。而窗边的人仿佛大梦初醒，皱着眉呵斥道："太臭了，滚去洗澡！"池况气得直跳脚："外面真的比前几年热多了！"莫宁没再看他，只发愣般地盯着窗外过度明亮的世界。池况静了静，复又开口道："老大，联盟下达了红色会议指令。"莫宁几乎是在听见"红色"两个字的刹那就转过了头，隐没在阴影中的脸上看不清表情。池况却笑了："老大，你准备的那些对策，十年如一日地完成莱希部长临终的嘱托，终于要起大作用了！"池况伸手开了灯，满室生辉。莫宁却觉得这光芒来得有些突兀了，甚至有些刺眼，一时竟未回过神来。

当莫宁再一次站上联盟发言台时，恍然间，此情此景似与多年前的记忆重合。只是，不再有那个脾气暴躁的老头了。

莫宁抬手做了个手势，台下迅速安静了下来。那种等待太久无果却一夕之间得到回应的不真实感，在这一刹那消失殆尽。他放下那份早已烂熟于心的演讲稿，扶了扶话筒。

"早在 2021 年，莱希博士便预测了 2070 年人类所面临的气候极端化困境，却应者寥寥。而今，我们终于醒悟，只是因为全球环境已经越来越恶劣到令人无法生存的地步。我们人类必须找到科技与环境之间和谐共生的发展方向！

"时至今日，新型能源开发虽有不小的成就，但也只是应用在交通、军事等领域，很多方面还缺少更科学、更成熟的技术。例如早在 2021 年便开始试运行的新能源汽车现已准备大批量投入使用，但在实际使用过程中反映出许多现实的问题，是相关部门急需解决的。比如充电桩的完善及其在城市的各条街道如何合理布局等，当然这都是细枝末节的小事。上升到政府层面，如何科学有效地缩紧汽油车辆的供给，推动新型能源逐步替代汽油，减低碳排放以渡过本次危机，这些问题都是值得密切关注的。至于在座的各位精英们，你们更是义不容辞。

"人工智能光脑现已在局部地区投入使用，且正在逐步普及开来。此技术可伴随人的一生。光脑可自动分解，不产生任何二氧化碳等温室气体或有害气体。它将被广泛应用于通信、金融等所有相关行业领域。

"以上这些措施多管齐下，才会减小对环境的影响，给地球留足喘息的时间以进行自我修复。请大家拿出实际行动，共同努力！

"生存还是毁灭，这是一个问题。"

人群陷入了静默。但让莫宁意外的是，臆想之中的大片质疑声并未到来，不知是谁带头鼓起了掌，便引出场下一片掌声雷动。

时隔 30 年，联盟高级会议厅的大门又一次缓缓打开时，火热的太阳眩晕白昼，但在此刻却好像不那么刺眼了。莫宁走到最后一级台阶时，停住了脚步。时光好似飞快回溯，仿佛他一转身还能看到那个暴跳如雷的老头。但是春日最好的太阳落在他的胸前，空荡荡一片，一次又一次残忍地提醒他，那个时代已经一去不复返了。

跨下最后一级阶梯，抬眼望向远方。希望不要太晚，他想。这颗即将经历强制性自我改革的星球，一定要撑住。

公元 2065 年，离气候极端化还剩最后 5 年。

“这是人类渺小却又伟大的努力。”莫宁有一下没一下转动着手中纸杯，摩挲着印有“可溶低碳排放杯”的字样。脚旁窜来一只毛茸茸的小金毛，试探地拱着莫宁的腿。一个小孩儿跌跌撞撞跑来，露出手腕上的智脑光环，抱起小狗自顾自地跑远了。莫宁看着不远处绿茵茵的草地和可爱的小孩，笑了。

今年的夏日格外的温和。

公元 2069 年，离气候极端化还有最后一分钟。

是了，他低估了这个星球改过自新、自我剖析的狠劲。他以为资本的力量不可撼动，陷入潘多拉魔盒中的人找不到回家的路。但他的推导中漏掉了一个变量，那就是人类文明为了生存而能做到的最大限度的拼搏。嗯，只是为了活下去。

莫宁走下新能源汽车，用光脑给不知在人群中何处的池况发了一条消息，迎着夏夜凉爽的风，与广场上潮水般的人们一起高喊着倒计时，手挽手唱着歌，纵情欢笑。那边在拥挤的人潮里试图定位莫宁的池况，在多次尝试无果后，在人们呐喊着最后的数字时，终于看到了人群中难得一笑展颜的莫宁。那一瞬间池况也笑了，他想，原来他们都是普通人。原来这个星球不可推导的命运，都是由寻常人改变的。

“从不为适者生存，法则受困；规则由我来制定，破开生门。”

2070 年到来的那一刻，预言破灭，整个世界陷入狂欢之中。

指导老师：皮旭玖，本科毕业于西南大学汉语言文学专业，硕士研究生毕业于西南大学学科教学（语文）专业。曾被聘为教学“老带新”指导教师和班主任“老带新”指导教师。

寒却夏花，寒子永存

赵一涵/高二年级　王红霞/指导老师　陕西省西安中学

一只乌鸦停驻在市中心音乐厅门外的大树上，恹恹欲睡，听着那首重复演奏的肖邦的《夜曲》。赵沍寒再次向观众鞠躬，一脸冷漠地在热烈的掌声中下台。“你今天的演奏简直太棒了！”主席激动地对他说。厅外的乌鸦依旧不以为意。赵沍寒仍如往常一样，随意“嗯”了一声。他走到门口，身体顿然一停，好似感到了一丝微不可查的细风，眉头一皱，与那乌鸦对视了一眼，便回家了。

进门，开灯，关门，看着整洁的地板，瞥了一眼角落的钢琴，思索了一刹，他竟又独自坐在沙发上，盯着桌上的红酒与酒杯，陷入了对往事的追忆：

“沍寒，你快来！我有一个重大发现，深海鱼之所以能在极深的海域下保存体温，正是因它皮肤中有一种特殊的纤维元素，在消耗动能时产生大量热能，这下人类有救了！”这是胡寒婷人生中最激动的一次讲话。

“别每天只想着怎么拯救人类，先把你自己拯救一下吧，你都快变成一副骨架了！再说，人类50年后未必会真的泡在海里，总会有办法的！”

全球变暖，全世界科学家都在寻找人类的新的出路，“双寒博士”也不例外。他们都是研究微粒运动的顶尖人物，在“全球变暖科学论坛”中发表了多篇论文，他们都是外表冷傲的科学天才，也曾经是一对神仙眷侣。

突然，一阵铃声将赵沍寒从深思中唤醒，这铃声从一间锁着的房间里传出。他的眼睛猛然一颤，停顿了一下，随后用自己随身携带的钥匙，打开了这间近两年没有开过的门。穿过一堆复杂的仪器，当铃声再次响起的时候，他拿起了依旧崭新的固定电话，眼中露出一种难以言表的悲伤与复杂的迷惑。

“赵博士，您是对的，我们恳请您回来。在这次月球土壤研究中，我们真的看到了那一幕，人类有救了！”曾经在同一研究所的另一位天才，杨林啸激动地讲完这句话之后，迎来了空前的宁静，赵沍寒仿佛又回到了两年前：

“这次我去深海，一定能再抓一只深海生物回来，人类一定可以胜利！”

胡寒婷欣慰地对他说。那是在出海前一天，赵沍寒还在写那篇论文，两人最后一次对话。3 天之后，一只奇丽的海底生物被送上了岸，一只极美的，如乌鸦模样的生物，却含有剧毒。

“寒婷又下海了，不过我的新科研也要结束了，电子纠缠的论文也要写完了，尽管只是猜想，争取在寒婷回来前写完，然后请大家吃顿大餐。”他自言自语，双眼布满红血丝，十分憔悴。可后来，胡寒婷未能平安归来，赵沍寒的科学研究戛然而止。

回到现实。第二天，市中心音乐厅的琴声猛烈而奔放，竟至于在最后崩了弦，乱了节奏。厅外的乌鸦也忍不了这“乐曲”，似要发疯一般。下了台，主席一扫以前的热情，严肃却有些颤抖地说：“你要是实在想她，就回去吧。我知道我儿子昨天给你打电话了。毕竟实验室才是真正属于你的地方。”赵沍寒走出音乐厅，拨通了杨林啸的电话：“过来接我。”当再次与那乌鸦对视时，乌鸦竟有些动容，他从这对眼睛中第一次看到如此神情——坚定而果断。乌鸦不再发疯，又静静地驻在枝头。

“你把当时情况详细给我说一下！”

“简直和你推测的一模一样，一个粒子中有两个核，一个比另一个多些中子，同宏观中的双星一样，绕一点旋转并向四周辐射能量，由于中心核对核外电子的引力不同，电子呈周期性地进行穿梭弦运动，同时放出大量的能量，而随能量不断被消耗，两核距离减小，而电子维持运动周期不变，直至碰撞，冲击，破碎，造成电子飞散，成对电子飞出并产生纠缠，在纠缠时吸收能量，在一个较长周期后，重新组合成一个微粒，使无序的能量有序化重组，而从分裂到重组，共历时约 8 个小时。由于离子的异性相吸，它们会在分离的不远处再次结合，形成一个同样的新粒子。这种可重复使用的粒子简直是宇宙的神笔。”杨林啸激动不已，因为他知道，若将放出的能量加以转化，就可吸收环境中的热量，这样不仅全球变暖的问题可以得到解决，而且能源缺乏也可以迎刃而解，“老赵，这竟然是真的，如梦一般。”

赵沍寒默不作声，来到仪器前，看着眼前的仪器，上下摸索了一会，很快就熟悉了这些新仪器的操作，开始了观察。约 8 个小时之后，他的眼中闪烁出了惊人的光彩，说：“初次观察估计，核外电子有 10 层，每层电子呈不同弦运动，第 5 层能量特殊，最外层所有电子一次穿梭可最多放出 10^{-15} 级能量，最外层电子运动周期两小时，全程共有 10^{-12} 级能量放出，若要构成物质，还需进一步研究！”

月壤中此类游离的粒子极少，若想将这些粒子构成物质是远远不够的。赵沍寒经过半个月的分析后，得出结论：一群粒子共同破裂，会相互影响，进而使复位位置改变，但若合理控制，就会产生良性干扰，使其极大概率在相同空间复位。再过一个月后，赵沍寒开始了粒子冲击合成工作。

从那之后，音乐厅中的“夜曲”再也没有响起。

两年后，全世界科学家都开始了对这种粒子的研究。

赵沍寒坐在微粒轰击器前 10 个小时了，桌上散满了草稿，他用氚冲击同一个中子多次后，那个中子被吸附入核中，再次冲击、吸收……最后，在冲击另一个氚时，两个原子开始绕圆运动，空气中的电子被逐渐吸附进来，电子在显示屏中开始了唯美的弦运动。随着原子炸裂，赵沍寒的内心也激烈地跳跃。又过了 8 个小时，当那个粒子重新在显示器中出现时，他倒下了，留下了一堆数据，与一个微笑，如同胡寒婷将那生物送上船时的微笑一样，洋溢着幸福。

当太阳再次照到音乐厅时，响起了悲怆的乐曲，那只乌鸦没有停驻在枝头，它飞入音乐厅长吟。翌日，又一个伟大的科学人物登上了新闻联播，他幸福的微笑传递出人类终极的精神信仰。

那种微粒在相互纠缠中，解除了全球变暖的危机。为了纪念“双寒博士”，人们将该粒子命名为寒子。希望那两个相互纠缠的人，终会再次相拥。

指导老师：王红霞，陕西省西安中学语文组高级教师。曾获省、市、区级优秀教师称号和各类作文竞赛优秀辅导员称号。

海洋风声

赵雨欣 / 高二年级　陈小欢 / 指导老师　江苏省宿迁市泗阳中学

楼下传来悠扬的提琴声，是诺亚最喜欢的《海洋风声》。

厄尔尼诺从古朴的木质楼梯滑下。作为一位智能人，它多次劝告主人换个小型电梯会更方便。但诺亚回绝："如果换了电梯，你就再也不能冲浪了。"哦，它懂了，电梯会消耗能源，诺亚希望珍惜这个人多资源短缺的世界。

他们住在海边，推开窗就能看见大海，听见风声。"收拾一下，厄尔尼诺，总部发布了新任务，要我亲自去一趟。"诺亚放下小提琴。"嘿，诺亚，不关窗吗？下雨怎么办？格林威可不是智能屋的。""不必了，等我回来时，海声和风声会盈满整个格林威。"

途径圣菲洛教堂，诺亚拜访了萨拉丁神父。"先生认为人类不惜以自然为代价，燃烧一切作为动力推进科技的发展是为什么呢？"神父问。诺亚笑道："神父，我只是个气候学家，不懂这些。""先生不是不懂，而是不敢。当对于空间的掌控到达上限时，就会触碰到时间。在此之前，人心、资源、自然就是通天梯，他们需要你。"诺亚笑着对神父说："哲学才是科技文明的最高境界。"

科技不断进步，节能也成为共识，但如今阶级依然存在，富人要彰显不一样的身份，用什么？更先进的节能科技吗？不，是"返祖"，是石油，是天然气，是会产生污染，会使海平面上升，会出现厄尔尼诺现象，会让全球气候持续变暖的不可再生能源。

听着大厦屏幕上放着的广告，一款遥远的19世纪的保时捷老爷车以高价被拍给一位有为的政府官员。诺亚脑中又想到大海，没有涛声，没有风声，有的是一望无际的冒着绿烟的白色泡沫，大海已经死亡。

诺亚强压住想吐的冲动，径直走向总部，而身边的厄尔尼诺很想问一问主人：他要走多少级楼梯才能补充被使用的资源，要少充多少电才可能使海平面下降，要少喝多少最喜欢的热可可才能缓解干旱地区严重的旱情，又要憋气多久才能让全球气候升温得不再那么快。

诺亚的顶头上司狄拉克已经等候多时。“为什么不开车过来，你太慢了。”厄尔尼诺解释道：“主人在全面贯彻降低全球温度的伟大计划，所以不开车。”狄拉克紧紧盯着诺亚身上，像是要透过皮囊看见他的内在。诺亚抬头与他对视。

“来的路上经过梅奥医护中心了吗？”狄拉克率先打破沉静。“梅奥医护中心的分部气温比上次我经过时高了 3℃。”由于他常年居住在大海对面，诺亚对温度的变化极为敏感。“梅奥接收了一位来自桑给巴尔的热病患者，DIC 症状明显，初步判断与全球变暖有一定关系。你即刻出发，去实地考察。”诺亚出门前回头看了看狄拉克，他摇着酒杯中的“灰雁”，看着对面广告牌上的那辆保时捷古董老爷车。

“诺亚在看什么？”厄尔尼诺与主人坐在去桑给巴尔的快车上。“没什么，《圣经·新约》而已，对洪水纪不同的文明有着不同的解释。苏美尔人认为洪水和干旱都是天神对人类破坏自然的惩罚，1000 年前的世界生机勃勃，许多地方出现乍起乍落的文明、强大的君主与地方性竞争。骆驼商队、丝路与季风，将欧、亚、非许多地区连成一气。当欧洲受益于温暖气候时，其他地区苦于全球变暖，造成人类的大迁徙，甚至文明的消失。”诺亚放下书，闭着眼睛。他一路上都带着小提琴。

全球变暖只是因素之一，人类的不当作为或反应才是导致社会无法永续的主要原因。

厄尔尼诺随着诺亚着陆，迎面是不断的热浪。“汤因比曾说过：‘一个社会的命运和他们如何解决问题有关。气候变迁造成的环境变化是促使人类社会文化改变的重要因素。’诺亚，我觉得他说得很有道理。这里好热，我们什么时候回家？”

诺亚没有回答，头也不回地踏入桑给巴尔的国界。“等任务结束后，带你到印度洋听海洋风声。”厄尔尼诺追上他：“我还要每天早上诺亚演奏的《海洋风声》叫我起床。”

指导老师：陈小欢，文学学士，毕业于苏州大学汉语言文学专业。中小学一级教师，曾获得江苏省基础教育教学研究论文评比二等奖。

技与然

赵珍贞 / 高二年级　乔秋月 / 指导老师　云南省昆明市衡水呈贡实验中学

公元 2070 年，大地枯竭，破败悲凉。干裂的土层中散发出氨气的味道。如果你有能力走出外面，这就是你看到的景象。但在一个庞大的玻璃球内，你可以看见花草树木，以及美好大自然的一切。这里代表着人类文明宇宙尘埃中最后的挣扎和苟活，所有的人都处于 20—30 岁的黄金年龄期，为人类文明复苏做着伟大的贡献，111 个地球上智慧顶尖的人才成为玻璃球内的主宰。就像食物链的关系网一样，杰克身处食物链的上层。

可玻璃球内真是这样？不，你错了。早在开启玻璃计划时地球上的高官将真正的人才杀死，通过易容术使自己进入玻璃球之中，享受着人类最后仅剩的物产资源。由于温室效应，外面的世界里，气体、水源成了稀有品，生物大面积死亡。而玻璃球内，某天台下的机器人在轻轻浇着绿意荡漾的草地，天台上杰克一只手搂着美女珍妮的腰，另一只手拿着镶嵌着金边的红酒杯说着："明天还要去 MTA，一颗位于太阳系外的行星了，太烦了。"金边被光照着，一闪一闪。

次日登上航天器，杰克出发了。他将眼罩戴起，不想见到地球真正的样子，正要缓缓睡去，突然被阵阵警报声吵醒。是的，飞船偏离了航道，他正在被虫洞吸进去。在航天课上虽然讲过遇上虫洞怎么办，可当时杰克的世界里只有和他调情的珍妮，那天的她真的很美。

"轰"，杰克以为自己升天了。微微地睁开了眼，想要看看上帝的真容。而睁眼的瞬间，疼痛感袭来，他没死，只是被绑在一个柱子上，被汤姆盯着。

杰克的确没死，但他穿越了。通过 TIP1 探测仪的检测和 DID1 读取记忆仪的资料显示，汤姆知道了他是穿越者，也是未来地球的幸存者，便对杰克产生了一种敬仰之情。作为此时地球的领导者，汤姆正在为即将到来的温室效应发愁。杰克说服了汤姆听从自己的建议。与杰克一起穿越过来的还有很多科技产品和一本科技手册，里面记录了很多玻璃罩内的科技原理。杰克想要用这些科技复原生态。

杰克在体验原始人的生活时，发现这里的人们与玻璃球内的人完全不同，他们会轻拾起垃圾，认真地垃圾分类，仔细地探寻所有海洋里的垃圾。可为什么后来地球里的人们，只能苟活在玻璃球中呢？原来他所看到的这一切并不完全真实，汤姆表面上一直对他言听计从，暗地里将他关到屋子中，让杰克沉浸在 AR 世界中，而自己与大臣们却想着怎样利用 2070 年的高科技搞到钱财。

在屋中的杰克也发现了众多疑点，比如，为什么他的感受与周围的事物总有 0.15—0.65 秒左右的时间差？他觉得这其中一定有阴谋。在一番翻找过后，杰克摘取了眼罩，顺着墙内的通风管道爬了出去。杰克在通风道中发现他所呼吸的“新鲜空气”是由 knno4 所制取得到的，“这个汤姆！”杰克说着还拍了拍管壁，不料却惊动了守卫。杰克爬出管道，在一阵激光的扫射下逃出了这个地方，找到了真正想保护地球的人——智秀。智秀和尹吴博两位科技人才研制出了很多武器，还有很多掌权者也秘密支持杰克起义，推翻汤姆，然后推行“绿色自然”计划。

斗争多年，杰克终于打败了汤姆。杰克成为新一任统治者，他用 HCT 作为燃料，HCT 是一种高熔点、高沸点的物质，可以储备 H_2，并且极大降低了 H_2 爆炸的风险，燃烧释放的能量是石油的几十倍，加上大量的可燃冰成功开采，大气层被修复，海洋变得清澈，海洋中的生物不再因垃圾死亡，一个环境优美、政通人和的社会被建成。

一天夜晚，杰克的身体慢慢消散，化作了点点星光，房间渐渐变得明亮，又渐渐变得暗淡。过去变好了，历史被修改，来自那个已经不存在的世界的人也应该要消失了。

指导老师：乔秋月，中学二级教师，曾获优秀教师等荣誉，参与课题研究成果获国家级一等奖。

没有如果

赵子涵 / 高二年级　武素梅 / 指导老师　山东省肥城市泰西中学

公元 2070 年，马德里半岛。

自从全球气候变暖和两极冰川融化后，海平面上升到了一个可怕的高度，人类的居处被大量淹没。人类不得不在仅存的小岛上建立居所，并在海面上凌空架起木板桥，一座海上城市就此形成。

当我从睡梦中惊醒时，实验室中已空无一人。“空气过滤器”等研究的文件杂乱地摆在桌面上，我对这些实验付出了大量心血。“07，我需要早饭。”智能机器人 07 端来早饭，并用那机械的声音报告：“今天气温为 44℃，空气污染指数 500，请带好护目镜和防护口罩。”我习以为常地点头，迅速喝完营养液后戴上护具，向实验室外走去。

外面沙尘四起，黄色的天空似乎要将人吞噬，与脚下深蓝的海洋一同嘲笑着可悲的人类。脚下的木板十分脆弱，稍有不慎，人就会陷入海洋的深渊，但由于海中早已没有了任何鱼类，也不必担心葬身鱼腹了。

“博士，时空机又出问题了，您快去看看吧！”一道声音直冲我的大脑，是对讲机中传来嘈杂的响声。我快步向核心区赶去，那里是全人类唯一的希望——时空机。全球变暖给人类带来灭顶之灾，生存之地被夺走，生物种类锐减，在一片黄沙和深邃的海洋中，人类无法生存。于是人类企图寄希望于回到过去来改善和治理环境，避免如今的惨状，而时空机便是我们的唯一出路。当我赶到时，人们都苦着脸，满头大汗地盯着中央那个不断闪烁的光球，光球发出令人头痛的响声，那声音似乎直冲灵魂，让我的大脑都在颤抖。我捂着耳朵高喊一声：“都让开，给我看看！”

人们四散而去，我强忍着不适靠近光球，一股巨大的吸力似乎要将我拽入那时空深渊。突然之间，光球闪出一道白得吓人的光，短暂的失明后，我发现原先摆放光球的位置早已空空如也。一时间之间，人们瞪圆了眼抬头望着那空白的地方，喉头像被塞住一般无法言语。怎么会这样？人类 20 多年的心血毁于一旦了吗？泪水止不住地从我脸上滑落打出道道湿痕，如野兽般的哀号从我的喉头挤出。一片白光遮蔽了我的双眼，我仿佛看见了时间的洪流。

先是人们在海上建立城市的画面，而后时间倒退，回到了灾难发生之时。大水淹没了多个国家，人们四处逃散，悲鸣不已，无数哭喊涌入我的脑海。画面一转，电视播报着全球气温不断升高，人类生活受到威胁的新闻，人们一笑而过。最后是公元2030年的那座我最熟悉的早已埋藏在记忆深处的城市，马德里城。

身边的场景不再变幻，实验室的人们都眼含热泪，迷茫地看着眼前熟悉而又陌生的地方。直到汽车的一声长鸣打破了这死一般的寂静，我们才缓过神来，眼前不就是我们日日夜夜盼望的地方吗！一名实验人员激烈地摇晃着我的肩膀在我耳边高呼："回来了，博士！我们回到从前了啊！你看到了吗！"我贪婪地呼吸着每一口空气，我的耳朵不愿放过一丝声音，我的目光一刻也没离开过眼前的景象。是啊，我们回来了！

公元2030年，联合国政府。

我代表实验室的全体成员发言，底下乌泱乌泱的人群充斥着我的双眼，他们都还活着，人类还有希望，真好。

"大家应该都听说了我们是从未来回来的这件事，我知道这难以置信，但我们没有说谎。未来的地球已经没有了未来，人类失去了一切。那时人们必须要佩戴防毒面具才能出门，头顶炽热的太阳让人如处炉中，现在湛蓝的天空对我们来说是一种高昂的奢望。我们一直生活在汪洋大海上，因为两极冰川融化了，海水包围了我们的家园，我们痛失所爱，我们苟且求生！而这些问题现在就有了苗头，新闻所播报的全球气温上升不是笑话，这是真实存在的。在那个年均气温高于29℃的未来，人类无法生存。所以我们回来了，带着领先于现在的科技和眼光回到了当下，我们必须有所改变！"

不知不觉中滚烫的泪水打湿了桌面，我心中涌动无与伦比的激情。在我们的实验团队展现出超越时代的技术水平后，政府同意让我们进行改革，一场可持续发展的大战拉开了序幕。

公元2070年，空中花园。

当我从睡梦中惊醒时，一阵夹杂着草木泥土气息的沁人香气充斥了我的大脑，我冲07喊：“07，早餐！”07端来早饭后播报：“今日气温为18℃，空气污染指数为10，空气清新。”我骑上改良后的无污染高速自行车，车速可堪比过去的汽车，行驶在花草遍布的小路上。几只蝴蝶盘旋着从我身边经过，鸟儿的清脆鸣声与出早操的人们的口号相映衬，他们大喊：“博士，早啊！”是阿当，空气净化器的最终研究者。“都退休了就不要喊博士了，还是安心养老好啊！”“要是没有博士您，哪有我们今天的一切啊，您别客气。”阿当又笑道，“最近有个项目是人类大脑与电脑建立联系从而创造一个虚拟世界，博士有空可以去指导两句。”“世界真是大变样了啊！”望着人们都骑着自行车，提着布袋去购物，我大有感慨。

随着新能源不断被开发利用，工业终于能乘上高速列车快步发展而又不破坏环境稳固发展。国家免费为工厂发配污水净化仪和空气过滤器，那直冲蓝天的大烟囱再也没有黑烟冲出，那伸入河流的管道里再也没有污水排出，真正实现了工业洁净化。越来越多的绿化带遍布地球，地球成了蓝绿相间的星球，而“限伐令”的推出也抑制了乱伐现象。这是一个人、科技与自然和谐共处的世界，是我们毕生追求的世界。

公元2070年，马德里半岛。

“博士，博士！您快醒醒吧！虽然时空机被毁了，但只要人还在我们就还能再次实验！如果再来一次我们一定可以完成实验，快醒醒啊，博士！”当我睁开双眼时只见实验室内，大家包围着我，我虚弱地试图扒开人群看向时空机的方向，却只有一片虚无。一滴浑浊的泪水滑落，我深深地闭上双眼。

原来没有如果啊。

指导老师：武素梅，毕业于曲阜师范大学汉语言文学专业。

生命之眼

郑雅明/高三年级　刘青松/指导老师　江苏省宿迁市泗阳中学

“救命啊……”“救命啊……”即使是在经过了长时间高负荷工作极度劳累的情况下，罗辑也睡不安稳，他只要一闭眼，脑中闪现的全是那一座座被海水淹没的城市中孩子们的脸蛋，布满了泪痕，耳中似乎真切地听到了他们的呼救声，充满惊惧。

“博士？博士？”罗辑刚睁开眼，入目的便是沈知节十分凝重的脸：“最新勘测结果显示，南亚沿海的一个小镇被海水淹没，就在今日早上7点。”罗辑狠狠地闭上了眼，凝重的气氛在这个科研室里蔓延。良久，沙哑的男低音响起：“知节，启动‘生命之眼’吧。”

“生命之眼”，这是罗辑几年前便提出来的一项计划，利用精确的数字去计算不同的时间、地点将会出现的天气，甚至能够人为地干预和改变天气。罗辑当时提出这个计划，被整个科学院嘲笑了一通，是啊，人怎么可能改变自然呢？

“喂，Q，是我，罗辑，老地方见。”正值夏季，空气闷热，阳光成片成片地洒在了大地上，看着街边零零落落地还开着一些花，罗辑眼中闪过一抹痛楚，十几年前的夏季是多么美啊；热却不燥，时不时下场夏雨，驱散那空气中的一点烦躁，将万千繁花滋养得越发美丽动人。“罗博士，好久不见。”罗辑扯了扯嘴角，强迫自己对来人做出礼貌的微笑。“怎么了，罗博士是遇到什么烦心事了吗？”Q仍是那副玩世不恭的样子。“Q，把2070投放吧。我想，再不唤醒这些人，恐怕地球就毁在我们这代人的手里了。”Q嘴角仍是玩世不恭的笑意：“罗，我是名商人。”罗辑抿了抿唇，不置可否。

2070全息游戏问世了。秦五是个富家子弟，平时最不相信的便是什么“每个人出一分力，世界变得更好”这种话，更是从来没觉得自己每天飙车能影响到别人，排个CO_2便能影响到地球，以至于他对2070很不屑。

公元2050年，刚一进游戏，秦五眼前就弹出这条信息，“人类对温室气体排放不受限制的第 15 年”。秦五不知道他在游戏中降落在了什么地方——这里什么都没有，只有漫天的黄沙和干涸的河床，他感到闷热，决定四处走走，找找有没有村庄。

找得口干舌燥，秦五也没找到人生活的痕迹，正当他察觉到自己身体中的水分在慢慢流逝的时候，迎面走来一支队伍，他眼前一亮，迈着松软的步伐走向他们：“您好，请问能给我些水吗？我已经很久没喝水了。”前面的男人还没说话，后面的女孩子便已经急眼了：“不行，大哥，不能给他，现在水那么珍贵……”话还没说完，男人便转头微微瞪了她一下，取下自己的水壶给秦五。秦五喝了口水，润了润嗓子，开口道：“大哥，怎么现在的水都很珍贵吗？”“是啊。”大哥神色凝重地跟秦五解释，“自从温室气体排放不受限制后，全球变暖便日益严重了，现在这个世界，早已不是当初的世界了。”

走在路上，一路皆是和他一样没有水喝的人，甚至渴死在路边也没有人多投放一丝目光，干涸的河床，裂了缝的大地，这一切都像把重锤击打在秦五的心脏上。他嘴上不停念叨，这不是真的吧，怎么会是真的呢？不就是排个 CO_2 吗？可他心里知道，这些都是真的，他想起刚才看到的画面：古稀老人渴死在枯死的大树下；母亲的怀中是孩子面黄肌瘦的脸蛋，他们脸上闪着麻木，眼中充斥着绝望，似乎还有一些更为复杂的情绪……

退出游戏回到现实中，墙上的电视播报今日新闻：今日下午 5 点 30 分，日本广岛一小渔村被淹，无一生还……

罗辑花光了他全部的积蓄置办了一个公益项目：骑自行车出行达一周的，达一月的，达一年的，分别领取不同金额的奖金，2070 的问世似乎已经唤醒了部分人的意识，有相当一部分人积极参与了活动。可是不够！还远远不够！温室气体还在排放！全球变暖趋势还在加强！

罗辑一进实验室，看到的便是众人紧张中带有喜悦的神情，他的心提了起来，大致有了一个猜测。“知节，怎么了？”“博士，风暴眼口位置计算出来了，是 4 个旋涡，我们推测过了，只要堵住这几个旋涡，气候变暖一定能好转。”罗辑强压住心中的狂喜，询问：“拿什么堵呢？”言及此，众人又沉默下去，良久，沈知节讷讷开口：“博士，用人应该可以……”

罗辑坐在实验桌上陷入沉思，那天沈知节的话一直在他耳边回响：用人，用谁呢？罗辑没有和科学院那群老古板合作，他知道，那群人不会派人去一个不一定能成功的计划中牺牲的。“喂，罗博士，你那什么‘生命之眼’计划带我一个吧？”Q 打来了电话，“罗，咱们这么多年朋友，我懂你对人类命运的担忧，带我一个吧。如果这个家园被毁灭了，我这个商人就是赚了再多的钱也无福消受啊。”

Q 的声音听起来还是那么玩世不恭，可罗辑懂他的那份情谊。

“好！”

“生命之眼”计划万事俱备，只欠东风了。东风来得恰到好处——秦五加入。

2070 游戏后，秦五思考了很多，他恍然惊觉自己这些年都不知道排放出多少温室气体了！他想为人类做贡献，就当赎罪了吧，他想。

“罗，地幔到地核之间有条裂缝，进去！”罗辑依照指示驾驶地心探测仪进入，果然看到了一个旋涡，红色的岩浆衬得这个旋涡是那么艳丽，罗辑看到机身已经开始融化了，毫不犹豫冲向了那个旋涡，仅是一瞬间，机身便被吞噬，一切都不复存在。与此时同，海洋中心，臭氧层上，南极极点处：沈知节，Q，秦五，各自冲进了“属于”他们的旋涡。所有人都知道这是一场豪赌，这不是一场必胜的局，指挥部前的人们都控制不住情绪，泪流满面。

没过两天，气温降低了，海平面下降了，几乎世界各地都下了一场暴雨，同时，罗辑，沈知节，Q，秦五，他们的名字响彻世界。经过科学家证实，全球变暖问题基本被解决了。研究室将他们牺牲的视频公布于众，无人看完不是泪目。

后来啊，“生命之眼”真的成了生命之眼，牺牲自己的生命以挽救世界的生命。人们发明了新能源汽车，出行皆以坐公交车代步，世界在一天天变好，他们四人，始终被铭记在人们心中。

若人们同心协力，与自然和谐相处，那么生命之泉便会喷涌而出。没了我们，自然会更好，而我们没了自然，便真的不能活了。只有善待自然，生命之泉上才会开出花来。

指导老师：刘青松，中共党员，大学本科，毕业于江苏师范大学汉语言文学专业。中学高级教师，县高中语文学科带头人，曾获县优秀班主任、县语文教师优课一等奖。

火　种

钟逸豪 / 高三年级　张中文 / 指导老师　四川省内江市球溪高级中学

一间不大的房间，无数的机械、仪器运转着，它们闪烁着的指示灯，仿佛天上的繁星。

“伊甸，加载配置。”

“配置加载中……100%。配置加载完成。”大屏幕亮起，传出一个机械女音。

“用户”张皓将一个玻璃瓶子塞入控制台的一个口里。“识别运载物。”

“运载物识别中……物品类型：生物 DNA 及其培养设备。解析 DNA 中……DNA 类型：人类。已匹配到库中存储信息：计划 A#30484，代号：火种。无备选计划。”

张皓打开控制台上的一个黄黑条纹的盖子，准备按下里面的红色按钮。

“用户，你确定吗？”

“用户”张皓的手悬在半空，叹了一口气。“确定，这是人类最后的火种了。”

“人类破坏了地球，你现在却让这恶魔的 DNA 前往其他星球，考虑过后果吗？宇宙怎么办？让它也灭亡吗？”

“你这机器人是不会懂的。”

一段往事，在“用户”张皓的脑中浮现。

2070 年，地球上的气候已经急剧恶化，各种极端天气接连出现：将近 3 个月的暴雨，干旱导致全球的土地沙漠化，超过 47℃的高温……人类危在旦夕。

各国为了应对天灾，成立了洲际联盟。而张皓是隶属于国际环境保护与整治组织的一个年轻科学家，居住在亚欧非洲际联盟，代号为 A#30484 的人类居住区。50 年前，这里是繁华的大都市——成都，而现在只剩下滚滚的黄沙。

“人类居住区 A#30484 因近 3 个月的暴雨彻底崩溃，约有 3 万的难民将前往本居住区。请各位居民做好防护，警惕部分极端难民。如发现可疑人物，将其立即……”电视被关掉了。张皓走到窗前，拉开窗帘，看见居住区的大门外是一片黑压压的难民。

“喂！保持秩序！排队到这来领取证件和生活用品！”警卫吆喝着，下面的难民喧哗着。

张皓皱了皱眉，一边转身去拿衣架上的风衣，一边叫伊甸准备出行用具。

“用户，你要去看吗？”

“我不感兴趣，今天我要去执行一个任务，我有写在日程里。”

“日程代号 3：前往人类居住区 A#30484 执行任务。”

“如果今天的实验成功了，人类就有希望了！”张皓整理好衣领，匆匆走出门去。

张皓行走在居住区的街道上。天气预报说今天是晴天，但阳光无法穿过漫天的厚重黄沙。投下的，只是一种土黄色的黯淡光芒。

张皓环顾着四周，不免感伤起来：50 年前，这一带是一个公园吧。张皓回想起爷爷留给他的照片：一个少年站在波光粼粼的流水旁，身边是碧绿如宝石般的草地，上面生长着今人没有见过的植物。如今，黄沙代替绿草，树木变为钢筋。

很快，张皓走到了一个机械门口。身份识别后，他激动地走了进去。

走进去后，仿佛到了另一个世界。

高大的树木下方装饰的低矮的灌木丛，一条如银带的流水蜿蜒在青翠的草地上，一些可爱的小动物在上面嬉戏。这一切的景象都像 50 年前。

“喂，你这家伙来得够晚啊！”是张皓的同伴，一个微胖的年轻男子。“就是，你读书的时候不是有个绰号叫‘行走的时钟’吗？怎么，时钟现在不准了？”一个小个子女生接着道。“你好！”一个戴眼镜的女生打了个招呼，继续埋头做她的事。

“路上有点事，耽误了。”张皓摆了摆手，问道，“‘火种’怎么样了？”

微胖的男子拍了拍这个庞大的机器，笑道：“放心，小家伙健康着呢！”

“金宏，轻点。”张皓连忙制止了他。

小个子女生走过来，递给张皓一个平板：“喏，这是昨晚的运行日志。”张皓翻看了几下，说道：“辛苦你了，洛玲。”

张皓又走到那个戴眼镜的女生旁边问道：“莲玥，那个零件怎么样？”“目前还行，能量等级被它控制在理想范围内。”“好，谢谢你了。”

张皓伫立在那个机器旁，饱含深情地说道：“如果今天的实验成功了，人类就得救了！”他的眼中闪着希望的光芒。

“没错，有了它，人类的火种，那以前的绿水青山、蓝天白云，一切都能回来了！”金宏拿出了手机，翻看那些陈旧的照片。

“我还记得，小时候奶奶跟我说的春天开放的各种花朵，一直都想亲眼看看呢！”洛玲望着天空，似乎看到了一片碧蓝的苍穹。

莲玥没有说话，继续做她的测试。但她的手中也抓住了希望。

四人投入了工作，一边聊着自己所向往的新世界。

不一会儿，莲玥皱起了眉头，好像发现了什么不对。

洛玲和金宏靠向莲玥，张皓正在不远处收集植物信息。

“能量等级在上升！？”

“发生什么了？”张皓走了过来。

“危险！”“火种”发出了哀鸣声。

三人合力推开了张皓，“火种”发出了一阵强光，将三人吞噬了。

“火种”，爆炸了。

浓烟四起，张皓晃悠悠地站了起来，大量的黑烟遮蔽了他的双眼，看不见他的同伴。他大喊道：“金宏！洛玲！莲玥！”

金宏，莲玥已被炸得面目全非，只有洛玲还有气，张皓背上她就往医院冲去。

“那群家伙，到现在都还想着利益吗？”张皓作为主设计师，他深知爆炸的原因：那个零件不够坚硬。“政府口口声声说支持我们，可那个零件我千叮咛万嘱咐要用钛钢，他们竟然，竟然……”背后的洛玲呼吸微弱。“坚持住啊，马上就到了。”

“张皓……拿着这个……”洛玲将一个玻璃瓶放进张皓的口袋。“你别说话了，千万要坚持啊！”“这是……人类的DNA……地球已经没救了……但是……要让着人类最后的火种……延续下去啊！”说完，洛玲的手就垂了下去，停止了呼吸。

“所有的文明都将坠落。如果人类能在50年前醒悟，一切都不会如此。”“但是，伊甸，时间不能倒流。”张皓按下红色的按钮。“火箭已发射。”张皓如释重负地叹了口气。

“火箭偏离轨道，火种计划失败。无备选计划，重复，无备选计划。”

……

“啊！”张皓从床上惊醒，摸着头，“是梦？”清晨柔和的晨曦从窗帘的缝隙中窜入，给室内染上一层斑驳的光影。张皓侧头看了看日历：2020 年 6 月 9 日。

床边的手机上亮着一行字：火种计划 2 号启动。备注：你能做到的，你才是人类的火种啊——伊甸。

指导老师：张中文，本科毕业于四川师范大学汉语言文学专业。中学一级教师，语文学科联系人。曾获得县市级优秀班主任、优秀学科教师称号。

发展途中，携手同行

周家安/高二年级　张瑰丽/指导老师　山东省菏泽第一中学

1978 年

我叫季改革，今年 14 岁。

爸爸说我“生在了好时候”，因为我出世后的第一声啼哭几乎和改革开放的钟声同时响起。

这实在是一个崭新的时代。今天要开山修路，明天要垦荒建工厂，每一天都有说不完的新鲜事。“瞧你们现在多幸福，不像我们那时候，一切都是凭票供应。”爸爸总是这样感慨。他现在正忙着摘果子，每天早出晚归。我有时提出去帮忙，却总被他拿话堵回去：“你小子现在的任务就是学习！恢复高考好啊，可别再像你爸一样一辈子被拴在土地上……”

每次听到这些话我都很难过，爸爸是一个普通人，一个旧时代的牺牲者，好在现在一切都过去了！我安慰爸爸：“没关系啦，反正现在果园已经卖出去了，过几天就会把果树推倒建一个大工厂！那时候你就是工人了。”

“是啊，是啊。”爸爸点头附和，可他望向我的目光中总带着几分说不明道不清的情绪。

我顺着爸爸的目光向窗外望，烟囱中的浓浓黑烟正翻卷着升起，飘向雾蒙蒙的天。

2050 年

我叫季舒，今年 14 岁。

爸爸说我“生在了好时候”，因为我出世后的第一声啼哭几乎和中国建成现代化强国的宣言同时响起。

这实在是一个崭新的时代。今天联合国发布声明，温室气体排放量已较去年下降了 9%。预计在 2100 年，全球将实现温室气体零排放。“瞧你们现在多幸福，不像我们，每天呼吸着污浊的空气。”爸爸总是这样感慨。他是政府部门环境署的一个职员，职位虽小，工作却是非同小可，比如检查各大企业温室气体的排放量是否超标，这是一个全世界都在关注的问题。他很少和我谈及工作，偶尔提到也只是温和地说：“你不知道人类做出了多大的牺牲。”

可是我怎么会不知道呢？为了保护环境，维护全人类共同的利益，我亲眼见到一辆辆汽车重新入厂改装，一家家违规企业在政府的强制措施下关停，氢能源取代了石油和煤，水电取代了火电，清河取代了污河，绿洲取代了荒漠，多少野生动物重返了家园，又有多少垃圾污染不见了踪迹。这些，我怎么会不知道呢？我反驳爸爸：“我们已经学过历史了，我知道你们那时的世界什么样，就像我知道天是蓝的一样。”

“我们那时的天可不总是蓝的……”爸爸微微笑着，他望向我的目光中带着无尽的欢欣鼓舞。

我顺着爸爸的目光向窗外望，天空中掠过几只飞鸟，它们丰满的羽翼在清风的吹拂下显得光彩照人。

2193 年

我叫 Irene，今年 14 岁。

妈妈说我的名字是希腊神话中和平女神的名字，我不太在乎这些，毕竟我的上古史总是 F 等级，希腊什么的对我来说好比天方夜谭。

不过，虽然我的上古史实在一塌糊涂，近代史却是我最拿手的科目。今天我们学习了一个世纪前人类发展的进程，我学会了好几个新名词，比如“汽车”“污染”“温室气体”之类。

“汽车”据说是一种交通工具，其作用和我们的迷你飞行器大概相似。可是最奇怪的是，汽车的动力来源居然是什么“石油”，而不是氢！我不太清楚“石油”这个词的含义，大概是和氢气相似的另一种气体？

“污染”的定义是“人类在发展过程中对自然环境造成了破坏”，这就更令人费解了，人类的发展怎么会对环境造成破坏呢？发展的脚步不停止，环境的美化不停滞，发展的终极目标不就是建设宜居城市，守护绿水青山吗？如果发展要以环境为代价，那它又怎么谈得上“发展”呢，它将成为历史的倒退。

“温室气体”这个概念老师没有要求我们去记——因为这种东西在我出

生前已经不再被人们提起了，不过我对它却是略有耳闻。前些日子，爸爸带我去看了我们的家谱，他指着 3 个名字对我说："从发展经济到发展环境，人类用了 100 年；从发展环境到真正实现人与自然和谐共生，人类又用了 100 年。贯穿其间的是一代代中华儿女的努力，他们的名字会被写进历史，也正是他们的努力让'温室气体'这类名词走进历史又走出历史。这是一个轮回，轮回之间我们又上升了一个新台阶。"

我不再听爸爸唠叨，弯下身去看那 3 个名字。第一个人叫季改革，第二个人叫季舒，两个名字的间架结构都相当漂亮。"他们的名字真好听，我也想要一个中文名字。"

"叫你季逢时好不好？"爸爸弯下身子，微笑着看着我，"你生在了真正的好时候，我的小儿子。"

我顺着爸爸的目光向窗外望，透过青柳翠荇我似乎看到了车水马龙的城市喧嚣。这是季改革的世界吗？抑或是季舒的世界？又或者，是两者之间的过渡时期？

这些都不重要。1978 年、2050 年、2193 年只是几个时间节点，不管是季改革还是季舒，或者是生在他们之间的无数人，我在未来等着你们，等你们把自己的故事讲给我听，请你们一定保护好我们的地球，因为我在期待着你们如期赴约。

后　记

这些都不重要，我们现在所处的，不过是漫漫历史长河中的一个时间节点。较之于时间的永恒，我们不过是天地间的蜉蝣，沧海中的粟米。

可是我们又太过重要，我们每个人都是地球的孩子，都有责任和义务站出来保护我们共同的母亲。我们是承上启下的时代，我们是即将腾飞的巨龙。

柴静在《穹顶之下》的结尾中说："成千上万个孩子正在孕育、正在出生，这些河流、天空、大地应该是属于他们的。我们没有权利只知消费，不知克制，我们没有权利只知抱怨，不知建设，我们有责任向他们证明，一个被能源照亮的世界，同时可以是洁净和美好的。"

请勇敢地站出来大声地呼吁"绿水青山就是金山银山"吧，请不要忘记一个小朋友和你做的约定——"我在期待着你们如期赴约"。

请高举你手中的火把，发展途中我们将携手同行，保护环境。

此火为大，开花落英于神圣的家园。

指导老师：张瑰丽，中学一级教师，菏泽市骨干教师，曾获山东省菏泽市第一中学十大师德标兵、十大创新人物、优秀教师、优秀共产党员、模范教研组长、学生最喜欢的老师等称号。

星计划

周璟豪/高二年级　彭建斌/指导老师　湖南省涟源市第一中学

自公元2035年起，世界再一次进入了技术爆炸阶段。空中的飞车在轨道内高速运转，一栋又一栋房屋拔地而起，人口数量增长，植被大量减少，地球的温室效应加剧，引发了大量物种灭绝，南极洲的海拔已经减到了498米，北极冰盖面积不足原有的10%，海平面平均上升36米，许多岛屿被吞噬。

就此，世界科技院携手联合国，发起了拯救生态环境的讨论，全世界各领域科学家纷纷发表自己的观点。

基因学代表毛月卿在大会上提出了拯救地球气候的设想："温室效应是一切极端环境的罪魁祸首，而解决温室效应的关键在于如何处理过多的CO_2。我认为全球过量的CO_2与植被覆盖率低有着必然联系，我们可以尝试启动'基因叶绿人改造计划'！"与会人员全都一声惊呼。"基因叶绿人改造计划"是指通过改造人的基因，使皮肤细胞产生叶绿素，让人能随时随地进行光合作用，消耗空气中过量的CO_2。这一方法还能让人自身制造营养，不再依靠异养获得能量。与会代表们对此议论纷纷，会议的发起人马丁·布朗先生发话了："Mr. 毛，从理论上来讲，你的方案是简捷有效的。但从可行性角度来讲，这根本不可能实现。从道德与伦理的角度，这种对人体的改造也是不被允许的。"

少顷，行星研究院院长郭芬站了起来："地球气候已经遭到严重破坏，想要恢复极其困难。而人类的恒星际载人航天技术已相当成熟，近几年来，我们一直在探索类地行星，寻找适合人类生存的环境，现已发现了三颗适宜居住的无生命星球，只要稍加改造，就能成为地球2号、地球3号。人类的星际移民计划也该启动了。""郭院长，这怎么能行啊！要建造足以让全人类进行星际移民的庞大舰队，所需的资源绝对是一个天文数字。而且在地球上进行，那又会对地球造成极其巨大的负担，这就有可能成为压死骆驼的最后一根稻草！"世界资源管理局局长周盛华情绪激动，他已经听出了郭院长口中的“移民”是要牺牲地球。“放弃地球，这是《地球法》所不允许的。人类只有一个地球，地球孕育了我们，星际移民可以实施，但压榨地球绝对不行！”马丁主席的语气严厉，态度坚决。

学者们继续进行讨论，一个个方案提出后，又接连被否决。众人的心情极其沉重，难道地球真的没救了吗？他们的眼中流露出痛苦和绝望。

“哈！皇天不负有心人！”就在大家情绪低落时，生态气候学仿生机械工程系代表叶无缺，在接到手机消息后，喜悦地跳了起来。众人将目光投向了叶无缺，他们的心中燃起了熊熊火光与希望。

“早在32年前，我们气候研究所的成员从中国的《道德经》里得到了启发，其中介绍了一个神奇的符号——太极，一黑一白，一阴一阳，阴阳流转，否极泰来。于是我们便在加强地球循环生态系统能力的课题方面做了许多研究。实践证明，这个方案治标又治本，并具有可行性。但是，我们一直找不到一种极速的，消耗极小的办法来加速循环。但就在刚刚，世界上第一台生态能量循环加速仪已制作成功。通过实验发现，经过处理的生态系统已经回到了十二三世纪的样子。我们把这个项目叫作‘星计划’。”叶无缺涨红了脸，激动之情溢于言表。

半年后，“星计划”正式启动，全世界建造了10台“星循环机”，经过3年的加速，气候指标逐渐趋于正常，生态系统飞速恢复，大批灭绝物种基因投入生物圈，地球的温室效应强度终于降低到了红线以下。人类成功了！循环的创意还点醒了人类恒星际航行专家，生态循环技术被运用在飞船上，帮助人类飞向了茫茫宇宙！

30年后，叶无缺站在珠穆朗玛峰上俯视着地球，看着脚下绿茵茵的地球：“这一生都在你的风景里，我爱你！”

指导老师：彭建斌，涟源一中语文老师，语文教研组组长，中学一级教师。

燃烧远方的星

周彦彤 / 高三年级　张绍敏 / 指导老师　重庆市第一中学校

许多年以后，站在星际输电中转总站的控制台前，吴远仍会回想起爷爷走的那个下午。

2053 年的夏天，异常炎热。那时吴远还小，一个陌生的号码搅碎了昏昏欲睡的午后。父亲扔下手机，一把将他拽出舒适清凉的房间，冲进屋外灼热的空气中。父亲心急火燎地开车飞驰在烫晒得将要熔化的高速公路上，赶往爷爷的住所。爷爷曾是一名石油工人，退休后便一直住在城市西部的老工业区。尽管家里人多次劝爷爷搬来新城，但爷爷仍执意留在那里，然而，这个夏天 45℃的高温终究击垮了这位老人。

吴远仍记得爷爷弥留之际的场景。狭小逼仄的旧板房里，老式空调机震耳欲聋地轰鸣着，挤出一丝半缕的凉气，却又无济于事。压缩机已是最大功率，可窗外的空气仿佛已经热量饱和。爷爷几乎陷入了半昏迷状态，微阖着眼，口中一遍遍地喃喃呓语道："儿啊，这儿太热，我要走啦……这儿太热……" 在吴远的记忆里，那个夏天的闷热空气，散发着绝望的气息。

12 年后，人类的生活在极端气候的冲击之下越发艰难——跨国疫病，非洲灾荒，沿海贫民窟中的居住者大范围死亡，两极冰川融化速度不断加快，生物多样性持续削减，地球俨然已成了不断升温的热炉，人类必须找到熄火的方法，否则将被热浪吞噬殆尽。12 年来，爷爷临终前的呓语从未在吴远的脑海里消失。当吴远第一次站在人生抉择的十字路口时，未多犹豫，郑重地在志愿一栏写下——星际能源专业。

星际能源专业是近年来的新兴专业。21 世纪 60 年代，航天技术不断成熟，可控核聚变技术已取得突破性进展。氦-3 是理想而清洁的聚变燃料，然而在地球上的含量却极其稀少。于是人类将目光投向太空，试图向未知的星系索取供养人类的能源。

大学 4 年转瞬即逝。吴远顺利毕业，进入了中国星际能源勘探开采总局。

他找到了人类困境的根源——地球积累了十几亿年的化石能源在人类短暂的文明进程中被以超乎想象的速度消耗，二氧化碳包裹住地球，使得地球不断升温。

“若再无改变，我们将燃烧殆尽自己的故乡，在余烬中窒息、死亡。”2065年全球气候峰会上，作为青年代表的吴远向世界各国专家呈递出自己的答卷。

“我们的星际能源开采技术已经趋于成熟。星际能源的利用必须从勘测开采转为输送。各位，设想能源将直接在其开采星球上被转化，只将清洁的电能送回地球。就像高压输电的远距离输电——”

话音未落，吴远被全场嘈杂的低语和嗤笑打断了。一位德高望重的老者举起话筒问道：“年轻人，你要在各星球间架起数十光年长的输电线？恐怕竭尽整个太阳系的物质也完不成你的计划。”

“不，我们不用输电线。”吴远微笑着摇摇头。

“那你要用什么？”

“用波，电磁长波——届时甚至整个地球都不会再有一根电线的影子。从遥远的能源开采星球，到每个人身边的设备，全部用无线输电技术。我们要燃烧天边的星辰，维护我们如今唯一的家园。”

“你要想清楚，这个提案会改变一切……现有地球能源供应格局将面目全非。你甚至不一定能成功。”

他未加理会，却仿佛看见一颗发着蓝白辉光的气态小行星燃烧着，在转换器的精确作用下，一道道不可见的电磁长波铺满无边无际的空间，向地球奔赴而来……

3005年，初夏。今天是星际输电站建成并试运行的第二年了。白发苍苍的吴远坐在控制台前，望着窗外熠熠生辉的城市。无线输电载具在大街小巷风驰电掣，一盏盏浮力灯兀自在空中温和地亮着。夏日傍晚的天空从未蓝得如此透彻。

吴远伸手探向窗外。清新微凉的空气流过皮肤，街道上姑娘身着一袭白裙走在微风中，遥远苍蓝的天边，无线输电网链的中继站若隐若现。他忽然发现自己早已热泪盈眶。“回来吧，爷爷。这儿再也不热了。”吴远低语道。

指导老师：张绍敏，中学高级教师，重庆市优秀班主任，重庆市中小学心理危机干预骨干教师。

未来可达，星辰开花

周颖 / 高三年级　何雪冰 / 指导老师　安徽省安庆市望江县第二中学

公元 2070 年，一颗淡蓝色的星星突然亮起，从地月系的边缘擦过，转瞬间便隐入了茫茫太空。

我醒来时，一睁眼便看到了窗外的“大红斑”，感觉舒服却又很奇怪，因为我居然穿着一件棉制的睡衣，我猛地清醒了过来：“我的恒温套装呢？”

舱门无声地滑开，我的哥哥走了进来，木星散发的红晕映在他棱角分明的脸上，我注意到他也没有戴上恒温面罩。

“这是去哪儿？”我疑惑地问。

“目前还不清楚，不过我们的目标是寻找一个气候适宜的星球。”

我猛地抬起头，注视着他：“哥，你这是叛逃吗？”他没有看我，而是低着头说：“算是吧，你不用多想，待在地球是死路一条，哥会带你去更美好的地方的。”

就在这一天，我哥劫持了人类唯一一艘恒星级宇宙飞船，带着我逃离了母星地球。而此时的地球上，气候急剧恶化，约 20 亿人口生活在高温地区，这里的绿色正一点一点消失不见，人们每天都必须佩戴恒温面罩、穿上恒温服以免被高温灼伤。看着舷窗外一颗颗飞驰而过的星星，我很迷茫，我们还能再找到一个漫山遍野开满鲜花的地方吗？

5 年后——“阿舟，快来！”我看到哥哥在机房里踱来踱去，还兴奋地吹着口哨。“什么事这样高兴？”我笑着问他。

他将面前的屏幕推送到了我的眼前。那是一颗星星的俯瞰图，好美，晶莹又轻柔，透着碧蓝又浸润着靛青，大气上那层薄薄的云雾仿佛一阵微风就能拂皱。我不禁大呼一声：“地球？”哥哥静静地看着我：“阿舟，我很庆幸，我们找到了第二个地球。”

我和哥哥一起，向那颗美丽的星星发出了探测信号，一天之后，我们收到了来自它的塔罗纳（一种宇宙通用的自解译系统）。我们怀着兴奋与激动将地球语言系统传输过去，接着就接收到了来自这个文明的全部探测信息。

这是一颗古老的星星，最初它是一颗光秃秃的灰色星星，在几亿年的沉默后，一些苔原植物开始慢慢将其覆盖，后来出现了灌木类植物，以及各种各样的高等生物……这颗星星渐渐充满了生机。两百万年后，这里出现了文明部落，一些生物种群开始运用智慧建立了大大小小的国家，科技发展也越来越快，从“蒸汽时代”到“工业时代”再到“信息时代”，这里变得一天比一天繁荣。

“阿舟，你有没有觉得，这和地球很像？”许久不曾说话的哥哥忽然问道，我看到他微蹙着眉头。“是啊，简直一模一样。”我点点头。

再往下看时，这里的科技发展需求也越来越大，一批批工厂在建立，一根根高大的烟囱被立了起来，滚滚浓烟涌向原本干净的天空，二氧化碳含量上升，气温越来越高。又过了 100 多年，生物已经无法生存下去，便只好建立地下城，地面上寸草不生、一片荒芜……

“这，这怎么可能？”我看着眼前那颗依旧璀璨的星辰，惊讶得说不出话来。

“继续看下去吧。”哥哥说。

再后来，这里的生物开始了拯救环境的“回归计划”，他们将所有的植物种子播撒到所剩不多的可以耕种的土地上，关闭污染严重的工厂，用几百代生物的力量慢慢复苏这个世界，这其间，有许多生物因为无法适应环境而灭亡，但他们从未停下前进的步伐。它就是今天我们眼前的那颗漂泊在宇宙中的宝石。看到这，我和哥哥陷入了沉默。

那颗星星已经越来越近了，静静散发着柔和的光彩，真美！飞船坠入那梦幻的大气中时，我的心中波澜壮阔。“或许，我们可以回去啊。”我呢喃道。

公元 2077 年，我和哥哥重返地球，我们要去见证第二次奇迹，我们想见地球山明水秀，绿色铺洒万里；想见地球满眼生机，长风直贯千秋；想见地球繁华美丽，爱意跨越光年……我想见此处漫山遍野有鲜花安卧于阳光下。

湖海为证，未来可达，星辰开花！

指导老师：何雪冰，文学学士，毕业于阜阳师范学院，汉语言文学专业。中学一级教师，安庆市高中语文骨干教师，曾获安庆市高中语文优质课一等奖。

吸气机

周宇彤/高二年级　郭金丽/指导老师　山东省济宁市第一中学

“咦，我怎么到这里来了？这里为什么这么热？”

带着好奇与害怕，我环顾了一下周围——这里的街道上空无一人，耳边是电器疲惫的工作声音，路旁是时不时转动的小型风扇；奇怪的是，路旁的花坛里是蔫黄的小草，是只有种子却不萌芽的小树，仿佛在惧怕着什么。整个城市，像被裹在一个大蒸笼里，就连我也要“人间蒸发”了。迷迷糊糊中，我的记忆储藏键像自动启动了一样——我记得，我在主人工作室的电脑中看到过与此类似的画面。

“空荡的街道，不停歇的空调，蔫黄的小草……”没错，这就是电脑里的图画。这里是公元2070年！我来到了公元2070年！

记得主人曾经告诉我，他说我是一个“吸气机”，是拯救人类免受极端气候的核心。他告诉我，我要快快长大，好为人类做贡献。因为如果我偷懒一秒，极端气候就有可能会多一分发生的概率。

我的心脏是一个螺旋滚动式的发动装置，我的身体是主人受蜂窝和蛛网的启发制造出来的仿生吸气装置，在我出生时，主人就给吃了“营养品”，说是有了它，我就能将“凶手”——CO_2转变成活性炭，它好像还可以吸收空气中别的物质。听主人说，我现在的功能和构造还称不上极致，所以还不能大规模投入使用。

但是现在我到了这个地方，主人也不在我身边，我该怎么办啊！

“你要在必要的时候发挥你特殊的作用。”这是主人常对我说的一句话。所以，我现在必须开始我的工作。

为了打开我身体的“屏障”，进而来更好地吸收太阳光，我赶快躺下，在地上来回翻滚，毕竟我可是太阳能驱动的装置呢！但不得不说，这地面就是一个煎锅，要不是主人给我穿了隔热衣，我都已经被煎熟了。

我来回地在地面上跑动，最大限度地吸收CO_2，但这好像是徒劳的。

“你要学会召集你的伙伴，毕竟团结就是力量。你们只有齐心协力，才有可能打败敌人。”主人的话语不时地在耳畔响起，我想到了它们——我的哥哥姐姐们！

于是，我循着原本的记忆，找到了主人的研究室，可是这里已经物是人非了。我用自己的身体撞开门，满屋的风尘迎面而来。“哥哥、姐姐！”我大喊着，可无人回应。终于，在一个小阁楼里，我发现了它们。由于它们在这暗无天日的房间里生活了太久，对外面发生的事情一概不知，而且它们的身体也远远不如以前了。我大概地讲述了一下外面的情况，并告诉它们我们的目的和任务。

我拿出主人曾经给我的“药丸”（这可以在没有太阳的情况下补充能量和动力），分给了它们一人一粒，这样的话，我们就可以共同行动了！

不知道过了多久，不知道循环了多少遍工作流程，也不知道吸收了多少CO_2；我只能感觉到发动装置一直在转，太阳能电池板不断地储存又释放，自己的身体已经被掏空。而旁边的哥哥姐姐们，由于年纪比较大，已经停停歇歇了好几次。

就在“神志不清、意志模糊”的时候，我听到了街道两旁传来的嘀咕声。听他们说，他们出来买食品的时候，突然感觉温度比原来降了很多，空气也清新了许多，再走到这边一看，是几个不知名的小机器在工作……

人们争先恐后地向我们涌过来，眼睛里充满了好奇与惊喜。“有了它们，我们就不用再遭受这种皮肉之苦了，也不用每天都活在担惊受怕之中了！”他们的脸上洋溢着的是我从来没有见过的笑容，但我能看出来他们是真的很开心。就在这一刻，我才真正明白了主人的意图，才真正明白了我存在的意义，才真正明白了我能创造的价值！

都说，标致是美的“顶流”，即使我生得称不上标致，但我却做到了尽善尽美，向危害气候的“凶手”亮出了我的利剑！

经过我和哥哥姐姐们夜以继日地工作，这里的空气质量得到了很大的改善。几个月后，街道上又充满了人们的说笑声，空调发动机的声音也被偷偷藏起来了，甚至连蔫黄的小草都换上了新衣裳，重新挺直了腰杆……这里的一切仿佛又回到了2021年，那个大自然还未被完全透支的时代。

“‘大地给予所有的人物质的精华，而最后，它从人们那里得到的回赠却是这些物质的垃圾。’如果人们把对自然过分地索取当作一种习惯，那么未来迎接我们的只会是恶劣的极端天气。我们要顺从自然，承受其恩典，推进经济社会的可持续发展，坚持人与自然和谐共生，构建和谐社会。”

看着眼前的一切，我终于明白了主人口中的极端天气的恶劣性。如果人类与大自然互惠，那么这种极端天气还会出现吗？

突然，我的小脑袋不知道被什么东西砸了一下，眼前的一切都罩上了一层薄纱……

但当我睁开眼睛，我看到的是主人满是担忧的脸。“你在试验的时候，不小心晕了过去，可把我吓坏了。”主人轻轻地拍了拍我的头说。

这一刻，我才明白，原来我做了一场梦，梦到了 2070 年。

我急忙地跳下试验台，找到主人，翻到主人电脑里的画面，告诉了主人我做的梦，告诉了他我在梦里做的一切。

“刚才总指挥员打来电话说，你们可以大规模地投入生产和使用了。总指挥员说，他希望看到我们的力量。”主人满是欣慰地抱起了我，“我相信你一定会大有作为！”

当代科学家尽最大所能掌握环境变化的轨迹，同时也在不断开发各种替代性能源；全人类也在获取生存必需资源的同时，不忘反哺自然。我相信，凭借我们大家的协同努力，一定会改善和化解全球暖化危机，一定会实现人与自然和谐共生，一定会留得青山在。

新时代，我相信我们一定会有新的作为！

指导老师：郭金丽，山东省济宁市第一中学语文教师，中学高级教师。曾荣获山东省高中学生辩论赛优秀指导教师、山东省教育厅第七届中小学读书活动优秀指导教师、济宁市校园艺术节先进个人等荣誉。

退 化

周雨彤/高二年级 张彩琪/指导老师 浙江省诸暨市海亮实验中学

这一切都是动物性的延续，人仿佛有意识地退化，深受蒙蔽。

——尼采《悲剧的诞生》

你好，我是零号，是极端天气造成末日之后，“火种重生”计划的领导者。我和我的下属被冷冻在基因冷冻舱中，长眠于北纬69度不冻港的海洋下。我透过雾茫茫的舱面看到海平面上升，海水热气腾腾、张牙舞爪地攀附上海岸，吞噬了前来送行的人们，其中就有我的母亲。

我恨自己的渺小，独自苟活，救不了母亲。世界弥漫着焦躁不安的气息，人们谩骂政府的绥靖政策，把我们视作懦弱的逃兵。

“叮——零号冷冻舱遭到异常攻击，正在开启……”我醒了，但是身体孱弱，提不起精神。玻璃外人们的眼中迸发出近乎炽热的贪婪，一群衣冠楚楚的老学究朝我指指点点，不怀好意的目光似乎想把我彻底解剖。外面这群物种可称不上真正的人。50℃左右的体温对他们来说习以为常，只有在超过60℃的时候，他们才开始胸闷气短，疯狂地向自己的静脉注射冷冻剂。他们苍白佝偻的身体接受的阳光负荷过高，器官、骨骼乃至灵魂都在灼烧。他们的身体里像是藏了炽热滚烫的岩浆。

我成了一个实验品。一个体温37℃的人，每天被绑在手术台上，被抽取血液作为研究样本。由于终年不见天日，我的皮肤变成了阴白色，眼角和嘴角涔涔地流下血来。我不知道有朝一日我的血液干涸、对他们失去价值后，会遭遇什么样的下场。

我恍惚想起自己在还没成为零号前的名字，林苓。“我，零号，请求开启最高权限。”

溯洄祈求了多日，我终于回到故土。现在是公元2021年，在2070年“火种重生”计划开启前，一切都还来得及。人类不应该妄图去统治自然，也不应该有意退化被自然主宰。应对气候变暖，我们不需要“火种重生”计划，只要活下去，每个人都是种族延续的火种。

我否决了邮箱里火种计划的提案，无视政府炮轰的电话。宇宙大爆炸论中论述的那个 10^{-34} 秒的特殊阶段让我沸腾，宇宙从量子涨落的背景中脱离出来，开始独立存在。从某种意义上来看，人和自然的起点是一样的。这场战争，我们不会输。

我拨出研究室的大部分经费去研发既可减少二氧化碳排放，同时也可制冷的新型燃料。看着二氧化碳减排规划提上日程，我开始着手处理两极冰川修护问题。人类开始有意与自然和谐共生，一系列棘手的问题迎刃而解，我看到了这个信仰黎明时代的未来。

气候和人类握手言欢，一切都步上正轨，暄气初消，我和母亲躺在沙发上，嗑着瓜子，话着家常。“林苓啊……”母亲年纪大了，絮絮叨叨讲了许多我小时候的趣事，眼睛带着上了年纪的白翳却笑得满足。我拉上母亲的手，哼着不知名的小调哄母亲入眠。恬静安详睡眠中的母亲和那日被海浪吞噬的瘦小身影重合，我仿佛听到苦了半辈子的母亲悲泣哭喊，蹒跚的步子毅然迈向死亡的海。一位母亲，怕她的女儿孤独，在北纬 69 度不冻港海域长眠，她的女儿在千年之后被人捞出再次苏醒，而她自己，明明在艳阳下却再也睁不开眼。

我完成了我的使命，却愧对了母亲。北纬 69 度藏匿着一个母亲的深情。

“母亲，此身既已许国，再难许卿。”

“零号最高权限已到期，开始脱离程序……叮——自毁程度 100%，现已销毁。”

我的五感被剥夺，自我意识化成了碎片，脑海中有个声音在告诉我这世界人们安居乐业，人类退化了自己对自然锋利敌对的姿态，包容生活；我的母亲儿孙满堂，幸福到老。真好，一切都如我所愿，一切都告诉我当初的选择是正确的。

现在，我，林苓，要去成为真正的星辰之子。

“我是零号，再见了。”

指导老师：张彩琪，语言学硕士，毕业于南京师范大学语言学及应用语言学专业。中学一级教师。